普通高等教育"十四五"规划教材
21世纪高等院校规划教材·公共课系列

大学语文

（第五版）

主　编　黄美玲
副主编　沈克旻　孔令晶　郭　红
　　　　何平滚　林　虹　黄新宁
参　编　陈文君　梁　英　潘媛媛
　　　　刘秋香　张颖慧　叶倩虹
　　　　计　昀　范方华　王小娟
　　　　吕相宜

内容简介

本书是一部集人文性、工具性、实用性、实训性于一体的高等院校"大学语文"课程教材。全书分为阅读欣赏、应用写作和口才训练三个部分。

上编"阅读欣赏"部分，以年代为线索，精选出古今中外文学作品三十余篇，所选篇目注重典范性，力求文质兼美。每篇作品前均有作者或作品简介，正文后有注释、作品简析、思考与练习。上编还对中外文学史进行了概述，旨在让学生了解其概貌。中编"应用写作"部分，包括应用写作概述、日常文书、党政机关公文、事务文书、财经文书、法律文书、科技文书、新闻文体和申论等九章，章后均有对应的写作训练。下编"口才训练"部分，包括口才概述、朗读朗诵、演讲口才、辩论口才和求职口才等五章，章后均附有各类实用口才的实训演练。

本书可作为高等院校非中文专业学生的大学语文教材，也可作为各类业务岗位培训和文秘人员的自学用书，还可供行政、企事业单位管理人员和技术人员参考。

图书在版编目（CIP）数据

大学语文 / 黄美玲主编. --5 版. --北京：北京大学出版社，2024.8. --（21 世纪职业教育规划教材）.

ISBN 978-7-301-35209-0

Ⅰ. H193.9

中国国家版本馆 CIP 数据核字第 2024H1M829 号

书　　名	大学语文（第五版）
	DAXUE YUWEN（DI-WU BAN）
著作责任者	黄美玲　主编
策划编辑	李　玥
责任编辑	李　玥
标准书号	ISBN 978-7-301-35209-0
出版发行	北京大学出版社
地　　址	北京市海淀区成府路 205 号　100871
网　　址	http://www.pup.cn　　新浪微博：@北京大学出版社
电子邮箱	编辑部 zyjy@pup.cn　　总编室 zpup@pup.cn
电　　话	邮购部 010-62752015　发行部 010-62750672　编辑部 010-62704142
印刷者	北京鑫海金澳胶印有限公司
经销者	新华书店
	787 毫米×1092 毫米　16 开本　19.5 印张　580 千字
	2008 年 9 月第 1 版　2013 年 2 月第 2 版　2016 年 8 月第 3 版　2021 年 8 月第 4 版
	2024 年 8 月第 5 版　2025 年 7 月第 5 次印刷（总第 50 次印刷）
定　　价	56.00 元

未经许可，不得以任何方式复制或抄袭本书之部分或全部内容。

版权所有，侵权必究

举报电话：010-62752024　电子邮箱：fd@pup.cn

图书如有印装质量问题，请与出版部联系，电话：010-62756370

第五版前言

"大学语文"作为提高大学生综合人文素养、培养大学生精确而优雅地使用本国语言和获取专业知识与专业技能的重要的公共基础课和工具课,是高等教育课程体系中不可或缺的一部分。为此,我们在长期进行大学语文教学和研究的基础上,根据党的二十大精神,秉持"为党育人、为国育才"的时代责任,遵循"提高素质、突出实用、强调能力、使学生具备可持续学习和发展的能力"的原则,编写了这本大学语文教材。教材力求围绕培养目标,从社会实际需要的角度出发,对学生阅读欣赏、应用写作、口才表达等能力进行系统的指导和训练,为把学生培养成"德智体美劳全面发展的社会主义建设者和接班人"贡献力量。

本书的特色是集人文性、工具性、实用性、实训性于一体,旨在充分利用有限的课堂教学时间,培养大学生时刻注意提升自己的读、写、说能力,提高大学生综合人文素养和应用写作能力以及口才表达技能。

全书包括阅读欣赏、应用写作、口才训练三个部分。这三部分既独立成编,又相互交融,把人文性与实用性充分结合起来。除文学作品阅读欣赏内容外,还安排了实用技能训练内容,如应用写作、口才训练等,既培养学生的人文素养,关注学生的情感培育,同时又不忽视应用写作和口才表达技能的培养。

阅读欣赏部分,以年代为线索,精选古今中外的经典作品,力求除旧布新,增加其人文成分。这部分的教学内容旨在吸引学生去阅读、赏析和体味名篇佳作,把人类在社会发展中形成的价值观念、审美情趣和思维方式等优秀的文化成果内化为受教育者的人格、气质和修养,引导学生去感受文学和语言的无穷魅力,培养学生的人文素养,促进学生完美人格的塑造。同时,注重学习方法的引导和学生眼光、品位的养成,提升学生欣赏与鉴别人类精神产品的感悟与认知能力。

应用写作部分,以培养学生的应用写作能力为主要目标,注重基本理论知识与写作实践技能的结合,并注意反映应用写作学科的最新延伸与发展,对申论做了适度的介绍。为了强调实用性和可操作性,编写者特别重视例文的选择和写作训练设计。例文尽量贴近社会生活和工作实际,通俗易懂,可模仿、可借鉴。在每章之后均有对应的写作训练,可边讲边练,帮助学生及时巩固所学的理论知识和提高具体文种的写作能力。

随着社会的发展,各个领域的竞争日趋激烈,人际交往日益频繁,口才无疑是每个人追求成功、提高生活品质的一种不可替代的强力武器。因此,本书特别强调对学生口头表达能力的培养和训练。口才训练部分,注重培养和提高学生的语感能力及语言表现力,有针对性地设计了大量的实训演练题,旨在通过精讲多演练使学生的口才得到切实的锻炼和提高。

《大学语文》自2008年出版以来,先后于2013年、2016年、2021年进行了三次修订,受到广大读者的欢迎,重印近五十次,并于2010年获得"江西省第四届普通高等学校优秀教材"二等奖。

在过去几年中,随着我国经济的发展和改革的深入,社会生活的方方面面均发生了很大的变化。时代的发展日新月异,"大学语文"课程教育应与时俱进,《大学语文》教材也必须结合实际补充新内容。鉴于此,我们对《大学语文》(第四版)进行了修订。

《大学语文》(第五版)在第四版的基础上进行如下修改：上编"阅读欣赏"调整了个别选文，对一些古文的注释进行了补充、修正；中编"应用写作"根据相关法律、法规对部分章节内容进行了修订，对"申论"部分的内容进行更新，等等。

总之，本书的编写力求体现"厚基础、强能力、高素质、广适应"的素质教育与创新教育的教学目标，在突出大学语文教材特色上，在强调人文性、实用性、可操作性方面做了极大的努力。

本书由主编黄美玲设计全书体例、组织分工，负责全书的统稿。沈克旻、孔令晶、郭红、何平滚、林虹、黄新宁为副主编，陈文君、梁英、潘媛媛、刘秋香、张颖慧、叶倩虹、计昀、范方华、王小娟、吕相宜为参编。具体分工如下：上编由黄美玲、沈克旻、孔令晶、郭红、何平滚、计昀、范方华编写；中编由黄美玲、沈克旻、黄新宁、林虹、郭红、孔令晶、何平滚、陈文君、梁英、刘秋香、潘媛媛、叶倩虹、王小娟、吕相宜编写；下编由黄美玲、沈克旻、孔令晶、何平滚、林虹、黄新宁、张颖慧编写。

本书在编写和修订过程中，参考了一些专家、学者的著作，借鉴了相关的报刊和其他文献，引用了部分例文，得到了北京大学出版社的大力支持，在此一并致以诚挚的谢意。

本书的编写，是我们在总结多年教学经验的基础上，试图从教育教学实际出发，对大学语文教材建设所做的一点探索与尝试，祈望得到专家和同人的直言赐教，我们将不断探索，不断改进，使之逐步完善。

编 者

2024 年 5 月

目 录

上编　阅读欣赏

- 蒹葭 …………………………………………………………………… 2
- 《老子》三章 ………………………………………………………… 4
- 《论语》五则 ………………………………………………………… 6
- 大学（节选）………………………………………………………… 8
- 国殇 ………………………………………………………………… 10
- 谏逐客书 …………………………………………………………… 12
- 垓下之围 …………………………………………………………… 15
- 战城南 ……………………………………………………………… 18
- 洛神赋 ……………………………………………………………… 20
- 饮酒（其四）……………………………………………………… 24
- 西洲曲 ……………………………………………………………… 26
- 春江花月夜 ………………………………………………………… 28
- 宣州谢朓楼饯别校书叔云 ………………………………………… 30
- 秋兴八首（其一）………………………………………………… 32
- 进学解 ……………………………………………………………… 34
- 长恨歌 ……………………………………………………………… 37
- 锦瑟 ………………………………………………………………… 41
- 乌夜啼（林花谢了春红）………………………………………… 43
- 八声甘州（对潇潇暮雨洒江天）………………………………… 45
- 秋声赋 ……………………………………………………………… 47
- 卜算子（黄州定惠院寓居作）…………………………………… 49
- 永遇乐（落日熔金）……………………………………………… 51
- 摸鱼儿（更能消、几番风雨）…………………………………… 53
- 【双调】夜行船·秋思 …………………………………………… 55
- 游园 ………………………………………………………………… 57
- 金缕曲（赠梁汾）………………………………………………… 60
- 黛玉葬花 …………………………………………………………… 62
- 雪花的快乐 ………………………………………………………… 66
- 伤逝——涓生的手记 ……………………………………………… 68
- 毛泽东诗词二首 …………………………………………………… 78
- 白马湖 ……………………………………………………………… 80
- 茶馆（节选）……………………………………………………… 83
- 《飞鸟集》选读 …………………………………………………… 92
- 绳子 ………………………………………………………………… 94
- 中外文学史概述 …………………………………………………… 99

中编　应用写作

第一章　应用写作概述 ……………………………………………………………… 118
　　第一节　应用文的概念、产生与发展 ……………………………………………… 118
　　第二节　应用文的特点和作用 …………………………………………………… 119
　　第三节　应用文的语言和表达方式 ……………………………………………… 120
　　第四节　学习应用写作的意义与提高途径 ……………………………………… 123
第二章　日常文书 …………………………………………………………………… 125
　　第一节　便条　单据 ……………………………………………………………… 125
　　第二节　启事　海报 ……………………………………………………………… 128
　　第三节　介绍信　证明信 ………………………………………………………… 131
　　第四节　感谢信　祝贺信 ………………………………………………………… 135
　　第五节　倡议书　申请书 ………………………………………………………… 136
　　第六节　求职应聘文书 …………………………………………………………… 139
第三章　党政机关公文 ……………………………………………………………… 146
　　第一节　党政机关公文概述 ……………………………………………………… 146
　　第二节　常见的几种党政机关公文 ……………………………………………… 152
第四章　事务文书 …………………………………………………………………… 164
　　第一节　计划 ……………………………………………………………………… 164
　　第二节　总结 ……………………………………………………………………… 166
　　第三节　调查报告 ………………………………………………………………… 170
　　第四节　简报 ……………………………………………………………………… 175
第五章　财经文书 …………………………………………………………………… 180
　　第一节　市场调查报告 …………………………………………………………… 180
　　第二节　市场预测报告 …………………………………………………………… 183
　　第三节　可行性研究报告 ………………………………………………………… 187
　　第四节　商业广告文案 …………………………………………………………… 190
　　第五节　产品说明书 ……………………………………………………………… 195
　　第六节　招标书　投标书 ………………………………………………………… 197
　　第七节　合同 ……………………………………………………………………… 202
　　第八节　经济活动分析报告 ……………………………………………………… 208
第六章　法律文书 …………………………………………………………………… 215
　　第一节　起诉状 …………………………………………………………………… 215
　　第二节　答辩状 …………………………………………………………………… 220
　　第三节　上诉状 …………………………………………………………………… 221
　　第四节　申诉状 …………………………………………………………………… 223
　　第五节　授权委托书 ……………………………………………………………… 225
第七章　科技文书 …………………………………………………………………… 228
　　第一节　学术论文 ………………………………………………………………… 228
　　第二节　毕业论文 ………………………………………………………………… 230
　　第三节　毕业论文答辩 …………………………………………………………… 232

第八章　新闻文体 ·· 235
　第一节　新闻概述 ·· 235
　第二节　消息 ·· 236
　第三节　通讯 ·· 242
第九章　申论 ·· 248
　第一节　申论概述 ·· 248
　第二节　申论考试的测评要素和常见题型 ············· 249
　第三节　申论应试的注意事项 ····························· 251

下编　口才训练

第十章　口才概述 ·· 266
　第一节　口才与口才素质构成 ····························· 266
　第二节　训练口才的方法及态势语的运用 ············ 267
第十一章　朗读朗诵 ·· 270
　第一节　朗读技巧及训练 ···································· 270
　第二节　朗诵技巧及训练 ···································· 274
第十二章　演讲口才 ·· 279
　第一节　演讲的概念及意义 ································ 279
　第二节　演讲稿的撰写技巧 ································ 280
　第三节　演讲的排演训练 ···································· 282
第十三章　辩论口才 ·· 289
　第一节　辩论的概念及原则 ································ 289
　第二节　辩论的规则和技巧 ································ 290
第十四章　求职口才 ·· 296
　第一节　求职口才的作用与技巧 ·························· 296
　第二节　求职注意事项 ······································· 299
参考文献 ·· 302

上 编

阅读欣赏

蒹　葭[1]

《诗经》

作品简介

　　《诗经》是我国第一部诗歌总集，共收入自西周初年至春秋中叶大约五百年的诗歌311篇（其中6篇为只有标题、没有内容的笙诗）。《诗经》共分《风》《雅》《颂》三大部分。《风》包括十五国风，共160篇，主要是各地民歌；《雅》分为《大雅》和《小雅》，共105篇，主要是周朝王畿一带贵族文人所作的乐歌，也有少量民谣；《颂》分为《周颂》《鲁颂》和《商颂》，共40篇，主要是朝廷祭祀歌曲。

　　《诗经》句式以四言为主，间以杂言，多用赋、比、兴的表现手法，语言朴素、优美、准确、形象，结构上往往重章叠句，一咏三叹，富有节奏感和音乐性，感染力很强。《诗经》是我国现实主义文学的光辉起点，对后世文学产生了深远的影响，在我国乃至世界文化史上都占有极高的地位。

　　蒹葭苍苍[2]，白露为[3]霜。所谓伊人[4]，在水一方。溯洄从之[5]，道阻且长；溯游从之[6]，宛在水中央。
　　蒹葭萋萋[7]，白露未晞。所谓伊人，在水之湄[8]。溯洄从之，道阻且跻[9]；溯游从之，宛在水中坻[10]。
　　蒹葭采采[11]，白露未已，所谓伊人，在水之涘[12]。溯洄从之，道阻且右[13]；溯游从之，宛在水中沚[14]。

作品简析

　　本诗旨在抒发诗人思见秋水伊人而终不得见的思想感情。至于所思何人，所寓何意，迄今尚无定论。

　　有的人认为此诗是怀念友人的一首歌，有的人认为此诗是一首情歌。诗人所怀念的"伊人"，或是男子心目中的"淑女"，或是女子心目中的"君子"。然细读此诗，诗人

---

[1] 本诗出自《诗经·秦风》，是春秋时期秦国的一首民歌。
[2] 蒹葭（jiānjiā）：芦苇。苍苍：茂盛的样子。
[3] 为：动词，成。
[4] 伊人：那个人。
[5] 溯洄（sùhuí）从之：意思是沿着河道走向上游去寻找她。溯洄，逆流而上。从，追，追求。
[6] 溯游从之：顺着直流的河水向下游去寻找她。溯游，顺流而下。
[7] 萋萋：茂盛的样子。
[8] 湄（méi）：水和草交接的地方，指岸边。
[9] 跻（jī）：登，上升。
[10] 坻（chí）：水中的小洲或高地。
[11] 采采：茂盛鲜明的样子。
[12] 涘（sì）：水边。
[13] 右：向右拐弯，这里是（道路）弯曲的意思。
[14] 沚（zhǐ）：水中的小块陆地。

表达的是一种对自己渴望见到的人的深切思念。这是一种"高山仰止,景行行止"的仰慕之情,是一种"从之"而不可得的景仰之情。这种情与那种男女间的私情是迥然有别的。因此,用怀人之说来解释《蒹葭》,于情于理俱合。

本诗在艺术上,一是以景起兴,寓情于景,借物抒情,以"蒹葭苍苍,白露为霜"的清秋萧瑟景象来烘托诗中主人公对自己所仰慕的人在寻而不得中产生的空虚和惆怅的感情,达到了情景交融的境界。二是叠字的运用。全诗共三章,三章句式相同,字数相同,只是在少数地方选用了近义词或同义词,如用"萋萋""采采"分别放在"苍苍"的位置上,用"未晞""未已"分别取代"为霜",这样既做到了一唱三叹,使诗人的感情得到了充分的表达,又使诗作行文富有变化而无重复呆滞之感。

思考与练习

一、简述本诗所展现的朦胧情趣。

二、试述本诗所使用的艺术手法及其效果。

三、请背诵本诗。

《老子》三章

作者简介

老子（约前571—约前471），姓李名耳，字伯阳，楚国苦县（今河南鹿邑）人。春秋时期的思想家，道家学派创始人。其著作《老子》又名《道德经》。

《老子》全书共分81章，其中前37章为《道经》，后44章为《德经》。它集中体现了老子的哲学思想。在中国哲学史上，老子是进行宇宙本体探讨之第一人。他提出了"以无为本"的哲学命题，认为"天下万物皆生于有，有生于无"，讲求"无为而无不为"。老子的论述闪烁着朴素的辩证法思想，对中国哲学、宗教影响深远。老子的思想在世界其他国家的影响也日趋广泛，《老子》已被译为数十种文字。

天下皆知美之为美，斯恶矣[1]；皆知善之为善，斯不善矣。
故有无相生，难易相成，长短相形，高下相盈[2]，音声相和[3]，前后相随[4]，恒[5]也。是以圣人处无为[6]之事，行不言之教[7]，万物作而弗[8]始，生而弗有，为而弗恃，功成而弗居[9]。夫惟弗居，是以不去。（第二章）

曲则全，枉[10]则直，洼[11]则盈，敝则新，少则得，多则惑。
是以圣人抱一为天下式[12]。不自见[13]，故明；不自是[14]，故彰；不自伐[15]，故有功；不自矜，故长。
夫唯不争，故天下莫能与之争。古之所谓"曲则全"者，岂虚言哉？诚全而归之。（第二十二章）

知人者智，自知者明。胜人者有力，自胜者强。知足者富[16]，强行[17]者有志。不失其所者久[18]，死而不亡[19]者寿。（第三十三章）

---

[1] "天下"二句：天下人都知道美之所以为美，那么丑的观念也就产生了。亦有他解。
[2] 盈：包含。
[3] 和：调和。
[4] 随：依顺。
[5] 恒：永远，恒常。
[6] 圣人：这里是指合乎道家最高理想的人物，其人格形态不同于儒家圣人。无为：不妄为。
[7] 行不言之教：不直接通过各种言论方式去督教，而采取潜移默化的方式去引导。
[8] 弗：不。
[9] 居：居功。
[10] 枉：屈。
[11] 洼：低陷之地。
[12] 抱一：守道。式：范式。
[13] 自见：自现，自我表露。
[14] 自是：自以为是。
[15] 自伐：自夸。
[16] 富：富有。
[17] 强行：坚持力行。
[18] 不失其所者久：不违背规律的人能够长久。失，丧失，引申为违背。其所，他所凭借的，当指"道"。
[19] 死而不亡：身死而道犹存，类似于今天讲的"人死了，精神长存"。

作品简析

《老子》一书闪烁着朴素的辩证法思想光芒，处处给人以哲理的启迪。

课文所选的《老子》第二章前半部分谈的是辩证法思想。美与丑、善与不善都是相反相成的，有与无、难与易、长与短、高与下、音与声、前与后都是相互依存的。它们既是对立的，又是统一的，没有一方也就无所谓另一方。第二章的后半部分谈的是"无为而治"的思想。"处无为之事，行不言之教"，任万物自然而不加干涉，方可建功，方可长久。

《老子》第二十二章谈的是老子"以退为进"的处世之道。以曲求全，以枉求直，以洼求盈，以敝求新，以少求得，抱元守一，不自见，不自是，不自伐，不自矜，时时处处以低姿态出现，不与世争，其结果则是"天下莫能与之争"，以退而为大进。

《老子》第三十三章谈的是个人修养的问题。知人、胜人十分重要，而自知、自胜更加重要。知己知彼，才是明智；胜己胜人，才能强有力。要按客观规律办事，不要过头，也不要不及。永不迷失自己的目标与定位才能长久，精神长留人间才是真正的长寿。

思考与练习

一、试就《老子》第二十二章所谈处世之道，谈谈你的理解和认识。

二、请说说课文中哪些语句体现了辩证法思想，对你有何教益。

三、请背诵本篇。

《论语》五则

作品简介

　　《论语》是儒家最重要的经典著作，由孔子的弟子和再传弟子整理编撰而成，主要记载孔子及其弟子的言行。南宋时，理学家朱熹将《论语》《孟子》《大学》《中庸》合为"四书"，使之在儒家经典中的地位日益提高。现在通行的《论语》20篇涵盖了道德修养、行为规范、政治教化、立身处世等方面的内容。《论语》文字简练，内涵深刻，对我国后世思想、政治、文化、学术等各方面都有长期、深刻的影响。

　　1. 子[1]曰："士志于道，而耻[2]恶衣恶食者，未足与议也。"（《里仁》）

　　2. 子绝四：毋意[3]，毋必[4]，毋固[5]，毋我[6]。（《子罕》）

　　3. 孔子曰："益者三友，损者三友。友直[7]，友谅[8]，友多闻[9]，益矣。友便辟[10]，友善柔[11]，友便佞[12]，损矣。"（《季氏》）

　　4. 孔子曰："君子有九思：视思明[13]，听思聪[14]，色思温[15]，貌思恭[16]，言思忠[17]，事思敬[18]，疑思问[19]，忿思难[20]，见得思义[21]。"（《季氏》）

---

[1] 子：孔子（前551—前479），名丘，字仲尼，春秋末期鲁国陬邑（今山东曲阜）人。孔子是我国古代著名的思想家、教育家、儒家学派创始人。相传孔子有弟子三千，贤弟子七十二人，曾带领弟子周游列国十四年。孔子还是一位古文献整理家，曾修《诗》《书》，定《礼》《乐》，序《周易》，作《春秋》。孔子的思想及学说对后世产生了极其深远的影响。

[2] 耻：以……为耻。

[3] 毋意：不凭空揣测。毋，不要，表示禁止。意，同"臆"，猜测。

[4] 毋必：不主观臆断。

[5] 毋固：不固执己见。

[6] 毋我：不唯我独尊。

[7] 友直：与正直的人交朋友。友，与……为友。

[8] 谅：诚实，守信。

[9] 多闻：博闻多识。

[10] 便（pián）辟：逢迎谄媚。

[11] 善柔：巧于柔化，这里指见风使舵。

[12] 便佞（nìng）：巧言善辩，夸夸其谈。

[13] 视思明：看的时候考虑是否看明白了。

[14] 听思聪：听的时候考虑是否听清楚了。

[15] 色思温：脸上的表情是否和蔼可亲。

[16] 貌思恭：容貌是否端庄恭敬。

[17] 言思忠：言谈是否诚实可靠。

[18] 事思敬：做事是否谨慎尽职。

[19] 疑思问：遇到疑问是否虚心求教。

[20] 忿思难：发怒的时候是否想到会引起什么后果。

[21] 见得思义：遇到可得的利益是否想到该不该得。

5.子曰:"好仁不好学,其蔽也愚[1]。好知[2]不好学,其蔽也荡。好信不好学,其蔽也贼[3]。好直不好学,其蔽也绞[4]。好勇不好学,其蔽也乱。好刚不好学,其蔽也狂[5]。"(《阳货》)

作品简析

本文所选的《论语》五则,内容涉及人生态度、人格修养、处世交友及治学信条等方面。每一则都语言较为浅近,却含义丰富,耐人寻味,发人深省。孔子认为,一个人以自己吃穿得不好为耻辱,对这种人,是不值得与他谈论道的;在人们的社会交往与交流之中,为了确保这种交往与交流的和谐、有效,做到如下四点是绝对必要的:放弃一切没有事实根据的主观臆想,放弃一切自以为是的主观武断,放弃一切故步自封的主观成见,放弃一切唯我独尊的主观态度。益友有三种好处,君子应有九思,以此教导学生身体力行。孔子还认为,一个人哪怕已经有了"仁、知、信、直、勇、刚"六大美德,可如果"不好学",那么也往往会流于"六蔽"。不认真学习,不深入探究,而率性为之,容易走入美德的反面,可见学习的重要性。这些思想见解是孔子的饱满学识和丰富人生经验的概括与积淀,充满了真知灼见,两千多年来一直为人们广泛传诵,成为人们牢记并遵守的治学信条和人生格言。

思考与练习

一、请大家采取自由发言的形式,交流学习本课的体会和感悟。
二、你认为孔子关于人格修养的论述在今天有什么现实意义?
三、请背诵这五则语录。

---

[1] 其蔽也愚:它的坏处是愚而不明。蔽,同"弊",毛病,坏处。
[2] 知:同"智"。
[3] 贼:指伤害大义,害人害己。
[4] 绞:偏激。
[5] 狂:胆大妄为。

大学（节选）

《礼记》

作品简介

《大学》，儒家经典之一，原为《礼记》第42篇，约为秦汉之际儒家作品，一说曾子作。东汉郑玄注《礼记》时一并作了注，唐代孔颖达作《礼记正义》时也一并作了疏，但是并没有受到时人的重视。宋代从《礼记》中把它抽出，与《论语》《孟子》《中庸》合为"四书"。提出明明德、亲民、止于至善的三纲领和格物、致知、诚意、正心、修身、齐家、治国、平天下的八条目。被宋儒称为"初学入德之门""所以教人之法"。宋、元以后，《大学》为钦定的学校教科书，成为科举考试的标准读本，与"五经"具有同等的地位，对中国社会产生了深远影响。

大学之道[1]，在明明德[2]，在亲民[3]，在止于至善。知止[4]而后有定，定而后能静，静而后能安，安而后能虑，虑而后能得[5]。物有本末，事有终始。知所先后，则近道矣。

古之欲明明德于天下者，先治其国；欲治其国者，先齐其家[6]；欲齐其家者，先修其身[7]；欲修其身者，先正其心；欲正其心者，先诚其意；欲诚其意者，先致其知[8]。致知在格物[9]，物格而后知至，知至而后意诚，意诚而后心正，心正而后身修，身修而后家齐，家齐而后国治，国治而后天下平。

自天子以至于庶人[10]，壹是皆以修身为本[11]。其本乱而末治[12]者，否矣。其所厚者薄，而其所薄者厚[13]，未之有也[14]。此谓知本，此谓知之至也。

---

[1] 大学之道：大学的宗旨。"大学"一词在古代有两种含义：一是"博学"的意思，二是相对于小学而言的"大人之学"。古人八岁入小学，学习"洒扫应对进退、礼乐射御书数"等文化基础知识和礼节；十五岁入大学，学习伦理、政治、哲学等"穷理正心，修己治人"的学问。"道"的本义是道路，此处引申为道理、宗旨、规律等。

[2] 明明德：前一个"明"作动词，有使动的意味，即"使……显明""使……彰明"，也就是发扬、弘扬的意思；后一个"明"作形容词，指清明的、光明的。明德，也就是光明正大的品德。

[3] 亲民：根据后面的"传"文，"亲"应为"新"，即革新、弃旧图新。亲民也就是新民，使人弃旧图新、去恶从善。

[4] 知止：知道目标所在。

[5] 得：收获，获得（至善）。

[6] 齐其家：管理好自己的家庭或家族，使家庭或家族齐心协力、和睦平安、兴旺发达。

[7] 修其身：修养自身的品性。

[8] 致其知：做到认知正确。致，至。知，认知。

[9] 格物：推究事物的原理。

[10] 庶人：指平民百姓。

[11] 壹是：都是。本：根本。

[12] 末：相对于"本"而言，指枝末、枝节。治："乱"的反义词，指安定。

[13] 厚者薄：该重视的不重视。薄者厚：不该重视的却加以重视。

[14] 未之有也：未有之也，没有这样的道理（事情、做法等）。

作品简析

《大学》阐释了教育的宗旨与途径，以及各条目之间的关系，推理严密，逻辑清晰，是研习儒学的经典。本文是《大学》的开篇部分，开宗明义即展示儒学"三纲八目"的追求。所谓"三纲"，是指明明德、新民、止于至善。它既是《大学》的纲领旨趣，也是儒学"垂世立教"的目标所在。所谓"八目"，是指格物、致知、诚意、正心、修身、齐家、治国、平天下。它既是达到"三纲"的路径，也是儒学为我们所展示的人生进修阶梯。纵览"四书""五经"，儒家的全部学说实际上都是循着这"三纲八目"而展开的。其中实际上包括"内修"和"外治"两大方面："格物、致知、诚意、正心"是"内修"，"齐家、治国、平天下"则是"外治"。而中间的"修身"这一环节，则是连接"内修"和"外治"两方面的枢纽。"修身"与"格物、致知、诚意、正心"相连，就是"独善其身"；与"齐家、治国、平天下"相连，则是"兼济天下"。

《大学》提出的"三纲"和"八目"，强调"修己"是"治人"的前提，"修己"的目的是治国、平天下，这说明治国、平天下和个人道德修养之间存在一致性。

本篇文辞简约，逻辑严密，字字珠玑，句句格言，内涵深刻，影响深远。

思考与练习

一、请体会《大学》中的"三纲八目"对儒家思想的影响。

二、《大学》中所展示的儒家修德之学对今天的社会发展有何意义？

三、请背诵本篇。

国 殇[1]

屈 原

作者简介

屈原（约前340—前278），名平，字原，战国后期楚国人，我国古代杰出的政治家，伟大的爱国诗人，我国浪漫主义诗歌的奠基人。出身楚国贵族，学识渊博，善于辞令，志行高洁，具有远大的政治理想和人生抱负。楚怀王时，曾任左徒、三闾大夫等职，主张举贤任能，立法治国，联齐抗秦。其政治主张屡遭保守势力的诽谤打击，并被长期流放。在楚国郢都被秦国攻破时，屈原满怀悲愤与遗憾，自投汨罗江而亡。

屈原留存下来的作品主要有《离骚》《天问》《九歌》《九章》《招魂》等。这些作品爱憎分明，充满着爱国主义激情，表现了作者对理想的执着追求和不与世俗同流合污的高洁情操。作品中运用大量神话传说和奇妙比喻，构思奇特，想象丰富，文辞华丽，充满积极的浪漫主义精神，对我国文学的发展有着极为深远的影响。

操吴戈兮被犀甲[2]，车错毂兮短兵[3]接。旌蔽日兮敌若云[4]，矢交坠兮士争先[5]。凌余阵兮躐余行[6]，左骖殪兮右刃伤[7]。霾两轮兮絷四马[8]，援玉枹兮击鸣鼓[9]。天时怼兮威灵怒[10]，严杀尽兮弃原野[11]。

出不入兮往不反[12]，平原忽兮路超[13]远。带长剑兮挟秦弓[14]，首身离兮心不惩[15]。诚[16]既勇兮又以武，终[17]刚强兮不可凌。身既死兮神以灵[18]，子魂魄兮为鬼雄[19]！

---

[1] 本篇选自《楚辞·九歌》，原为战国时期楚地的民间祭歌，经过了屈原的加工。本诗用于祭奠为国捐躯的将士，故名"国殇"。殇：非正常死亡，通常指战死的人。

[2] 操：拿着。吴戈：战国时吴国制造的一种特别锋利的戈。被：通"披"。犀甲：犀牛皮制作的铠甲。

[3] 车错毂（gǔ）：指两国双方激烈交战，兵帅来往交错。毂，车轮中心插轴的地方。短兵：指刀剑一类的短兵器。

[4] 旌蔽日兮敌若云：旌旗遮蔽了太阳，敌兵像云一样聚集在一起。旌，用羽毛装饰的旗子。

[5] 矢交坠兮士争先：是指双方激战，流箭交错，纷纷坠落，战士却奋勇争先杀敌。矢，箭。

[6] 凌：侵犯。躐（liè）：践踏。行：行列。

[7] 左骖（cān）：古代战车用四匹马拉，中间的两匹马叫"服"，左右两边的叫"骖"。殪（yì）：杀死。右：指右骖。刃伤：为兵刃所伤。

[8] 霾（mái）两轮兮絷（zhí）四马：把（战车的）两轮埋在土中，四匹马也被拴住，意思是要同敌人血战到底。霾，通"埋"。絷，拴住马足。

[9] 援玉枹（fú）兮击鸣鼓：主帅鸣击战鼓以振作士气。援，拿着。枹，鼓槌。

[10] 天时：天意。怼（duì）：怨。威灵怒：神明震怒。

[11] 严杀：酣战痛杀。弃原野：指骸骨弃在战场上。

[12] 出不入兮往不反：是说战士抱着义无反顾的必死决心。

[13] 忽：指原野宽广无际。超：通"迢"。

[14] 挟（xié）：携，拿。秦弓：战国秦地所造的弓（因射程较远而闻名）。

[15] 首身离：头和身子分离，指战死。惩：恐惧，悔恨。

[16] 诚：果然是，诚然。

[17] 终：始终。

[18] 神以灵：指精神永存。

[19] 鬼雄：鬼中英雄。

作品简析

《国殇》是《九歌》中的一篇，是追悼为国捐躯的将士的祭歌。国殇是指为国牺牲的将士。楚怀王在位期间，楚国同秦国几次较大的战争，大多是楚国抵御强敌的自卫战争。在这首诗中，诗人对为国捐躯的将士的英雄气概和威武不屈的崇高品质，给予了高度评价，赞美他们活着是人中的英雄，死了是鬼中的豪杰，热情歌颂了楚国人民强烈的爱国主义精神和坚毅的性格。这首诗尽管是直赋其事，但既有比喻，又有想象，把强烈的英雄主义色彩和积极的浪漫主义精神融汇在全诗之中。本篇风格悲壮，情调激昂，是《九歌》中一篇很有特色的作品。

思考与练习

一、屈原为何要写《国殇》？

二、本诗从哪些方面表现了楚军的战斗精神？

三、本诗描写战斗进程有何特点？

四、请背诵本诗。

谏逐客书[1]

李 斯

作者简介

李斯（约前280—前208），战国时期楚国上蔡（今河南上蔡西南）人，秦代著名政治家。青年时从荀子学。以六国皆弱，不足有为，乃入秦，为秦相吕不韦舍人。因说秦王并六国，拜为客卿。其时，韩国派水工郑国入秦，助修水渠，借以耗秦国力，使秦无力对韩用兵。此事被发觉后，秦王接受宗室大臣建议，下令逐客，李斯亦在其中。李斯上书谏止，被秦王采纳。秦灭六国后，李斯官至丞相。秦二世时，李斯为赵高所陷，被腰斩于咸阳，夷灭三族。

李斯的文章保留至今的均收在《史记·李斯列传》中，共有三篇：《谏逐客书》《论督责书》和《狱中上秦二世书》。

臣闻吏议逐客，窃以为过[2]矣。

昔缪公[3]求士，西取由余于戎，东得百里奚于宛，迎蹇叔于宋，来[4]丕豹、公孙支于晋。此五子者，不产于秦，而缪公用之，并国二十，遂霸西戎。孝公用商鞅之法，移风易俗，民以殷盛，国以富强，百姓乐用[5]，诸侯亲服，获楚、魏之师，举地千里，至今治强[6]。惠王用张仪之计，拔三川之地，西并巴、蜀，北收上郡，南取汉中，包九夷[7]，制鄢、郢，东据成皋之险，割膏腴之壤，遂散六国之从[8]，使之西面事秦，功施[9]到今。昭王得范雎，废穰侯，逐华阳，强公室[10]，杜私门，蚕食诸侯，使秦成帝业。此四君者，皆以客之功。由此观之，客何负于秦哉？向使四君却客而不内[11]，疏士[12]而不用，是使国无富利之实，而秦无强大之名也。

今陛下致昆山[13]之玉，有随、和之宝[14]，垂明月之珠[15]，服太阿[16]之剑，乘纤离[17]之马，

---

[1] 本文选自《史记·李斯列传》，是李斯写给秦王嬴政的奏章。这篇《谏逐客书》劝谏秦王不要驱逐客卿，写得理足辞胜、雄辩滔滔，因此打动了秦王，使他收回了逐客的命令，恢复了李斯的官职，而《谏逐客书》也成为一篇脍炙人口的名文，千百年来一直被人们所传诵。

[2] 窃：私下，谦词。过：错误。

[3] 缪公：秦穆公。

[4] 来：同"徕"，招来。

[5] 乐用：乐意被用，指愿意为国效力。

[6] 治强：安定强盛。

[7] 九夷：泛指当时楚国境内的少数民族。

[8] 从：通"纵"，即合纵，指南北六国联合抗秦的策略。

[9] 施（yì）：延续。

[10] 公室：王室。

[11] 却：拒绝。内（nà）：同"纳"，接纳。

[12] 疏士：疏远外来贤才。

[13] 昆山：昆仑山，是古代著名的产玉之地。

[14] 随、和之宝：指随侯珠、和氏璧，出于楚国。

[15] 明月之珠：夜间光如明月的宝珠。

[16] 太阿（ē）：宝剑名，相传是吴国著名冶匠欧冶子和干将所铸。

[17] 纤离：古代骏马名。

建翠凤之旗[1]，树灵鼍[2]之鼓。此数宝者，秦不生一焉，而陛下说[3]之，何也？必秦国之所生然后可，则是夜光之璧[4]不饰朝廷，犀、象之器不为玩好[5]，郑、卫之女不充后宫，而骏良駃騠[6]不实外厩，江南金锡不为用，西蜀丹青不为采。所以饰后宫、充下陈[7]、娱心意、说耳目者，必出于秦然后可，则是宛珠之簪[8]、傅玑之珥[9]、阿缟之衣、锦绣之饰，不进于前，而随俗雅化、佳冶[10]窈窕赵女不立于侧也。夫击瓮叩缶[11]，弹筝搏髀[12]而歌呼呜呜，快耳目者，真秦之声也。郑、卫、桑间、韶、虞、武、象者，异国之乐也。今弃击瓮叩缶而就郑卫，退弹筝而取韶虞，若是者何也？快意当前，适观[13]而已矣。今取人则不然，不问可否，不论曲直[14]，非秦者去，为客者逐。然则是所重者，在乎色、乐、珠、玉，而所轻者，在乎人民也，此非所以跨海内、制诸侯之术也。

臣闻地广者粟多，国大者人众，兵强[15]则士勇。是以太山不让[16]土壤，故能成其大；河海不择细流，故能就[17]其深；王者不却众庶，故能明其德[18]。是以地无四方[19]，民无异国，四时充美[20]，鬼神降福，此五帝三王之所以无敌也。今乃弃黔首以资[21]敌国，却宾客以业诸侯[22]，使天下之士退而不敢西向，裹足不入秦，此所谓藉寇兵而赍[23]盗粮者也。

夫物不产于秦，可宝者多；士不产于秦，而愿忠者众。今逐客以资敌国，损民以益仇，内自虚而外树怨于诸侯，求国无危，不可得也。

作品简析

"秦之文章，李斯一人而已。"（鲁迅语）李斯写本文的目的是劝谏秦王不要驱逐客卿。

全文分五段向秦王阐明纳客与逐客对秦的实际利害，申述客不当逐的道理。第一段

---

[1] 翠凤之旗：用翠羽做成凤鸟形状而装饰起来的旗帜。
[2] 灵鼍（tuó）：长寿的爬虫类动物，似鳄鱼，又名猪婆龙，皮可制鼓。
[3] 说（yuè）：同"悦"。
[4] 夜光之璧：夜间能发出光亮的美玉。
[5] 玩好：指玩赏、喜好之物。
[6] 駃騠（juétí）：骏马名。
[7] 下陈：这里指侍奉君王的妃嫔、宫女。
[8] 宛珠之簪（zān）：用宛地的珠子装饰起来的簪子。
[9] 傅玑之珥（ěr）：附有玑珠的耳饰。傅，同"附"。
[10] 随俗雅化：随着时尚的变化打扮得非常标致时髦。佳冶：美好艳丽。
[11] 瓮、缶（fǒu）：瓦器，古时秦地作为打击乐器。
[12] 搏髀（bì）：拍着大腿打拍子。搏，拍击。髀，大腿。
[13] 适观：欣赏起来感受舒适。这里作者用秦国采用外来音乐做例证，来揭露排外政策的荒谬。
[14] 曲直：邪正、是非。
[15] 兵强：指武器锐利。
[16] 让：拒绝。
[17] 就：成就。
[18] 明：彰显。德：恩德。
[19] 地无四方：土地不分东南西北。
[20] 四时充美：一年四季都富足美好。
[21] 黔首：秦时对黎民百姓的称呼。资：资助。
[22] 业诸侯：使诸侯成就功业。
[23] 藉：借。赍（jī）：给予，赠送。

开门见山地提出文章的中心论点：驱逐客卿是错误的。第二段采用例证法，以历史事实作为论据，列举了秦国历史上四位君王因重用客卿而取得巨大成就的史实，从而得出没有客卿的功劳就没有秦国今天的富庶和强大的结论，说明客无负于秦，这是客不当逐的理由之一。第三段采用类比论证法，用秦王重外物与其轻人才进行类比，得出逐客这种做法是与秦王统一六国的目标背道而驰的这一结论，这是客不当逐的理由之二。第四段采用正反对比论证法，从理论上进一步阐述纳客与逐客的利弊关系，这是客不当逐的理由之三。第五段则总结全文，指出逐客必将危及国家的存亡，从而使秦王猛醒。显然，本文第二、三、四、五段都是紧扣"驱逐客卿是错误的"这一中心论点而展开的。

本文结构严谨、层次清晰、辞藻华丽、论据丰富，极具说服力。比喻、反复、排比等修辞手法的成功运用，加之语言的整齐错落，节奏的抑扬顿挫，使文章具备飞扬的文采和夺人的气势。

思考与练习

一、文章列举秦国四位君王"以客之功"的历史事实说明了什么问题？

二、秦汉散文的特点是注重文章的效用，故特别注意写作技巧。试分析本文的写作技巧。

三、请熟读本文，感受文章铺陈排比、纵横议论的气势。

垓下之围[1]

司马迁

作者简介

司马迁（约前145—？），字子长，夏阳（今陕西韩城）人，一说龙门（今山西河津）人，西汉伟大的史学家、文学家。幼年好学，六七岁时随其父司马谈读书。20岁开始漫游全国各地。汉元封三年（前108），继承父职，任太史令。太初元年（前104），开始动笔撰写《史记》。后因李陵事件，罹罪下狱，受腐刑，出狱后发愤著书，以毕生精力写成此书。

《史记》是我国第一部纪传体通史，记载了从传说中的黄帝到西汉汉武帝太初年间大约3000年的历史。全书包括十二本纪、十表、八书、三十世家、七十列传，共130篇。它是一部"究天人之际，通古今之变，成一家之言"的伟大著作。

《史记》不仅是一部伟大的历史著作，同时也是一部以写人物为中心的伟大的传记文学作品。鲁迅誉之为"史家之绝唱，无韵之《离骚》"，高度评价了它在史学和文学上的价值。书中语言生动，激情洋溢，人物形象栩栩如生。它的思想性、艺术性和历史价值都很高，对后世史书的写作和传记文学都产生了巨大、深远的影响。

项王军壁[2]垓下，兵少食尽，汉军及诸侯兵围之数重。夜闻汉军四面皆楚歌[3]，项王乃大惊曰："汉皆已得楚乎？是何楚人之多也！"项王则夜起，饮帐中。有美人名虞，常幸从[4]；骏马名骓[5]，常骑之。于是项王乃悲歌忼慨[6]，自为诗曰："力拔山兮气盖世，时不利兮骓不逝[7]。骓不逝兮可奈何，虞兮虞兮奈若何[8]！"歌数阕[9]，美人和之。项王泣数行下，左右皆泣，莫能仰视。

于是项王乃上马骑，麾下壮士骑从者八百余人，直夜溃围[10]南出，驰走。平明[11]，汉军乃觉之，令骑将灌婴[12]以五千骑追之。项王渡淮，骑能属[13]者百余人耳。项王至阴陵[14]，迷失道，问一田父，田父绐[15]曰："左。"左，乃陷大泽中。以故汉追及之。项王

---

[1] 本文节选自《史记·项羽本纪》。题目系编者所加。垓下：地名，故址在今安徽灵璧东南。
[2] 军壁：筑营驻扎。
[3] 四面皆楚歌：四面八方都响起用楚方言所唱的歌曲，喻指楚人多已降汉。
[4] 幸从：得到宠爱，跟随在项羽身边。
[5] 骓（zhuī）：毛色黑白相间的马。这里是以毛色为马命名。
[6] 忼慨：同"慷慨"，悲愤激昂。
[7] 逝：奔驰。
[8] 奈若何：我将把你怎么办。若，你。
[9] 数阕（què）：几遍。
[10] 直夜：当夜。溃围：突破重围。
[11] 平明：天亮时。
[12] 灌婴：人名，秦末随刘邦起兵，因功封颍阴侯。
[13] 属：跟随。
[14] 阴陵：地名，故址在今安徽省定远县西北。
[15] 田父：老农。绐（dài）：欺骗。

乃复引兵而东，至东城[1]，乃有二十八骑。汉骑追者数千人。项王自度不得脱[2]，谓其骑曰："吾起兵至今八岁矣，身七十余战，所当者[3]破，所击者服，未尝败北，遂霸有天下。然今卒困于此，此天之亡我，非战之罪也！今日固决死[4]，愿为诸君快战[5]，必三胜之，为诸君溃围，斩将，刈旗[6]，令诸君知天亡我，非战之罪也。"乃分其骑以为四队，四向[7]。汉军围之数重。项王谓其骑曰："吾为公取彼一将。"令四面骑驰下，期山东为三处[8]。于是项王大呼驰下。汉军皆披靡，遂斩汉一将。是时，赤泉侯[9]为骑将，追项王，项王瞋目而叱之，赤泉侯人马俱惊，辟易[10]数里。与其骑会为三处。汉军不知项王所在，乃分军为三，复围之。项王乃驰，复斩汉一都尉，杀数十百人，复聚其骑，亡其两骑耳。乃谓其骑曰："何如？"骑皆伏[11]曰："如大王言。"

于是项王乃欲东渡乌江[12]。乌江亭长檥[13]船待，谓项王曰："江东虽小，地方千里，众数十万人，亦足王也。愿大王急渡。今独臣有船，汉军至，无以渡。"项王笑曰："天之亡我，我何渡为！且籍与江东子弟八千人渡江而西，今无一人还，纵江东父兄怜而王我，我何面目见之？纵彼不言，籍独不愧于心乎？"乃谓亭长曰："吾知公长者[14]。吾骑此马五岁，所当无敌，尝一日行千里，不忍杀之，以赐公。"乃令骑皆下马步行，持短兵接战。独籍所杀汉军数百人。项王身亦被十余创。顾见汉骑司马吕马童，曰："若非吾故人乎？"马童面之[15]，指王翳曰："此项王也。"项王乃曰："吾闻汉购我头千金，邑万户，吾为若德[16]。"乃自刎而死。

……

太史公[17]曰：吾闻之周生[18]曰"舜目盖重瞳子[19]"，又闻项羽亦重瞳子，羽岂其苗裔[20]邪？何兴之暴[21]也！夫秦失其政，陈涉首难，豪杰蜂起，相与并争，不可胜数。然羽非

---

[1] 东城：地名，故址在今安徽省定远县东南。
[2] 度（duó）：揣测，估计。脱：脱身。
[3] 所当者：所遇到的敌方。
[4] 固：必，一定。决死：必死。
[5] 快战：痛痛快快地打一仗。
[6] 刈（yì）旗：砍倒对方的军旗。
[7] 四向：面朝四个方向。
[8] 期：约定。山东：山的东面。为三处：意谓分三处集合。
[9] 赤泉侯：汉将杨喜，后封赤泉侯。赤泉：地名，在今河南淅川西。
[10] 辟易：退避。
[11] 伏：通"服"。
[12] 乌江：在今安徽省和县东北四十里，今名乌江浦。
[13] 亭长：乡官。秦汉时制度，十里一亭，设亭长一人。檥（yǐ）：同"舣"，停船靠岸。
[14] 长者：性情谨厚的人。
[15] 面之：指吕马童转过脸来，面对项王。
[16] 吾为若德：我送你个人情。意思是让你得到我的头，好去讨封赏。
[17] 太史公：太史令，司马迁自称。《史记》每篇传记文后均设"太史公曰"一段文字，以抒发他对传主一生行事、遭遇的总结性意见。
[18] 周生：汉时儒者，姓周，名不详。
[19] 重瞳子：一只眼睛里有两个瞳孔。
[20] 苗裔：后代子孙。
[21] 暴：骤然，突然。

有尺寸[1]，乘势起陇亩之中，三年，遂将五诸侯[2]灭秦，分裂天下，而封王侯，政由羽出，号为"霸王"，位虽不终，近古以来未尝有也。及羽背关怀楚[3]，放逐义帝[4]而自立，怨王侯叛己，难矣[5]。自矜功伐[6]，奋其私智而不师古[7]，谓霸王之业，欲以力征经营天下，五年卒亡其国，身死东城，尚不觉寤[8]，而不自责，过矣。乃引"天亡我，非用兵之罪也"，岂不谬哉！

作品简析

《项羽本纪》是《史记》中最重要、最精彩的篇章之一。本文节选自《项羽本纪》的最后一部分。其记叙的是项羽这位悲剧英雄叱咤风云生涯的最后一幕，主要表现他失败时的英雄风采。

司马迁通过垓下之围、东城快战、乌江自刎三个场面的描写，多角度、多层次地刻画了项羽的性格：既有霸王别姬的儿女情长，又有东城溃围的勇猛善战；既有阴陵迷道、归败于天的寡谋、自负，又有乌江拒渡、赠马亭长、赐头故人的知耻重义、纯朴仁爱。作者还善于在历史事实的关键环节进行合乎情理的艺术加工，写出了许多生动传神、惊心动魄的情节和细节，如楚歌夜警、虞兮悲唱、阴陵失道、东城快战、拒渡赠马、赐头故人等，让这位英雄死在歌泣言笑之中，取得了可歌可泣的艺术效果，也使全篇文字达到雄奇悲壮的美学境界，读之令人荡气回肠。

篇末的"太史公曰"，热情歌颂了项羽在灭秦过程中建立的丰功伟绩，充分肯定了他做出的历史贡献，同时也批评了他自矜武力以经营天下的错误，对他的失败给予了惋惜与同情。作者的评价公允深刻，而且寓有作者的身世感，使项羽这个悲剧人物具备了浓厚的抒情色彩。

思考与练习

一、本文主要描述了哪三个场面？这三个场面各表现了项羽怎样的性格？
二、简析本文中的细节描写，并说说细节描写对塑造人物性格所起到的作用。
三、谈谈你对项羽的功过及失败原因的看法。

---

[1] 非有尺寸：没有尺寸的封地为根基。
[2] 将：率领。五诸侯：齐、赵、韩、魏、燕五国，此处泛指楚以外的各路义军。
[3] 背关怀楚：放弃关中，怀归楚地，指的是项羽不扼据关中而还军建都彭城。
[4] 放逐义帝：项羽之叔项梁起兵时，立楚王后代熊心为怀王。灭秦后，项羽尊其为义帝。后项羽自立为西楚霸王，徙义帝往长沙郴县（今湖南郴州），并令人于途中将其杀死。
[5] 难矣：意思是说，项羽在这种情况下还想成大事，那就太困难了。
[6] 自矜：自夸，自负。功伐：功劳，功勋。
[7] 私智：一己之能。师古：以古代成功立业的帝王为师。
[8] 寤：通"悟"。

战 城 南 [1]

乐 府

作者简介

乐府，起初是指专门管理乐舞演唱教习的机构。其建置始于秦，秦及西汉惠帝时均设有"乐府令"，汉武帝时规模较大。乐府的职责是采集民间歌谣或文人的诗来配乐，以备朝廷祭祀或宴会时演奏之用。由乐府搜集整理的诗歌，后世就叫"乐府诗"，或简称"乐府"。

汉乐府在文学史上有极高的地位，是继《诗经》《楚辞》之后又一次诗歌的大汇集，对后世影响很大，很多后世文人会沿用乐府旧题而作诗。在内容上，它开拓了叙事诗发展成熟的新阶段，有"感于哀乐，缘事而发"的特点。代表作品有《孔雀东南飞》《陌上桑》《十五从军征》等。宋代郭茂倩曾编《乐府诗集》。

战城南，死郭[2]北，野死[3]不葬乌可食。
为我谓乌，且为客豪[4]，
野死谅[5]不葬，腐肉安能去子[6]逃？
水深激激[7]，蒲苇冥冥[8]。
枭骑[9]战斗死，驽马[10]徘徊鸣。
梁筑室[11]，何以南？梁何北[12]？
禾黍不获[13]君何食？愿为忠臣安可得？
思子良臣[14]，良臣诚可思，
朝行出攻，暮不夜归。

作品简析

《战城南》是为阵亡者而作，是对战争罪恶的诅咒和控诉，作品充满了悲愤沉郁之情，读来令人黯然神伤。作品大约产生于西汉时期，是汉乐府中控诉战争罪恶的名篇。

---

[1] 本诗是汉代的一首乐府诗，属"鼓吹曲辞"，也是汉代《铙歌十八曲》之一。
[2] 郭：外城。
[3] 野死：战死于野外。
[4] 客：指战死者，死者为转战异乡之人，故称之为"客"。豪：同"嚎"，大声哭叫，哀号。
[5] 谅：揣度之意，想必。
[6] 安：怎么。子：指乌鸦。
[7] 深：既可以指河水流动的声音，又可指河水很深。激激：清澈的样子。
[8] 冥冥：幽暗的样子。
[9] 枭（xiāo）骑：勇猛的骑兵。枭：通"骁"，作"勇"解。《汉书·高帝纪上》："北貉、燕人来致枭骑助汉。"
[10] 驽（nú）马：劣马，这里指疲惫的马。
[11] 梁筑室：在桥上盖房子。一说在桥上筑堡垒。
[12] 梁何北：一作"何以北"。
[13] 禾黍：泛指田野中生长的谷物。不获：一作"而获"。
[14] 良臣：指忠心为国的战士。

开篇"战城南，死郭北"，从"战"到"死"，节奏急促地描写战后悲惨的景象，令人无法直视。接下来诗句转入奇特想象，作者沉痛地请求乌鸦在啄食之前为逝者悲鸣几声，流露出无限的悲痛和对战死者的同情。从"水深激激"到"驽马徘徊鸣"，描写了河水流动、芦苇丛生、骁骑战死、驽马徘徊等景象，反衬出战场的荒凉，进一步写出了战争的残酷。从"梁筑室"开始，诗句另起新意，着笔统治者穷兵黩武，发动战争，劳役遍地。这既造成前方将士暴尸荒野，又造成后方家园无人从事农耕，以至于田园荒芜，禾黍不获，百姓难以存活、难以尽忠。沉痛不满之情溢于言外，也隐隐包含着对最高统治者的警告，从而有力地深化了作品的主题。最后四句照应开头，早上出去打仗，晚上就没有回来，再次表达对那些无辜战死者的同情和惋惜，也使全诗充满了浓重的悲剧气氛，整篇作品浑然一体。

这首诗中，既有战争场面的直接描写，又有战争恶果的形象体现，还有对造成现状原因的深刻思考。全诗语言质朴通俗，极具民歌特色。作品感情浓烈，想象新奇，叙述、抒情、议论、写景交错使用，体现了劳动人民高超的艺术创作才能。

思考与练习

一、这首诗歌表达了作者怎样的情感？

二、简述一下这首诗的艺术特色。

三、清代陈本礼在《汉诗统笺》中说："此犹屈子之《国殇》也。《国殇》自愤其力尽死，此则恨其死于误国庸臣之手。夫死非士所惜，但恐非其所耳。"请结合我们前面所学的《国殇》，试从艺术手法、感情色彩、内容结构等角度进行比较。

四、熟读并背诵本诗。

洛 神 赋

曹 植

作者简介

曹植（192—232），字子建，沛国谯郡（今安徽亳州）人。三国时期著名文学家，建安文学著名的代表人物之一。曹操第三子，曹丕之弟。早年因才学过人而受其父宠爱，几被立为太子。曹丕、曹睿继帝位后，他备受猜忌，最后郁郁而死，年仅41岁。

曹植的主要文学成就在诗歌领域，现存诗80首，其诗以曹丕即位（220年）为界，分为前后两个时期。前期诗歌大多描写在邺城的安逸生活和抒发建功立业的政治抱负；后期诗歌则充满愤激之情，往往通过比兴寄托的方法来抒写备受迫害、怀才不遇的不平之感和渴望自由、要求个人自由解脱的心情。

曹植现存赋作45篇，都是篇幅短小的抒情赋或咏物赋，其中以《洛神赋》最为有名。曹植的辞赋既吸取了楚辞浪漫主义的表现手法，又受到了两汉以来抒情小赋的影响，是建安文学的集大成者，对后世有很大的影响。

黄初三年[1]，余朝京师[2]，还济洛川。古人有言，斯水之神，名曰宓妃[3]。感宋玉对楚王神女之事[4]，遂作斯赋。其词曰：

余从京域，言归东藩[5]。背伊阙，越轘辕，经通谷，陵景山。日既西倾，车殆马烦[6]。尔乃税驾乎蘅皋[7]，秣驷乎芝田[8]，容与乎阳林[9]，流眄[10]乎洛川。于是精移神骇，忽焉思散。俯则未察，仰以殊观。睹一丽人，于岩之畔。

乃援御者而告之曰："尔有觌于彼[11]者乎？彼何人斯，若此之艳也！"御者对曰："臣闻河洛之神，名曰宓妃。然则君王之所见也，无乃是乎！其状若何？臣愿闻之。"

余告之曰：其形也，翩若惊鸿，婉若游龙。荣曜秋菊[12]，华茂春松。仿佛兮若轻云之蔽月，飘飖兮若流风之回雪。远而望之，皎若太阳升朝霞；迫而察之，灼若芙蕖出渌

---

[1] 黄初三年：公元222年。黄初为魏文帝曹丕的年号。
[2] 朝：朝见。京师：京城，指洛阳，今河南洛阳。
[3] 宓（fú）妃：传说宓羲（伏羲）氏之女淹死在洛水中，成洛水神。
[4] "感宋玉"句：战国时楚人宋玉作《高唐赋》和《神女赋》，均记述与楚襄王对答梦遇巫山神女之事。
[5] 言：语助词。东藩：东边的封地。黄初三年，曹植受封为鄄城王，因鄄城位于洛阳东北，故称东藩。
[6] 殆（dài）：坏。烦：乏。
[7] 尔乃：于是就。税驾：解马卸车。乎：于。蘅皋：生长着杜衡的岸边。
[8] 秣（mò）驷：喂马。芝田：长着芝草的田地。
[9] 容与：逍遥自在的样子。阳林：古地名。
[10] 流眄（miǎn）：纵目四望的意思。
[11] 觌（dí）：看见。彼：指丽人。
[12] 荣曜（yào）秋菊：意思是洛神的容光比秋菊还鲜明。荣，光彩。曜，光明照耀。

波[1]。秾纤得衷[2]，修短合度。肩若削成，腰如约素[3]。延颈秀项[4]，皓质呈露。芳泽无加[5]，铅华弗御[6]。云髻峨峨，修眉联娟[7]。丹唇外朗，皓齿内鲜。明眸善睐，靥辅承权[8]。瑰姿艳逸[9]，仪静体闲。柔情绰态，媚于语言。奇服旷世，骨像应图[10]。披罗衣之璀粲兮，珥瑶碧之华琚[11]。戴金翠之首饰，缀明珠以耀躯。践远游之文履[12]，曳雾绡之轻裾。微幽兰之芳蔼[13]兮，步踟蹰[14]于山隅。于是忽焉纵体，以遨以嬉。左倚采旄，右荫桂旗。攘皓腕于神浒[15]兮，采湍濑之玄芝。

余情悦其淑美兮，心振荡而不怡。无良媒以接欢兮，托微波而通辞。愿诚素[16]之先达兮，解玉佩以要之。嗟佳人之信修，羌习礼而明诗[17]。抗琼珶以和予兮，指潜渊而为期。执眷眷之欸实[18]兮，惧斯灵之我欺。感交甫之弃言兮[19]，怅犹豫而狐疑。收和颜而静志兮，申礼防以自持[20]。

于是洛灵感焉，徙倚彷徨。神光离合，乍阴乍阳。竦轻躯以鹤立，若将飞而未翔。践椒涂之郁烈[21]，步蘅薄而流芳[22]。超长吟以永慕兮，声哀厉而弥长。

尔乃众灵杂遝[23]，命俦啸侣[24]。或戏清流，或翔神渚，或采明珠，或拾翠羽。从南湘之二妃[25]，携汉滨之游女[26]。叹匏瓜之无匹[27]兮，咏牵牛之独处。扬轻袿之猗靡[28]兮，翳修

---

[1] 灼：鲜明。渌（lù）波：清波。此句说，洛神艳丽耀眼，如荷花在清波中挺立。
[2] 秾（nóng）纤：肥瘦。秾，本义是花木盛，这里指洛神体态丰盈。纤，细小，这里指人体苗条。得衷：适中。
[3] 约：束。素：白而细致的丝织品。此连上句形容洛神的肩膀和腰肢线条圆美。
[4] 延、秀：长。
[5] 芳泽：芳香的油脂。加：指涂抹。
[6] 铅华：粉。古代烧铅成粉，所剩为铅之精华，故名。此句说，洛神不施脂粉。
[7] 联娟：微微弯曲的样子。
[8] 靥（yè）：酒窝。辅：面颊。权：颧骨。此句说，洛神的颧骨下有酒窝承接。
[9] 瑰（guī）：瑰丽。艳逸：美艳脱俗。
[10] 骨像：骨骼相貌。应图：合乎图画中的人。
[11] "披罗衣"二句：洛神穿着明丽的丝衣，佩戴着各色各样的美玉。珥（ěr），原是一种珠玉的耳饰，这里作佩戴解。
[12] 践：穿。远游：古代的鞋名。文履：有文饰的鞋。
[13] 微：轻轻散发。幽兰：兰花的别称。芳蔼：香气。
[14] 踟蹰（chíchú）：徘徊不前的样子。
[15] 攘（rǎng）：挽起（衣袖）。神浒：洛神所游的水边地。浒：水边地，为洛神所游，故称"神浒"。
[16] 素：同"愫"，情愫。
[17] 羌：发语词。习礼：通晓礼仪。明诗：熟悉《诗经》。此句说，洛神举止高雅，有文化教养。
[18] 执：怀着。眷眷：形容思念的深切。欸（kuǎn）实：诚实的心意。
[19] 据《神仙传》载，郑交甫游于汉水边，遇二神女，赠交甫玉佩。交甫才走数步，玉佩、女子俱已不见。此句说，担心自己再遭遇像郑交甫被神女遗弃那样的事。
[20] 申：施展。礼防：指礼法。自持：自我约束。
[21] 椒：花椒，有浓郁的香味。涂：同"途"，道路。郁烈：香气浓烈。
[22] 蘅薄：杜衡丛生之地。流芳：流散香气。
[23] 杂遝（tà）：众多的样子。
[24] 命俦（chóu）啸侣：呼朋唤友。
[25] 从南湘之二妃：据刘向《列女传》载，相传舜南巡，死于苍梧，他的两个妃子——娥皇、女英自投湘水，遂成为湘水之神。
[26] 汉滨：汉水之滨。游女：指汉水的女神。
[27] 匏（páo）瓜：星名，独在河鼓星东，不与它星相接。无匹：没有配偶。
[28] 袿（guī）：女子的上衣。猗（yī）靡：随风飘动的样子。

袖以延伫[1]。体迅飞凫[2]，飘忽若神。陵波微步，罗袜生尘[3]。动无常则，若危若安。进止难期，若往若还。转眄流精，光润玉颜。含辞未吐，气若幽兰。华容婀娜，令我忘餐。

于是屏翳[4]收风，川后[5]静波，冯夷[6]鸣鼓，女娲清歌[7]。腾文鱼以警乘[8]，鸣玉鸾以偕逝[9]。六龙俨其齐首[10]，载云车之容裔[11]。鲸鲵踊而夹毂[12]，水禽翔而为卫。于是越北沚，过南冈。纡素领[13]，回清阳[14]。动朱唇以徐言，陈交接之大纲[15]。恨人神之道殊兮，怨盛年之莫当[16]。抗罗袂以掩涕兮，泪流襟之浪浪[17]。悼良会之永绝兮，哀一逝而异乡。无微情以效爱[18]兮，献江南之明珰。虽潜处于太阴[19]，长寄心于君王。忽不悟其所舍，怅神宵而蔽光[20]。

于是背下陵高，足往神留。遗情想像，顾望怀愁。冀灵体之复形，御轻舟而上溯。浮长川而忘反[21]，思绵绵而增慕。夜耿耿而不寐，霑繁霜而至曙。命仆夫而就驾，吾将归乎东路。揽騑辔以抗策[22]，怅盘桓而不能去。

作品简析

对《洛神赋》的思想、艺术成就，前人都曾予以极高的评价。曹植此赋据序所言，系其于黄初三年入朝京师洛阳后，在回封地鄄城途中经过洛水时，"感宋玉对楚王神女之事"而作。

作品从记述离开京城的行程开始，描写了作者与侍从们到达洛水时的情景。在一片静谧的气氛中，作者神思恍惚，极目远眺波光潋滟的洛水，偶见一个瑰姿艳逸的女神站立在对面的山崖上。山边水畔落日前的优美景色衬托出人物意外发现的惊喜之情，创

---

[1] 翳（yì）：遮蔽。延伫（zhù）：久立，引颈而望。
[2] 凫（fú）：水鸟名，又叫水鸭。此句说，洛神的身体比飞动的水鸭还要迅捷。
[3] 罗袜生尘：指行走时带起了水雾。
[4] 屏翳：传说中的风神。
[5] 川后：传说中的河神。
[6] 冯（píng）夷：水神河伯之名。
[7] 清歌：唱出清脆的歌声。
[8] 文鱼：一种能飞的鱼。警乘：守卫车驾。
[9] 玉鸾：车上鸾鸟状的铃，以玉制成。偕逝：一块儿离去。此连上句说，文鱼腾出水面护卫洛神的车驾，车铃作响，众神一同离去。
[10] 六龙：传说载太阳的车用六条龙。俨（yǎn）：矜持庄重的样子。齐首：齐头并进。
[11] 载：牵拉。云车：神以云为车，故称"云车"。容裔：闲暇自得状。
[12] 鲸鲵（ní）：鲸鱼，雄的叫鲸，雌的叫鲵。踊（yǒng）：跳跃。夹毂（gǔ）：夹护着车驾。
[13] 纡（yū）：回转。素领：雪白的脖颈。
[14] 回清阳：回首而视。回，转动。清阳，指眉目之间。清指目，阳指眉。《诗经》："有美一人，清扬婉兮。"
[15] 陈交接之大纲：陈述交接往来的纲要。
[16] 怨盛年之莫当：自我怨恨在少壮之年不得与君相配。
[17] 浪浪：泪流不止的样子。
[18] 无：抚。微情：微薄的心意。效爱：致爱慕之意。
[19] 潜处：深居。太阴：众神所居之处非常幽远，故称"太阴"。
[20] 怅神宵而蔽光：此句说，洛神忽然消失，隐没了光彩，令我怅恨不已。宵，同"消"。
[21] 长川：大河，指洛水。反：同"返"。
[22] 騑（fēi）：古代驾车的马，在中间的叫服，在两旁的叫騑，也叫骖。辔（pèi）：马缰绳。抗策：举起马鞭。

了一种引人入胜的意境。接下去御者的回答也十分巧妙，以猜测的口吻，郑重其事地提出洛神宓妃，在有意为下文对洛神的描绘留下伏笔的同时，又给本已蹊跷的邂逅蒙上了一层神秘的色彩。

首先，作者以一连串生动奇逸的比喻，对洛神初临时的情状作了精彩纷呈的形容。其形象之鲜明，色彩之艳丽，令人目不暇接。其中"翩若惊鸿，婉若游龙"，尤为传神地展现了洛神飘然而至的风姿神韵。它与下面的"轻云之蔽月"和"流风之回雪"，都从姿态方面描写，给人以轻盈、飘逸、流转、绰约的动感；而"秋菊""春松"与"太阳升朝霞"和"芙蕖出渌波"，则从容貌方面描写，给人以明丽、清朗、华艳、妖冶的色感。这种动感与色感彼此交错和互相浸淫，织成了一幅流光溢彩的神奇景象，它将洛神的绝丽至艳突出地展现在人们的面前。在这种由反复比喻造成的强烈艺术效果的基础上，作者进一步使用传统手法，对洛神的体态、容貌、服饰和举止进行了细致的刻画。

其次，作者着重描写了洛神天真活泼的举止，神态兼备，呼之欲出。作者也被眼前这位美貌的女神深深打动，感情上也呈现一波三折的变化，形象地反映出作者当时内心的微妙状况。与其相应，作者通过对洛神一系列行动的精细刻画，表现出激荡在她内心的炽热的爱，以及这种爱不能实现的强烈的悲哀。怅然长啸，声音中回荡着深长的相思之哀；徘徊飘忽，行踪不定，加上转盼流动、含情脉脉的目光，以及欲言还止的唇吻，似乎在向作者倾吐内心的无穷眷恋和哀怨。人物的心理矛盾、感情波澜在此得到了最充分的表现。正当作者与洛神相对无语、两情依依之时，离别的时刻终于到了。这是一个构想奇逸、神采飞扬的分别场面：屏翳收风，川后静波，在冯夷、女娲的鼓乐声中，由六条龙拉的云车载着洛神，在鲸鲵夹毂、异鱼翼辀的护卫下，出发了。美丽的洛神坐在渐渐远去的车上，还不断地回过头来，向作者倾诉自己的一片衷肠。深深的哀怨笼罩着这个充满神话色彩的画面。

最后，洛神的艳丽形象消失在苍茫的暮色之中，而作者却依然站在水边，惆怅地望着洛神逝去的方向，惘然若失。烟波渺渺，长夜漫漫，更使他情意悠悠、思绪绵绵。这段文字洋溢着浓厚的抒情气氛，具有一种勾魂摄魄的力量，它把洛神的形象在人们心中勾勒、烘托得更加突出、更加美丽。

从某种角度上说，洛神在作者笔下具有无限的艺术象征性。从这点上说，作品不仅成功地塑造了一个"翩若惊鸿，婉若游龙"的女神形象，更从思想上给人以一种追求理想、执着如一的宝贵启示。

思考与练习

一、全赋分别是从哪几个角度来刻画洛神的形象的？这些形象刻画对全赋的感情抒发有着什么样的作用？

二、这篇赋的感情变化主要体现在哪几个方面？

三、这篇赋在写作上具有哪些显著的特点？

四、分析讨论"洛神"的艺术象征性。

饮酒（其四）[1]

陶渊明

作者简介

陶渊明（365—427），名潜，字渊明，或名渊明，字元亮，别号五柳先生，东晋末至南朝宋初期伟大的诗人，浔阳柴桑（今江西九江）人。其曾祖父是东晋名臣陶侃，但到陶渊明时，家道中落。年轻时的陶渊明，颇有用世之志。他29岁出仕，曾任江州祭酒、镇军参军、彭泽县令等职。由于他身处晋宋交替之际，官场倾轧，仕途黑暗，他立身高洁，不肯与恶势力同流合污，因此在41岁那年，决计弃官归隐，从此再未出仕。

陶渊明是古代文学史上最重要的田园诗人，"古今隐逸诗人之宗"。其诗格高韵逸，风格平淡中和，语言自然质朴，意境高远，韵味悠长，对后人影响很大。

栖栖[2]失群鸟，日暮犹独飞。
徘徊无定止[3]，夜夜声转悲[4]。
厉响思清远[5]，去来何依依[6]。
因值孤生松[7]，敛翮遥来归[8]。
劲风无荣木，　此荫独不衰[9]。
托身已得所，　千载不相违[10]。

作品简析

本诗是诗人生活道路的总结。他徘徊探索，终于感到在迷茫的人生中，归隐对于自己来说，是一条最可行的道路。朱熹说："隐者，多是带气负性之人为之。陶，欲有为而不能者也。"不能为，故不能不隐，不能不成为失群的出林之翮，终于归宿孤松。题为《饮酒》，因为是酒醉后随意写的。全诗以失群鸟自比，抒写孤独心境及退隐之志。

---

[1] 陶渊明诗以五言为主，《饮酒》是组诗，共20首，是他的代表性作品。"采菊东篱下，悠然见南山"出自其五，本诗为其四。

[2] 栖栖：形容这只失群鸟内心极不安的样子。《论语》有"丘何为是栖栖者与"的话，诗中用这两个字使人联想到孔子当年四处寻求、奔波，有所期待、有所作为的情景，将这只鸟人格化、理想化了。

[3] 定止：固定的住处。

[4] 声转悲：形容经过漫长的经历与追求，所感受到的艰难困苦。

[5] 厉响：大声高叫，鸟鸣声。本句是说这只失群的鸟，厉声高叫，希望找到一个远僻而清静的地方。

[6] 依依：形容满怀归附依依之愿，欲寻一可靠的寄身之所。

[7] 值：遇到。孤生松：能够忍受严寒侵袭的独立不羁的松树。

[8] 敛翮（hé）：收敛翅翼，停止飞翔。翮，鸟羽的梗，引申为鸟翼。遥来归：从高远苍茫之处向着理想之地投奔。

[9] "劲风"二句：这是说在强风劲吹之下，多数树木都枯萎了，唯独这棵孤生松依然挺立，它的树荫还可以庇护这只失群鸟。此二句突出松树的坚强，不与其他树木同流。

[10] "托身"二句：此为诗人代失群鸟说的话，说是自己在孤生松上找到了一个好住处，永远也不离开了，表现作者抉择时态度的坚定与果断。

思考与练习

一、本诗表达了诗人怎样的人生志趣？你是如何评价的？

二、从形象与情意关系的角度，分析陶渊明选择物象的特点。

三、请背诵本诗。

西 洲 曲[1]

作品简介

《西洲曲》是南朝乐府民歌，最早著录于徐陵所编《玉台新咏》，历来被视为南朝乐府民歌的代表作。清初著名诗人陈祚明谓之"言情之绝唱"（《采菽堂古诗选》）。

《西洲曲》的艺术魅力自毋庸置疑。但与一般南朝乐府民歌不同的是，《西洲曲》极为难解，有研究者甚至称之为南朝文学研究的"哥德巴赫猜想"。《西洲曲》的语言一如民歌的清新质朴而少用事典，所以其难解并不在字词的生僻、晦涩，而是整首诗的诗意难以得到一个贯通全篇的畅达的解释。之所以如此，乃是因为诗歌所涉时间、地点、人物、情节等，都有幽暗不明之处，难以得到一个一致的解释。

忆梅下西洲，折梅寄江北[2]。单衫杏子红，双鬓鸦雏色[3]。
西洲在何处？两桨桥头渡。日暮伯劳[4]飞，风吹乌臼树[5]。
树下即门前，门中露翠钿[6]。开门郎不至，出门采红莲。
采莲南塘秋，莲花过人头。低头弄莲子，莲子青如水[7]。
置莲怀袖中，莲心[8]彻底红。忆郎郎不至，仰首望飞鸿[9]。
鸿飞满西洲，望郎上青楼[10]。楼高望不见，尽日栏杆头。
栏杆十二曲，垂手明如玉。卷帘天自高，海水摇空绿[11]。
海水梦悠悠，君愁我亦愁。南风知我意，吹梦到西洲[12]。

作品简析

《西洲曲》是南朝乐府民歌中最长的抒情诗篇，历来对其内容有不同的解释。大致来说，这是一首作者的侧面描绘与人物的自我抒情相互结合的情歌。诗中描写了一位少女从初春到深秋，从现实到梦境，对钟爱之人的苦苦思念，中间穿插着不同季节的景

---

[1] 本篇收在《乐府诗集》里的"杂曲歌辞"类。关于这首诗的时代和作者有许多不同的说法。从其格调及词句的工巧来看，它应是经过文人加工修润的南朝后期的民歌。诗歌表现了一位女子对男子的深切思念。根据温庭筠写的《西洲曲》中"西洲风色好，遥见武昌楼"的句子推测，西洲应在武昌附近。

[2] 江北：当指男子所在的地方。

[3] 鸦雏色：像小乌鸦一样的颜色。

[4] 伯劳：鸟名，喜欢单栖，仲夏时开始鸣叫。这里一方面表示仲夏季节，另一方面表示女子的孤单。

[5] 乌臼树：今作乌桕树，落叶乔木，高大约二丈，夏季开花，种子多脂肪。

[6] 翠钿：用翠玉镶嵌的首饰。

[7] 莲子：谐音"怜子"，意谓"爱你"。青如水：比喻爱情的纯洁。

[8] 莲心：谐音"怜心"，表示爱怜之心。

[9] 望飞鸿：意谓望书信。古代有飞鸿传信的故事。

[10] 青楼：在汉魏六朝诗中常指女子居住的地方。

[11] "卷帘"二句：是承接上面"楼高望不见，尽日栏杆头"而来。忆郎不至，就登楼而望，然楼虽高却仍望不见，卷帘所见的只是高远的碧空、摇绿的江水罢了。海水，即江水。

[12] "南风"二句：意为唯有希望南风把梦境里的人吹向西洲，使我能在梦中与所爱之人相会。

物变化和女主人公的活动、服饰及仪容的点染描绘，一层深过一层地展示人物内心的情思，将那种无尽的相思表现得极为细腻缠绵而又委婉含蓄。

全诗三十二句，四句一换韵，用蝉联而下的接字法，顶针勾连，技法之巧，令人拍案叫绝。其形成的回环婉转的旋律，加强了诗歌语言的音乐节奏感。这种特殊的声韵之美，造成一种似断似续的效果，同诗中续续相生的情景结合在一起，声情摇曳，余味无穷。所以，沈德潜评论此诗："续续相生，连跗接萼，摇曳无穷，情味愈出。"这首诗无疑是南朝乐府民歌中艺术性最高的一篇。

思考与练习

一、对这首诗的内容，历来有不同的解释。说说你是怎样理解的。

二、诗中的女子心思巧藏，试分析这首诗是如何展现其心境的。

三、请熟读本诗。

春江花月夜 [1]

张若虚

作者简介

张若虚（约670—约730），初唐扬州（今江苏省扬州市）人，曾任兖州兵曹。唐中宗神龙年间，以"文词俊秀"而"扬名上京"，与贺知章、张旭、包融并称"吴中四士"。《全唐诗》仅录其诗二首，一首为《代答闺梦还》，风格接近齐梁体，另一首即《春江花月夜》，是脍炙人口的名作。张若虚借旧题谱新声，以清新流丽的诗笔抒写真挚动人的离情别绪及富有哲理意味的人生感慨，语言清新优美，韵律悠扬婉转，一洗六朝宫体诗的艳丽和雕琢，给人以澄澈空明、清丽自然的感觉。

春江潮水连海平[2]，海上明月共潮生。滟滟[3]随波千万里，何处春江无月明。
江流宛转绕芳甸[4]，月照花林皆似霰[5]。空里流霜[6]不觉飞，汀[7]上白沙看不见。
江天一色无纤尘，皎皎空中孤月轮[8]。江畔何人初见月？江月何年初照人？
人生代代无穷已[9]，江月年年望相似。不知江月待何人，但见长江送[10]流水。
白云一片去悠悠[11]，青枫浦上不胜[12]愁。谁家今夜扁舟子[13]？何处相思明月楼[14]？
可怜楼上月徘徊[15]，应照离人妆镜台[16]。玉户[17]帘中卷不去，捣衣砧上拂还来[18]。
此时相望不相闻[19]，愿逐月华流照君[20]。鸿雁长飞光不度[21]，鱼龙潜跃水成文[22]。

---

[1] 春江花月夜：乐府吴声歌曲名，要求在诗中写到春、江、花、月、夜几个方面的题材。陈、隋诗人常用来写浮艳的宫体诗。而此诗则打破了宫体窠臼。

[2] 江：指长江。连海平：江湖浩瀚无垠，仿佛和大海连成一片。

[3] 滟滟（yàn）：波光闪烁的样子。

[4] 宛转：曲折。芳甸：花草丛生的原野。

[5] 霰（xiàn）：天空中降落的不透明的小冰粒。这里用来形容月光下的朵朵小花。

[6] 空里流霜：古人以为霜像雪一样从空中落下，所以常说"飞霜"，这里比喻月光皎洁，悄悄泻满大地。

[7] 汀：水中或水边平地。

[8] 皎皎：洁白明亮。孤月轮：一轮孤月。

[9] 无穷已：没有止境。

[10] 但见：只见。送：送走。

[11] 悠悠：这里指白云缓缓飘逝的样子。

[12] 青枫浦：在今湖南浏阳境内，此处泛指分别的地点。不胜：经不起，受不了。

[13] 扁（piān）舟子：漂泊江湖的游子。扁舟，小船。

[14] 明月楼：明月照耀下的楼房。这里指思妇的住处。

[15] 月徘徊：指月亮移动，以此反衬思妇的难眠不安。

[16] 妆镜台：梳妆台。

[17] 玉户：形容楼阁华丽，以玉石镶嵌。此指思妇居室。

[18] 捣衣砧（zhēn）：捣衣石。拂还来：与上句"卷不去"都指月光。

[19] 相望：指互相望着月光。不相闻：指彼此听不到对方的音信。

[20] 逐：追随。月华：月光。君：指游子。

[21] 鸿雁：指信使。《汉书·苏武传》记有鸿雁传书的故事。光不度：鸿雁善于远飞仍然不能逾越月光。度，通"渡"。

[22] 鱼龙潜跃：鱼在水里翻腾。古人有鱼雁传书之说。这里是说鱼儿也无法传递思妇对游子的思念之情。文：通"纹"。

昨夜闲潭梦落花[1]，可怜[2]春半不还家。江水流春去欲尽[3]，江潭落月复西斜[4]。斜月沉沉藏海雾[5]，碣石潇湘无限路[6]。不知乘月[7]几人归，落月摇情满江树[8]。

作品简析

这首七言古诗，以春江月夜为背景，描写了春夜月光下美丽的景色，并由此生发出对宇宙与人生关系的思索和对游子、思妇天各一方的惋惜。虽然不无青春苦短的伤感情绪，但它却表现了人们对纯洁爱情和美好生活的追求，以及对宇宙人生的积极探索。

全诗以月为中心，以春、江、花、夜为陪衬，诗情围绕着明月的初生、高悬、西斜、下落的过程而展开，描绘了潮水、波光、花林、沙滩、夜空、白云、青枫、闺阁、镜台、海雾等一系列景象，并将游子思妇的离怀别绪融入其中，使抽象的情感变得如此鲜活生动，一切景语即情语。全诗可分为三部分：从首句到"汀上白沙看不见"为第一部分，描绘了一幅优美、恬静的春江花月夜的夜景；从"江天一色无纤尘"到"但见长江送流水"为第二部分，由"江月"联想到人生，抒发了对宇宙人生的无限感慨；从"白云一片去悠悠"到诗歌结尾为第三部分，抒写花月春宵游子思妇的离愁别恨。

全诗格调高远不俗，达到了一种诗情、画意、哲理相交融的境界。语言清新自然，音韵和谐流畅。每四句换韵，平仄相互交替。有些诗句还使用了律句的平仄，同时也采用了不少对偶句。这些都使得这首长诗音节和谐婉转，读起来朗朗上口，极富音乐美感。

思考与练习

一、分析本诗以"月"为线索展开描写的特点。
二、找出诗中宇宙永恒与人生短暂的诗句，谈谈你的理解。
三、请熟读本诗，体会其意境美。

---

[1] 闲潭梦落花：梦见花落闲潭，意味着春天即将逝去。闲潭，平和、幽静的水潭。
[2] 可怜：可惜。
[3] 去欲尽：春天将消失净尽。
[4] 江潭落月：月落江潭。复西斜：指夜将尽。
[5] 沉沉：深沉。藏海雾：海雾蒸腾，遮掩了西落的月亮。
[6] 碣石：山名，在今河北昌黎；一说已沉入河北乐亭海中。潇湘：水名，在今湖南境内。碣石在北，潇湘在南，此处有相距很远之意。
[7] 乘月：乘着月色。
[8] "落月"句：江边树林洒满了落月的月辉，轻轻摇曳，牵系着思妇的离情别绪。

宣州谢朓楼饯别校书叔云[1]

李 白

作者简介

李白（701—762），字太白，号青莲居士，有"诗仙"之称，唐代伟大的浪漫主义诗人。祖籍陇西成纪（今甘肃秦安），诞生于中亚的碎叶城（今吉尔吉斯共和国境内）。5岁时随父迁居绵州昌隆县（今四川江油）青莲乡。

李白"五岁诵六甲，十岁观百家""十五观奇书，作赋凌相如"。少年时代博览群书，并"好剑术"。为实现"奋其智能，愿为辅弼，使寰区大定，海县清一"的政治理想，26岁出蜀漫游十余年。他不屑于参加科举考试取得官位，希望通过隐居山林和广泛交游来树立声誉，获得帝王赏识。唐天宝初年被唐玄宗召入长安，供奉翰林。想有所作为，但因政治腐败，加之自己秉性耿直，遭受谗言诋毁，在长安前后不到两年，即被迫辞官离京。此后又继续他的漫游生活。天宝三年（744），在洛阳与杜甫相识，成为挚友。天宝十四年（755），"安史之乱"爆发，李白隐居宣城、庐山一带，后参加永王李璘的幕府。后李璘被唐肃宗所杀，李白受牵连被关浔阳（今江西九江）狱，不久流放夜郎，中途遇赦。晚年漂泊东南一带，不久即病逝。

李白性格狂傲不羁、飘逸洒脱，蔑视权贵，追求自由，儒家、道家、游侠思想兼而有之。他的诗歌想象丰富，夸张奇特，色调瑰丽，语言清新，风格豪迈飘逸，在中国文学史上具有崇高的地位，对后世影响深远。有《李太白集》。

> 弃我去者，昨日之日不可留；
> 乱我心者，今日之日多烦忧。
> 长风万里送秋雁，　对此可以酣高楼[2]。
> 蓬莱文章建安骨[3]，中间小谢又清发[4]。
> 俱怀逸兴壮思[5]飞，欲上青天览[6]明月。
> 抽刀断水水更流，　举杯消愁愁更愁。
> 人生在世不称意，　明朝散发弄扁舟[7]。

---

[1] 唐天宝十二年（753），李白从汴州梁园（在今河南开封）到宣州（在今安徽宣城），本篇作于逗留宣州期间。谢朓楼：一名北楼，又称谢公楼，南齐谢朓为宣城太守时所建。校书：校书郎，在朝廷做整理图书工作的官员。叔云：李白的族叔李云。诗题一作"陪侍御叔华登楼歌"。

[2] 此：指上句中长风秋雁的景色。酣：畅饮。高楼：指谢朓楼。

[3] 蓬莱：传说中收藏仙府图书典籍的海上仙山。汉时东观是官家著述和藏书的地方，东汉学者将它比喻为蓬莱山。唐人多以蓬山、蓬阁指秘书省，李云是秘书省的校书郎，所以这里用"蓬莱文章"指代李云的文章。建安骨：建安风骨，指刚健遒劲的诗歌风格。

[4] 小谢：谢朓。清发：清新秀发。

[5] 俱怀：两人都怀有。逸兴：高远的兴致。壮思：壮志。

[6] 览：同"揽"，摘取。

[7] 散发：古人束发戴冠，而散发有狂放不羁、隐逸不仕的意思。弄扁（piān）舟：驾小舟泛游于江湖之上。《史记·货殖列传》："范蠡既雪会稽之耻……乃乘扁舟浮于江湖，变名易姓，适齐为鸱夷子皮，之陶为朱公。"扁舟，小船。

作品简析

　　本诗名为"饯别",却重在咏怀。对饯别情景,诗人仅以"长风万里送秋雁,对此可以酣高楼"两句带过,而以大量笔墨抒写自己对理想的追求及其在现实的沉重压抑下心烦意乱、愁怀不解而想归隐江湖的意愿。其中不无躲避现实的因素,确也表现出诗人有志难伸,怀才不遇,不愿屈服于现实和命运,又不知路在何方的内心痛苦。

　　这首抒情诗在艺术表现上的一个显著特点是作者情感活动的变化急遽,难知端倪。起首两句即波澜突起,以两个排偶长句一气鼓荡,喷涌出胸中的郁结抑塞之气。三、四两句却陡作转折,描写即席所见的清秋景色及由此而激发的逸兴豪情。五、六句承高楼饯行,分别写主客双方,落实题面。七、八句写借酒助兴,逸兴遄飞。而结尾四句又跌落到现实中来,由"欲上青天览明月"的逸兴壮思折回现实人生的牢骚困顿,直抒胸中的苦闷与激愤。整首诗的情感活动起止无端,断续无迹,大起大落,变化剧烈,生动体现了李白抒情诗的艺术个性。

　　本诗体裁属七古,语言奔放自然似脱口而出,全无拘束。开头两个长句多用虚字,且句读近似散文,却仍给人以一气流走的感觉,实开韩愈"以文为诗"的先河。

思考与练习

一、为何说本诗生动体现了李白抒情诗的艺术个性?

二、概括本诗的情感内容。

三、本诗的语言表达有什么特点?

四、请背诵本诗。

秋兴八首（其一）[1]

杜 甫

作者简介

杜甫（712—770），字子美，生于河南巩县（今河南巩义），唐代著名诗人杜审言的孙子。因曾居长安城南少陵，故自称少陵野老，世称杜少陵。居住成都期间一度在西川节度使严武幕中任检校工部员外郎，故又有杜工部之称。晚年举家东迁，途中留滞夔州两年，出峡，漂泊鄂、湘一带，贫病而卒。

杜甫是我国古代最负盛誉的现实主义诗人，他生活在唐朝由盛转衰的历史时期，其诗多涉笔社会动荡、政治黑暗、人民疾苦，被誉为"诗史"。其人忧国忧民，人格高尚，诗艺精湛，被奉为"诗圣"。杜甫的诗在艺术上卓有建树，他各体皆长，五言、七言律诗成就尤高。其五言律诗措辞质朴厚实，格调沉郁顿挫；其七言律诗语句精练，属对工切，且严守声律，一丝不苟。有《杜工部集》传世。

玉露[2]凋伤枫树林，巫山巫峡气萧森[3]。
江间波浪兼天涌，塞上风云接地阴[4]。
丛菊两开他日泪，孤舟一系故园心[5]。
寒衣处处催刀尺[6]，白帝城高急暮砧[7]。

作品简析

《秋兴》八首诗是一完整的乐章，命意蝉联而又各首自别，时代苦难、羁旅之感、故园之思、君国之慨，杂然其中，历来被公认为杜甫抒情诗中沉实高华的艺术精品。明末清初学者黄生认为："杜公七律当以《秋兴》为裘领，乃公一生心神结聚之所作也。"

这里所选的第一首是领起的序曲。诗人由深秋衰残的景象和阴沉萧森的气氛感发

---

[1]《秋兴八首》是唐大历元年（766）秋杜甫寓居四川夔州时写下的以想望长安为主题的一组七言律诗。杜甫时年55岁。当时蜀地战乱不息，诗人晚年多病，知交零落，壮志难酬，心境寂寞、抑郁。当此秋风萧瑟之时，不免触景生情，感发诗兴，故曰《秋兴》。这里选录其第一首。

[2] 玉露：白露。

[3] 萧森：萧瑟、阴森。

[4] "江间"二句：极写景物晦暗萧瑟之状，在写实中寓托着抑郁不平之气。波浪兼天、风云接地，既是眼前实景，又喻指国家局势的动荡不平。兼天涌，波浪滔天。塞上，形势险要之地，这里指巫峡上空。

[5] "丛菊"二句：作者感叹自己身世飘零。从离开成都算起，至作此诗之时，作者已在外飘荡了两年，故云"两开"。"开""系"二字皆双关。"开"既表时间，指菊花开放；又表心境，指无限秋景引发伤心之泪。"系"既表动作，指因系舟于岸而不得回乡；也表希望，指把回家的意念都寄托在一条船上。

[6] 刀尺：制衣所用的工具，这里指赶制寒衣。

[7] 白帝城：在夔州城东南的白帝山上。急暮砧：傍晚的捣衣声一阵紧似一阵。砧，捣衣的垫石。所谓"捣衣"，是指在秋季浆洗新织的布帛，赶制寒衣。一说"催刀尺"是赶制新衣，"急暮砧"是捣旧衣，"处处催"是见得家家如此，言外便有客子无衣之感。

情怀，抒写因战乱而长年流落他乡、不能东归长安的悲哀。悲秋是古代诗歌中习见的主题，而杜甫此诗，不但悲自然之秋，更是悲人生之秋和国运衰落之秋，充溢着苍凉的身世之感和家国之思，含意较一般的悲秋之作远为深厚。

全诗绘景、抒情浑然一体。首联以秋枫起兴，以枫叶凋零、秋气萧森，见老大伤悲、情怀落寞。颔联写巫山巫峡景象，骇浪滔天，暗寓了时局动荡和心潮翻卷；阴云匝地，又象征国运黯淡和心情沉闷。颈联倾诉衷曲，却借"丛菊两开""孤舟一系"的图景，见故园之思之深长、真挚、浓烈。尾联描绘了一幅秋日黄昏的景象，秋风轻拂，暮色渐浓，伴随着阵阵捣衣声，营造出一种深沉而忧郁的氛围。诗人的心境也随之变得落寞惆怅，感受着一种难以言喻的阴郁和苍凉。全诗情景交相融汇，含不尽之意于言外。

思考与练习

一、本诗情因景而生，景因情而活，情因景而显，景因情而深，真正达到了情景交融的境界。请说说你是如何理解的。

二、以颈联为例，分析杜甫此诗在遣词造句上的特点。

三、请背诵本诗。

进 学 解

韩 愈

作者简介

韩愈（768—824），字退之，河南河阳（今河南孟州）人，自称"郡望昌黎"，世称"韩昌黎""昌黎先生"，谥号"文"，故称"韩文公"。唐代杰出的文学家、思想家、哲学家、政治家。

韩愈是唐代古文运动的倡导者，被后人尊为"唐宋八大家"之首，与柳宗元并称"韩柳"，有"文章巨公"和"百代文宗"之名。后人将其与柳宗元、欧阳修、苏轼合称"千古文章四大家"。他提出的"文道合一""气盛言宜""务去陈言""文从字顺"等散文的写作理论，对后人很有指导意义。著有《韩昌黎集》等。

国子先生晨入太学[1]，招诸生立馆下，诲之曰："业精于勤，荒于嬉[2]；行成于思，毁于随[3]。方今圣贤相逢，治具毕张[4]。拔去凶邪，登崇畯[5]良。占小善者率[6]以录，名一艺者无不庸[7]。爬罗剔抉[8]，刮垢磨光[9]。盖有幸而获选，孰云多而不扬？诸生业患不能精，无患有司之不明；行患不能成，无患有司[10]之不公。"

言未既，有笑于列者曰："先生欺余哉！弟子事先生，于兹有年矣。先生口不绝吟于六艺[11]之文，手不停披于百家之编[12]。记事者必提其要，纂言者[13]必钩其玄。贪多务得，细大不捐。焚膏油以继晷[14]，恒兀兀以穷[15]年。先生之业，可谓勤矣。

---

[1] 国子先生：韩愈自称。当时他任国子博士。唐朝时，国子监是设在京都的最高学府，下面有国子学、太学等七学，各学置博士为教授官。国子学是为高级官员子弟而设的。太学：这里指国子监。唐朝国子监相当于汉朝的太学，古时对官署的称呼常沿用前代旧称。

[2] 嬉：戏乐，游玩。

[3] 随：因循随俗。

[4] 治具：治理的工具，主要指法令。《史记·酷吏列传》："法令者，治之具。"毕：全部。张：建立，确立。

[5] 畯（jùn）：通"俊"，才智出众。

[6] 率：都。

[7] 庸：通"用"，采用，录用。

[8] 爬罗剔抉：意指仔细搜罗人才。爬罗，爬梳搜罗。剔抉，剔除挑选。

[9] 刮垢磨光：刮去污垢，磨出光亮，意指精心造就人才。

[10] 有司：负有专责的部门及其官吏。

[11] 六艺：指儒家的六经，即《诗》《书》《礼》《乐》《易》《春秋》六部儒家经典。

[12] 百家之编：指儒家经典以外各学派的著作。《汉书·艺文志》把儒家经典列入《六艺略》中，另外在《诸子略》中著录先秦至汉初各学派的著作："凡诸子百八十九家，四千三百二十四篇。"春秋战国时期，各种学派兴起，著书立说，故有"百家争鸣"之称。

[13] 纂言者：指言论集、理论著作。纂，编集。

[14] 膏油：油脂，指灯烛。晷（guǐ）：日影。

[15] 恒：经常。兀兀：辛勤不懈的样子。穷：终，尽。

觝排异端[1]，攘斥佛老[2]。补苴罅[3]漏，张皇幽眇[4]。寻坠绪[5]之茫茫，独旁搜而远绍。障百川而东之，回狂澜于既倒。先生之于儒，可谓有劳矣。

沉浸醲郁，含英咀华[6]，作为文章，其书满家。上规姚、姒[7]，浑浑无涯；周诰殷盘[8]，佶屈聱牙[9]；《春秋》谨严，《左氏》浮夸；《易》奇而法，《诗》正而葩；下逮《庄》《骚》，太史所录；子云、相如，同工异曲。先生之于文，可谓闳其中而肆其外矣。

少始知学，勇于敢为；长通于方，左右具宜。先生之于为人，可谓成矣。

然而公不见信于人，私不见助于友[10]。跋前踬后[11]，动辄得咎。暂为御史，遂窜南夷[12]。三年博士[13]，冗不见[14]治。命与仇谋，取败几时[15]。冬暖而儿号寒，年丰而妻啼饥。头童齿豁，竟死何裨？不知虑此，而反教人为[16]？"

先生曰："吁[17]！子来前！夫大木为杗[18]，细木为桷[19]，欂栌、侏儒[20]，椳、闑、扂、楔[21]，各得其宜，施以成室者，匠氏之工也。玉札、丹砂、赤箭、青芝[22]，牛溲、马勃、败鼓之皮[23]，俱收并蓄，待用无遗者，医师之良也。登明选公，杂进巧拙，纡余为妍[24]，

---

[1] 异端：儒家称儒家以外的学说、学派为异端。《论语·为政》："攻乎异端，斯害也已。"朱熹集注："异端，非圣人之道，而别为一端，如杨墨是也。"焦循补疏："盖异端者，各为一端，彼此互异，惟执持不能通则悖，悖则害矣。"

[2] 攘：排除。老：老子，道家的创始人，这里借指道家。

[3] 苴（jū）：鞋底中垫的草，这里作动词用，是填补的意思。罅（xià）：裂缝。

[4] 张皇：张大，阐明。幽眇：指深奥隐微的义理。

[5] 绪：前人留下的事业，这里指儒家的道统。韩愈《原道》认为，儒家之道从尧舜传到孔孟以后就失传了，而他以继承这个传统为己任。

[6] 英、华：都是花的意思，这里指文章中的精华。

[7] 姚（yáo）、姒（sì）：指《尚书》中的《虞书》和《夏书》。

[8] 周诰：周时的诰文，指《尚书》中的《大诰》《康诰》《酒诰》等篇。殷盘：殷时的盘铭，指《尚书》中的《盘庚》三篇。

[9] 佶（jí）屈聱（áo）牙：文字晦涩难懂，不通顺畅达。

[10] 见信、见助：被信任、被帮助。"见"在动词前表示被动。

[11] 跋（bá）前踬（zhì）后：意思是狼向前走就踩着颔下的悬肉，后退就被尾巴绊倒，形容进退都有困难。跋，踩。踬，绊。

[12] 窜：窜逐，贬谪。南夷：南方偏远之地。韩愈于唐贞元十九年（803）授四门博士，次年转监察御史，上书论宫市之弊，触怒德宗，被贬为连州阳山令。阳山在今广东，故称南夷。

[13] 三年博士：韩愈在唐元和元年（806）六月至元和四年（809）任国子博士。一说"三年"当作"三为"，此文为韩愈第三次为博士时所作。

[14] 冗：闲散。见：通"现"，表现，显露。

[15] 几时：不时，不一定什么时候，即随时。

[16] 为：语助词，表示疑问、反诘。

[17] 吁（xū）：叹词。

[18] 杗（máng）：屋梁。

[19] 桷（jué）：屋椽。

[20] 欂栌（bólú）：斗栱，柱顶上承托栋梁的方木。侏儒：梁上短柱。

[21] 椳（wēi）：门枢臼。闑（niè）：门中央所竖的短木，在两扇门相交处。扂（diàn）：门闩。楔（xiē）：门两旁的长木柱。

[22] 玉札：地榆。丹砂：朱砂。赤箭：天麻。青芝：龙兰。以上四种都是名贵药材。

[23] 牛溲（sōu）：牛尿，一说为车前草。马勃：马屁菌。以上两种及"败鼓之皮"都是普通药材。

[24] 纡（yū）余：委婉从容的样子。妍：美。

卓荦[1]为杰，校[2]短量长，惟器是适者，宰相之方也。昔者孟轲好辩[3]，孔道以明，辙[4]环天下，卒老于行。荀卿[5]守正，大论是弘，逃逸于楚，废死兰陵。是二儒者，吐辞为经，举足为法，绝类离伦[6]，优入圣域，其遇于世何如也？今先生学虽勤而不繇[7]其统，言虽多而不要其中，文虽奇而不济于用，行虽修而不显于众。犹且月费俸钱，岁靡廪粟[8]；子不知耕，妇不知织；乘马从徒，安坐而食，踵常途之促促[9]，窥陈编[10]以盗窃。然而圣主不加诛，宰臣不见斥，此非其幸欤！动而得谤，名亦随之。投闲置散，乃分之宜。若夫商财贿[11]之有无，计班资之崇庳[12]，忘己量之所称，指前人之瑕疵[13]，是所谓诘匠氏之不以杙为楹[14]，而訾医师以昌阳[15]引年，欲进其豨苓也[16]。"

作品简析

《进学解》是唐元和年间韩愈任国子博士时所作，出自《韩昌黎集》。全文假托向学生训话，以问答形式勉励他们积极进取，在学业、德行方面取得进步，进而施展抱负、建功立业；教导学生如何进行学习，引导学生掌握简明有效的学习方法，并借以抒发自己怀才不遇、仕途蹭蹬的苦闷。

此文充分表现了封建时代正直而有才华、有抱负的知识分子的苦闷，批判了不合理的社会现象，具有典型意义，故而传诵不绝。

思考与练习

一、谈谈文中韩愈关于学习的论述对你有何启示。

二、战国末期思想家韩非曾说："虽无飞，飞必冲天；虽无鸣，鸣必惊人。"试分析这篇散文的语言美。

三、请背诵本篇。

---

[1] 卓荦（luò）：突出，超群出众。

[2] 校（jiào）：比较。

[3] 孟轲好辩：《孟子·滕文公下》载，孟子有好辩的名声。他说："予岂好辩哉？予不得已也！"意思是：自己因为捍卫圣道，不得不展开辩论。

[4] 辙（zhé）：车轮痕迹。

[5] 荀卿：荀况，战国后期儒家大师，时人尊称为卿。

[6] 绝类离伦：出众超群。离、绝：都是"超越"的意思。

[7] 繇（yóu）：通"由"。

[8] 靡（mí）：浪费，消耗。廪（lǐn）：粮仓。

[9] 踵（zhǒng）：脚后跟，这里是跟随的意思。促促：拘谨的样子。

[10] 窥：从小孔、缝隙或隐僻处察看。陈编：古旧的书籍。

[11] 财贿：财物，这里指俸禄。

[12] 班资：等级，资格。庳（bì）：低。

[13] 前人：指职位在自己前列的人。瑕疵：比喻人的缺点。如上文所说"不公""不明"。瑕（xiá）：玉石上的斑点。疵（cī）：病。

[14] 杙（yì）：小木桩。楹（yíng）：柱子。

[15] 訾（zǐ）：指责。昌阳：菖蒲，药材名，相传久服可以长寿。

[16] 欲进其豨苓也：意思是自己小材不宜大用，不应计较待遇的多少、高低，更不该埋怨主管官员的任使有什么问题。豨（xī）苓，又名猪苓，药草名。

长　恨　歌[1]

白居易

> **作者简介**
>
> 　　白居易（772—846），字乐天，号香山居士，祖籍山西太原，出生于新郑（今属河南）。唐贞元年间进士，为秘书省校书郎。宪宗朝为翰林学士，授左拾遗。因直言极谏，贬为江州司马，晚年定居香山寺。白居易是继杜甫后我国古代另一位杰出的现实主义诗人，其诗歌艺术总的特色是通俗晓畅，自然流丽。"安史之乱"后唐朝走向衰微，错综复杂的社会现实在白居易的诗中得到了较全面的反映。今存白居易诗近3000首，数量之多在唐代诗人中首屈一指。长篇叙事诗《长恨歌》《琵琶行》则代表了他艺术上的最高成就。著有《白氏长庆集》。

汉皇重色思倾国[2]，　　御宇[3]多年求不得。　　杨家有女[4]初长成，　　养在深闺人未识[5]。
天生丽质难自弃[6]，　　一朝选在君王侧。　　回眸一笑百媚生[7]，　　六宫粉黛无颜色[8]。
春寒赐浴华清池[9]，　　温泉水滑洗凝脂[10]。　　侍儿扶起娇无力，　　始是新承恩泽时。
云鬓花颜金步摇[11]，　　芙蓉帐[12]暖度春宵。　　春宵苦短日高起，　　从此君王不早朝。
承欢侍宴无闲暇，　　春从春游夜专夜[13]。　　后宫佳丽三千人，　　三千宠爱在一身。

---

[1] 唐元和元年，白居易任盩厔县尉，一日，与友人陈鸿、王质夫同游马嵬驿附近的游仙寺，谈及唐玄宗与杨贵妃的事。王质夫认为，像这样突出的事情，如无大手笔加工润色，就会随着时间的流逝而消没。他鼓励白居易道："乐天深于诗，多于情者也，试为歌之，如何？"于是，白居易写下了此诗。陈鸿同时写了一篇传奇《长恨歌传》。

[2] 汉皇：此指唐玄宗李隆基。倾国：绝色女子。《汉书·外戚传》记载，汉武帝的乐工李延年在武帝前起舞唱歌："北方有佳人，绝世而独立，一顾倾人城，再顾倾人国。宁不知倾城与倾国，佳人难再得！"后世就以"倾城""倾国"形容绝色女子。

[3] 御宇：驾御宇内，即统治天下。

[4] 杨家有女：指杨贵妃，乳名玉环，唐开元二十三年（735）册封为寿王（唐玄宗之子李瑁）妃。开元二十八年（740），唐玄宗将她度为女道士，道号太真。天宝四年（745），册封为贵妃。

[5] "养在"句：此为替唐玄宗掩盖事实真相的曲笔。

[6] 丽质：美丽的姿质。难自弃：意思是难于被埋没在民间。弃，舍弃。

[7] 回眸：取动首顾盼的意思。眸，眼珠。百媚生：种种媚态。

[8] "六宫"句：意为与杨贵妃的美貌相比，宫里所有其他妃嫔都黯然失色。六宫，后妃居住的地方。粉黛，粉以抹脸，黛以描眉，这里代指宫妃。

[9] 华清池：唐玄宗所建的华清宫的温泉浴池，在今陕西临潼。

[10] 凝脂：古代形容女性皮肤白嫩滑润。《诗经·卫风·硕人》："手如柔荑，肤如凝脂。"

[11] 云鬓：如云的鬓发，形容头发浓密。花颜：如花的容貌。金步摇：古代妇女的一种金首饰，上有金花，下有垂珠，走动时会自然摆动，所以叫作"步摇"。

[12] 芙蓉帐：绣有并蒂莲花图案的帐幔。

[13] 夜专夜：意思是每夜都得到宠爱。

金屋[1]妆成娇侍夜，玉楼宴罢醉和春。姊妹弟兄皆列土[2]，可怜[3]光彩生门户。
遂令天下父母心，不重生男重生女[4]。骊宫[5]高处入青云，仙乐风飘处处闻。
缓歌慢舞凝丝竹[6]，尽日君王看不足。渔阳鼙鼓[7]动地来，惊破霓裳羽衣曲[8]。
九重城阙烟尘生[9]，千乘万骑西南行[10]。翠华[11]摇摇行复止，西出都门百余里[12]。
六军不发[13]无奈何，宛转蛾眉马前死[14]。花钿委地[15]无人收，翠翘金雀玉搔头[16]。
君王掩面救不得，回看血泪相和流。黄埃散漫风萧索，云栈萦纡登剑阁[17]。
峨嵋山[18]下少人行，旌旗无光日色薄。蜀江水碧蜀山青，圣主朝朝暮暮情。
行宫见月伤心色，夜雨闻铃[19]肠断声。天旋日转回龙驭[20]，至此踌躇不能去。
马嵬坡下泥土中，不见玉颜空死处[21]。君臣相顾尽沾衣，东望都门信马[22]归。

---

[1] 金屋：《汉武故事》载，汉武帝刘彻年幼时，他的姑母长公主问他长大后要不要娶她的女儿阿娇为妻。汉武帝回答说："若得娇，当以金屋贮之。"后世就以"金屋"指男人宠爱的女子居住的地方。

[2] 姊妹弟兄：指杨氏一家。杨玉环被册封为贵妃后，她的大姐封韩国夫人，三姐封虢国夫人，八姐封秦国夫人。堂兄弟杨铦官鸿胪卿，杨锜官侍御史，杨钊赐名国忠，官右丞相，所以说"皆列土"（分封土地）。列：通"裂"。

[3] 可怜：可羡。

[4] "不重"句：据《长恨歌传》记载，当时民谣有"生女勿悲酸，生男勿喜欢""男不封侯女作妃，看女却为门上楣"之说。

[5] 骊宫：骊山上的华清宫。

[6] 缓歌：悠扬的歌声。慢舞：曼舞，轻盈美妙的舞姿。凝丝竹：管弦乐器奏出徐缓的音乐。丝，指弦乐器。竹，指管乐器。

[7] 渔阳鼙（pí）鼓：指天宝十四年（755）十一月，安禄山从范阳起兵叛唐。渔阳，郡名，治所在今天津市蓟州区，唐时为范阳节度使所辖八郡之一，此指安禄山起兵之地。诗中暗用东汉彭宠据渔阳起兵反汉的典故（事见《后汉书·彭宠传》）。鼙鼓，古代军队所用的小鼓和大鼓。

[8] 霓裳羽衣曲：唐代大型舞曲名，相传是唐玄宗梦游月宫时暗暗记住了这个曲子，醒来后谱出来的。其实这支舞曲是当时西凉节度使杨敬述所献，本名《婆罗门曲》，系由印度传入。

[9] 九重城阙：指皇帝居住的地方。《楚辞·九辩》中有："君之门以九重。"这里指京城长安。烟尘生：指发生战事。烟尘，弥漫的战云。

[10] 西南行：天宝十五年六月，安禄山攻陷潼关，唐玄宗带着杨氏兄妹向西南方的蜀中逃避。

[11] 翠华：指皇帝仪仗中用鸟羽毛装饰的旗子。此指皇帝的车辇。

[12] 百余里：指马嵬坡，在今陕西兴平西二十里，离长安百余里。

[13] 六军：周代制度，天子有六军，这里指皇帝的护卫军。不发：不再前进。此指右龙武将军陈玄礼带领的军队发生哗变，不肯前进。

[14] "宛转"句：指陈玄礼的部下要求杀死杨国忠和杨玉环，唐玄宗无奈只得先杀死杨国忠，然后命杨玉环自尽。宛转，缠绵悱恻的样子。蛾眉，美女的代称，此指杨贵妃。

[15] 花钿（diàn）：古代贵族妇女戴的镶嵌珠宝的金花状首饰。委地：丢弃在地上。

[16] 翠翘：一种形状像翠鸟尾羽的首饰。金雀：雀形的金钗。玉搔头：玉簪。

[17] 云栈：高入云霄的栈道。在悬崖陡壁上凿石架木修筑的通道为栈道。萦纡（yū）：蜿蜒曲折。剑阁：剑门关，在今四川省剑阁县北。

[18] 峨嵋山：今作峨眉山，在四川西南部。唐玄宗入蜀只到成都，没有经过峨眉山，这里泛指蜀中高山。

[19] 夜雨闻铃：传说唐玄宗去四川时，经过斜谷，遇到十多天的阴雨，在栈道马上听到雨中铃声隔山相应，十分凄凉，便更想念杨贵妃，因而谱《雨霖铃》曲以寄恨。

[20] 天旋日转：指局势有所好转，不久收复了长安。回龙驭：皇帝的车驾从蜀中返回长安。

[21] "不见"句：唐肃宗至德二年（757）十二月，唐玄宗由蜀郡回长安，经马嵬坡派人以礼改葬杨贵妃。空死处：只见她死的地方。空，徒然。

[22] 东望都门：向东望着京城长安。信马：听任马随意往前进，意即完全沉浸在悲伤之中。

归来池苑皆依旧，　　太液芙蓉未央[1]柳。　　芙蓉如面柳如眉，　　对此如何不泪垂。
春风桃李花开日，　　秋雨梧桐叶落时。　　西宫南内[2]多秋草，　　落叶满阶红不扫。
梨园弟子[3]白发新，　　椒房阿监青娥[4]老。　　夕殿萤飞思悄然[5]，　　孤灯挑尽未成眠[6]。
迟迟钟鼓初长夜[7]，　　耿耿星河欲曙天。　　鸳鸯瓦冷霜华重[8]，　　翡翠衾[9]寒谁与共。
悠悠生死别经年，　　魂魄不曾来入梦。　　临邛道士鸿都[10]客，　　能以精诚致魂魄[11]。
为感君王辗转思，　　遂教方士[12]殷勤觅。　　排空驭气[13]奔如电，　　升天入地求之遍。
上穷碧落下黄泉[14]，　　两处茫茫皆不见。　　忽闻海上有仙山，　　山在虚无缥缈间。
楼阁玲珑五云[15]起，　　其中绰约[16]多仙子。　　中有一人字太真，　　雪肤花貌参差[17]是。
金阙西厢叩玉扃[18]，　　转教小玉报双成[19]。　　闻道汉家天子使，　　九华帐[20]里梦魂惊。
揽衣推枕起徘徊，　　珠箔银屏迤逦开。　　云鬓半偏新睡觉[21]，　　花冠不整下堂来。
风吹仙袂[22]飘飘举，　　犹似霓裳羽衣舞。　　玉容寂寞泪阑干[23]，　　梨花一枝春带雨。

---

[1] 太液：汉代宫池名。未央：汉代的未央宫。在这里均代指唐代的池苑、宫殿。

[2] 西宫南内：指太极宫和兴庆宫。唐玄宗李隆基从四川回长安时已让位给肃宗李亨。李亨不让李隆基再过问国事，把他从兴庆宫迁至西边的太极宫。皇宫称大内，兴庆宫在南，称南内。太极宫在西，称西内。

[3] 梨园弟子：唐玄宗亲自调教的乐工声伎。《雍录》载："开元二年，置教坊于蓬莱宫，上（指唐玄宗）自教法曲，谓之'梨园弟子'。至天宝中，即东宫置宜春北苑，命宫女数百人为梨园弟子，即是。'梨园'者，按乐之地；而预教者，名为'弟子'耳。"

[4] 椒房：古代后妃居住的宫殿。因用花椒和泥涂壁以取其香暖，而且象征多子，故名椒房。阿监：唐代宫中女官。青娥：年轻美貌的女子。

[5] 悄（qiǎo）然：忧伤愁闷的样子。

[6] "孤灯"句：古时用油灯照明，为使灯火明亮，过一会儿就要把灯草挑一挑。"挑尽"是说夜已深了，灯草即将挑尽，形容夜不能眠的境况。唐时宫廷夜间燃蜡烛而不点油灯，此处意在形容唐玄宗晚年生活环境的凄苦。

[7] 钟鼓：指宫中报时的钟鼓声。初长夜：指秋夜。秋天夜开始变长。

[8] 鸳鸯瓦：屋上一俯一仰合在一起的瓦片。霜华重：指积在瓦上的霜很重。

[9] 翡翠衾（qīn）：绣有翡翠鸟图案的被子。翡翠，鸟名，雌雄双栖，形影不离。

[10] 临邛（qióng）：县名，唐时属剑南道，今四川邛崃。鸿都：东汉时京城洛阳有鸿都门，此处借指长安。

[11] 致魂魄：把杨贵妃的亡魂招来。

[12] 教：使，令。方士：有法术的人，即道士。

[13] 排空驭气：腾云驾雾。

[14] 穷：穷极，找遍。碧落、黄泉：古人以为，天有九重，最上一层叫碧落；地有九层，最下一层叫黄泉。因而也称"九天""九泉"。

[15] 五云：五彩云霞。

[16] 绰约：风姿轻盈美好。

[17] 参差：这里是差不多、仿佛的意思。

[18] 金阙：指仙山上金碧辉煌的宫殿。玉扃（jiōng）：玉做的门户。

[19] 小玉：传说是吴王夫差的女儿，死后成仙。双成：传说中西王母的侍女，姓董。这里借指杨贵妃在仙山上的侍女。

[20] 九华帐：图案花纹极其华丽的帐幔。

[21] 新睡觉（jué）：刚睡醒。

[22] 袂（mèi）：衣袖。

[23] 阑干：指泪水纵横流淌的样子。

含情凝睇谢君王，	一别音容两渺茫。	昭阳殿[1]里恩爱绝，	蓬莱宫[2]中日月长。
回头下望人寰处，	不见长安见尘雾。	惟将旧物表深情，	钿合金钗寄将去[3]。
钗留一股合一扇[4]，	钗擘[5]黄金合分钿。	但教心似金钿坚，	天上人间会相见。
临别殷勤重寄词，	词中有誓两心知。	七月七日长生殿[6]，	夜半无人私语时。
在天愿作比翼鸟[7]，	在地愿为连理枝[8]。	天长地久有时尽，	此恨[9]绵绵无绝期。

作品简析

《长恨歌》是白居易诗作中脍炙人口的名篇。在这首长篇叙事诗里，作者以精练的语言、优美的形象，叙事、写景、抒情相结合的手法，叙述了唐玄宗、杨贵妃的爱情悲剧。诗人并不拘泥于历史，而是借着历史的一点影子，根据当时人们的传说、街坊的歌唱，创作出一个回旋曲折、婉转动人的故事，用回环往复、缠绵悱恻的艺术形式，描摹、歌咏出来。

诗人在写出"汉皇重色思倾国"这一统领全诗的诗句以后，始而写唐玄宗求色和杨贵妃得宠的经过，继而叙述"安史之乱""玄宗出逃""马嵬缢妃"事件，再而描述唐玄宗晚年的凄清孤寂的生活和思念杨贵妃的情景。最后以浪漫主义的手法，让杨贵妃在仙山中出现，表现玄宗与杨贵妃至死不渝的爱情，并以"天长地久有时尽，此恨绵绵无绝期"结束全诗，照应诗题，点明题旨。

这首诗叙事有致，张弛自如；抒情深挚，缠绵细腻；章法上下贯通，前后勾连；语言优美明丽，自然流畅；运用对偶、排比、顶真等修辞手法娴熟圆美。"如此长篇，一气舒卷，时复风华掩映，非有绝世才力未易到也。"（《唐宋诗醇》卷二十二）

思考与练习

一、作者是如何围绕"长恨"这一中心来抒情写人的？
二、这是一首千古绝唱的叙事诗，试分析它的艺术特点。
三、请熟读本诗。

---

[1] 昭阳殿：汉代宫殿名，在未央宫里，汉成帝皇后赵飞燕在这里住过。此处指杨贵妃生前住的寝宫。
[2] 蓬莱宫：传说中海上仙山上的宫殿。此指杨贵妃在仙境中居住的宫殿。
[3] 钿合：镶嵌有金花的盒子。合，通"盒"。寄将去：托道士捎去。
[4] "钗留"句：钗由两股结成，捎去一股，留下一股；盒由底盖合成，捎去一半，留下一半。
[5] 擘（bò）：分开或折断。
[6] 长生殿：唐代宫殿名，天宝元年建，在骊山华清宫内。据陈鸿《长恨歌传》中说，唐玄宗和杨贵妃于天宝十年七月七日曾在长生殿"密相誓心，愿世世为夫妇"。
[7] 比翼鸟：传说中的鸟，只有一目一翼，其名鹣鹣，雌雄并列，紧靠而飞。
[8] 连理枝：两棵树枝干连生在一起。
[9] 恨：遗憾。

锦　瑟[1]

李商隐

作者简介

李商隐（813—858），字义山，号玉溪生，又号樊南生，怀州河内（今河南沁阳）人。唐文宗开成二年（837）进士，曾任县尉、秘书郎、东川节度使判官等职。素有济世雄心，因受牛（僧儒）李（德裕）党争影响，被人排挤，一生潦倒，困顿忧悒而终。

李商隐是晚唐著名诗人，现存诗600余首，并别创无题诗。各体之中，尤长于七言律绝，诗作大多朦胧婉约，寄托深远，律切精严，绮彩缤纷，被称为"义山体"。诗人一生经历，有难言之痛、至苦之情，郁结中怀，发为诗句，幽伤要眇，往复低回，感染于人者至深。

> 锦瑟无端五十弦[2]，一弦一柱思华年[3]。
> 庄生晓梦迷蝴蝶[4]，望帝春心托杜鹃[5]。
> 沧海月明珠有泪[6]，蓝田日暖玉生烟[7]。
> 此情可待成追忆？只是当时已惘然[8]。

作品简析

这首七律诗意蕴甚为丰富。钱锺书先生认为，诗歌的体格有四个方面，即格调、辞藻、情意、风神（《谈艺录·神韵篇》）。从这四个方面看，《锦瑟》诗无论就作者的怅绪万端、寄慨遥深，还是表现上的婉曲回旋、斑斓华妙，都堪称杰作。

开篇以"锦瑟"起兴，以瑟之华美暗喻自己才华出众，又以瑟之"五十弦"暗示华年悄然流逝，而伤痛之情、惆怅之意，隐然含蕴于"无端"之感慨中。中间两联连用四

---

[1] 本篇诗题"锦瑟"，仿《诗经》旧例，取自起句首二字。因而，有人认为此诗亦属"无题诗"。此诗大概作于作者晚年，当时他回首往事，对一生坎坷而发的感慨，描写委婉，旨意朦胧，显然有其寄托。

[2] "锦瑟"句：既写瑟之华美，又写弦之细密繁复。锦瑟，绘饰华美的瑟。无端，没来由的。

[3] "一弦"句：每一弦每一柱的抚弄都会引起了诗人对往事的追忆。华年，指逝去的岁月，美丽的青春。

[4] "庄生"句：《庄子·齐物论》："昔者庄周梦为胡蝶，栩栩然胡蝶也。……俄然觉，则蘧蘧然周也。不知周之梦为胡蝶与，胡蝶之梦为周与？"李商隐似是借"蝶梦"之形象为自己所用，抒写自己对于仕宦之途的追求梦想以及此梦想失败落空后的无尽感慨。"晓"字暗示了梦境的短暂，"迷"字暗示了梦者的痴迷。

[5] "望帝"句：相传望帝为古代蜀国君主，名杜宇，死后魂化杜鹃，悲鸣寄恨，口中流血，声哀情苦。诗人写冤禽，所要表达的仍然是内心世界的悲戚与怨愤。

[6] "沧海"句：月为天上明珠，珠似水中明月；皎月落于沧海之间，明珠浴于泪波之中——形成了一个月、珠、泪三者难解的朦胧妙境。

[7] "蓝田"句：写的是"蓝田日暖，良玉生烟，可望而不可置于眉睫之前也"的朦胧景象。蓝田，山名，产玉之地。这代表了一种异常美好的理想景色，然而它是不能把握和无法接近的。

[8] "此情"二句：如此情怀，岂待今朝回忆始感无穷怅恨，即在当时早已是令人不胜怅惘的了。此二句拢束全篇，"此情"与开端"华年"相为呼应。曲折之语，只为说明那种怅惘的苦痛心情。

组典故，描绘了"庄生梦蝶""望帝春心""沧海月明珠有泪""蓝田日暖玉生烟"四个清丽、静谧、迷离而又含带凄伤的景象，构成一幅色彩凄艳而又迷离惝恍的、具有高度象征意味的图画。这寓托着诗人身世遭际或心情意绪，使人既有所感知、体会，又难以指实言明，吟咏于口而思索于心，极富艺术魅力。

  诗人只提供了几个意象，但读来却予人一种"真力弥满，万象在旁"的感受。关于此诗的主旨，历来歧见纷纭：悼亡、自伤身世、恋歌、描摹音乐……综观作者的诸多无题诗，似乎都在诉说那份永远也难以抵达彼岸的忧伤。

思考与练习

  一、你认为本诗的主旨是什么？请依据诗作本身及查找相关资料各抒己见。
  二、试析中间两联的艺术效果。
  三、请背诵本诗。

乌 夜 啼[1]

李 煜

作者简介

李煜（937—978），初名从嘉，字重光，号钟山隐士、莲峰居士等。南唐最后一位君主，史称李后主。李煜继位之前，南唐已对宋称臣，处于属国地位。继位之后，他自感回天乏力，不修政事，纵情享乐，年年向宋纳贡以苟延残喘。975年，宋军破金陵，李煜被俘至汴京（今河南开封），过了近三年如同囚徒的生活，含恨去世。据传是被宋太宗赵匡义赐药毒死的。

李煜疏于整军治国，却通晓文艺。他擅书画，解音律，工诗善文，尤长于填词。被俘之前，其词多描写宫廷享乐生活，意义不大；被俘以后，其词转为抒写亡国之痛，情真意切，哀痛由衷，动人心魄，且突破了晚唐五代词一味沉溺于男女情爱的藩篱。艺术上，李煜词以语言明白晓畅、形象鲜明生动、情韵隽永深长为后人所一致称赏。其词作数量不少，惜有散佚，今仅存数十首，录在《南唐二主词》中。

> 林花谢了春红[2]，太匆匆。无奈朝来寒雨晚来风。
> 胭脂泪[3]，相留醉，几时重[4]。自是人生长恨水长东。

作品简析

林花凋谢，已令人痛惜，何况又偏逢寒雨飘风肆意摧折，这就让人更觉不堪。

本词上阕三句写景，但冠诸"太匆匆""无奈"诸语，就不是纯客观描写，而成为抒发作者强烈感受的"有我之景"，是对风雨侵凌和落花飘零的感惜，同时也暗含着自己无力改变现实的悲伤。

本词下阕承上落花而来，"胭脂泪"三字语含双关，既可指落花，又可指女子。"相留醉"既写对落花的依恋，又似乎是写与女子的难分难舍。"几时重"是一种对重逢的企盼，一种无法实现的希冀，词人国亡家破，无限怨憾，发出"自是人生长恨水长东"的感喟来。

此词把写景与抒情水乳交融地结合起来，情景浑然一体。词人将人生感慨寄寓在对暮春残景的描绘中。"人生长恨水长东"，发出的是他特别深重的痛苦浩叹。词人虽抒写他一己亡国的哀情，因其所写哀伤有一定的普遍性，所以容易得到读者的理解和赞赏。后主词真挚精致可读，感染力很强。

---

[1] 乌夜啼：原为唐教坊曲，后用为词牌，是《相见欢》的别名，《相见欢》又名《秋夜月》《上西楼》。

[2] "林花"句：林花已经凋零，失去了春天的红艳之色。

[3] 胭脂泪：此语双关。雨打林花，满地湿红，犹如女子的泪水沾着胭脂的红色。杜甫《曲江对雨》中有"林花著雨胭脂湿"。本词中的"林花""胭脂泪"诸语化用杜诗之意。

[4] 几时重：何时再度相会。

思考与练习

一、分析本词在情景交融方面的特色。

二、王国维说:"词至李后主而眼界始大,感慨遂深,遂变伶工之词而为士大夫之词。"请多读几首李煜的词,并加以分析。

三、请背诵本词。

八声甘州[1]

柳 永

作者简介

柳永（约987—约1053），原名三变，字景庄，后改名永，字耆卿，因排行第七，人称"柳七"。崇安（今福建武夷山市）人。出身于儒宦世家，景祐年间进士，官至屯田员外郎，故世称"柳屯田"。

柳永博学多才，妙解音律，是北宋第一位专力写词的作家，并大量制作慢词。他在词的内容和表现手法方面都有新的开拓，标志着宋词的重大变化。其词以白描见长，长于铺叙，善于点染，语言浅易自然，不避俚俗，自成一格，广为流传，在词史上占有重要地位。著有《乐章集》。

对潇潇暮雨洒江天，一番洗清秋[2]。渐霜风[3]凄紧，关河[4]冷落，残照当楼。是处红衰翠减[5]，苒苒物华休[6]。惟有长江水，无语东流。

不忍登高临远，望故乡渺邈[7]，归思难收。叹年来踪迹，何事苦淹留[8]？想佳人、妆楼颙望[9]，误几回、天际识归舟[10]。争知[11]我、倚阑干处，正恁[12]凝愁。

作品简析

这首词是柳词中描写羁旅行役的名篇。全词情景相生，笔致阔大而婉曲。上阕写游子登楼所见之秋景，凄清寥落；下阕写游子对家乡亲人的眷恋之情，抒情婉曲。开篇单字领起，"对"字用得精当有神，振醒全篇。暮雨是大背景，"渐霜"三句由远及近，视野开阔，意境高远雄浑，写尽关河寥落、羁旅落拓的哀伤。苏东坡盛赞此三句，认为"唐人佳处，不过如此"。"是处"二句描摹衰残之景以烘托人之离愁。"惟有长江水，无语东流"用拟人的手法衬游子之忧伤，又暗转下阕。下阕游子登楼怅望，忧思百端，从自己的望乡想到意中人的望归，时空转换自然。如此着笔，便把本来的独望变成了双

---

[1] 八声甘州：又名《甘州》，唐教坊大曲名，后用为词调。此调前后段共八韵，故名"八声"，属慢词。

[2] "对潇潇"二句：面对急骤的暮雨洒落在江天，见大雨冲尽浮尘，呈现出明净的秋色。潇潇，雨势急骤的样子。

[3] 霜风：刺骨的寒风。

[4] 关河：关山河川，即山河。

[5] 是处：到处。红衰翠减：花朵凋零，绿叶枯萎。李商隐诗《赠荷花》中有："此花此叶常相映，翠减红衰愁杀人。"

[6] 苒苒：形容时光逐渐消逝。物华休：美好的风光景物已不复存在。

[7] 渺邈：遥远。

[8] 何事：为什么。淹留：久久停留。

[9] 颙（yóng）望：凝望。

[10] "误几回"句：多少次将远处来的船误认作是所思者的归舟，极写思情之深。谢朓诗《之宣城郡出新林浦向板桥》中有："天际识归舟，云中辨江树。"

[11] 争知：怎知。

[12] 恁（nèn）：如此。

方关山远隔的千里相望,见出两地同心,俱为情苦。虽然这是想象之词,却反映了作者对独守空闺的意中人的关切之情,似乎在遥遥相望中互通款曲。全词气象辽阔、声律雄浑,在凄清苍凉之中蕴含着高远悲壮之音。

思考与练习

一、试析上阕写景层层铺叙的特点。

二、词的下阕转写佳人,对抒发作者的羁旅之情有什么作用?

三、请背诵本词。

秋 声 赋

欧阳修

作者简介

欧阳修（1007—1072），字永叔，号醉翁、六一居士，吉州永丰（今属江西）人。官馆阁校勘，因直言论事贬知夷陵。庆历中任谏官，支持范仲淹领导的政治改革，被诬贬知滁州。官至翰林学士、枢密副使、参知政事。王安石推行新法时，对青苗法有所批评。谥文忠。主张文章应"明道""致用"，对宋初以来靡丽、险怪的文风表示不满，并积极培养后进，是北宋古文运动的领袖。散文说理畅达，抒情委婉，为"唐宋八大家"之一。诗颇受李白、韩愈影响，重气势而能流畅自然。其词婉丽，与晏殊并称"晏欧"。有《欧阳文忠公集》。

欧阳子方[1]夜读书，闻有声自西南来者，悚然[2]而听之，曰：异哉！初淅沥以萧飒[3]，忽奔腾而砰湃[4]；如波涛夜惊，风雨骤至。其触于物也，鏦鏦铮铮[5]，金铁皆鸣。又如赴敌之兵，衔枚[6]疾走，不闻号令，但闻人马之行声。余谓童子："此何声也？汝出视之。"童子曰："星月皎洁，明河[7]在天，四无人声，声在树间。"

余曰："噫嘻悲哉！此秋声也。胡为而来哉？盖夫秋之为状[8]也：其色惨淡[9]，烟霏云敛[10]；其容清明，天高日晶[11]；其气栗冽[12]，砭[13]人肌骨；其意萧条，山川寂寥。故其为声也，凄凄切切，呼号愤发。丰草绿缛[14]而争茂，佳木葱茏而可悦，草拂之而色变，木遭之而叶脱。其所以摧败零落者，乃其一气之余烈[15]。夫秋，刑官[16]也，于时为阴；又兵象也，于行用金。是谓天地之义气，常以肃杀而心为。天之于物，春生秋实。故其在乐

---

[1] 欧阳子：作者自称。方：正在。

[2] 悚（sǒng）然：惊惧的样子。

[3] 初淅沥以萧飒：起初是淅淅沥沥的细雨带着萧飒的风声。淅沥，形容轻微的声音，如风声、雨声、落叶声等。萧飒，形容风吹树木的声音。

[4] 砰湃：同"澎湃"，波涛汹涌的声音。

[5] 鏦（cōng）鏦铮铮：金属相击的声音。

[6] 衔枚：古时行军或袭击敌军时，让士兵衔枚以防出声。枚，形似竹筷，衔于口中，两端有带，系于脖颈上。

[7] 明河：天河。

[8] 秋之为状：秋天所表现出来的意气容貌。状，情状，指下文所说的"其色""其容""其气""其意"。

[9] 惨淡：黯然无色。

[10] 烟霏：烟气浓重。霏，飞散。云敛：云雾密聚。敛，收，聚。

[11] 日晶：日光明亮。晶，明亮。

[12] 栗冽（lìliè）：寒冷。

[13] 砭（biān）：古代用来治病的石针，这里引申为"刺"的意思。

[14] 绿缛（rù）：形容草木碧绿繁茂。

[15] 一气：指构成天地万物的浑然之气。天地万物的变化都是"一气"运行的结果。余烈：余威。

[16] 刑官：执掌刑狱的官。《周礼》把官职与天、地、春、夏、秋、冬相配，称为六官。秋有肃杀之气，所以执掌刑法、狱讼的刑官分属于秋。

也，商声主西方之音，夷则为七月之律。[1] 商，伤也，物既老而悲伤；夷，戮也，物过盛而当杀。

"嗟乎！草木无情，有时[2]飘零。人为动物，惟物之灵，百忧感其心，万事劳其形，有动于中，必摇其精。而况思其力之所不及，忧其智之所不能，宜其渥然丹者为槁木，黟然黑者为星星[3]。奈何以非金石之质[4]，欲与草木而争荣？念谁为之戕贼[5]，亦何恨乎秋声！"

童子莫对，垂头而睡。但闻四壁虫声唧唧，如助余之叹息。

作品简析

此赋写于宋仁宗嘉祐四年（1059），时作者53岁，虽身居高位，然有感于宦海沉浮，政治改革艰难，故心情苦闷，乃以"悲秋"为主题，抒发人生的苦闷与感叹。

全文以"秋声"为引子，抒发草木被风摧折的悲凉，告诫世人：不必悲秋、恨秋，怨天尤人，而应自我反省。延及更容易被忧愁困思所侵袭的人，感叹"百忧感其心，万事劳其形"，也是作者自己对人生不易的体悟，抒发了作者难有所为的郁闷心情，以及自我超脱的愿望。

此文立意新颖，熔写景、抒情、记事、议论为一炉，叙事简括有法，而议论迂徐有致，章法曲折变化，而语句圆融轻快，情感节制内敛，语气轻重和谐，节奏有张有弛，语言清丽而富于韵律，显示出文赋自由挥洒的韵致。

思考与练习

一、分析这篇文赋融写景、抒情、记事与议论于一体的艺术特点。

二、唐宋散文中多有以主客对话来抒发自己内心感触的典范之作，试分析文中作者与童子之间的对话对抒情与议论的作用。

三、请背诵本篇。

---

[1] "故其"三句：所以就音乐而论，商声代表西方的声音。七月初秋，正值夷则之律。按我国古代乐理，乐分宫、商、角、徵（zhǐ）、羽五音。《礼记·月令》："孟秋之月，其音商，律中夷则。"古代以五音与四方、四时相配，以西方商声属秋。夷则，古代十二律之一，每律分属一月。《史记·律书》："七月也，律中夷则。夷则，言阴气之贼万物也。"

[2] 有时：有固定时限。

[3] "宜其"二句：自然会使他红润的面色变得苍老枯槁，乌黑的头发变得鬓发花白。宜，该，当。渥（wò）然，润泽的样子。丹，朱红色。《诗·秦风·终南》："颜如渥丹。"槁木，枯木。黟（yǒu）然，黑的样子。一本"黟"作"黝"。星星，头发斑白的样子。谢灵运诗《游南亭》："戚戚感物叹，星星白发垂。"

[4] 奈何：为何。非金石之质：指人体没有金石那样坚实的质地。

[5] 戕（qiāng）贼：摧残，破坏。

卜算子·黄州定惠院[1]寓居作

苏 轼

作者简介

苏轼（1037—1101），字子瞻，号东坡居士，眉州眉山（今属四川）人。他与父亲苏洵、弟弟苏辙，都是北宋著名的文学家，合称为"三苏"，同被后人列入"唐宋八大家"。宋仁宗嘉祐二年（1057）进士。神宗熙宁年间，因与主张变法的王安石政见不合，出任杭州、密州（今山东诸城）、徐州、湖州等地地方官。后因"乌台诗案"罪贬黄州。宋哲宗时被召回京，累迁翰林学士。因对司马光尽废新法的做法不赞成，再次出知杭州、颍州（今安徽阜阳）、扬州等地。后又贬谪惠州（今广东惠州）、儋州（今属海南）。宋徽宗时获大赦，北还途中卒于常州。后追谥"文忠"。

苏轼是宋代文艺创作成就最为全面的一位作家。其文汪洋恣肆，明白畅达，与欧阳修并称"欧苏"。其诗清新豪健，富有哲理，在艺术表现方面独具风格，与黄庭坚并称"苏黄"。词开豪放一派，与辛弃疾并称"苏辛"。擅长行书、楷书，与蔡襄、黄庭坚、米芾并称"宋四家"。有《东坡乐府》《东坡七集》等。

> 缺月挂疏桐，漏断人初静[2]。时见幽人[3]独往来？缥缈[4]孤鸿影。
> 惊起却回头，有恨无人省[5]。拣尽寒枝不肯栖，寂寞沙洲冷。

作品简析

此词为宋神宗元丰六年（1083）苏轼在黄州所作。词中借月夜孤鸿这一形象托物寓怀，表达了词人孤高自许、蔑视流俗的心境。

上阕前两句首先营造了一个幽独孤凄的环境，残缺之月，疏落孤桐，滴漏断尽，一系列寒冷凄清的意象构成了一幅萧疏、凄冷的寒秋夜景，为幽人、孤鸿的出场作铺垫。词人出笔不凡，渲染出一种孤高出世的境界。接下来的两句，先是点出一位独来独往、心事浩茫的"幽人"形象，随即由"幽人"而孤鸿，使这两个意象产生对应和契合，让人联想到："幽人"那孤高的心境，不正像缥缈若仙的孤鸿之影吗？这两句，既是实写，又通过人、鸟形象的对应、嫁接，极富象征意味和诗意之美地强化了"幽人"的超凡脱俗。

"惊起却回头，有恨无人省。"这两句敷墨于物，用意在人，语语双关，不露痕迹，而尽"曲写"之妙。"拣尽寒枝不肯栖，寂寞沙洲冷。"这是下阕乃至全词的"眼"，意思是想象那孤鸿不肯就木而栖，低回踯躅于寂寞冷清的沙洲上。这里的"拣"字，是词人精心提炼殊见用心的字眼，词人把自己的遭际和孤鸿的处境完全融为一体，写活了不逢时、遭冷落而又不愿苟合世俗、讨乖买宠的倔强性格特征。炼字如此，可谓出神入化、炉火纯青。

---

[1] 定惠院：在今湖北黄冈东南。苏轼有《游定惠院记》。惠，一作"慧"。
[2] 漏断：漏壶中的水已经滴尽了，指夜深。漏，古时用水计时之器。静：一作"定"，义同。
[3] 幽人：幽居之人，指作者自己。
[4] 缥缈：隐约不清的样子。
[5] 省（xǐng）：知晓，理解。

这首词的境界,确如黄庭坚所说:"语意高妙,似非吃烟火食人语,非胸中有万卷书,笔下无一点尘俗气,孰能至此!"这种高旷洒脱、绝去尘俗的境界,得益于高妙的艺术技巧。

唐圭璋先生认为,此词上阕写鸿见人,下阕写人见鸿,借物比兴,人似飞鸿,飞鸿似人,非鸿非人,亦鸿亦人,人不掩鸿,鸿不掩人,人与鸿凝为一体。特别是词人以孤鸿自喻,自标清高,寄意深远,风格清奇冷峻。

思考与练习

一、结合这首词,谈谈你对"景语即情语"的理解。

二、试析这首词托物寓怀的成功之处。

三、请背诵本词。

永遇乐[1]

李清照

作者简介

李清照（1084—约1155），号易安居士，齐州章丘（今山东济南）人。父亲李格非为北宋知名学者兼散文家，是苏轼的得意门生。母亲系状元孙女，亦有文学才能。李清照自幼受到良好教育。丈夫赵明诚为宰相赵挺之子，历任州郡行政长官，为金石考据家。李清照早期生活优裕，与丈夫志同道合，感情深厚，常一起校勘金石，鉴赏书画，唱和诗词。金兵入据中原后，流寓南方，明诚病死，晚景孤苦。

李清照有"千古第一才女"之称，是婉约派词人的代表。她工诗能文，尤长于词。其词以南渡为界，可分为前后两期。前期多写闺阁生活和离别相思之情，富于真情实感，委婉动人。后期随宋室南迁，夫死家亡，辗转流离，词作多写乡关之思、身世之苦，情调感伤，有时也流露出对中原的怀念。其作形式上善用白描手法，善于捕捉日常生活中的细小事物来抒发其真情实感，语言精心锤炼而又清丽自然。论词强调协律，崇尚典雅、情致，提出词"别是一家"之说，反对以作诗文之法作词。有《漱玉词》辑本。

落日熔金[2]，暮云合璧[3]，人在何处？染柳烟浓，吹梅笛怨[4]，春意知几许？元宵佳节，融和天气，次第[5]岂无风雨？来相召、香车宝马，谢他酒朋诗侣。

中州[6]盛日，闺门多暇，记得偏重三五[7]。铺翠冠儿[8]，捻金雪柳[9]，簇带争济楚[10]。如今憔悴，风鬟霜鬓，怕见夜间出去。不如向、帘儿底下，听人笑语。

作品简析

李清照于靖康之变后，南渡漂泊于浙江一带，生活动荡，晚景凄凉。此词或作于她流寓临安（今杭州）之时。这首词通过南渡前后过元宵节两种情景的对比，抒写离乱之后，愁苦寂寞的情怀。

词的上阕从元宵佳节时眼前景物入手，来抒写寓居异乡的悲凉心境，着重对比客观现实的欢快和词人主观心情的凄凉。元宵佳节"落日熔金，暮云合璧"何等美景，却以"人在何处"轻轻一句点醒现实的亡国之痛。"染柳烟浓"，虽四处充满春意，可此时梅已开残了，听见外面有人吹笛子，词人也只觉得笛声凄怨，所以她心里浮起又一个疑问："这时节，到底有多少春意呀？"接着又以"来相召、香车宝马"等他人之喧嚣，

---

[1] 永遇乐：词牌名，有平韵、仄韵两体，仄韵始于柳永。
[2] 熔金：熔化的金子。
[3] 合璧：像璧玉一样，且连成一片。
[4] 吹梅笛怨：笛曲有《梅花落》，曲调哀怨。
[5] 次第：转眼间。
[6] 中州：今河南一带，此指汴京，北宋都城。
[7] 三五：阴历十五日，此指正月十五元宵节。
[8] 铺翠冠儿：饰有翠羽的女式帽子。
[9] 捻(niǎn)金雪柳：用金线捻成、素绢（或白纸）包扎的柳枝。
[10] 簇带：宋时口语，插戴满头之意。济楚：宋时口语，整洁之意。

抒写自己"谢他酒朋诗侣"的孤寂。表面上的理由是怕碰上"风雨",实则是国难当前,早已失去了赏灯玩月的心情。如果是在太平盛世的当年,情况就大不相同了。这样,词人很自然地转到当年汴京欢度节日的回忆上来。

词的下阕着重用词人南渡前在汴京过元宵佳节的欢乐心情,来反衬当前的内心凄凉。当时宋王朝为了点缀太平,在元宵节极尽铺张之能事。《东京梦华录笺注》记载:"从腊月初一日,直点灯到宣和六年正月十五日夜",真是"家家灯火,处处管弦"。这首词里的"铺翠冠儿,捻金雪柳,簇带争济楚",写的正是词人当年同"闺门"女伴心情愉快、盛装出游的情景。"如今憔悴"数语又由忆昔折回伤今,也交代了上阕之所以意兴阑珊的缘由。词人从今昔对比中抒发国破家亡的感慨,表达了自己沉痛悲苦的心情。结尾最为孤凄悲凉,"不如向、帘儿底下,听人笑语"结束得好像很平淡,可是在平淡中却包含了多少辛酸、多少凄怨、多少人生的感慨!

昔盛而今衰,物是而人非,是贯穿全篇的意脉。从"人在何处"的亡国之痛,到"风鬟霜鬓,怕见夜间出去",人老色衰的生命感叹,交织成这首词作的艺术灵魂。此情此景,千载之下,仍然令人潸然泪下,不可卒读。全词语言似信手拈来,平淡家常几近口语,"以寻常语度入音律",浅易更显深情,通俗不伤雅致,由此可见李清照的锤炼功夫。

思考与练习

一、本词一开头就设下三个疑问。试从这三个设疑中,分析词人的内心活动。

二、谈谈词中对比手法的运用。

三、请背诵本词。

摸鱼儿[1]

辛弃疾

作者简介

辛弃疾（1140—1207），字幼安，号稼轩，历城（今山东济南）人。因生于金人占领区，自幼就决心为民族复仇雪耻，收复失地。22岁时，他组织2000多人参加耿京领导的抗金义军。23岁南渡，投奔南宋朝廷。辛弃疾深谋远虑，智略超群，曾写了不少有关抗金北伐的建议，像著名的《美芹十论》《九议》等。平生以气节自负，以功业自诩，南归后希望尽展其雄才将略，横戈杀敌。可南宋朝廷甘心俯首称臣，英雄报国无门，闲居于江西上饶、铅山等地20余年，最终含恨而逝。

在南宋词史上，辛弃疾的作品数量最多，成就地位也最高。辛词无论从内容境界上还是从表现方法上，都可以说是空前绝后。前人作词，除从现实生活中提炼语言外，主要从前代诗赋中吸取词汇，而辛弃疾则独创性地将经史子等类别的散文中的语汇入词，空前地扩大和丰富了词的语汇。他的艺术风格多样，词风豪放而又苍凉沉郁，兼有清丽飘逸、缠绵妩媚之作，与苏轼并称为"苏辛"。著有《稼轩长短句》。

淳熙己亥，自湖北漕移湖南，同官王正之置酒小山亭，为赋。[2]

更能消、几番风雨[3]，匆匆春又归去。惜春长怕花开早，何况落红无数。春且住[4]，见说道、天涯芳草无归路[5]。怨春不语[6]。算只有殷勤，画檐蛛网，尽日惹飞絮。[7]

长门事，准拟佳期又误。蛾眉曾有人妒，千金纵买相如赋，脉脉此情谁诉？[8]君莫舞，君不见、玉环飞燕皆尘土[9]！闲愁[10]最苦！休去倚危栏，斜阳正在，烟柳

---

[1] 摸鱼儿：一名《摸鱼子》，唐教坊曲名，后用为词调。
[2] 此词一题作"暮春"或"春晚"。淳熙六年（1179）春，辛弃疾奉命由湖北转运副使改调湖南转运副使，他的同僚和友人王正之在鄂州官署内的小山亭为其置酒饯行，辛弃疾于是写下此词。作者在同年所写的《淳熙己亥论盗贼札子》中说："臣孤危一身久已""臣生平刚拙自信，年来不为众人所容，顾恐言未脱口而祸不旋踵"，可见词中所言受人忌恨之辞为实况。据罗大经《鹤林玉露》卷四说"词意殊怨"，宋孝宗见此词"颇不悦，然终不加罪"。可见篇中所流露的哀怨是对朝廷表示不满的情绪。淳熙：宋孝宗的年号。漕：漕司，宋时称主管漕运的转运使为漕司。
[3] "更能消"句：再也经受不起几番风雨。消，经得住。
[4] 且住：暂时留下来。
[5] "见说道"句：听说芳草生长到了天边，遮断了春天的归路。见说，听说。
[6] 怨春不语：春天没有留住，悄悄地消失。
[7] "算只有"三句：算来只有檐下的蛛网整日沾惹柳絮，像在留春。画檐，彩画的屋檐。惹飞絮，沾惹柳絮。
[8] "长门事"五句：据《昭明文选》所载，陈皇后失宠于汉武帝，幽居长门宫，以百金请司马相如写一篇解愁的文章。司马相如写了《长门赋》，使汉武帝感悟，本可再亲幸陈皇后，其所以"准拟佳期又误"，是由于遭妒进谗，因而最终难诉此情。蛾眉，借指美人。
[9] "君不见"句：你们没看见吗？那些一时得宠者都没有好下场。玉环，杨贵妃的小名，唐玄宗宠幸的妃子，后死于马嵬坡兵变中。飞燕，指赵飞燕，汉成帝宠爱的皇后，失宠后被废为庶人，自杀身亡。以上二句乃警告朝廷中当权得势的小人。
[10] 闲愁：受人冷落、不被重用的苦恼。

断肠[1]处。

作品简析

这首词表面看来，是作者在伤春吊古，但实际上是作者将自己的忧国之情隐藏在春残花落、蛾眉遭妒的描写之中。上阕借物起兴，以江南暮春时节的衰残景象象征风雨飘摇的国势，以春光迅速流走象征抗金时机稍纵即逝，表现了作者对此的深沉惋惜。下阕托古喻今，以汉武帝时陈皇后被打入冷宫的故事，暗喻自己遭朝中主和派的排挤、猜忌，抒发报国无门的苦闷。

此词的艺术手法是极为含蓄的，但作者伤时忧国的情怀却是触摸得到的。上阕全用比兴，下阕化用典故。比兴之法可以暗喻象征，化用典故可以借古讽今。委曲读来，意思层层深入，催人泪下。

作者用委婉、含蓄、曲折的笔调，以中国诗歌传统的比兴手法，表达壮志难酬、忧虑国家命运的激愤情感。在风格上，这首词不属于豪放一类，但也不能算作婉约一类，而是绵里藏针，柔中有刚，反映了辛弃疾词风格的丰富多彩。

思考与练习

一、分析词中比兴、象征手法的运用。
二、比较本词与词人豪放风格的作品，看看有什么不同之处。
三、请背诵本词。

---

[1] 断肠：形容极度思念或悲痛。

【双调】夜行船[1]·秋思

马致远

作者简介

马致远(约1251—约1321),号东篱,大都(今北京)人,元代戏曲作家、散曲家。与关汉卿、白朴、郑光祖合称为"元曲四大家"。曾任江浙行省官吏,晚年隐居江南,以诗酒自娱。

马致远著有杂剧15种,以《破幽梦孤雁汉宫秋》最为著名。他在散曲创作上成就最高,有"曲状元"的称号。其作品内容主要有三类:叹世讽世、描画景色、歌咏恋情。他融诗词意境入散曲,清雅而不失率真。现存散曲120余首,今人辑为《东篱乐府》。

【夜行船】百岁光阴一梦蝶[2],重回首往事堪嗟[3]。今日春来,明朝花谢,急罚盏[4]夜阑灯灭。

【乔木查[5]】想秦宫汉阙[6],都做了衰草牛羊野,不恁[7]么渔樵没话说。纵荒坟,横断碑,不辨龙蛇[8]。

【庆宣和】投至狐踪与兔穴,多少豪杰!鼎足虽坚半腰里折[9],魏耶,晋耶?

【落梅风】天教你富,莫太奢,没多时好天良夜。富家儿更做道你心似铁,争辜负了锦堂风月?

【风入松】眼前红日又西斜,疾似下坡车。不争镜里添白雪,上床与鞋履相别。休笑巢鸠计拙[10],葫芦提[11]一向装呆。

【拨不断】利名竭,是非绝。红尘不向门前惹,绿树偏宜屋角遮,青山正补墙头缺。更那堪竹篱茅舍。

【离亭宴煞】蛩吟罢一觉才宁贴[12],鸡鸣时万事无休歇,争名利何年是彻!看密匝匝蚁排兵,乱纷纷蜂酿蜜,急攘攘蝇争血。裴公绿野堂[13],陶令白莲社[14]。爱秋来时那些:

---

[1] 双调:这套散曲的共同宫调名。夜行船:套曲中第一首的曲牌名。

[2] 梦蝶:《庄子·齐物论》有"昔者庄周梦为胡蝶,……俄然觉,则蘧蘧然周也"之说,这里取其短暂、虚幻之意。

[3] 堪嗟:值得叹息。

[4] 罚盏:喝酒。古人喝酒,没有喝完的要罚饮。

[5] 乔木查:曲牌名。

[6] 秦宫汉阙:秦代的宫殿和汉代的陵阙。

[7] 不恁(nèn):不如此。

[8] 龙蛇:秦汉时的篆书、隶书盘旋曲折,所以比作龙蛇。

[9] 鼎足:指三国时期魏、蜀、吴彼此抗衡,争夺天下。半腰里折:指三方英雄人物都没有得到最后的胜利。

[10] 巢鸠计拙:相传斑鸠鸟性拙,不会筑巢,常借鹊窝栖息产卵。后喻生性笨拙、不善营生,多为自谦、自嘲之词。

[11] 葫芦提:宋元俗语,糊里糊涂。

[12] 蛩(qióng):蟋蟀。宁贴:安宁,稳妥。

[13] 裴公:裴度,唐宪宗时任宰相,晚年因宦官专权,辞官退居洛阳。绿野堂:裴度别墅名。裴度退居洛阳后,在午桥种花木万株,建台馆,名曰绿野堂。与白居易、刘禹锡等作诗酒之会,不问政事。

[14] 陶令:指陶渊明,东晋大诗人,曾任彭泽县令。白莲社:东晋僧人慧远与刘遗民等于庐山东林寺结社修行,掘池种白莲。陶渊明与慧远相契,时常参与社事,但因好酒疏懒,不肯入社。

和露摘黄花，带霜烹紫蟹，煮酒烧红叶。想人生有限杯，浑几个重阳节？嘱咐俺顽童记者：便北海探吾来，道东篱醉了也[1]。

作品简析

悲秋是中国古代诗歌的传统题材，名目甚多。而马致远的两首同题作品——【双调】《夜行船·秋思》与【越调】《天净沙·秋思》，尤为人称道。前者有"万中无一"的评价，后者则有"秋思之祖"的美誉。这篇套曲是马致远"叹世"之作的代表作，集中反映了作者告退名利场、隐居茅舍、看破红尘的思想。

这篇套曲由七支曲子组成，可分为四个层次。第一曲【夜行船】是引子，由秋来花谢想到人生的短暂虚幻，从而引出下面对人生价值的思考及对痴迷者的批判。【乔木查】等三支曲子为第二层，分别描写了帝王、豪杰、富翁的富贵无常。五、六两曲为第三层，写作者自己看破红尘、与世无争、自得其乐的人生态度。最后一曲则总括上文，再次把名利之徒与山林高士的两种生活进行对比，表达了作者不为物役、自适其适的心志。

在封建时代，知识分子无法掌握自己的命运，如不愿同流合污，往往只能追求超尘出世、笑傲林泉的生活，不免流于消极颓放，但其重人格、讲操守的人生态度，还是很难得的。

这篇套曲的艺术魅力突出表现在语言、形象与情趣三个方面。语言俗中透雅，既明快率直，又优美富于韵味。别致的设色字，精巧的鼎足对，都可看出作者驾驭语言的功力。曲中意象准确生动而有代表性，如以"衰草牛羊野""荒坟横断碑"表现帝业成空，以"蚁排兵""蜂酿蜜""蝇争血"比喻名利场等，都给人留下深刻印象。在自我写照时，字里行间情趣盎然，如"青山正补墙头缺"的调侃意味，"道东篱醉了也"的潇洒任性，皆可令读者会心一笑。

纵观全篇，指点古今，俯察人生，笔墨挥洒飘逸，有如天马驰骋，是豪放派曲中的佳作。

思考与练习

一、这篇套曲历代传诵，深受人们喜爱，你认为是什么原因。
二、分析这篇套曲的语言特点。
三、这篇套曲表现出作者怎样的情趣与胸襟？

---

[1] "便北海"二句：意谓即使孔融来访，我也以酒醉推辞不见面。北海，指东汉末年文学家孔融，他曾任北海相，世称孔北海，有惜才好客的名声。

游　园[1]

汤显祖

作者简介

汤显祖（1550—1616），字义仍，号海若，别号若士，晚年自号茧翁，自署清远道人，临川（今江西抚州）人。他早年即有文名，但因为人刚直，不肯俯事权贵，直到明万历十一年（1583）34岁时才中进士，授南京太常寺博士等闲职，后升为礼部祠祭司主事。不久，因上疏揭露时政弊端，抨击前后执政阁臣的专横与任用私人，并对明神宗进行讽谏，被贬为广东徐闻县典史，后改任浙江遂昌知县，颇多善政，但因深感官场腐败和地方恶霸的有恃无恐，乃于万历二十六年（1598）毅然辞官，归隐于临川玉茗堂专事写作。

汤显祖是明代成就最高、影响最大的戏剧家。他在文学上反对复古和拘泥格律，主张抒写性灵，表现内心的真实感情。他先后创作了《牡丹亭》《南柯记》《邯郸记》，连同以前所写的《紫钗记》在内，合称为"临川四梦"或"玉茗堂四梦"，流传至今。其中《牡丹亭》是他的代表作，蜚声剧坛。全剧共五十五出，描写了官宦小姐杜丽娘不满封建礼教，因情而死，又因情复生，终与书生柳梦梅结成伉俪的神奇的爱情故事，表达了青年男女追求个性解放、争取爱情自由和婚姻自主的呼声，抨击了封建礼教的虚伪和腐朽及其对美满幸福生活的摧残，具有浓郁的浪漫主义色彩。

【绕池游】（旦上）梦回莺啭，乱煞年光遍[2]。人立小庭深院。（贴[3]）炷尽沉烟[4]，抛残绣线，恁今春关情似[5]去年？

【乌夜啼[6]】"（旦）晓来望断梅关[7]，宿妆残。（贴）你侧著宜春髻子[8]恰凭阑。（旦）剪不断，理还乱[9]，闷无端。（贴）已分付催花莺燕借春看。"（旦）春香，可曾叫人扫除花径？（贴）分付了。（旦）取镜台衣服来。（贴取镜台衣服上）"云髻罢梳还对镜，罗衣欲换更添香。[10]"镜台衣服在此。

【步步娇】（旦）袅晴丝[11]吹来闲庭院，摇漾春如线。停半晌，整花钿。没揣菱花[12]，

---

[1]《游园》是汤显祖代表作《牡丹亭》第十出《惊梦》的前半部分。

[2] 乱煞年光遍：缭乱的春光到处都是。

[3] 贴："贴旦"的省称。此指杜丽娘的侍女春香。

[4] 沉烟：沉水香，薰用的香料。

[5] 恁："怎么"的省文，即为什么。似：比拟之词，有胜似、超过的意思。

[6] 乌夜啼：词牌名。明清传奇曲词渐趋雅化，所以道白中也往往用诗词形式，交替吟诵。

[7] 梅关：大庾岭，宋代在这里设有梅关，在本剧故事发生地点江西省南安府的南面。

[8] 宜春髻（jì）子：相传立春那天，妇女剪彩作燕子状，戴在髻上，上贴"宜春"二字。

[9] 剪不断，理还乱：南唐后主李煜词《相见欢·无言独上西楼》中的两句。

[10] "云髻"二句：薛逢诗《宫词》中的两句。

[11] 晴丝：游丝、飞丝，虫类所吐的丝缕，常在空中飘游，在春天晴朗的日子最易看见。

[12] 没（mò）揣：不意，蓦然。菱花：镜子。古时用铜镜，背面所铸花纹一般为菱花，因此称菱花镜，或用菱花作镜子的代称。

偷人半面,迤逗的彩云偏[1]。(行介)步香闺怎便把全身现!

(贴)今日穿插的好。

【醉扶归】(旦)你道翠生生出落的裙衫儿茜[2],艳晶晶花簪八宝填[3],可知我常一生儿爱好是天然[4]。恰三春好处[5]无人见。不提防沉鱼落雁[6]鸟惊喧,则怕的羞花闭月花愁颤。

(贴)早茶时了,请行。(行介)你看:"画廊金粉半零星,池馆苍苔一片青。踏草怕泥[7]新绣袜,惜花疼煞小金铃[8]。"(旦)不到园林,怎知春色如许!

【皂罗袍】原来姹紫嫣红开遍,似这般都付与断井颓垣。良辰美景奈何天,赏心乐事谁家[9]院!恁般景致,我老爷和奶奶再不提起。(合)朝飞暮卷[10],云霞翠轩;雨丝风片,烟波画船——锦屏人[11]忒看的这韶光贱!

(贴)是花都放了,那牡丹还早。

【好姐姐】(旦)遍青山啼红了杜鹃[12],荼蘼[13]外烟丝醉软。春香呵,牡丹虽好,他春归怎占的先[14]!(贴)成对儿莺燕呵。(合)闲凝眄[15],生生燕语明如翦,呖呖莺歌溜的圆。

(旦)去罢。(贴)这园子委是观之不足也。(旦)提他怎的!(行介)

【隔尾】观之不足由他缱[16],便赏遍了十二亭台是枉然。到不如兴尽回家闲过遣[17]。

(作到介)(贴)"开我西阁门,展我东阁床。[18]瓶插映山紫[19],炉添沉水香"。小姐,你歇息片时,俺瞧老夫人去也。(下)

作品简析

虽然只是一次赏春游园,但对于久居深闺的杜丽娘来说却是一次盛大的节日。在上

---

[1] "偷人"二句:想不到镜子(拟人化)偷偷地照见了她,害得她羞答答地把发卷也弄歪了。迤逗,引惹,挑逗。彩云,美丽的发卷的代称。

[2] 翠生生:极言彩色鲜艳。出落的:显出,衬托出。茜:水红色。

[3] "艳晶晶"句:镶嵌着多种宝石的绚丽夺目的簪子。

[4] 天然:天性使然。

[5] 三春好处:比喻自己的青春美貌。

[6] 沉鱼落雁:与后面的"羞花闭月"一起代指中国四大美人,西施沉鱼、王昭君落雁、杨玉环羞花、貂蝉闭月。

[7] 泥:玷污。这里作动词用。

[8] "惜花"句:形容极其珍惜花草。典出《开元天宝遗事》:"天宝初,宁王日侍好声乐,……于后园中纫红丝为绳,密缀金铃,系于花梢之上,每有禽鸟翔集,则令园吏掣铃索以惊之,盖惜花之故也。"

[9] 谁家:哪一家。一说作"甚么"解,见张相《诗词曲语辞汇释·谁家》条。全句出自谢灵运《拟魏太子邺中集诗序》:"天下良辰美景,赏心乐事,四者难并。"

[10] 朝飞暮卷:王勃《滕王阁》诗中有"画栋朝飞南浦云,珠帘暮卷西山雨"。

[11] 锦屏人:深闺中人。

[12] 啼红了杜鹃:开遍了红色的杜鹃花。

[13] 荼蘼:指酴醾,花名,晚春时开放。

[14] "牡丹"二句:牡丹虽美,但花开太迟,怎能占春花第一呢?其间隐喻了杜丽娘对美丽的青春被耽误了的幽怨和伤感。

[15] 凝眄(miǎn):目不转睛地看。

[16] 缱:留恋、牵绊。

[17] 过遣:打发日子。

[18] "开我"二句:语出《木兰辞》:"开我东阁门,坐我西阁床。"

[19] 映山紫:映山红(杜鹃花)的一种。

一出戏《肃苑》中,她就为游园作了周密的准备,临出门前,精心打扮,兴奋不已。这也难怪,满眼是明媚的春光,即使是身在深深庭院中的人,也会感受到春天的气息,有一种难以拒绝的诱惑。而一旦走进花园,走进春光,杜丽娘便融入大自然中,如醉如痴。敏感的她因为眼前易逝的春光和牡丹开花太迟想到了自己的青春蹉跎和韶华难再,触发了她自我的觉醒,使她觉得即使赏完天下美景也不能排遣内心的幽怨。

《游园》共由六支曲子组成。前三支曲子重在刻画杜丽娘游园前复杂的心理状态,后三支曲子主要描写她游园过程中触景伤情的心态。作者将杜丽娘微妙复杂的心理,剪不断、理还乱的春愁万种通过细腻的笔触惟妙惟肖地刻画出来,通篇好像在写景,但通篇又好像在抒情,真正是景为情语,情因景发,做到了情景交融,给人以美好的艺术享受。作者的曲词写得典雅绮丽而又准确生动,可谓字字珠玑。其中的"原来姹紫嫣红开遍,似这般都付与断井颓垣。良辰美景奈何天,赏心乐事谁家院"更是广被吟咏。

思考与练习

一、本篇的主要艺术特色是什么?

二、试分析杜丽娘游园的心理变化。

金缕曲[1]·赠梁汾[2]

纳兰性德

作者简介

纳兰性德（1655—1685），清朝著名词人，原名成德，字容若，号楞伽山人。满洲正黄旗人，大学士明珠之子。康熙年间进士，官至一等侍卫。善骑射，好读书。词以小令见长，多感伤情调，间有雄浑之作。在24岁那年，纳兰性德把自己的词作编选成集，名为"侧帽词"。顾贞观后来重刊纳兰的词作，更名"饮水词"。后人将两部词集增遗补缺，编辑一处，名为"纳兰词"。

德也狂生耳[3]。偶然间、缁尘京国，乌衣门第。[4]有酒惟浇赵州土[5]，谁会成生[6]此意？不信道、遂成知己。青眼[7]高歌俱未老，向樽前、拭尽英雄泪。君不见，月如水。

共君此夜须沉醉。且由他、蛾眉谣诼[8]，古今同忌。身世悠悠何足问，冷笑置之而已。寻思起、从头翻悔。一日心期千劫在[9]，后身缘[10]、恐结他生里。然诺[11]重，君须记。

作品简析

本词作于清康熙十五年（1676）。顾贞观与纳兰性德、曹贞吉当时合称"京华三绝"。纳兰性德身为贵介公子、皇帝近侍，与沉居下僚的顾贞观相识，一见如故。顾贞观记载："岁丙辰，容若年二十有二，乃一见即恨识余之晚。阅数日，填此曲为余题照……"（《弹指词》卷下）可见这首词是纳兰性德与梁汾相识不久的题赠之作。

词一开始，作者便从自己的身世着笔，透露出他对门阀出身的不屑，从"偶然间"

---

[1] 清代许多词人喜用"金缕曲"这一词牌填词，像陈维崧，一生竟写了几百首《金缕曲》。在清代众多的《金缕曲》里，最受人关注的，就是纳兰性德的这首词。据徐釚在《词苑丛谈》中说，此词一出，"都下竞相传写，于是教坊故曲间无不知有《侧帽词》者"。

[2] 梁汾：顾贞观（1637—1714），字华峰，号梁汾。清初著名的诗人，他一生郁郁不得志，早年担任秘书省典籍，因受人轻视排挤，愤而离职。康熙十五年与纳兰性德相识，从此交契，直至纳兰性德病逝。

[3] "德也"句：作者自指，意为我本是个狂放不羁的人。

[4] "偶然"二句：意思是说自己生长在豪门望族之家，又在京城里供职，实属偶然。缁尘，风尘。京国，京城。乌衣门第，晋朝王、谢两族住在金陵的乌衣巷，故以乌衣门第指贵族门第。

[5] "有酒"句：语出李贺《浩歌》："买丝绣作平原君，有酒惟浇赵州土。"平原君是战国时期赵国的公子，平生喜欢结交宾客，故称他的墓为"赵州土"。李贺写这两句诗是对那些能够赏识贤士的人表示怀念。纳兰性德用李诗入词，同样是表示对爱惜人才者的敬佩。

[6] 成生：纳兰自指。纳兰原名成德，因避讳太子之名保成而改名性德。

[7] 青眼：高兴的眼色。据说三国时期的阮籍能为青白眼，遇见意气相投的人，便正眼看他，以黑色瞳仁对之。杜甫《短歌行赠王郎司直》中有："青眼高歌望吾子，眼中之人吾老矣。"纳兰性德翻用其意，说他们相遇时彼此正当盛年，都还未老，于是青眼相向，慷慨高歌。

[8] 蛾眉谣诼：谣言中伤之意。屈原《离骚》中有："众女嫉余之蛾眉兮，谣诼谓余以善淫。"

[9] "一日"句：意为你我一旦倾心相许，友谊便地久天长，可以经历千年万载。劫，佛家语，谓天地一成一毁为一劫。

[10] 后身缘：佛家以为人死后还能来世再生。这里是说来生你我还有交契的因缘。

[11] 然诺：许下的诺言。

三字即可窥见作者的心态。而"谁会成生此意"这句，透露出他处境的孤独以及对知己的渴望。"青眼高歌"的典故用在此处则正表明了作者与顾贞观的情谊是超越世俗的，可谓恰到好处。上阕以"君不见，月如水"作收束，它是全篇唯一的景语，那一夜，月儿皎洁，似是映衬着他们悲凉的情怀，又似是他们纯洁友谊的见证。

下阕作者从同情顾贞观的坎坷遭遇着笔，从顾的遭遇联想到古今怀才不遇之士，最后返诸自身。接着作者又把笔锋拉回，用坚定的调子抒写他对友情的珍惜："一日心期千劫在，后身缘、恐结他生里。"在不期然得遇知己的时刻，他郑重表示，一旦倾心相许，友谊便地久天长，可以经历千年万载。彼此相见恨晚，只好期望来世补足今生错过的时间。这番誓言，灼热如火。结句"然诺重，君须记"，再三叮咛，强烈地表达与顾贞观世世为友的愿望。

纵观全词，作者直抒胸臆，不事雕饰，真切自然地表达了诚挚朴素的友情。同时，作者对各种典故的运用，也使得这首词既慷慨淋漓，又耐人寻味。

> **思考与练习**
>
> 一、本词作者用了哪些典故？有何特色？
> 二、具体分析这首词表达感情直露而不浅薄的特点。
> 三、请背诵本词。

黛玉葬花[1]

曹雪芹

作者简介

　　曹雪芹（约1715或1721—约1764），名霑，字梦阮，号雪芹，又号芹圃、芹溪。出生于江宁（今江苏南京），清代内务府正白旗包衣。曾祖曹玺，祖父曹寅，父辈曹颙、曹頫一家三代四人相继担任江宁织造近60年。康熙六次南巡，五次住在织造府，其中四次是在曹寅任上。但雍正六年（1728），曹頫因事被罢官抄家，曹家从此败落，次年举家由南京迁到北京。到了乾隆年间，曹雪芹移居北京西郊，过着"举家食粥酒常赊"的困顿生活，直到病逝。曾以十年时间，从事《石头记》（即《红楼梦》）的创作。该书所写贾府这一贵族大家庭由繁盛到衰败的过程，以及包括贾宝玉与一群红楼女子在内的许多人物的悲剧命运，隐含曹氏家族的背景和作者的人生体验，成为中国古典长篇小说中成就最高的写实主义作品。

　　如今且说林黛玉因夜间失寐，次日起来迟了，闻得众姊妹都在园中做饯花会，恐人笑他痴懒，连忙梳洗了出来。刚到了院中，只见宝玉进门来了，笑道："好妹妹，你昨儿可告我了不曾？教我悬了一夜心。"林黛玉便回头叫紫鹃道："把屋子收拾了，撂下一扇纱屉；看那大燕子回来，把帘子放下来，拿狮子[2]倚住；烧了香就把炉罩上。"一面说一面又往外走。

　　宝玉见他这样，还认作是昨日中晌的事，那知晚间的这段公案，还打恭作揖的。林黛玉正眼也不看，各自出了院门，一直找别的姊妹去了。宝玉心中纳闷，自己猜疑：看起这个光景来，不像是为昨日的事；但只昨日我回来的晚了，又没有见他，再没有冲撞了他的去处了。一面想，一面由不得随后追了来。

　　只见宝钗探春正在那边看鹤舞，见黛玉去了，三个一同站着说话儿。又见宝玉来了，探春便笑道："二哥哥，身上好？我整整的三天没见你了。"宝玉笑道："妹妹身上好？我前儿还在大嫂子跟前问你呢。"探春道："二哥哥，你往这里来，我和你说句话。"宝玉听说，便跟了他，离了钗、玉两个，到了一棵石榴树下。探春因说道："这几天老爷可曾叫你？"宝玉笑道："没有叫。"探春说："昨儿我恍惚听见说老爷叫你出去的。"宝玉笑道："那想是别人听错了，并没叫的。"探春又笑道："这几个月，我又攒下有十来吊钱了。你还拿了去，明儿出门逛去的时候，或是好字画，好轻巧顽意儿，替我带几样来。"宝玉道："我这么城里城外、大廊小庙的逛，也没见个新奇精致东西，左不过是那些金玉铜磁没处摆的古董，再就是绸缎吃食衣服了。"探春道："谁要这些作什么。怎么像你上回买的那柳枝儿编的小篮子，整竹子根抠的小盆子，胶泥垛的风炉儿，这就好了。我喜欢的什么似的，谁知他们都爱上了，都当宝贝似的抢了去了。"宝玉笑道："原来要这个。这不值什么，拿五百钱出去给小子们，管拉一车来。"探春道："小厮们知道什么。你拣那朴而不俗、直而不拙者，这些东西，你多多的替我带了来。我还像上回的鞋作一双你穿，比那一双还加工夫，如何呢？"

---

[1] 本文选自岳麓书社1987年4月第1版《红楼梦》第二十七回、第二十八回。
[2] 狮子：长方的石雕带座的小狮子，作顶门压帘等用。

宝玉笑道："你提起鞋来，我想起个故事：那一回我穿着，可巧遇见了老爷，老爷就不受用，问是谁作的。我那里敢提'三妹妹'三个字，我就回说是前儿我生日，是舅母给的。老爷听了是舅母给的，才不好说什么，半日还说：'何苦来！虚耗人力，作践绫罗，作这样的东西。'我回来告诉了袭人，袭人说这还罢了，赵姨娘气的抱怨的了不得：'正经环兄弟，鞋搭拉袜搭拉的没人看的见，且作这些东西！'"探春听说，登时沉下脸来，道："这话糊涂到什么田地！怎么我是该作鞋的人么？环儿难道没有分例的，没有人的？一般的衣裳是衣裳，鞋袜是鞋袜，丫头老婆一屋子，怎么抱怨这些话！给谁听呢！我不过是闲着没事儿！作一双半双，爱给那个哥哥兄弟，随我的心。谁敢管我不成！这也是他气的。"宝玉听了，点头笑道："你不知道，他心里自然又有个想头了。"

探春听说，益发动了气，将头一扭，说道："连你也糊涂了！他那想头自然是有的，不过是那阴微鄙贱的见识。他只管这么想，我只管认得老爷、太太两个人，别人我一概不管。就是姊妹弟兄跟前，谁和我好，我就和谁好，什么偏的庶的，我也不知道。论理我不该说他，但忒昏愦的不像了！还有笑话呢：就是上回我给你那钱，替我带那顽的东西。过了两天，他见了我，也是说没钱使，怎么苦，怎么难，我也不理论。谁知后来丫头们出去了，他就抱怨起来，说我攒的钱为什么给你使，倒不给环儿使呢。我听见这话，又好笑又好气，我就出来往太太跟前去了。"

正说着，只见宝钗那边笑道："说完了，来罢。显见的是哥哥妹妹了，丢下别人，且说梯己去。我们听一句儿就使不得了！"说着，探春宝玉二人方笑着来了。

宝玉因不见了林黛玉，便知他躲了别处去了，想了一想，索性迟两日，等他的气消一消再去也罢了。因低头看见许多凤仙石榴等各色落花，锦重重的落了一地，因叹道："这是他心里生了气，也不收拾这花儿来了，待我送了去，明儿再问着他。"说着，只见宝钗约着他们往外头去。宝玉道："我就来。"说毕，等他二人去远了，便把那花兜了起来，登山渡水，过树穿花，一直奔了那日同林黛玉葬桃花的去处来。将已到了花冢，犹未转过山坡，只听山坡那边有呜咽之声，一行数落着，哭的好不伤感。宝玉心下想道："这不知是那房里的丫头，受了委曲，跑到这个地方来哭。"一面想，一面煞住脚步，听他哭道是：

花谢花飞花满天，红消香断有谁怜？游丝软系飘春榭，落絮轻沾扑绣帘。
闺中女儿惜春暮，愁绪满怀无处诉，手把花锄出绣闱，忍踏落花来复去。
柳丝榆荚自芳菲，不管桃飘与李飞。桃李明年能再发，明年闺中知有谁？
三月香巢已垒成，梁间燕子太无情！明年花发虽可啄，却不道人去梁空巢也倾。
一年三百六十日，风刀霜剑严相逼，明媚鲜妍能几时，一朝飘泊难寻觅。
花开易见落难寻，阶前闷杀葬花人，独倚花锄泪暗洒，洒上空枝见血痕。
杜鹃无语正黄昏，荷锄归去掩重门。青灯照壁人初睡，冷雨敲窗被未温。
怪奴底事倍伤神，半为怜春半恼春：怜春忽至恼忽去，至又无言去不闻。
昨宵庭外悲歌发，知是花魂与鸟魂？花魂鸟魂总难留，鸟自无言花自羞。
愿奴胁下生双翼，随花飞到天尽头。天尽头，何处有香丘？
未若锦囊收艳骨，一抔净土[1]掩风流。质本洁来还洁去，强于污淖陷渠沟。
尔今死去侬收葬，未卜侬身何日丧？侬今葬花人笑痴，他年葬侬知是谁？
试看春残花渐落，便是红颜老死时。一朝春尽红颜老，花落人亡两不知！

---

[1] 一抔净土：一捧土。抔，抱，用手捧。因《史记·张释之冯唐列传》有"取长陵一抔土"比喻盗开坟墓，后人就以"一抔土"代指坟墓。这里的"一抔净土"指花冢。

宝玉听了不觉痴倒。

话说林黛玉只因昨夜晴雯不开门一事，错疑在宝玉身上。至次日又可巧遇见饯花之期，正在一腔无明[1]正未发泄，又勾起伤春愁思，因把些残花落瓣去掩埋，由不得感花伤己，哭了几声，便随口念了几句。不想宝玉在山坡上听见，先不过点头感叹；次后听到"侬今葬花人笑痴，他年葬侬知是谁""一朝春尽红颜老，花落人亡两不知"等句，不觉恸倒山坡之上，怀里兜的落花撒了一地。试想林黛玉的花颜月貌，将来亦到无可寻觅之时，宁不心碎肠断！既黛玉终归无可寻觅之时，推之于他人，如宝钗、香菱、袭人等，亦可到无可寻觅之时矣。宝钗等终归无可寻觅之时，则自己又安在哉？且自身尚不知何在何往，则斯处、斯园、斯花、斯柳，又不知当属谁姓矣！——因此一而二，二而三，反复推求了去，真不知此时此际欲为何等蠢物，杳无所知，逃大造，出尘网，始可解释这段悲伤。正是：花影不离身左右，鸟声只在耳东西。

那林黛玉正自伤感，忽听山坡上也有悲声，心下想道："人人都笑我有些痴病，难道还有一个痴子不成？"想着，抬头一看，只见是宝玉坐在山坡上哭呢。林黛玉看见，便道："啐！我当是谁，原来是这个狠心短命的——"刚说到"短命"二字，又把口掩住，长叹一声，自己抽身便走了。

这里宝玉痛哭了一回，忽然抬头不见了黛玉，便知黛玉看见他躲开了，自己也觉无味，抖去落花起来下山，寻归旧路，往怡红院来。可巧看见林黛玉在前头走，连忙赶上去，说道："你且站住。我知道你不理我，我只说一句话，从今后撂开手。"林黛玉回头看见是宝玉，待要不理他，听他说"只说一句话，从此撂开手"，这话里有文章，少不得站住说道："若是一句话，请说来。"宝玉笑道："两句话，说了你听不听？"黛玉听说，回头就走。

宝玉在后面叹道："既有今日，何必当初！"林黛玉听见这话，由不得站住，回头道："当初怎么样？今日怎么样？"宝玉叹道："当初姑娘来了，那不是我陪着顽笑？凭我心爱的，姑娘要，就拿去；我爱吃的，听见姑娘也爱吃，连忙干干净净收着等姑娘吃。一桌子吃饭，一床上睡觉，丫头们想不到的，我怕姑娘生气，我替丫头们想到了。我心里想着：姊妹们从小儿长大，亲也罢，热也罢，和气到头儿，才见得比人好。如今谁承望姑娘人大心大，不把我放在眼睛里，倒把外四路的什么宝姐姐凤姐姐的放在心坎儿上，倒把我三日不理四日不见的。我又没个亲兄弟亲姊妹。——虽然有两个，你难道不知道是和我隔母的？我也和你似的独出，只怕同我的心一样。谁知我是白操了这个心，弄的有冤无处诉！"说着不觉滴下眼泪来。

黛玉耳内听了这话，眼内见了这形影，心内不觉灰了大半，也不觉滴下泪来，低头不语。宝玉见他这般形景，遂又说道："我也知道我如今不好了，但只凭他怎么不好，万不敢在妹妹跟前有错处。便有一二分错处，你倒是或教导我，戒我下次，或骂我两句，打我两下，我都不灰心。谁知你总不理我，叫我摸不着头脑，少魂失魄，不知怎么样才是。就便死了，也是个屈死鬼，任凭高僧高道忏悔也不能超生，还得你申明了缘故，我才得托生呢！"

黛玉听了这个话，不觉将昨晚的事都忘在九霄云外了，便说道："你既这么说，昨儿为什么我去了，你不叫丫头开门？"宝玉诧异道："这话从那里说起？我要是这么样，立刻就死了！"林黛玉啐道："大清早起死呀活的，也不忌讳。你说有呢就有，没有就没有，起什么誓呢。"宝玉道："实在没有见你去。就是宝姐姐坐了一坐，就出来了。"

---

[1] 无明：愤怒。

林黛玉想了一想，笑道："是了。想必是你的丫头们懒待动，丧声歪气的也是有的。"宝玉道："想必是这个原故。等我回去问了是谁，教训教训他们就好了。"黛玉道："你的那些姑娘们也该教训教训，只是论理不该我说。今儿得罪了我的事小，倘或明儿宝姑娘来，什么贝姑娘来，也得罪了，事情岂不大了。"说着抿着嘴笑。宝玉听了，又是咬牙，又是笑。

作品简析

《红楼梦》是一部宏伟巨著、百科全书式的长篇小说，被列为中国古典四大名著之首。它以贾、史、王、薛四大家族的盛衰为背景，以贾宝玉、林黛玉的爱情为主要线索，一方面展现了社会生活的广阔画卷，批判了封建主义，揭示了封建制度走向灭亡的历史趋势；另一方面塑造了两个要求个性解放和平等、颇有自由色彩的新人贾宝玉和林黛玉，以及一大批天真烂漫、纯洁高尚的女子。

本篇集中表现了林黛玉的性格特征——孤傲不屈的品格，敢于反抗的精神，对理想幸福的热烈追求，对摆脱恶劣现实的强烈渴望，对封建正统势力的愤慨、抗议和控诉；同时也反映了她那多愁善感的个性，以及贵族叛逆者因看不到出路而悲观失望的思想情绪。林黛玉热烈追求幸福和爱情。但是，"一年三百六十日，风刀霜剑严相逼，明媚鲜妍能几时，一朝飘泊难寻觅"。封建正统势力和封建传统观念的沉重压迫，使这个如花似玉、才华横溢的少女丝毫感受不到生活的欢乐、青春的美好，她预感自己终将像那风刀霜剑严酷逼迫下的花儿一样，红消香断，花落人亡。她多么希望飞出那封建牢笼，摆脱这不幸的命运，去追求自己的理想！可是，"天尽头，何处有香丘"？她迷惘、彷徨，看不到幸福在哪里，希望在何方。但是她没有屈服，纵使理想不能实现，也不妥协，不低头。她勇敢地向封建正统势力表达了自己"宁为玉碎，不为瓦全"，宁死也不与丑恶的环境同流合污的决心。

篇中的《葬花吟》在艺术上是很成功的。它以花喻人，想象丰富，比喻生动确切，寓情于景，情景交融，感情细腻逼真，写透了一个不愿与世俗同流而又孤立无援的贵族少女的心境。脂砚斋曾三阅此诗，被它那"凄楚感慨"之音，弄得"举笔再四，不能加批"，可见这首诗在宣泄这种感情上所取得的艺术效果。

思考与练习

一、本篇表现了林黛玉怎样的性格？
二、《葬花吟》的艺术特点是什么？
三、请熟读《葬花吟》。

雪花的快乐

徐志摩

作者简介

徐志摩（1897—1931），原名章垿，初字槱森，后改字志摩，浙江海宁人。中国诗人，曾留学欧美，先后在美国哥伦比亚大学、英国剑桥大学攻读政治、经济，获硕士学位。1921年开始写诗。1922年回国后历任北京大学、清华大学、大夏大学、中央大学等校教授，并参与主编《诗刊》《新月》等文学期刊。1931年因飞机失事去世。他是"新月派"代表诗人。诗风纤秾委婉，大都咏叹爱情与梦幻，在艺术形式上对新诗的发展有重要影响。著有诗集《志摩的诗》《翡冷翠的一夜》《猛虎集》《云游》，散文集《落叶》《秋》，小说集《轮盘》等。

假如我是一朵雪花，
翩翩的在半空里潇洒，
我一定认清我的方向——
飞扬，飞扬，飞扬——
这地面上有我的方向！

不去那冷寞的幽谷，
不去那凄清的山麓，
也不上荒街去惆怅——
飞扬，飞扬，飞扬——
你看，我有我的方向！

在半空里娟娟的飞舞，
认明了那清幽的住处，
等着她来花园里探望——
飞扬，飞扬，飞扬——
啊，她身上有朱砂梅的清香！

那时我凭借我的身轻，
盈盈的，沾住了她的衣襟，
贴近她柔波似的心胸——
消溶，消溶，消溶——
溶入了她柔波似的心胸！

1924年12月30日

作品简析

《雪花的快乐》写于1924年12月30日，发表于1925年1月17日《现代评论》

第1卷第6期。在诗中，诗人把对爱情的追求与改变现实社会的理想联系在一起，包含着反封建伦理道德、要求个体解放的积极因素，热烈而清新，真挚而自然，真切地表达了诗人对一切美好事物的执着追求。

那雪花在半空中"翩翩"的"潇洒"，"娟娟的飞舞"，直奔向"清幽的住处"，会见"花园"里的"她"，直到融入"她柔波似的心胸"。诗人以"雪花"自比，运用了借代的手法，以那潇洒飞扬的雪花为意象，"她"是诗人想象中的情人，更是升华了的神圣的爱情，巧妙地传达了诗人追求爱情和美好理想的心声。值得回味的是，他在追求美的过程丝毫不感痛苦、绝望，恰恰相反，他充分享受着选择的自由、热爱的快乐。雪花"飞扬，飞扬，飞扬"，这是多么坚定、欢快和轻松自由的执着。实际上，诗人是穿越现实去获取内心的清白，坚守理想的高贵。

这首四节诗，不仅韵律和谐，富于音乐美，而且具有起承转合的章法结构之美，还富于绘画美。在用词上，《雪花的快乐》也富有想象力和象征性，如最后三节中的"她"可以象征诗人的"心上人"，也可以理解为诗人心中向往的理想追求。诗人把对理想的追求的主观感情与客观的自然景象交融互渗，从而化实景为虚境，创造出了一个优美的意境，显示了他飞动飘逸的艺术风格。

思考与练习

一、试分析这首诗的艺术美。

二、请谈一谈人们为什么偏爱徐志摩的《雪花的快乐》《再别康桥》和《我不知道风是在哪一个方向吹》。

三、请熟读并朗诵这首诗。

伤　逝[1]
——涓生的手记

鲁　迅

作者简介

鲁迅（1881—1936），字豫才，原名周樟寿，后改名周树人。浙江绍兴人。中国现代伟大的文学家、思想家。出身于没落的封建士大夫家庭，1902年赴日留学，原学医，后"弃医从文"，立志改造国民精神。1909年回国，在杭州和绍兴教书。辛亥革命后在教育部任职，后随部迁入北京，曾在北京大学等校授课。1926年后赴厦门大学、中山大学执教，1927年定居上海，直至逝世。

鲁迅是中国现代文学的奠基人。1918年发表了中国现代文学史上的第一篇白话小说《狂人日记》，显示了文学革命的实绩。他的小说集《呐喊》与《彷徨》是中国现代小说的开端与成熟的标志，《故事新编》则是历史题材小说的创新之作；散文集《野草》和《朝花夕拾》为中国现代散文贡献了"独语体"和"闲话风"两种体式；而大量的杂文创作更使现代杂文得以踏入文学殿堂，"鲁迅风"杂文成了中国现代文学一道奇特的风景线；他的文艺论著和翻译作品也为中国现代文学奠定了坚实的基础。

如果我能够，我要写下我的悔恨和悲哀，为子君，为自己。

会馆[2]里的被遗忘在偏僻里的破屋是这样地寂静和空虚。时光过得真快，我爱子君，仗着她逃出这寂静和空虚，已经满一年了。事情又这么不凑巧，我重来时，偏偏空着的又只有这一间屋。依然是这样的破窗，这样的窗外的半枯的槐树和老紫藤，这样的窗前的方桌，这样的败壁，这样的靠壁的板床。深夜中独自躺在床上，就如我未曾和子君同居以前一般，过去一年中的时光全被消灭，全未有过，我并没有曾经从这破屋子搬出，在吉兆胡同创立了满怀希望的小小的家庭。

不但如此。在一年之前，这寂静和空虚是并不这样的，常常含着期待；期待子君的到来。在久待的焦躁中，一听到皮鞋的高底尖触着砖路的清响，是怎样地使我骤然生动起来呵！于是就看见带着笑涡的苍白的圆脸，苍白的瘦的臂膊，布的有条纹的衫子，玄色的裙。她又带了窗外的半枯的槐树的新叶来，使我看见，还有挂在铁似的老干上的一房一房的紫白的藤花。

然而现在呢，只有寂静和空虚依旧，子君却决不再来了，而且永远，永远地！……

子君不在我这破屋里时，我什么也看不见。在百无聊赖中，顺手抓过一本书来，科学也好，文学也好，横竖什么都一样；看下去，看下去，忽而自己觉得，已经翻了十多页了，但是毫不记得书上所说的事。只是耳朵却分外地灵，仿佛听到大门外一切往来的履声，从中便有子君的，而且橐橐地逐渐临近，——但是，往往又逐渐渺茫，终于消失在别的步声的杂沓中了。我憎恶那不像子君鞋声的穿布底鞋的长班[3]的儿子，我憎恶那太像子君鞋声的常常穿着新皮鞋的邻院的搽雪花膏的小东西！

---

[1] 本篇在收入《彷徨》前未在报刊上发表过。
[2] 会馆：旧时都市中同乡会或同业公会设立的馆舍，供同乡或同业旅居、聚会之用。
[3] 长班：旧时官员的随身仆人，也用来称呼一般的"听差"。

莫非她翻了车么？莫非她被电车撞伤了么？……

我便要取了帽子去看她，然而她的胞叔就曾经当面骂过我。

蓦然，她的鞋声近来了，一步响于一步，迎出去时，却已经走过紫藤棚下，脸上带着微笑的酒窝。她在她叔子的家里大约并未受气；我的心宁帖了，默默地相视片时之后，破屋里便渐渐充满了我的语声，谈家庭专制，谈打破旧习惯，谈男女平等，谈伊孛生[1]，谈泰戈尔[2]，谈雪莱[3]……她总是微笑点头，两眼里弥漫着稚气的好奇的光泽。壁上就钉着一张铜板的雪莱半身像，是从杂志上裁下来的，是他的最美的一张像。当我指给她看时，她却只草草一看，便低了头，似乎不好意思了。这些地方，子君就大概还未脱尽旧思想的束缚，——我后来也想，倒不如换一张雪莱淹死在海里的纪念像或是伊孛生的罢；但也终于没有换，现在是连这一张也不知那里去了。

"我是我自己的，他们谁也没有干涉我的权利！"

这是我们交际了半年，又谈起她在这里的胞叔和在家的父亲时，她默想了一会之后，分明地，坚决地，沉静地说了出来的话。其时是我已经说尽了我的意见，我的身世，我的缺点，很少隐瞒；她也完全了解的了。这几句话很震动了我的灵魂，此后许多天还在耳中发响，而且说不出的狂喜，知道中国女性，并不如厌世家所说那样的无法可施，在不远的将来，便要看见辉煌的曙色的。

送她出门，照例是相离十多步远；照例是那鲇鱼须的老东西的脸又紧贴在脏的窗玻璃上了，连鼻尖都挤成一个小平面；到外院，照例又是明晃晃的玻璃窗里的那小东西的脸，加厚的雪花膏。她目不邪视地骄傲地走了，没有看见；我骄傲地回来。

"我是我自己的，他们谁也没有干涉我的权利！"这彻底的思想就在她的脑里，比我还透澈，坚强得多。半瓶雪花膏和鼻尖的小平面，于她能算什么东西呢？

我已经记不清那时怎样地将我的纯真热烈的爱表示给她。岂但现在，那时的事后便已模糊，夜间回想，早只剩了一些断片了；同居以后一两月，便连这些断片也化作无可追踪的梦影。我只记得那时以前的十几天，曾经很仔细地研究过表示的态度，排列过措辞的先后，以及倘或遭了拒绝以后的情形。可是临时似乎都无用，在慌张中，身不由己地竟用了在电影上见过的方法了。后来一想到，就使我很愧恧，但在记忆上却偏只有这一点永远留遗，至今还如暗室的孤灯一般，照见我含泪握着她的手，一条腿跪了下去……

不但我自己的，便是子君的言语举动，我那时就没有看得分明；仅知道她已经允许我了。但也还仿佛记得她脸色变成青白，后来又渐渐转作绯红，——没有见过，也没有再见的绯红；孩子似的眼里射出悲喜，但是夹着惊疑的光，虽然力避我的视线，张皇地似乎要破窗飞去。然而我知道她已经允许我了，没有知道她怎样说或是没有说。

她却是什么都记得：我的言辞，竟至于读熟了的一般，能够滔滔背诵；我的举动，就如有一张我所看不见的影片挂在眼下，叙述得如生，很细微，自然连那使我不愿再想的浅薄的电影的一闪。夜阑人静，是相对温习的时候了，我常是被质问，被考验，并且被命复述当时的言语，然而常须由她补足，由她纠正，像一个丁等的学生。

---

[1] 伊孛生（1828—1906）：通译易卜生，挪威剧作家。

[2] 泰戈尔（1861—1941）：印度诗人，1924年曾到访中国。当时他的诗作译成中文的有《新月集》《飞鸟集》等。

[3] 雪莱（1792—1822）：英国作家、诗人，曾参加爱尔兰民族独立运动，因传播革命思想和争取婚姻自由屡遭迫害，后因覆舟溺死海中。他的《西风颂》《致云雀》等著名短诗，于五四运动后传入我国。

这温习后来也渐渐稀疏起来。但我只要看见她两眼注视空中，出神似的凝想着，于是神色越加柔和，笑窝也深下去，便知道她又在自修旧课了，只是我很怕她看到我那可笑的电影的一闪。但我又知道，她一定要看见，而且也非看不可的。

然而她并不觉得可笑。即使我自己以为可笑，甚而至于可鄙的，她也毫不以为可笑。这事我知道得很清楚，因为她爱我，是这样地热烈，这样地纯真。

去年的暮春是最为幸福，也是最为忙碌的时光。我的心平静下去了，但又有别一部分和身体一同忙碌起来。我们这时才在路上同行，也到过几回公园，最多的是寻住所。我觉得在路上时时遇到探索，讥笑，猥亵和轻蔑的眼光，一不小心，便使我的全身有些瑟缩，只得即刻提起我的骄傲和反抗来支持。她却是大无畏的，对于这些全不关心，只是镇静地缓缓前行，坦然如入无人之境。

寻住所实在不是容易事，大半是被托辞拒绝，小半是我们以为不相宜。起先我们选择得很苛酷，——也非苛酷，因为看去大抵不像是我们的安身之所；后来，便只要他们能相容了。看了二十多处，这才得到可以暂且敷衍的处所，是吉兆胡同一所小屋里的两间南屋；主人是一个小官，然而倒是明白人，自住着正屋和厢房。他只有夫人和一个不到周岁的女孩子，雇一个乡下的女工，只要孩子不啼哭，是极其安闲幽静的。

我们的家具很简单，但已经用去了我的筹来的款子的大半；子君还卖掉了她唯一的金戒指和耳环。我拦阻她，还是定要卖，我也就不再坚持下去了；我知道不给她加入一点股份去，她是住不舒服的。

和她的叔子，她早经闹开，至于使他气愤到不再认她做侄女；我也陆续和几个自以为忠告，其实是替我胆怯，或者竟是嫉妒的朋友绝了交。然而这倒很清静。每日办公散后，虽然已近黄昏，车夫又一定走得这样慢，但究竟还有二人相对的时候。我们先是沉默的相视，接着是放怀而亲密的交谈，后来又是沉默。大家低头沉思着，却并未想着什么事。我也渐渐清醒地读遍了她的身体，她的灵魂，不过三星期，我似乎于她已经更加了解，揭去许多先前以为了解而现在看来却是隔膜，即所谓真的隔膜了。

子君也逐日活泼起来。但她并不爱花，我在庙会[1]时买来的两盆小草花，四天不浇，枯死在壁角了，我又没有照顾一切的闲暇。然而她爱动物，也许是从官太太那里传染的罢，不一月，我们的眷属便骤然加得很多，四只小油鸡，在小院子里和房主人的十多只在一同走。但她们却认识鸡的相貌，各知道那一只是自家的。还有一只花白的叭儿狗，从庙会买来，记得似乎原有名字，子君却给它另起了一个，叫作阿随。我就叫它阿随，但我不喜欢这名字。

这是真的，爱情必须时时更新，生长，创造。我和子君说起这，她也领会地点点头。

唉唉，那是怎样的宁静而幸福的夜呵！

安宁和幸福是要凝固的，永久是这样的安宁和幸福。我们在会馆里时，还偶有议论的冲突和意思的误会，自从到吉兆胡同以来，连这一点也没有了；我们只在灯下对坐的怀旧谭中，回味那时冲突以后的和解的重生一般的乐趣。

子君竟胖了起来，脸色也红活了；可惜的是忙。管了家务便连谈天的工夫也没有，何况读书和散步。我们常说，我们总还得雇一个女工。

这就使我也一样地不快活，傍晚回来，常见她包藏着不快活的颜色，尤其使我不乐的是她要装作勉强的笑容。幸而探听出来了，也还是和那小官太太的暗斗，导火线便是

---

[1] 庙会：又称"庙市"，旧时在节日或规定的日子，设在寺庙或其附近的集市。

两家的小油鸡。但又何必硬不告诉我呢？人总该有一个独立的家庭。这样的处所，是不能居住的。

我的路也铸定了，每星期中的六天，是由家到局，又由局到家。在局里便坐在办公桌前钞，钞，钞些公文和信件；在家里是和她相对或帮她生白炉子，煮饭，蒸馒头。我的学会了煮饭，就在这时候。

但我的食品却比在会馆里时好得多了。做菜虽不是子君的特长，然而她于此却倾注着全力；对于她的日夜的操心，使我也不能不一同操心，来算作分甘共苦。况且她又这样地终日汗流满面，短发都粘在脑额上；两只手又只是这样地粗糙起来。

况且还要饲阿随，饲油鸡，……都是非她不可的工作。

我曾经忠告她：我不吃，倒也罢了；却万不可这样地操劳。她只看了我一眼，不开口，神色却似乎有点凄然；我也只好不开口。然而她还是这样地操劳。

我所豫期的打击果然到来。双十节的前一晚，我呆坐着，她在洗碗。听到打门声，我去开门时，是局里的信差，交给我一张油印的纸条。我就有些料到了，到灯下去一看，果然，印着的就是：

奉
局长谕史涓生着毋庸到局办事
　　　　　　　　　　　　　秘书处启　十月九号

这在会馆里时，我就早已料到了；那雪花膏便是局长的儿子的赌友，一定要去添些谣言，设法报告的。到现在才发生效验，已经要算是很晚的了。其实这在我不能算是一个打击，因为我早就决定，可以给别人去钞写，或者教读，或者虽然费力，也还可以译点书，况且《自由之友》的总编辑便是见过几次的熟人，两月前还通过信。但我的心却跳跃着。那么一个无畏的子君也变了色，尤其使我痛心；她近来似乎也较为怯弱了。

"那算什么。哼，我们干新的。我们……"她说。

她的话没有说完；不知怎地，那声音在我听去却只是浮浮的；灯光也觉得格外黯淡。人们真是可笑的动物，一点极微末的小事情，便会受着很深的影响。我们先是默默地相视，逐渐商量起来，终于决定将现有的钱竭力节省，一面登"小广告"去寻求钞写和教读，一面写信给《自由之友》的总编辑，说明我目下的遭遇，请他收用我的译本，给我帮一点艰辛时候的忙。

"说做，就做罢！来开一条新的路！"

我立刻转身向了书案，推开盛香油的瓶子和醋碟，子君便送过那黯淡的灯来。我先拟广告；其次是选定可译的书，迁移以来未曾翻阅过，每本的头上都满漫着灰尘了；最后才写信。

我很费踌躇，不知道怎样措辞好，当停笔凝思的时候，转眼去一瞥她的脸，在昏暗的灯光下，又很见得凄然。我真不料这样微细的小事情，竟会给坚决的，无畏的子君以这么显著的变化。她近来实在变得很怯弱了，但也并不是今夜才开始的。我的心因此更缭乱，忽然有安宁的生活的影像——会馆里的破屋的寂静，在眼前一闪，刚刚想定睛凝视，却又看见了昏暗的灯光。

许久之后，信也写成了，是一封颇长的信；很觉得疲劳，仿佛近来自己也较为怯弱了。于是我们决定，广告和发信，就在明日一同实行。大家不约而同地伸直了腰肢，在无言中，似乎又都感到彼此的坚忍倔强的精神，还看见从新萌芽起来的将来的希望。

外来的打击其实倒是振作了我们的新精神。局里的生活，原如鸟贩子手里的禽鸟一般，仅有一点小米维系残生，决不会肥胖；日子一久，只落得麻痹了翅子，即使放出笼外，早已不能奋飞。现在总算脱出这牢笼了，我从此要在新的开阔的天空中翱翔，趁我还未忘却了我的翅子的扇动。

小广告是一时自然不会发生效力的；但译书也不是容易事，先前看过，以为已经懂得的，一动手，却疑难百出了，进行得很慢。然而我决计努力地做，一本半新的字典，不到半月，边上便有了一大片乌黑的指痕，这就证明着我的工作的切实。《自由之友》的总编辑曾经说过，他的刊物是决不会埋没好稿子的。

可惜的是我没有一间静室，子君又没有先前那么幽静，善于体贴了，屋子里总是散乱着碗碟，弥漫着煤烟，使人不能安心做事，但是这自然还只能怨我自己无力置一间书斋。然而又加以阿随，加以油鸡们。加以油鸡们又大起来了，更容易成为两家争吵的引线。

加以每日的"川流不息"的吃饭；子君的功业，仿佛就完全建立在这吃饭中。吃了筹钱，筹来吃饭，还要喂阿随，饲油鸡；她似乎将先前所知道的全都忘掉了，也不想到我的构思就常常为了这催促吃饭而打断。即使在坐中给看一点怒色，她总是不改变，仍然毫无感触似的大嚼起来。

使她明白了我的工作不能受规定的吃饭的束缚，就费去五星期。她明白之后，大约很不高兴罢，可是没有说。我的工作果然从此较为迅速地进行，不久就共译了五万言，只要润色一回，便可以和做好的两篇小品，一同寄给《自由之友》去。只是吃饭却依然给我苦恼。菜冷，是无妨的，然而竟不够；有时连饭也不够，虽然我因为终日坐在家里用脑，饭量已经比先前要减少得多。这是先去喂了阿随了，有时还并那近来连自己也轻易不吃的羊肉。她说，阿随实在瘦得太可怜，房东太太还因此嗤笑我们了，她受不住这样的奚落。

于是吃我残饭的便只有油鸡们。这是我积久才看出来的，但同时也如赫胥黎[1]的论定"人类在宇宙间的位置"一般，自觉了我在这里的位置：不过是叭儿狗和油鸡之间。

后来，经多次的抗争和催逼，油鸡们也逐渐成为肴馔，我们和阿随都享用了十多日的鲜肥；可是其实都很瘦，因为它们早已每日只能得到几粒高粱了。从此便清静得多。只有子君很颓唐，似乎常觉得凄苦和无聊，至于不大愿意开口。我想，人是多么容易改变呵！

但是阿随也将留不住了。我们已经不能再希望从什么地方会有来信，子君也早没有一点食物可以引它打拱或直立起来。冬季又逼近得这么快，火炉就要成为很大的问题；它的食量，在我们其实早是一个极易觉得的很重的负担。于是连它也留不住了。

倘使插了草标[2]到庙市去出卖，也许能得几文钱罢，然而我们都不能，也不愿这样做。终于是用包袱蒙着头，由我带到西郊去放掉了，还要追上来，便推在一个并不很深的土坑里。

我一回寓，觉得又清静得多多了；但子君的凄惨的神色，却使我很吃惊。那是没有见过的神色，自然是为阿随。但又何至于此呢？我还没有说起推在土坑里的事。

到夜间，在她的凄惨的神色中，加上冰冷的分子了。

"奇怪。——子君，你怎么今天这样儿了？"我忍不住问。

"什么？"她连看也不看我。

---

[1] 赫胥黎（1825—1895）：英国博物学家、教育家。他的《人类在宇宙间的位置》（今译《人类在自然界的位置》）是宣传达尔文的进化论的重要著作。

[2] 草标：旧时在被卖的人或物品上插置的草秆，作为出卖的标志。

"你的脸色……"

"没有什么,——什么也没有。"

我终于从她言动上看出,她大概已经认定我是一个忍心的人。其实,我一个人,是容易生活的,虽然因为骄傲,向来不与世交来往,迁居以后,也疏远了所有旧识的人,然而只要能远走高飞,生路还宽广得很。现在忍受着这生活压迫的苦痛,大半倒是为她,便是放掉阿随,也何尝不如此。但子君的识见却似乎只是浅薄起来,竟至于连这一点也想不到了。

我拣了一个机会,将这些道理暗示她;她领会似的点头。然而看她后来的情形,她是没有懂,或者是并不相信的。

天气的冷和神情的冷,逼迫我不能在家庭中安身。但是,往那里去呢?大道上,公园里,虽然没有冰冷的神情,冷风究竟也刺得人皮肤欲裂。我终于在通俗图书馆里觅得了我的天堂。

那里无须买票;阅书室里又装着两个铁火炉。纵使不过是烧着不死不活的煤的火炉,但单是看见装着它,精神上也就总觉得有些温暖。书却无可看:旧的陈腐,新的是几乎没有的。

好在我到那里去也并非为看书。另外时常还有几个人,多则十余人,都是单薄衣裳,正如我,各人看各人的书,作为取暖的口实。这于我尤为合式。道路上容易遇见熟人,得到轻蔑的一瞥,但此地却决无那样的横祸,因为他们是永远围在别的铁炉旁,或者靠在自家的白炉边的。

那里虽然没有书给我看,却还有安闲容得我想。待到孤身枯坐,回忆从前,这才觉得大半年来,只为了爱,——盲目的爱,——而将别的人生的要义全盘疏忽了。第一,便是生活。人必生活着,爱才有所附丽。世界上并非没有为了奋斗者而开的活路;我也还未忘却翅子的扇动,虽然比先前已经颓唐得多……

屋子和读者渐渐消失了,我看见怒涛中的渔夫,战壕中的兵士,摩托车[1]中的贵人,洋场上的投机家,深山密林中的豪杰,讲台上的教授,昏夜的运动者和深夜的偷儿……子君,——不在近旁。她的勇气都失掉了,只为着阿随悲愤,为着做饭出神;然而奇怪的是倒也并不怎样瘦损……

冷了起来,火炉里的不死不活的几片硬煤,也终于烧尽了,已是闭馆的时候。又须回到吉兆胡同,领略冰冷的颜色去了。近来也间或遇到温暖的神情,但这却反而增加我的苦痛。记得有一夜,子君的眼里忽而又发出久已不见的稚气的光来,笑着和我谈到还在会馆时候的情形,时时又很带些恐怖的神色。我知道我近来的超过她的冷漠,已经引起她的忧疑,只得也勉力谈笑,想给她一点慰藉。然而我的笑貌一上脸,我的话一出口,却即刻变为空虚,这空虚又即刻发生反响,回向我的耳目里,给我一个难堪的恶毒的冷嘲。

子君似乎也觉得的,从此便失掉了她往常的麻木似的镇静,虽然竭力掩饰,总还是时时露出忧疑的神色来,但对我却温和得多了。

我要明告她,但我还没有敢,当决心要说的时候,看见她孩子一般的眼色,就使我只得暂且改作勉强的欢容。但是这又即刻来冷嘲我,并使我失却那冷漠的镇静。

她从此又开始了往事的温习和新的考验,逼我做出许多虚伪的温存的答案来,将温存示给她,虚伪的草稿便写在自己的心上。我的心渐被这些草稿填满了,常觉得难于呼

---

[1] 摩托车:当时对小汽车的称呼。

吸。我在苦恼中常常想，说真实自然须有极大的勇气的；假如没有这勇气，而苟安于虚伪，那也便是不能开辟新的生路的人。不独不是这个，连这人也未尝有！

子君有怨色，在早晨，极冷的早晨，这是从未见过的，但也许是从我看来的怨色。我那时冷冷地气愤和暗笑了；她所磨炼的思想和豁达无畏的言论，到底也还是一个空虚，而对于这空虚却并未自觉。她早已什么书也不看，已不知道人的生活的第一着是求生，向着这求生的道路，是必须携手同行，或奋身孤往的了，倘使只知道捶着一个人的衣角，那便是虽战士也难于战斗，只得一同灭亡。

我觉得新的希望就只在我们的分离；她应该决然舍去，——我也突然想到她的死，然而立刻自责，忏悔了。幸而是早晨，时间正多，我可以说我的真实。我们的新的道路的开辟，便在这一遭。

我和她闲谈，故意地引起我们的往事，提到文艺，于是涉及外国的文人，文人的作品：《诺拉》[1]，《海的女人》[2]。称扬诺拉的果决……也还是去年在会馆的破屋里讲过的那些话，但现在已经变成空虚，从我的嘴传入自己的耳中，时时疑心有一个隐形的坏孩子，在背后恶意地刻毒地学舌。

她还是点头答应着倾听，后来沉默了。我也就断续地说完了我的话，连余音都消失在虚空中了。

"是的。"她又沉默了一会，说，"但是，……涓生，我觉得你近来很两样了。可是的？你，——你老实告诉我。"

我觉得这似乎给了我当头一击，但也立即定了神，说出我的意见和主张来：新的路的开辟，新的生活的再造，为的是免得一同灭亡。

临末，我用了十分的决心，加上这几句话：

"……况且你已经可以无须顾虑，勇往直前了。你要我老实说；是的，人是不该虚伪的。我老实说罢：因为，因为我已经不爱你了！但这于你倒好得多，因为你更可以毫无挂念地做事……"

我同时豫期着大的变故的到来，然而只有沉默。她脸色陡然变成灰黄，死了似的；瞬间便又苏生，眼里也发了稚气的闪闪的光泽。这眼光射向四处，正如孩子在饥渴中寻求着慈爱的母亲，但只在空中寻求，恐怖地回避着我的眼。

我不能看下去了，幸而是早晨，我冒着寒风径奔通俗图书馆。

在那里看见《自由之友》，我的小品文都登出了。这使我一惊，仿佛得了一点生气。我想，生活的路还很多，——但是，现在这样也还是不行的。

我开始去访问久已不相闻问的熟人，但这也不过一两次；他们的屋子自然是暖和的，我在骨髓中却觉得寒冽。夜间，便蜷伏在比冰还冷的冷屋中。

冰的针刺着我的灵魂，使我永远苦于麻木的疼痛。生活的路还很多，我也还没有忘却翅子的扇动，我想。——我突然想到她的死，然而立刻自责，忏悔了。

在通俗图书馆里往往瞥见一闪的光明，新的生路横在前面。她勇猛地觉悟了，毅然走出这冰冷的家，而且，——毫无怨恨的神色。我便轻如行云，漂浮空际，上有蔚蓝的天，下是深山大海，广厦高楼，战场，摩托车，洋场，公馆，晴明的闹市，黑暗的夜……

而且，真的，我预感得这新生面便要来到了。

---

[1]《诺拉》：通译《娜拉》，又译作《玩偶之家》，易卜生的著名剧作。
[2]《海的女人》：通译《海上夫人》，易卜生的著名剧作。

我们总算度过了极难忍受的冬天，这北京的冬天；就如蜻蜓落在恶作剧的坏孩子的手里一般，被系着细线，尽情玩弄，虐待，虽然幸而没有送掉性命，结果也还是躺在地上，只争着一个迟早之间。

写给《自由之友》的总编辑已经有三封信，这才得到回信，信封里只有两张书券[1]：两角的和三角的。我却单是催，就用了九分的邮票，一天的饥饿，又都白挨给于己一无所得的空虚了。

然而觉得要来的事，却终于来到了。

这是冬春之交的事，风已没有这么冷，我也更久地在外面徘徊；待到回家，大概已经昏黑。就在这样一个昏黑的晚上，我照常没精打采地回来，一看见寓所的门，也照常更加丧气，使脚步放得更缓。但终于走进自己的屋子里了，没有灯火；摸火柴点起来时，是异样的寂寞和空虚！

正在错愕中，官太太便到窗外来叫我出去。

"今天子君的父亲来到这里，将她接回去了。"她很简单地说。

这似乎又不是意料中的事，我便如脑后受了一击，无言地站着。

"她去了么？"过了些时，我只问出这样一句话。

"她去了。"

"她，——她可说什么？"

"没说什么。单是托我见你回来时告诉你，说她去了。"

我不信；但是屋子里是异样的寂寞和空虚。我遍看各处，寻觅子君；只见几件破旧而黯淡的家具，都显得极其清疏，在证明着它们毫无隐匿一人一物的能力。我转念寻信或她留下的字迹，也没有；只是盐和干辣椒，面粉，半株白菜，却聚集在一处了，旁边还有几十枚铜元。这是我们两人生活材料的全副，现在她就郑重地将这留给我一个人，在不言中，教我借此去维持较久的生活。

我似乎被周围所排挤，奔到院子中间，有昏黑在我的周围；正屋的纸窗上映出明亮的灯光，他们正在逗着孩子玩笑。我的心也沉静下来，觉得在沉重的迫压中，渐渐隐约地现出脱走的路径：深山大泽，洋场，电灯下的盛筵，壕沟，最黑最黑的深夜，利刃的一击，毫无声响的脚步……

心地有些轻松，舒展了，想到旅费，并且嘘一口气。

躺着，在合着的眼前经过的预想的前途，不到半夜已经现尽；暗中忽然仿佛看见一堆食物，这之后，便浮出一个子君的灰黄的脸来，睁了孩子气的眼睛，恳托似的看着我。我一定神，什么也没有了。

但我的心却又觉得沉重。我为什么偏不忍耐几天，要这样急急地告诉她真话的呢？现在她知道，她以后所有的只是她父亲——儿女的债主——的烈日一般的严威和旁人的赛过冰霜的冷眼。此外便是虚空。负着虚空的重担，在严威和冷眼中走着所谓人生的路，这是怎么可怕的事呵！而况这路的尽头，又不过是——连墓碑也没有的坟墓。

我不应该将真实说给子君，我们相爱过，我应该永久奉献她我的说谎。如果真实可以宝贵，这在子君就不该是一个沉重的空虚。谎语当然也是一个空虚，然而临末，至多也不过这样地沉重。

我以为将真实说给子君，她便可以毫无顾虑，坚决地毅然前行，一如我们将要同居

---

[1] 书券：购书用的代价券，可按券面金额到指定书店选购。旧时有的报刊用它代替现金支付稿酬。

时那样。但这恐怕是我错误了。她当时的勇敢和无畏是因为爱。

我没有负着虚伪的重担的勇气，却将真实的重担卸给她了。她爱我之后，就要负了这重担，在严威和冷眼中走着所谓人生的路。

我想到她的死……我看见我是一个卑怯者，应该被摈于强有力的人们，无论是真实者，虚伪者。然而她却自始至终，还希望我维持较久的生活……

我要离开吉兆胡同，在这里是异样的空虚和寂寞。我想，只要离开这里，子君便如还在我的身边；至少，也如还在城中，有一天，将要出乎意料地访我，像住在会馆时候似的。

然而一切请托和书信，都是一无反响；我不得已，只好访问一个久不问候的世交去了。他是我伯父的幼年的同窗，以正经出名的拔贡[1]，寓京很久，交游也广阔的。

大概因为衣服的破旧罢，一登门便很遭门房的白眼。好容易才相见，也还相识，但是很冷落。我们的往事，他全都知道了。

"自然，你也不能在这里了，"他听了我托他在别处觅事之后，冷冷地说，"但那里去呢？很难。——你那，什么呢，你的朋友罢，子君，你可知道，她死了。"

我惊得没有话。

"真的？"我终于不自觉地问。

"哈哈。自然真的。我家的王升的家，就和她家同村。"

"但是，——不知道是怎么死的？"

"谁知道呢。总之是死了就是了。"

我已经忘却了怎样辞别他，回到自己的寓所。我知道他是不说谎话的；子君总不会再来的了，像去年那样。她虽是想在严威和冷眼中负着虚空的重担来走所谓人生的路，也已经不能。她的命运，已经决定她在我所给与的真实——无爱的人间死灭了！

自然，我不能在这里了；但是，"那里去呢？"

四围是广大的空虚，还有死的寂静。死于无爱的人们的眼前的黑暗，我仿佛一一看见，还听得一切苦闷和绝望的挣扎的声音。

我还期待着新的东西到来，无名的，意外的。但一天一天，无非是死的寂静。

我比先前已经不大出门，只坐卧在广大的空虚里，一任这死的寂静侵蚀着我的灵魂。死的寂静有时也自己战栗，自己退藏，于是在这绝续之交，便闪出无名的，意外的，新的期待。

一天是阴沉的上午，太阳还不能从云里面挣扎出来，连空气都疲乏着。耳中听到细碎的步声和咻咻的鼻息，使我睁开眼。大致一看，屋子里还是空虚；但偶然看到地面，却盘旋着一匹小小的动物，瘦弱的，半死的，满身灰土的……

我一细看，我的心就一停，接着便直跳起来。

那是阿随。它回来了。

我的离开吉兆胡同，也不单是为了房主人们和他家女工的冷眼，大半就为着这阿随。但是，"那里去呢？"新的生路自然还很多，我约略知道，也间或依稀看见，觉得就在我面前，然而我还没有知道跨进那里去的第一步的方法。

经过许多回的思量和比较，也还只有会馆是还能相容的地方。依然是这样的破屋，这样的板床，这样的半枯的槐树和紫藤，但那时使我希望，欢欣，爱，生活的，却全都

---

[1] 拔贡：清代科举考试制度，在规定的年限，由各省学政选拔文行兼优的秀才，保送到京师，贡入国子监，称为拔贡生，简称拔贡。

逝去了，只有一个虚空，我用真实去换来的虚空存在。

新的生路还很多，我必须跨进去，因为我还活着。但我还不知道怎样跨出那第一步。有时，仿佛看见那生路就像一条灰白的长蛇，自己蜿蜒地向我奔来，我等着，等着，看看临近，但忽然便消失在黑暗里了。

初春的夜，还是那么长。长久的枯坐中记起上午在街头所见的葬式，前面是纸人纸马，后面是唱歌一般的哭声。我现在已经知道他们的聪明了，这是多么轻松简截的事。

然而子君的葬式却又在我的眼前，是独自负着虚空的重担，在灰白的长路上前行，而又即刻消失在周围的严威和冷眼里了。

我愿意真有所谓鬼魂，真有所谓地狱，那么，即使在孽风怒吼之中，我也将寻觅子君，当面说出我的悔恨和悲哀，祈求她的饶恕；否则，地狱的毒焰将围绕我，猛烈地烧尽我的悔恨和悲哀。

我将在孽风和毒焰中拥抱子君，乞她宽容，或者使她快意……

但是，这却更虚空于新的生路；现在所有的只是初春的夜，竟还是那么长。我活着，我总得向着新的生路跨出去，那第一步，——却不过是写下我的悔恨和悲哀，为子君，为自己。

我仍然只有唱歌一般的哭声，给子君送葬，葬在遗忘中。

我要遗忘；我为自己，并且要不再想到这用了遗忘给子君送葬。

我要向着新的生路跨进第一步去，我要将真实深深地藏在心的创伤中，默默地前行，用遗忘和说谎做我的前导……

一九二五年十月二十一日毕

作品简析

《伤逝》写于1925年，是鲁迅唯一的一部以青年的恋爱和婚姻为题材的作品。这是一篇抒情体小说，采用手记的形式，以第一人称进行自我剖白，讲述涓生和子君的爱情悲剧。小说用倒叙的手法，略写同居前的热恋与抗争，重在叙写同居后的不幸和爱情的破裂。故事在"悔恨和悲哀"的情感氛围中展开。在五四运动影响下成长起来的两位青年，勇敢地反对封建礼教的束缚，争取婚姻自主。当他们冲破重重阻力，取得自由婚姻的胜利之时，他们爱情的悲剧也开始了。生活在那沉滞的"铁屋子"里，经济的困顿，庸常生活的销蚀，人性隔膜的滋长，使他们不仅分离，而且从什么地方来又回到什么地方去。最后，一个在"无爱的人间死去了"，另一个背负着"悔恨和悲哀"在孤独中挣扎。小说揭示的悲剧根源是深刻的：在过于强大的封建势力面前，对封建礼教的背叛使他们无法见容于家庭与社会；而他们的眼光局限于小家庭凝固的安宁与幸福，缺乏更高、更远的社会理想来支撑新的生活。小说在探索悲剧根源时，也深入挖掘人性的深层底蕴，人与人的"真的隔膜"显然是无法回避的人生问题。

思考与练习

一、你如何看待涓生与子君的爱情悲剧？

二、简析本文作为抒情体小说体现出的特点。

毛泽东诗词二首

毛泽东

作者简介

毛泽东（1893年12月26日—1976年9月9日），字润之，湖南湘潭人。伟大的马克思主义者，中国共产党、中国人民解放军和中华人民共和国的主要缔造者和领导人，无产阶级革命家、政治家、军事家和马克思主义理论家，诗人，书法家。

毛泽东诗词具有独特的艺术特征，将现实主义和浪漫主义相结合，描绘恢宏壮阔的中国革命史，展现出一代伟人积极、乐观的革命精神，对中国诗坛产生了巨大而深远的影响。

七律·人民解放军占领南京

钟山风雨起苍黄[1]，百万雄师过大江。
虎踞龙盘[2]今胜昔，天翻地覆慨而慷[3]。
宜将剩勇追穷寇，不可沽名学霸王。[4]
天若有情天亦老[5]，人间正道是沧桑[6]。

卜算子·咏梅

读陆游咏梅词，反其意而用之。

风雨送春归，飞雪迎春到。
已是悬崖百丈冰[7]，犹有花枝俏[8]。
俏也不争春，只把春来报。
待到山花烂漫[9]时，她在丛中笑。

---

[1] 钟山：紫金山，在南京市的东面，此处意指南京。苍黄：同仓皇。一语双关，既有南京国民党反动政府仓皇无措之意；也有风云变幻，天翻地覆之意。

[2] 虎踞龙盘：形容地势优异。

[3] 慨而慷：慷慨，感慨而激昂。

[4] "宜将"二句：意在号召人民解放军要将革命进行到底，把敌人坚决、彻底、全部地歼灭掉。要从项羽失败的历史中汲取教训，不可为了虚名，给敌人卷土重来的机会。剩勇，形容人民解放军过剩的勇气。穷寇，走投无路的敌人。沽名，故意做作或用某种手段猎取名誉。霸王，指西楚霸王项羽。

[5] "天若"句：借用唐代诗人李贺诗句"衰兰送客咸阳道，天若有情天亦老"（《金铜仙人辞汉歌》），意指自然界的运行都是有规律的，新事物终究会取代旧事物。

[6] 人间正道：社会发展的正常规律。沧桑：沧海变为桑田，这里比喻革命性的发展变化。

[7] 百丈冰：形容极度寒冷。

[8] 俏：俊俏，此处既指梅花的俏丽，又指革命者面对困难坚强不屈的美好情操。

[9] 烂漫：颜色鲜明而美丽。此处指梅花盛开。

作品简析

《七律·人民解放军占领南京》是毛泽东于1949年4月23日中国人民解放军占领南京时创作的一首七律诗。

诗人热情歌颂了人民解放军飞渡长江天堑，解放南京，改造黑暗旧社会的光辉史实。全诗叙事与议论结合紧密，前两联描绘了人民解放军渡江解放南京的宏伟场面，抒发了南京解放的慷慨欢欣和革命豪情；后两联以史为鉴，号召全军将革命进行到底，并阐明了历史发展的必然规律，极具哲理性。

全诗风格豪放，格调雄伟，气势磅礴，饱含哲理，表达了诗人号召全军彻底打垮国民党反动派解放全中国的坚定决心和必胜信念。

《卜算子·咏梅》为毛泽东于1961年12月所作。当时的新中国正面临着前所未有的严峻挑战：国际上，苏联停止对华援助，欧美对华实施经济封锁；国内，自然灾害频发，经济发展困难。面对内忧外患，毛泽东"读陆游咏梅词，反其意而用之"，以鼓励中国军民要以威武不屈的坚毅态度战胜一切困难，表现出作者傲视艰难的豁达胸怀和必将取得最后胜利的乐观精神。

词人描写了梅花傲寒开放的美丽身影，热情颂扬了梅花坚冰不能损其骨、飞雪不能掩其俏、险境不能摧其志的高贵精神品质。全词风格豪迈，融合象征、拟人、衬托、比喻、夸张等修辞手法，力扫过去文人哀怨、隐逸之气，创造出一种雄浑气象。

思考与练习

一、《七律·人民解放军占领南京》一诗表达了作者怎样的思想感情？

二、《七律·人民解放军占领南京》一诗中借用了什么典故？有何作用？

三、《卜算子·咏梅》一词中，作者巧妙地运用了拟人的修辞方法来咏梅，起到了怎样的表达效果？

四、同是咏梅，毛泽东的《卜算子·咏梅》与陆游的《卜算子·咏梅》有何不同？

白 马 湖

朱自清

作者简介

朱自清（1898—1948），中国散文家、诗人、古典文学学者。原名自华，后改名自清，字佩弦，号秋实，原籍浙江绍兴。1920年毕业于北京大学。1923年发表长诗《毁灭》，后又从事散文写作。1931—1932年曾游学英国。曾执教于江苏、浙江的几所著名中学，后任清华大学、西南联合大学等校教授，并致力于学术研究。抗日战争结束后，积极支持学生运动。1948年8月在《抗议美国扶日政策并拒绝领取美援面粉宣言》上签字，不久因病去世。毛泽东在《别了，司徒雷登》一文中赞扬朱自清"表现了我们民族的英雄气概"。

朱自清是中国现代著名的散文家、诗人、学者、爱国民主战士，一生著作20余种，近200万字。其散文代表作有《背影》《荷塘月色》《匆匆》《桨声灯影里的秦淮河》等。其文学创作始自五四时期，无论是诗歌还是散文都清新可人、情意真挚、意蕴丰富，始终坚持做文章要"意在表现自己"。他的散文艺术创作"漂亮且缜密"，在深厚的古典文学的基础上融合了现代中西方文化，对创建白话散文做出了不可磨灭的历史性贡献。

今天是个下雨的日子。这使我想起了白马湖[1]；因为我第一回到白马湖，正是微风飘萧的春日。

白马湖在甬绍铁道[2]的驿亭站，是个极小极小的乡下地方。在北方说起这个名字，管保一百个人一百个人不知道。但那却是一个不坏的地方。这名字先就是一个不坏的名字。据说从前（宋时？）有个姓周的骑白马入湖仙去，所以有这个名字。这个故事也是一个不坏的故事[3]。假使你乐意搜集，或也可编成一本小书，交北新书局[4]印去。

白马湖并非圆圆的或方方的一个湖，如你所想到的，这是曲曲折折大大小小许多湖的总名。湖水清极了，如你所能想到的，一点儿不含糊像镜子。沿铁路的水，再没有比这里清的，这是公论。遇到旱年的夏季，别处湖里都长了草，这里却还是一清如故。白马湖最大的，也是最好的一个，便是我们住过的屋的门前那一个。那个湖不算小，但湖口让两面的山包抄住了。外面只见微微的碧波而已，想不到有那么大的一片。湖的尽里头，有一个三四十户人家的村落，叫做西徐岙[5]，因为姓徐的多。这村落与外面本是不相通的，村里人要出来得撑船。后来春晖中学[6]在湖边造了房子，这才造了两座玲珑的

---

[1] 白马湖：白马湖位于浙江省绍兴市上虞区驿亭镇，湖泊呈散珠式串连。
[2] 甬绍铁道：宁波至绍兴间的铁路，"甬"为宁波简称。
[3] 夏侯曾先《地志》记载，晋县令周鹏举曾乘白马入湖中不出，人以为地仙，故有"白马湖"这个地名。
[4] 北新书局：北京大学新潮社成员李小峰于1924年创办，"北新"二字来源于"北京大学"和"新潮社"。鲁迅对该书局给予了极大的支持和鼓励，将多种著作交由书局出版。
[5] 岙（ào）：山中平地，多用作地名。
[6] 春晖中学：1919年，王佐、经亨颐受乡贤陈春澜支持，在白马湖畔创办春晖中学，延请夏丏尊、朱自清、丰子恺、朱光潜、叶圣陶等人执教或讲学。

小木桥，筑起一道煤屑路，直通到驿亭车站。那是窄窄的一条人行路，蜿蜒曲折的，路上虽常不见人，走起来却不见寂寞。——尤其在微雨的春天，一个初到的来客，他左顾右盼，是只有觉得热闹的。

春晖中学在湖的最胜处，我们住过的屋也相去不远，是半西式。湖光山色从门里从墙头进来，到我们窗前、桌上。我们几家接连着；丏翁[1]的家最讲究。屋里有名人字画，有古瓷，有铜佛，院子里满种着花。屋子里的陈设又常常变换，给人新鲜的受用。他有这样好的屋子，又是好客如命，我们便不时地上他家里喝老酒。丏翁夫人的烹调也极好，每回总是满满的盘碗拿出来，空空的收回去。白马湖最好的时候是黄昏。湖上的山笼着一层青色的薄雾，在水里映着参差的模糊的影子。水光微微地暗淡，像是一面古铜镜。轻风吹来，有一两缕波纹，但随即平静了。天上偶见几只归鸟，我们看着它们越飞越远，直到不见为止。这个时候便是我们喝酒的时候。我们说话很少；上了灯话才多些，但大家都已微有醉意，是该回家的时候了。若有月光也许还得徘徊一会；若是黑夜，便在暗里摸索醉着回去。

白马湖的春日自然最好。山是青得要滴下来，水是满满的、软软的。小马路的两边，一株间一株地种着小桃与杨柳。小桃上各缀着几朵重瓣的红花，像夜空的疏星。杨柳在暖风里不住地摇曳。在这路上走着，时而听见锐而长的火车的笛声是别有风味的。在春天，不论是晴是雨，是月夜是黑夜，白马湖都好。——雨中田里菜花的颜色最早鲜艳；黑夜虽什么不见，但可静静地受用春天的力量。夏夜也有好处，有月时可以在湖里划小船，四面满是青霭[2]。船上望别的村庄，像是蜃楼海市，浮在水上，迷离惝恍[3]的；有时听见人声或犬吠，大有世外之感。若没有月呢，便在田野里看萤火。那萤火不是一星半点的，如你们在城中所见；那是成千成百的萤火。一片儿飞出来，像金线网似的，又像要着许多火绳似的。只有一层使我愤恨。那里水田多，蚊子太多，而且几乎全闪闪烁烁是疟蚊子[4]。我们一家都染上了疟疾，至今三四年了，还有未断根的。蚊子多足以减少露坐夜谈或划船夜游的兴致，这未免是美中不足了。

离开白马湖是三年前的一个冬日。前一晚"别筵"上，有丏翁与云君。我不能忘记丏翁，那是一个真挚豪爽的朋友。但我也不能忘记云君，我应该这样说，那是一个可爱的——孩子。

七月十四日，北平

作品简析

作为现代新文学创作的名家，朱自清以其自然优美的散文作品为世人所熟知。1923年暑期，他与俞平伯同游秦淮河，随后创作了新文学史上被誉为"白话美文的模范"之作——《桨声灯影里的秦淮河》。就在第二年，他应校长经亨颐之邀，前往白马湖春晖中学任教。1925年8月间，他离开白马湖，到北京清华学校任大学部中文系教授，开启人生新的篇章。但是，在他的心目中，白马湖成了极为重要的人生驿站，不忘白马湖，不忘春晖校，不忘丏翁……在清华大学，他写下《白马湖》一文。

---

[1] 丏翁：夏丏尊（1886—1946），浙江上虞（今绍兴市上虞区）人。中国现代文学家、教育家、编辑出版家。曾任上海开明书店总编辑和编辑所长，主持出版了大量中外名著。

[2] 青霭：指云气。因其色紫，故称。唐代王维《终南山》诗："白云回望合，青霭入看无。"

[3] 惝恍：模糊不清，恍惚。

[4] 疟蚊子：能够传播疟疾的蚊子，学名为按蚊。

朱自清用清新自然的笔触，充满情味的语言亲切怀念了白马湖的山水和友人，湖光山色与人文情致和谐交融，让人如品佳酿，余韵悠长。开篇从现实中的"雨"过渡到回忆里的"春日"，让读者仿佛身临其境。这环境与时空的交错，写得异常简洁自然。顺着读者的兴味，文章用平实的语言介绍了白马湖的位置、传说和样子，娓娓道来，如话家常。接着自然衔接到湖边的村落、人行路和朋友间的雅集，写得极富人情味。而后着重描绘了白马湖的春夏之景，生机勃勃的自然景物中透出浪漫的诗意情趣，体现出作者的人文精神。

这篇散文中叠词的使用为整体叙述增色不少，如说白马湖"并非圆圆的或方方的一个湖"，形容湖水是"满满的、软软的"，简单而又灵动，使得白马湖的意象更加可爱。语言于平实中又带着几分轻松幽默，如在形容地方小而无人知晓时说"管保一百个人一百个人不知道"等，让文章呈现出一种真挚自然的风格。朱自清的散文既清淡又美丽，虽平实却有味。他笔下的木桥是"玲珑"的，雨是"微雨"，风是"清风""暖风"，这些形容词柔软细腻，充分调动了读者的感官。文中还有很多令人印象深刻的比喻，如水光"像是一面古铜镜"，桃花"像夜空的疏星"，成千成百的萤火"像金线网"，"又像耍着许多火绳"等，都写得新奇又生动。

著名文学家叶圣陶曾说："每回重读佩弦兄的散文，我就回想起倾听他的闲谈的乐趣，古今中外，海阔天空，不故作高深而情趣盎然。我常常想，他这样的经验，他这样的想头，不是我也有过的吗？在我只不过一闪而逝，他却紧紧抓住了。他还能表达得恰如其分，或淡或浓，味道极正而且醇厚。"

思考与练习

一、白马湖给作者留下深刻印象的地方有哪些？谈谈你的看法。

二、本文重点写了白马湖的什么特点？表现了什么样的思想感情？

三、本文在描绘白马湖景物的同时又有记事怀人的内容，作者是怎样将二者结合起来的？

四、朱自清在《春》中绘写了春的图景，本文也对春日里的白马湖作了一番描绘，请你谈谈二者在思想情感上有哪些异同。

茶馆（节选）

老 舍

作者简介

老舍（1899—1966），原名舒庆春，字舍予。北京人，满族。1924年赴英国。在伦敦大学亚非学院执教期间，开始创作长篇小说《老张的哲学》，以讽刺笔调描写市民生活。1930年回国，历任齐鲁大学、山东大学等校教授。1936年发表《骆驼祥子》，表现被侮辱被损害者的奋斗与挣扎，为现代文学史杰作之一。抗战胜利后赴美国讲学，中华人民共和国成立后回国。1950年创作话剧《龙须沟》，获北京市人民政府授予"人民艺术家"称号。1957年写作《茶馆》，为中华人民共和国成立后杰出话剧作品之一。1966年因受迫害而自杀。主要作品还有小说《猫城记》《离婚》《牛天赐传》《四世同堂》《正红旗下》等，剧本《方珍珠》《春华秋实》《女店员》等。有《老舍全集》行世。

第一幕

时间：一八九八年（戊戌）初秋，康梁等的维新运动失败了。早半天。
地点：北京，裕泰大茶馆。
人物：王利发　刘麻子　庞太监　唐铁嘴　康　六　小牛儿　松二爷　黄胖子
　　　宋恩子　常四爷　秦仲义　吴祥子　李　三　老　人　康顺子　二德子
　　　乡　妇　茶客甲、乙、丙、丁　　马五爷　小　妞　茶房一二人

〔幕启[1]：这种大茶馆现在已经不见了。在几十年前，每城都起码有一处。这里卖茶，也卖简单的点心与菜饭。玩鸟的人们，每天在遛够了画眉、黄鸟等之后，要到这里歇歇腿，喝喝茶，并使鸟儿表演歌唱。商议事情的，说媒拉纤的，也到这里来。那年月，时常有打群架的，但是总会有朋友出头给双方调解；三五十口子打手，经调人东说西说，便都喝碗茶，吃碗烂肉面（大茶馆特殊的食品，价钱便宜，做起来快当），就可以化干戈为玉帛了。总之，这是当日非常重要的地方，有事无事都可以来坐半天。

〔在这里，可以听到最荒唐的新闻，如某处的大蜘蛛怎么成了精，受到雷击。奇怪的意见也在这里可以听到，像把海边上都修上大墙，就足以挡住洋兵上岸。这里还可以听到某京戏演员新近创造了什么腔儿，和煎熬鸦片烟的最好的方法。这里也可以看到某人新得到的奇珍——一个出土的玉扇坠儿，或三彩的鼻烟壶。这真是个重要的地方，简直可以算作文化交流的所在。

〔我们现在就要看见这样的一座茶馆。

〔一进门是柜台与炉灶——为省点事，我们的舞台上可以不要炉灶；后面有些锅勺的响声也就够了。屋子非常高大，摆着长桌与方桌，长凳与小凳，都是茶座儿。隔窗可见后院，高搭着凉棚，棚下也有茶座儿。屋里和凉棚下都有挂鸟笼的地方。各处都贴着"莫谈国事"的纸条。

〔有两位茶客，不知姓名，正眯着眼，摇着头，拍板低唱。有两三位茶客，也不知姓名，正入神地欣赏瓦罐里的蟋蟀。两位穿灰色大衫的——宋恩子与吴祥子，正低声地

---

[1] 幕启：幕布拉开，表示整场戏或一幕戏的开始。

谈话，看样子他们是北衙门的办案的（侦缉）。

〔今天又有一起打群架的，据说是为了争一只家鸽，惹起非用武力解决不可的纠纷。假若真打起来，非出人命不可，因为被约的打手中包括着善扑营的哥儿们和库兵，身手都十分厉害。好在，不能真打起来，因为在双方还没把打手约齐，已有人出面调停了——现在双方在这里会面。三三两两的打手，都横眉立目，短打扮，随时进来，往后院去。

〔马五爷在不惹人注意的角落，独自坐着喝茶。

〔王利发高高地坐在柜台里。

〔唐铁嘴踏拉[1]着鞋，身穿一件极长极脏的大布衫，耳上夹着几张小纸片，进来。

王利发：唐先生，你外边蹓蹓吧！

唐铁嘴：（惨笑）王掌柜，捧捧唐铁嘴吧！送给我碗茶喝，我就先给您相相面吧！手相奉送，不取分文！（不容分说，拉过王利发的手来）今年是光绪二十四年，戊戌。您贵庚是……

王利发：（夺回手去）算了吧，我送给你一碗茶喝，你就甭卖那套生意口啦！用不着相面，咱们既在江湖内，都是苦命人！（由柜台内走出，让唐铁嘴坐下）坐下！我告诉你，你要是不戒了大烟，就永远交不了好运！这是我的相法，比你的更灵验！

〔松二爷和常四爷都提着鸟笼进来，王利发向他们打招呼。他们先把鸟笼子挂好，找地方坐下。松二爷文绉绉的，提着小黄鸟笼；常四爷雄赳赳的，提着大而高的画眉笼。茶房李三赶紧过来，沏上盖碗茶。他们自带茶叶。茶沏好，松二爷、常四爷向邻近的茶座让了让。

松二爷、常四爷：您喝这个！（然后，往后院看了看）

松二爷：好像又有事儿？

常四爷：反正打不起来！要真打的话，早到城外头去啦；到茶馆来干吗？

〔二德子，一位打手，恰好进来，听见了常四爷的话。

二德子：（凑过去）你这是对谁甩闲话呢？

常四爷：（不肯示弱）你问我哪？花钱喝茶，难道还教谁管着吗？

松二爷：（打量了二德子一番）我说这位爷，您是营里当差的吧？来，坐下喝一碗，我们也都是外场人[2]。

二德子：你管我当差不当差呢！

常四爷：要抖威风，跟洋人干去，洋人厉害！英法联军烧了圆明园，尊家吃着官饷，可没见您去冲锋打仗！

二德子：甭说打洋人不打，我先管教管教你！（要动手）

〔别的茶客依旧进行他们自己的事。王利发急忙跑过来。

王利发：哥儿们，都是街面上的朋友，有话好说。德爷，您后边坐！

〔二德子不听王利发的话，一下子把一个盖碗搂下桌去，摔碎。翻手要抓常四爷的脖领。

常四爷：（闪过）你要怎么着？

二德子：怎么着？我碰不了洋人，还碰不了你吗？

---

[1] 踏拉：意同"趿拉"。

[2] 外场人：指在外面做事，见过世面的人。

马五爷：（并未立起）二德子，你威风啊！

二德子：（四下扫视，看到马五爷）喝，马五爷，您在这儿哪？我可眼拙，没看见您！（过去请安）

马五爷：有什么事好好地说，干吗动不动地就讲打？

二德子：嗻！您说得对！我到后头坐坐去。李三，这儿的茶钱我候啦！（往后面走去）

常四爷：（凑过来，要对马五爷发牢骚）这位爷，您圣明，您给评评理！

马五爷：（立起来）我还有事，再见！（走出去）

常四爷：（对王利发）邪！这倒是个怪人！

王利发：您不知道这是马五爷呀？怪不得您也得罪了他！

常四爷：我也得罪了他？我今天出门没挑好日子！

王利发：（低声地）刚才您说洋人怎样，他就是吃洋饭的。信洋教，说洋话，有事情可以一直地找宛平县的县太爷去，要不怎么连官面上都不惹他呢！

常四爷：（往原处走）哼，我就不佩服吃洋饭的！

王利发：（向宋恩子、吴祥子那边稍一歪头，低声地）说话请留点神！（大声地）李三，再给这儿沏一碗来！（拾起地上的碎瓷片）

松二爷：盖碗多少钱？我赔！外场人不做老娘们事！

王利发：不忙，待会儿再算吧！（走开）

〔纤手[1]刘麻子领着康六进来。刘麻子先向松二爷、常四爷打招呼。

刘麻子：您二位真早班儿！（掏出鼻烟壶，倒烟）您试试这个！刚装来的，地道英国造，又细又纯！

常四爷：唉！连鼻烟也得从外洋来！这得往外流多少银子啊！

刘麻子：咱们大清国有的是金山银山，永远花不完！您坐着，我办点小事！（领康六找了个座儿）

〔李三拿过一碗茶来。

刘麻子：说说吧，十两银子行不行？你说干脆的！我忙，没工夫专伺候你！

康　六：刘爷！十五岁的大姑娘，就值十两银子吗？

刘麻子：卖到窑子去，也许多拿一两八钱的，可是你又不肯！

康　六：那是我的亲女儿！我能够……

刘麻子：有女儿，你可养活不起，这怪谁呢？

康　六：那不是因为乡下种地的都没法子混了吗？一家大小要是一天能吃上一顿粥，我要还想卖女儿，我就不是人！

刘麻子：那是你们乡下的事，我管不着。我受你之托，教你不吃亏，又教你女儿有个吃饱饭的地方，这还不好吗？

康　六：到底给谁呢？

刘麻子：我一说，你必定从心眼里乐意！一位在宫里当差的！

康　六：宫里当差的谁要个乡下丫头呢？

刘麻子：那不是你女儿的命好吗？

康　六：谁呢？

刘麻子：庞总管！你也听说过庞总管吧？侍候着太后，红得不得了，连家里打醋的瓶子都是玛瑙做的！

---

[1] 纤手：又称拉纤的，给人介绍买卖的人。

康　六：刘大爷，把女儿给太监做老婆，我怎么对得起人呢？
刘麻子：卖女儿，无论怎么卖，也对不起女儿！你糊涂！你看，姑娘一过门，吃的是珍馐美味，穿的是绫罗绸缎，这不是造化吗？怎样，摇头不算点头算，来个干脆的！
康　六：自古以来，哪有……他就给十两银子？
刘麻子：找遍了你们全村儿，找得出十两银子找不出？在乡下，五斤白面就换个孩子，你不是不知道！
康　六：我，唉！我得跟姑娘商量一下！
刘麻子：告诉你，过了这个村可没有这个店，耽误了事别怨我！快去快来！
康　六：唉！我一会儿就回来！
刘麻子：我在这儿等着你！
〔康六慢慢地走出去。
刘麻子：（凑到松二爷、常四爷这边来）乡下人真难办事，永远没个痛痛快快！
松二爷：这号生意又不小吧？
刘麻子：也甜不到哪儿去，弄好了，赚个元宝！
常四爷：乡下是怎么了？会弄得这么卖儿卖女的！
刘麻子：谁知道！要不怎么说，就是一条狗也得托生在北京城里嘛！
常四爷：刘爷，您可真有个狠劲儿，给拉拢这路事！
刘麻子：我要不分心[1]，他们还许找不到买主呢！（忙岔话）松二爷（掏出个小时表来），您看这个！
松二爷：（接表）好体面的小表！
刘麻子：您听听，嘎噔嘎噔地响！
松二爷：（听）这得多少钱？
刘麻子：您爱吗？就让给您！一句话，五两银子！您玩够了，不爱再要了，我还照数退钱！东西真地道，传家的玩意儿！
常四爷：我这儿正哑摸[2]这个味儿：咱们一个人身上有多少洋玩意儿啊！老刘，就看你身上吧：洋鼻烟，洋表，洋缎大衫，洋布裤褂……
刘麻子：洋东西可是真漂亮呢！我要是穿一身土布，像个乡下脑壳，谁还理我呀！
常四爷：我老觉乎着咱们的大缎子，川绸，更体面！
刘麻子：松二爷，留下这个表吧，这年月，戴着这么好的洋表，会教人另眼看待！是不是这么说，您哪？
松二爷：（真爱表，但又嫌贵）我……
刘麻子：您先戴几天，改日再给钱！
〔黄胖子进来。
黄胖子：（严重的沙眼，看不清楚，进门就请安）哥儿们，都瞧我啦！我请安了！都是自己弟兄，别伤了和气呀！
王利发：这不是他们，他们在后院哪！
黄胖子：我看不大清楚啊！掌柜的，预备烂肉面，有我黄胖子，谁也打不起来！（往里走）
二德子：（出来迎接）两边已经见了面，您快来吧！

---

[1] 分心：此处意为费心。
[2] 哑摸：仔细琢磨。

〔二德子同黄胖子入内。

〔茶房们一趟又一趟地往后面送茶水。老人进来，拿着些牙签、胡梳、耳挖勺之类的小东西，低着头慢慢地挨着茶座儿走；没人买他的东西。他要往后院去，被李三截住。

李　三：老大爷，您外边蹓蹓吧！后院里，人家正说和事呢，没人买您的东西！（顺手儿把剩茶递给老人一碗）

松二爷：（低声地）李三！（指后院）他们到底为了什么事，要这么拿刀动杖的？

李　三：（低声地）听说是为一只鸽子。张宅的鸽子飞到了李宅去，李宅不肯交还……唉，咱们还是少说话好，（问老人）老大爷您高寿啦？

老　人：（喝了茶）多谢！八十二了，没人管！这年月呀，人还不如一只鸽子呢！唉！（慢慢走出去）

〔秦仲义，穿得很讲究，满面春风，走进来。

王利发：哎哟！秦二爷，您怎么这样闲在，会想起下茶馆来了？也没带个底下人？

秦仲义：来看看，看看你这年轻小伙子会做生意不会！

王利发：唉，一边做一边学吧，指着这个吃饭嘛。谁叫我爸爸死得早，我不干不行啊！好在照顾主儿都是我父亲的老朋友，我有不周到的地方，都肯包涵，闭闭眼就过去了。在街面上混饭吃，人缘儿顶要紧。我按着我父亲遗留下的老办法，多说好话，多请安，讨人人的喜欢，就不会出大岔子！您坐下，我给您沏碗小叶茶去！

秦仲义：我不喝！也不坐着！

王利发：坐一坐！有您在我这儿坐坐，我脸上有光！

秦仲义：也好吧！（坐）可是，用不着奉承我！

王利发：李三，沏一碗高的来！二爷，府上都好？您的事情都顺心吧？

秦仲义：不怎么太好！

王利发：您怕什么呢？那么多的买卖，您的小手指头都比我的腰还粗！

唐铁嘴：（凑过来）这位爷好相貌，真是天庭饱满，地阁方圆，虽无宰相之权，而有陶朱之富[1]！

秦仲义：躲开我！去！

王利发：先生，你喝够了茶，该外边活动活动去！（把唐铁嘴轻轻推开）

唐铁嘴：唉！（垂头走出去）

秦仲义：小王，这儿的房租是不是得往上提那么一提呢？当年你爸爸给我的那点租钱，还不够我喝茶用的呢！

王利发：二爷，您说得对，太对了！可是，这点小事用不着您分心，您派管事的来一趟，我跟他商量，该长多少租钱，我一定照办！是！嗻！

秦仲义：你这小子，比你爸爸还滑！哼，等着吧，早晚我把房子收回去！

王利发：您甭吓唬着我玩，我知道您多么照应我，心疼我，决不会叫我挑着大茶壶，到街上卖热茶去！

秦仲义：你等着瞧吧！

〔乡妇拉着个十来岁的小妞进来。小妞的头上插着一根草标。李三本想不许她们往前走，可是心中一难过，没管。她们俩慢慢地往里走。茶客们忽然都停止说笑，看着她们。

---

[1] 陶朱之富：指拥有巨额财产。陶朱是指古代富人陶朱公（范蠡），春秋时期越国的大政治家，功成名就之后辞去官职，三次经商成巨富。

小　妞：（走到屋子中间，立住）妈，我饿！我饿！

〔乡妇呆视着小妞，忽然腿一软，坐在地上，掩面低泣。

秦仲义：（对王利发）轰出去！

王利发：是！出去吧，这里坐不住！

乡　妇：哪位行行好？要这个孩子，二两银子！

常四爷：李三，要两个烂肉面，带她们到门外吃去！

李　三：是啦！（过去对乡妇）起来，门口等着去，我给你们端面来！

乡　妇：（立起，抹泪往外走，好像忘了孩子；走了两步，又转回身来，搂住小妞吻她）宝贝！宝贝！

王利发：快着点吧！

〔乡妇、小妞走出去。李三随后端出两碗面去。

王利发：（过来）常四爷，您是积德行好，赏给她们面吃！可是，我告诉您：这路事儿太多了，太多了！谁也管不了！（对秦仲义）二爷，您看我说的对不对？

常四爷：（对松二爷）二爷，我看哪，大清国要完！

秦仲义：（老气横秋地）完不完，并不在乎有人给穷人们一碗面吃没有。小王，说真的，我真想收回这里的房子！

王利发：您别那么办哪，二爷！

秦仲义：我不但收回房子，而且把乡下的地，城里的买卖也都卖了！

王利发：那为什么呢？

秦仲义：把本钱拢在一块儿，开工厂！

王利发：开工厂？

秦仲义：嗯，顶大顶大的工厂！那才救得了穷人，那才能抵制外货，那才能救国！（对王利发说而眼看着常四爷）唉，我跟你说这些干什么，你不懂！

王利发：您就专为别人，把财产都出手，不顾自己了吗？

秦仲义：你不懂！只有那么办，国家才能富强！好啦，我该走啦。我亲眼看见了，你的生意不错，你甭再耍无赖，不长房钱！

王利发：您等等，我给您叫车去！

秦仲义：用不着，我愿意蹓跶蹓跶[1]！

〔秦仲义往外走，王利发送。

〔小牛儿搀着庞太监走进来。小牛儿提着水烟袋。

庞太监：哟！秦二爷！

秦仲义：庞老爷！这两天您心里安顿了吧？

庞太监：那还用说吗？天下太平了：圣旨下来，谭嗣同问斩！告诉您，谁敢改祖宗的章程，谁就掉脑袋！

秦仲义：我早就知道！

〔茶客们忽然全静寂起来，几乎是闭住呼吸地听着。

庞太监：您聪明，二爷，要不然您怎么发财呢！

秦仲义：我那点财产，不值一提！

庞太监：太客气了吧？您看，全北京城谁不知道秦二爷！您比做官的还厉害呢！听说呀，好些财主都讲维新！

---

[1] 蹓跶：闲走的意思。

秦仲义：不能这么说，我那点威风在您的面前可就施展不出来了！哈哈哈！
庞太监：说得好，咱们就八仙过海，各显其能吧！哈哈哈！
秦仲义：改天过去给您请安，再见！（下）
庞太监：（自言自语）哼，凭这么个小财主也敢跟我逗嘴皮子，年头真是改了！（问王利发）刘麻子在这儿哪？
王利发：总管，您里边歇着吧！
〔刘麻子早已看见庞太监，但不敢靠近，怕打搅了庞太监、秦仲义的谈话。
刘麻子：呵，我的老爷子！您吉祥！我等了您好大半天了！（搀庞太监往里面走）
〔宋恩子、吴祥子过来请安，庞太监对他们耳语。
〔众茶客静默了一阵之后，开始议论纷纷。
茶客甲：谭嗣同是谁？
茶客乙：好像听说过！反正犯了大罪，要不，怎么会问斩呀！
茶客丙：这两三个月了，有些做官的，念书的，乱折腾乱闹，咱们怎能知道他们捣的什么鬼呀！
茶客丁：得！不管怎么说，我的铁杆庄稼又保住了！姓谭的，还有那个康有为，不是说叫旗兵不关钱粮，去自谋生计吗？心眼儿多毒！
茶客丙：一份钱粮倒叫上头克扣去一大半，咱们也不好过！
茶客丁：那总比没有强啊！好死不如赖活着，叫我去自己谋生，非死不可！
王利发：诸位主顾，咱们还是莫谈国事吧！
〔大家安静下来，都又各谈各的事。
庞太监：（已坐下）怎么说？一个乡下丫头，要二百银子？
刘麻子：（侍立）乡下人，可长得俊呀！带进城来，好好地一打扮、调教，准保是又好看，又有规矩！我给您办事，比给我亲爸爸做事都更尽心，一丝一毫不能马虎！
〔唐铁嘴又回来了。
王利发：铁嘴，你怎么又回来了？
唐铁嘴：街上兵荒马乱的，不知道是怎么回事！
庞太监：还能不搜查搜查谭嗣同的余党吗？唐铁嘴，你放心，没人抓你！
唐铁嘴：嘿，总管，您要能赏给我几个烟泡儿，我可就更有出息了！
〔有几个茶客好像预感到什么灾祸，一个个往外溜。
松二爷：咱们也该走了吧！天不早啦！
常四爷：嗻！走吧！
〔二灰衣人——宋恩子和吴祥子走过来。
宋恩子：等等！
常四爷：怎么啦？
宋恩子：刚才你说"大清国要完"？
常四爷：我，我爱大清国，怕它完了！
吴祥子：（对松二爷）你听见了？他是这么说的吗？
松二爷：哥儿们，我们天天在这儿喝茶。王掌柜知道：我们都是地道老好人！
吴祥子：问你听见了没有？
松二爷：那，有话好说，二位请坐！
宋恩子：你不说，连你也锁了走！他说"大清国要完"，就是跟谭嗣同一党！
松二爷：我，我听见了，他是说……

宋恩子：（对常四爷）走！
常四爷：上哪儿？事情要交代明白了啊！
宋恩子：你还想拒捕吗？我这儿可带着"王法"呢！（掏出腰中带着的铁链子）
常四爷：告诉你们，我可是旗人！
吴祥子：旗人当汉奸，罪加一等！锁上他！
常四爷：甭锁，我跑不了！
宋恩子：量你也跑不了！（对松二爷）你也走一趟，到堂上实话实说，没你的事！
〔黄胖子同三五个人由后院过来。
黄胖子：得啦，一天云雾散，算我没白跑腿！
松二爷：黄爷！黄爷！
黄胖子：（揉揉眼）谁呀？
松二爷：我！松二！您过来，给说句好话！
黄胖子：（看清）哟，宋爷，吴爷，二位爷办案哪？请吧！
松二爷：黄爷，帮帮忙，给美言两句！
黄胖子：官厅儿管不了的事，我管！官厅儿能管的事呀，我不便多嘴！（问大家）是不是？
众：嗻！对！
〔宋恩子、吴祥子带着常四爷、松二爷往外走。
松二爷：（对王利发）看着点我们的鸟笼子！
王利发：您放心，我给送到家里去！
〔常四爷、松二爷、宋恩子、吴祥子同下。
黄胖子：（唐铁嘴告以庞太监在此）哟，老爷在这儿哪？听说要安份儿家，我先给您道喜！
庞太监：等吃喜酒吧！
黄胖子：您赏脸！您赏脸！（下）
〔乡妇端着空碗进来，往柜上放。小妞跟进来。
小　妞：妈！我还饿！
王利发：唉！出去吧！
乡　妇：走吧，乖！
小　妞：不卖妞妞啦？妈！不卖啦？妈！
乡　妇：乖！（哭着，携小妞下）
〔康六带着康顺子进来，立在柜台前。
康　六：姑娘！顺子！爸爸不是人，是畜生！可你叫我怎办呢？你不找个吃饭的地方，你饿死！我不弄到手几两银子，就得叫东家活活地打死！你呀，顺子，认命吧，积德吧！
康顺子：我，我……（说不出话来）
刘麻子：（跑过来）你们回来啦？点头啦？好！来见见总管！给总管磕头！
康顺子：我……（要晕倒）
康　六：（扶住女儿）顺子！顺子！
刘麻子：怎么啦？
康　六：又饿又气，昏过去了！顺子！顺子！
庞太监：我要活的，可不要死的！

〔静场。

茶客甲：（正与乙下象棋）将！你完啦！

——幕落[1]

作品简析

老舍的话剧《茶馆》以旧北京城中"裕泰大茶馆"的兴衰为背景，通过对茶馆及各个阶层人物命运变迁的描写，反映了从戊戌变法失败到抗日战争胜利这一历史时期的社会变迁史，组成了一幅人物众多、气势庞大的社会百态画卷，表现出黑暗势力越来越蔓延，整个社会不断衰退的局面，揭露了半殖民地半封建社会的腐朽和苦难。

人物与时代之间的冲突是《茶馆》表现的重点。通过发生在人物身上的看似"无事的悲剧"，来反映时代的悲剧，揭示出社会之殇，激起人们对旧时代的强烈憎恨。同时还塑造了一批形象鲜明生动的人物：处事圆滑、善于应酬的茶馆掌柜王利发，正直善良、富有正义感的常四爷，善良怕事、懒散无能的松二爷，说媒拉纤、拐卖人口的刘麻子，麻衣相士、算命骗人的唐铁嘴，理想破灭的旧民主主义者崔久峰，自命不凡、渴望实业救国的秦仲义，等等。《茶馆》使用了大量的北京口语词汇和儿化音，具有浓郁的"京味"和市民生活气息。其语言生动丰富、风趣幽默，具有浓郁的地域风格和民族色彩。

思考与练习

一、裕泰大茶馆的掌柜王利发，有人评价他"精明而心眼不坏"，结合本文作简要分析。

二、老舍如何通过"茶馆"这一典型环境来呈现个人与时代的冲突？

三、简析《茶馆》的语言特色。

---

[1] 幕落：也称"幕闭"，表示整场戏或一幕戏的结束。

《飞鸟集》选读[1]

泰戈尔

作者简介

拉宾德拉纳特·泰戈尔（1861—1941），印度诗人、文学家、哲学家和社会活动家。曾留学英国。早期作品有诗集《暮歌》《晨歌》和剧本《修道士》《国王和王后》等。1903年起陆续发表长篇小说《小沙子》《沉船》《戈拉》，剧本《摩吉多塔拉》《邮局》《红夹竹桃》，诗集《吉檀迦利》《新月集》《园丁集》《飞鸟集》和许多中短篇小说。其作品对英国殖民统治下的下层人民的悲惨生活和妇女的痛苦处境表示同情，谴责封建主义和种姓制度，描写帝国主义者和官僚的专横，同时也反映资产阶级民主思想与正统的印度教的抵触。其诗歌格调清新，具有民族风格，但带有神秘色彩和感伤情调。1913年，他凭借《吉檀迦利》成为第一位获得诺贝尔文学奖的亚洲人。

【1】夏天的飞鸟，飞到我的窗前唱歌，又飞去了。秋天的黄叶，它们没有什么可唱，只叹息一声，飞落在那里。

【6】如果你因失去了太阳而流泪，那么你也将失去群星了。

【12】"海水呀，你说的是什么？""是永恒的疑问。"
"天空呀，你回答的话是什么？""是永恒的沉默。"

【18】你看不见你自己，你所看见的只是你的影子。

【30】"月儿呀，你在等候什么呢？"
"向我将让位给他的太阳致敬。"

【41】群树如表示大地的愿望似的，踮起脚来向天空窥望。

【42】你微微地笑着，不同我说什么话。而我觉得，为了这个，我已等待得久了。

【57】当我们是大为谦卑的时候，便是我们最接近伟大的时候。

【64】谢谢火焰给你光明，但是不要忘了那执灯的人，他是坚忍地站在黑暗当中呢。

【65】小草呀，你的足步虽小，但是你拥有你足下的土地。

【68】错误经不起失败，但是真理却不怕失败。

【74】雾，像爱情一样，在山峰的心上游戏，生出种种美丽的变幻。

【75】我们把世界看错了，反说它欺骗我们。

【81】使生如夏花之绚烂，死如秋叶之静美。

【86】"你离我有多远呢，果实呀？"
"我藏在你心里呢，花呀。"

【130】如果你把所有的错误都关在门外，真理也要被关在门外了。

---

[1] 本篇选自郑振铎译本。

【154】采着花瓣时，得不到花的美丽。

【167】世界以它的痛苦同我接吻，而要求歌声做报酬。

【240】爆竹呀，你对群星的侮蔑，又跟着你自己回到地上来了。

作品简析

《飞鸟集》首次出版于1916年，包括了325首无题短诗。诗人用敏锐的洞察力或捕捉一个景观，或述说一个事理，给这些只言片语的小诗赋予了丰富的思想和深奥的哲理，风格清新明快、优美隽永。

泰戈尔在《飞鸟集》中十分注重对自然的描写，一只鸟儿、一朵花、一颗星、一点雨滴，都具有人性与生命力。诗人热爱大自然，他认为人类情感和自然之间是有内在联系的，或自然融入人类的感情，或人类的感情融入自然。只有融入自然才能净化自己的生命。

《飞鸟集》描写的对象多为日常事物，如小草、流萤、落叶、飞鸟、山水和河流等，短短的诗句蕴涵着深邃的人生哲理，这正是《飞鸟集》吸引人的原因。阅读他的作品，会令人觉得宇宙的活动和人生的变化是有意义的，是快乐的，会给人以无穷的勇气。正如译者郑振铎在《飞鸟集·新序》中所说："它们像山坡草地上的一丛丛野花，在早晨太阳的阳光下，纷纷地伸出头来。随你喜爱什么吧，那颜色和香味是多种多样的。"

思考与练习

一、试就文中你感触最深的一首诗，谈谈你的认识。

二、熟读课文，试分析泰戈尔诗歌的创作手法和艺术特色。

三、郑振铎在介绍诺贝尔文学奖作家的时候，对泰戈尔的诗歌作了如下评价："以清新的，活泼的，神秘的诗，投入于现代的沉闷于物质生活的人手中，使他们的灵魂另外开了一扇极明净极美丽的窗子；这实是泰戈尔对于世界的大贡献。"（《十四年来得诺贝尔奖金的文学家》）请结合这个评价，阅读泰戈尔的其他作品。

绳　子[1]

莫泊桑

作者简介

居伊·德·莫泊桑（1850—1893），19世纪后期法国优秀的批判现实主义作家，是法国文学史上短篇小说创作数量最大、成就最高的作家，被誉为"世界短篇小说之王"。他一生创作了300多部中短篇小说，在揭露上层统治者及其毒化下的社会风气的同时，对被侮辱被损害的小人物寄予深切同情。其短篇小说或批判资本主义社会的世态炎凉，讽刺小市民的虚荣心和崇尚拜金主义的社会现实；或描写底层劳动人民的悲惨遭遇，揭露社会的黑暗，赞颂底层人民正直、淳朴、宽厚的品格；或通过描写普法战争，反映法国人民的爱国情绪。代表作品有《项链》《羊脂球》《我的叔叔于勒》等。

在戈德镇四周的大路上，乡村中的男男女女都向镇上走过来，因为那一天正是赶集的日子。男的提起安静的步儿向前走，每次他们的长腿动作一下，他们的身子就向前一俯，那些腿都是扭转的，变形的，缘由呢，正由于种种艰苦的工作，由于那种同时使得肩头耸上来脊梁偏向一边的犁头的压力，由于那种逼得两膝分开去保持重心的割麦的姿势，由于田地里的迟缓而困苦的日常勤劳。他们的蓝布罩衫浆得挺硬又亮得像是擦了一层漆，领口和袖口都绣着白花，在他们瘦得露骨的胴部[2]四周鼓起来活像预备起飞的气球，头和四肢分别从中伸到外面。

有几个男人用一根索子牵着一条母牛，一条牛仔。他们的女人却在牲口后面，用一枝绿叶未脱的树枝儿打着教它快点儿走。她们的胳膊上都挽着一些露出了鸡头或者鸭头的大篮子。她们的步儿比她们的汉子们的快一点却又短一点；她们的身躯，干瘦而挺直的，裹在一幅用别针别在平坦胸部上的窄围巾里；她们的脑袋用白布贴着头发包好并且又加上一顶便帽。

随后，一辆列着长凳的两轮篷车，被一匹小马颠簸地拖过去了，使得那两个靠着坐下的男人和一个坐在车尾而攀着车边借减震动的妇人，都异样地摇晃个不住。

戈德镇的广场，简直是一大堆乱哄哄的，一大堆的人和畜的杂拌儿。牛角、乡下土财主的长毛绒的高帽子和女人的头巾之类，同时都在这会场的人堆儿的头顶上浮动。种种尖锐刺耳的叫唤组成了一阵不断的和野蛮的喧嚷，有时候，一个快活的乡下人的强壮胸腔里忽然吐出一道爆发的大声音，或者一条系在墙边的母牛忽然长号一次，那些喧嚷就被盖住了。

这一切的味儿像是牛栏、牛乳和牛粪、牛草和人汗，腾出了酸恶难闻、人畜混杂而且是庄稼汉所特有的味儿。

布略戴村的霍时可仑老板一到了戈德镇就朝广场走，这时他瞧见地上有一段绳子。这位道地诺曼底式的节俭大家霍时可仑老板，想起什么拾起了总是有用的，于是很吃力地俯下了身躯——因为他有点患风湿症。从地上拾起了那段细绳子，他于是细心把它团着，这时，他看见了那个卖鞍辔的马朗丹老板正坐在自己的门限边瞧着他。从前，他

---

[1] 本篇选自李青崖译本。
[2] 胴（dòng）部：指躯体。

们俩为着一副马笼头，彼此闹过意见，而这两个人又是爱含怨的，所以彼此一直互相仇视。霍时可仑老板因为被他的敌人窥见自己在兽粪中寻觅一段绳子，不免感到了一点惭愧。于是他匆匆地把他这点儿拾得的东西藏在自己的布罩衫里了，随后又放在自己的裤子的口袋里了；随后他再假装在地上寻觅一点儿找不着的东西，末了他才向前伸着头，并且因筋骨疼痛就弯着身体向赶集的市场里去了。

他立刻羼入那个大声叫唤的和行动迟缓的人堆儿里了，这个人堆儿正因为不断地讨价还价搞得乱哄哄的。乡下人考查那些出卖的母牛，疑惑不定地去了又回来，始终害怕上当，永远不敢下个决心，却反而窥探卖主们的眼色，无止境地搜索人的诡诈和牲口的毛病。

乡下女人们把那些大篮子放在自己的脚边以后，就从篮子里取出好些鸡搁在泥地上，这些鸡的脚都是缚住的，眼睛显得慌慌张张，冠子全是红得异样的。

她们静听着顾客们还的价钱，摆出干脆的神情和自若的面目，坚持自己所讨的原价，或者也突然一下子决定依从那种还出来的贱价，就高声向着那个慢慢走开的顾客喊道：

"这算是说定了，昂丁老板。我卖给您。"

随后，渐渐地广场上的人数稀少起来了，接着教堂的钟声报告已经正午了，于是那些住得过远的人都分散在各家客店里了。

在茹尔丹客店里，大厅子坐满了好些等候午餐的人，那个很宽阔的天井同样停满了各种车辆——这些车辆，各式俱备，有两轮敞货车，有两轮皮篷客车，有两轮长凳篷车，有两轮英式敞客车，有说不出名称的马车，都是一些被马粪搞黄而又变了样子打了补疤的旧家伙，它们的两支辕子，或者像两只胳膊一般朝天空冲起，或者扑在地上车尾朝天。

大厅里那座火光熊熊的壁炉，紧靠着那些已经入座的顾客，对着右边那行人的脊梁射出了一种强烈的热气。三把叉着鸡、鸽子和羊肉的铁叉在火上翻动着，一阵烤肉的和那在半熟的肉皮上面流着的油汁的香味从炉膛里散布出来，使大众都是欣喜非常和馋涎欲滴的。

全部犁头贵族都在茹尔丹的店里吃饭了，茹尔丹是一个既开客店又做马贩子而且有钱的狡猾的人。

食品一盘一盘地跟着来了，空得和黄色苹果酒的大罐子一样快。各人说起自己的生意，买进和卖出。他们听取年成的种种新闻。天气对于青苗是不坏的，但是对于小麦未免潮湿一点。

忽然，一阵鼓声在这客店门前的天井里响起来了。除了几个不关心的人以外，全体站起了，接着都嘴里含着食物手里带着饭巾很快地跑到了门口，或者跑到了窗子边去看。

鼓声停止以后，镇上的公共报告人发出了一种短促的声音，不合节奏地报告着：

"请戈德镇的一切居民和一切赶集的人注意，今天早上九点至十点钟之间，有人在白兹镇大路上，丢了一个装着五百金法郎和买卖单据的黑皮夹子。拾得者请立刻送到本镇区政府或者蛮恩镇的胡拔来格老板家里，可以得二十金法郎的酬谢。"

随后，这人去了。他们又听见了远处有一阵轻轻的鼓声和报告者的微弱的叫唤。

这时候，他们开始谈起这件意外了，一面列举胡拔来格老板可以找得到或者找不到他的皮夹子的各种运气。

后来，这顿饭结束了。

等到保安警察的巡长在这客店的门限前出现的时候，他们已经喝过咖啡了。

他问：

"布略戴村的霍时可仑老板可在这儿？"

霍时可仑老板正坐在餐桌的那一头，便答道：

"我在这儿。"

巡长接着说：

"霍时可仑老板，您愿意跟我到区政府去一趟吗？区长要和您谈话。"

这乡下人吃惊了，不自在了，一下干了他的酒盅就站起来了。他这时身体比早上弯得更厉害，因为每次休息后的头几步总是特别困难的。他开始走动了，一面连续地说：

"我在这儿，我在这儿。"

于是他跟着巡长走了。

区长坐在一把围椅上等着他。他就是当地的会计师，一个庄重而长于言辞的胖子。

"霍时可仑老板，"他说，"有人看见您今天早晨在白兹镇大路上，拾了蛮恩镇的胡拔来格老板丢了的那个皮夹子。"

发呆的乡下人望着区长出神了，他被这个莫名其妙地牵到他身上的嫌疑吓昏了。

"我，我，我拾了那个皮夹子？"

"对呀，您本人。"

"说句正经话，这件事我以前一点也不知道。"

"有人看见了您。"

"有人看见了我？究竟是谁看见了我呢？"

"马朗丹先生，鞍辔店的老板。"

于是，这老头儿回忆到了，明白了，并且因生气而脸红了：

"哈！他看见了我，这个坏蛋！他看见我拾起了那段绳子，请您瞧，区长。"

于是在自己的口袋里摸索，他取出了那段绳子。

但是区长不肯相信，只管摇头：

"霍时可仑老板，大家知道马朗丹先生是一个有信用的人，您不能教我相信他会把这绳子看成一个皮夹子。"

那乡下人愤不可遏了，举着手，向旁边吐了一口唾沫去证明他自己的正直，一面重复地说：

"然而这是上帝看见的真事，神圣不可侵犯的真事，区长。在这件事情上面，我拿我的灵魂和我的幸福发誓。我再说一遍。"

区长接着说：

"在拾起了那件东西之后，您并且在烂泥里面找了好些时，去看是否还有些零钱从皮夹子里漏在那里面。"

这个老头儿因为生气和害怕而竟不能呼吸了。

"一个人是不是可以说！……一个人是不是可以说……这样的假话，来诬赖一个正直的人！一个人是不是可以说！……"

他徒然费了辩白的功夫，旁人却不相信。

他和马朗丹先生对质了，这一个口口声声坚持有那么一回事。他们互相咒骂了个把钟头。由于霍时可仑老板自动的请求，便有人到他身上来搜查了。但是在他身上什么也没有找着。

末了，区长很疑惑了，便放了他，一面却通知他，说要去报告检察官并且请示办法。

新闻已经传播出去了。在区政府门口，这个老年人被人围住了，被许多带着一种真正的或者侮弄式的好奇心的人询问了，但是没有一个人抱不平。他开始说起绳子的经过。大家不相信这件事。大家笑着。

他走开了，谁都过来拉着他询问这件事，他本身也抓住自己的朋友们，重新无休止地开始他的叙述和抗议，为了表明他什么也没有，把自己所有的口袋翻转来给大家看。

有人对他说：

"老滑头，够了！"

于是他生气了，很生气了，因为不见信于人而忧愁愤激，竟不知道要怎样办才好，并且一直叙述自己的经过。

天色快黑了。他应当走了。他同着三个邻居一齐动身，把那个拾起绳子的地点指给他们看，并且一路上，他始终谈着他这件意外。

晚上，他在布略戴村里走了一个圈子，去向大家说明这件事。但是他所撞见的只是一些不肯相信的人。

他因此整整地病了一夜。

第二天午后一点钟光景，伊木镇的农家白勒东老板的长年工人波美尔，把那个皮夹子和其中所装的物件，交还了蛮恩镇的胡拔来格老板。

这汉子声称他确实是在那大路上拾得了这东西，但是他是不识字的，于是带了它回来并且交给了他的老板。

新闻在附近各处传遍了。霍时可仑老板因此也知道了这消息。于是他立刻又走了个圈子，并且开始叙述这个有了结局的完整的故事。他得胜了。

"以前使我伤心的事，"他说，"并不是问题本身，您明白吗，而是那种诬赖。世上教人受伤的事，再没有比这种因为诬赖而受诋毁更厉害的。"

他整日谈论他这件意外事，在大路上谈给过往的人听，在酒店里谈给喝酒的人听，到第二个星期日，他还站在那教堂门口邀着好些陌生的人谈着。现在，他已经不生气了，然而却有一点儿东西教他感到了不安，不过他没有确切知道究竟是什么。因为听着他谈起这件事情，大家总有一种玩笑的神气，仿佛像是对他不信服。他觉得他的背后有许多议论了。

另一个星期的星期二，他仅仅由于受了说明这件事的需要所驱使，又到戈德镇去赶集了。

马朗丹站在自己的门前，看见了他走过去就开始大笑了。为什么呢？

他遇见了克里克托的一个田庄的老板就走上前去和他谈论了，这一个不等他说完，就在他的肚子上拍了一下，劈面对他高声说："大滑头，够了！"随后就转身走开了。

霍时可仑老板搞得目瞪口呆，他愈来愈不自安了。为什么旁人叫他"大滑头"呢？

他在茹尔丹客店里的餐桌边坐下时，又开始来说明这件事了。

有一个从蒙蒂维利耶来的马贩子向他高声说：

"好了，好了，老江湖，我认识它，你的绳子！"

霍时可仑吃着嘴说：

"既然有人找着了它，那只皮夹子！那么还有什么可说的！"

但是这一个接着又说：

"不要说了吧，老头儿，有一个找着了这东西的人，又有一个送了它回去的人，事情就不用多说了。"

这乡下人气得不能说话了。他毕竟明白了。大家指摘他在事后教一个同谋的送了那皮夹子回去。

他想辩白了。全桌的人都笑起来。

他不能吃完他的午餐，就在纷至沓来的讥诮声里走开了。

他羞愤交集地回到家里，因此连嗓子都噎住了，仗着他的诺曼底式的小聪明，他本可以去做旁人栽诬他的那件事，并且自夸手段高明，现在他本人并没有做，而受的压迫却同做了一样多。他的清白，在他看来仿佛是无从说明的了，因为他的恶作剧是被人公认的。他觉得他的心受到了那个嫌疑的不公道的打击。

这一来，他又再行开始叙述这意外了，每日必加长他这种叙述，每次必添出好些新的理由，好些较为有力的抗辩，一些由他想象、经他在寂寥的时间预备下的更为冠冕的誓词，他的头脑完全被这绳子的故事占住了。不过他的抗辩来得越复杂和他的议论来得越不可捉摸，旁人就越不相信他了。

"这，简直是说谎者的理由。"大家在他的背后说。

他也觉得有这句话，只得含泪吞声，竟在这些枉费气力之中憔悴了。

他看着日见颓丧了。

那些爱玩笑的人，现在，教他口述"绳子"这故事给他们取乐，如同我们教一个士兵口述他所身历的那场战斗似的。他那个深受刺激的头脑也渐渐自行衰弱起来。

在十二月底，他卧倒在床上了。

他是在一月初旬死的，并且，他在临危时的神志昏乱之中，为了证明他的清白曾经连续地说道：

"一段细小的绳子……一段细小的绳子……请您瞧，就在这里，区长。"

作品简析

本篇是莫泊桑优秀的短篇小说作品之一，最早发表于1883年11月25日《高卢人日报》。

小说讲述了霍时可仑在戈德镇赶集时，捡到一根绳子，却被马朗丹诬陷为捡到一只皮包而引起乡民的指责。尽管霍时可仑努力地自证清白，却无法消除大家对他的误解，反而引来更多的猜忌，最终精神崩溃含愤而死。故事起因很小，但结局却令人悲哀，发人深省。马朗丹栽赃陷害、暗箭伤人，是霍时可仑含恨而终的罪魁祸首；乡民愚昧、偏见，对事情的真相不屑一顾，是霍时可仑之死的帮凶。

小说在语言上也极具特色。首先是善于选取最富有特征性的词语描写人物的动作，刻画人物的心理活动，用词准确、生动，塑造出一个个鲜活的人物形象。其次是大量使用同义或近义的词语和句子，进行反复的强调，极大地增强了表达效果和小说的悲剧色彩。

思考与练习

一、简述小说情节的发展脉络和主人公的心理变化，并说说作者是如何塑造霍时可仑的人物性格的。

二、莫泊桑擅长从平凡琐屑的事物中截取富有典型意义的片段，以小见大地概括出生活的真实。请简要分析小说中出色的场景描写。

三、小说展现了人性中丑陋的一面，谈谈它给予我们的思考和感悟。

中外文学史概述

一、先秦文学

中国文学源远流长，绵延数千年，有着非常光辉灿烂的成就。

先秦时期是指秦王嬴政统一中国建立秦朝之前这一漫长的历史时期。在这一阶段的历史进程中，我们的祖先创造了灿烂的先秦文化。先秦文学是我国古代文学发生发展的最早阶段，它包括秦代以前各个历史时期的文学。在这一阶段里产生了很多优秀作品：有成为我国古代文学先导的古代神话和古代歌谣，有标志着我国文学光辉起点的《诗经》，有作为后代史传体文学和小说、戏剧源头的历史散文，有体现战国时代百家争鸣之局面的诸子散文，有我国寓言文学的鼻祖先秦寓言，有光耀千古的浪漫主义杰作《楚辞》，等等。

古代神话和古代歌谣是我国最早产生的两种文学形式。在原始社会，人们不能理解、解释自然现象，就借助幻想来表达他们的希望和心愿，创造了《后羿射日》《夸父追日》《精卫填海》《女娲补天》等富有想象力的优美神话。古代神话虽玄幻神奇，但它根源于现实生活，曲折地反映了我国古代人民战天斗地、征服自然的坚强意志和美好理想。同时，原始人在共同劳动中发出互相协调的有节奏的声音，这就是古代歌谣的起源。在周代的《易经》中就有古代歌谣的记载。后来，随着社会生产力的发展，歌谣也逐渐丰富发达起来，这就是《诗经》中特别是《国风》和《小雅》中部分诗篇的来源。

《诗经》是我国最早的一部诗歌总集，是一部思想性和艺术性高度结合的优秀作品，共收自西周初年至春秋中叶约500年间的诗歌305篇。《诗经》按乐曲的不同分为《风》《雅》《颂》三部分。《风》和《雅》中的民歌是《诗经》中最有价值的作品。《诗经》是四言诗的一个高峰，基本上是四字一句，其中杂用二言、三言、五言、七言以至八言的句子，长短参差，错落有致。《诗经》采用赋、比、兴的表现方法，并采用当时的口语来写，语言准确生动。它使用了大量叠字来状情（信誓旦旦）、拟声（坎坎伐檀）、绘形（雨雪霏霏）、摹态（言笑晏晏），又采用了双声（辗转、参差）、叠韵（逍遥、窈窕）。形象鲜明，声调和谐，增强了诗的形象性、音乐性和感染力。这种以偶数句末音节押韵的方式，奠定了后来诗歌押韵的基本形式。

在春秋之前，我国产生了第一部散文集《尚书》。"尚书"即"上古之书"的意思，是我国古代散文的发端。春秋末年，孔子依据鲁国史官所编的史书进行整理创作的《春秋》，是我国最早的一部编年体史书，全书记录了自鲁隐公元年（前722）至鲁哀公十四年（前481）所发生的重要史实。

春秋末期和战国时期，列国纷争，游士风起。在激烈的社会斗争中，各诸侯国的当政者需要借鉴历史、总结经验，于是《左传》《公羊传》《穀梁传》《国语》《战国策》《竹书纪年》等历史著作应运而生。同时由于各诸侯国的争雄竞夺和"士"阶层的产生，在我国历史上出现了诸子蜂起、百家争鸣的局面，形成了代表不同阶级、不同阶层利益的学术派别，产生了《老子》《论语》《墨子》《孟子》《庄子》《列子》《晏子春秋》《孙子》《荀子》《韩非子》《孙膑兵法》《吕氏春秋》等诸子著作，群星灿烂，盛况空前。

《左传》是当时规模最大的历史著作，相传为春秋时期左丘明所著，多用事实解释《春秋》，与《穀梁传》《公羊传》合称"春秋三传"。《左传》具有较高的文学价值：它善于对庞杂的材料进行剪裁，章法有条不紊。它能用简练的语言描写头绪纷繁、波澜壮阔的战争事件；还善于通过人物的对话、行动和其他细节来刻画人物形象，并能用委婉曲折的文笔表达含蓄的外柔内刚的外交辞令。《左传》侧重于记事，而《国语》偏重记言。《国语》旧称《春秋外传》，所记事实大多通过君王的言论和士臣们的谏说之词来表现，故称《国语》。《国语》则是我国第一部国别体史书。《国语》的文字朴实简练，逻辑严密。就总体来说，《国语》的文采不如《左传》，但也不乏情文并茂之作。《战国策》具有纵横家的雄辩特色，叠句排偶，铺张扬厉，是历史散文中文学价值最高的一部。

  《论语》是早期的诸子散文，是儒家的经典著作。它记录了孔子的政治、哲学、教育、美学、道德、伦理和文艺等各方面的思想。《论语》的语言概括性强，具有格言特色；它善于灵活运用各种虚字，委婉曲折地传神达意，还善于通过对话来刻画人物个性等。《墨子》是墨家的著作，"兼爱"与"非攻"是墨子学说的核心。墨子为了同当时盛行的儒学争辩，十分讲究逻辑。他的文章质朴无华，论证严密，说理透彻，对后代辩论文的发展有一定的影响。《孟子》一书分为7篇，其文章气势充沛，好用排句，论辩方式灵活多样，文辞酣畅流利。孟子又是援喻引譬的能手，常用现实中常见的事例打比方，说明深刻复杂的道理，既生动形象，又贴切自然。《庄子》一书分内篇、外篇和杂篇三部分，共33篇。庄子主张任天命，即顺应自然，承认事物的相对性，含有辩证法因素，但否定客观事物的差别，对人生采取虚无主义的态度。他还不满现实，蔑视权贵和利禄。其代表作有《逍遥游》《齐物论》《秋水》和《养生主》等。他的作品辞藻瑰丽，气势开阔，想象丰富，充满着浓厚的浪漫主义色彩。庄子创造并运用了很多奇妙的寓言和神话传说来阐明哲理，采取了高度的夸张、谲奇的比喻、鲜明的对比和辛辣的讽刺等表现手法，构成了独特的艺术风格。荀子名况，战国末期赵国人，著有《荀子》一书，现存32篇。古代的许多学者一直以为荀子是儒家中的一个学派，但他却培养了两个著名的法家学生（韩非和李斯）。他的《天论》是先秦时期杰出的唯物主义哲学代表作，文中提出了"制天命而用之"的著名论断。他的《劝学篇》雄辩地论述了学习的重要性，强调后天教育和环境对人的影响，阐明了正确的学习态度和方法。韩非是战国后期的韩国人，著有《韩非子》共55篇，是先秦法家学说的集大成者。韩非强调君主集权，主张奖励耕战。其代表作《五蠹》《孤愤》和《说难》对后代论说文的发展有一定的影响。他文笔犀利，说理精密，善于运用寓言和历史故事来阐明道理，寓意深刻，在先秦著作中较为突出。

  战国后期，南方的楚国出现了一位在我国文学史上有很高地位和巨大影响的爱国诗人——屈原。他的作品有《九歌》11篇，《九章》9篇，以及《离骚》《天问》《招魂》《卜居》《渔父》各1篇，共25篇。《九歌》是屈原根据楚国民间祭神的乐歌加工创作的。其中《国殇》一篇颂扬了为国捐躯的英雄。《九章》是屈原的不同时期的作品。《天问》是一篇构思独特的奇文，作者以极其丰富的想象力提出170多个有关自然现象、人类历史、神话传说等方面的问题，表现了作者具有渊博的知识、勇于探索的进取精神和朴素的唯物主义思想。《离骚》是屈原最具有代表性的一篇作品，全诗共373句，反映了诗人不屈不挠的斗争意志和不惜以身殉国的崇高精神。屈原的作品，尤其是《离骚》，容量深广，意境开阔，想象丰富，辞藻绚丽，气势雄伟，运用大量的神话传说，富有浪漫主义色彩。屈原的作品突破了《诗经》的以四言体为主的格式，创造了一种以六言、七言为主的长短不齐、灵活多变的楚辞体，更能充分表达复杂深刻的内容，自由驰骋、丰富神异的想象，使我国的古代诗歌发展到了一个新的阶段。屈原之后，楚国又产生了宋玉、唐勒、景差等以辞赋见称的诗人。其中宋玉比较突出，他撰写了《风赋》《登徒子好色赋》等对汉赋有较大影响的作品。后来西汉刘向编辑的《楚辞》，以屈原、宋玉的作品为主，其特色是"书楚语，作楚声，纪楚地，名楚物"，故称"楚辞"。

总之，先秦的文学十分繁荣，形式多样，不仅思想内容丰富深刻，而且具有高度的艺术水平。它对我国后来的文学发展，在各方面都起了极其重要的开创作用。秦始皇统一中国，建立了我国历史上第一个中央集权制的封建大帝国，实行了"车同轨，书同文"，用比较简便的小篆和隶书代替了大篆和其他不统一的古文字，这对中国文化的发展有极深远的意义。但出于政治的需要，秦采取了一套文化专制的政策，随着秦的衰落，文学方面的发展几乎是空白，唯有李斯的《谏逐客书》独称于世。

二、两汉文学

西汉初期，由于全国统一，政治上得到了相对稳定，生产逐步恢复和发展。到汉武帝时，社会经济达到一定程度的繁荣富庶，帝国君臣追求物质和精神享乐。就在这样一种物质基础上产生了一种基本上为宫廷上层统治者服务的文学——汉赋。如司马相如的《子虚赋》《上林赋》，就是虚拟楚王游猎云梦的盛况和描述天子在上林苑游猎的壮观场面。满篇奇字怪语，铺排堆砌。又如扬雄的《甘泉赋》《羽猎赋》《长杨赋》，班固的《两都赋》，张衡的《两京赋》等，它们大都是歌功颂德、为上层统治阶级服务的作品。当时另外一类作品如贾谊的《鵩鸟赋》《吊屈原赋》，张衡的《归田赋》《思玄赋》，赵壹的《刺世疾邪赋》等，或者写自己不得志的遭遇，或者抒发对当时政治不满的感情，是汉赋中较有价值的属于抒情一类的作品。

汉代文学中另一类较有价值的作品是乐府诗中的民歌，能在一定程度上反映劳动人民的生活情况和思想感情。如《平陵东》《东门行》《十五从军征》等描绘统治者对人民的压迫、剥削以及劳动人民的怨恨、反抗情绪；《妇病行》《孤儿行》等描绘封建社会中下层人民的悲惨生活和存在的社会问题；也有一些表现男女爱情波折和内心复杂感情的情歌，如《有所思》《上邪》等。这些作品对后代文人创作产生了巨大的影响，从建安时代曹操父子运用乐府旧题写作大量诗歌，一直到唐代大诗人白居易提倡的新乐府运动，都可以看到汉乐府与他们之间的密切联系。

除乐府诗之外，汉代还有一组无名作家的作品《古诗十九首》。这组诗的内容大都表现游子、思妇的离愁别绪和消极悲观、及时行乐等思想，充满了感伤低沉的情调。它们全部采用五言的形式，语言质朴自然，在艺术描写方面有较高成就，是早期文人五言诗的重要作品。

东汉末年，还出现了蔡琰的《悲愤诗》和无名氏的《孔雀东南飞》两篇长篇叙事诗。这两首诗歌的出现，标志着长篇叙事诗的发展达到了成熟的阶段。

汉武帝时，出现了我国历史上伟大的史学家——《史记》的作者司马迁。《史记》是一部伟大的历史著作，全书有本纪、年表、书、世家、列传共130篇。作者能够运用丰富而又精练的语言，准确地塑造出众多具有各自性格的丰满生动的人物形象，使作品的思想性和艺术性达到高度的统一，从而成为后代散文创作的典范，并对我国散文创作的发展产生了极为深远的影响。

三、魏晋南北朝文学

魏晋南北朝时期是中国历史上一个大转折、大动荡的时期。文学创作被当作一种自觉的艺术活动，出现了许多新文体，基本完备了中国文学的主要形式，开始了文学艺术的自觉时代。

从汉末献帝到魏齐王曹芳前大约50年间的文学称为建安文学，是这一时期文学史上的一个特殊的阶段。代表作家有曹氏父子（曹操、曹丕、曹植）和"建安七子"（孔融、陈琳、王粲、徐幹、阮瑀、应场、刘桢）。曹操一生在戎马间生活，对现实有较多的接触，他的作品如《蒿里行》《苦寒行》《却东西门行》《薤露》等诗都能反映汉末动乱的社会现实和人民流离失所的苦痛生活。在《短歌行》《步出夏门行》等作品中，他抒写了要求建功立业的意志。他写的诗歌全部采用乐府歌辞的旧题，感情深沉，情调苍凉悲壮。曹植在年轻时就很有文学才华，过着贵族公子的优裕生活，早期作品如《箜篌引》《白马篇》《名都篇》等就是他这一时期生活的写照。曹植是这一时期的代表作家，他的很多作品虽然仍然采用乐府旧题，但抒情的成分却大为加强，对以后文人五言诗的发展起了积极的推动作用。七子中王粲的《七哀诗》、陈琳的《饮马长城窟行》、阮瑀的《驾出北郭门行》这类反映当时社会现实面貌的作品，为建安文学增添了现实主义的光辉。

魏晋之间的阮籍和嵇康在文学创作上也很有特色。阮籍写了80多首《咏怀诗》，内容大都表达对当时政治的不满和自己无法解脱的苦闷心情。嵇康的主要成就是散文，他的作品见解精辟新颖，笔锋犀利；《与山巨源绝交书》表达了自己不愿与司马氏合作的坚决意志，是他的代表作。

西晋比较重要的诗人是左思。由于出身寒微，他被当时门阀世族轻视，八首《咏史诗》集中反映了因才能受到压抑、抱负不能施展而产生的不满情绪。

东晋末年的陶渊明是这一时期成就最高的伟大诗人。他的诗歌质朴自然，真实地表达了他的生活遭遇和思想感情。他的歌颂田园生活的作品，开创了后代诗歌创作中"田园诗"这一流派。他的一些辞赋和散文，如抒写弃官归隐时愉快心情的《归去来兮辞》，表现了陶然自乐的恬淡心境的《饮酒》，寄托作者社会理想的《桃花源记》等，都是著名的作品。

南朝宋代比较有名的诗人有谢灵运和鲍照。谢灵运是第一个大力写作山水诗的诗人，被称为中国"山水诗派"鼻祖。鲍照的《拟行路难》《东武吟》《拟古》等诗，对世家大族垄断政权的不合理现象表示了强烈的不满，对下层人民遭受的压迫和剥削表示了极大的同情。

南朝的齐、梁、陈三个朝代，诗歌的作者大都是统治阶级上层分子，作品的内容比较空虚贫乏。其中，谢朓的山水诗写得比较清新自然。这一时期的诗歌在形式上大都讲求声律的和谐与字句的整齐对偶，对唐代近体诗的形成有很大的影响。散文写作也由散入偶，出现了一种讲求对偶工整、音调和谐、追求用典的新文体——骈文。

北魏郦道元的《水经注》是一部优秀的地理著作，它生动地描绘了祖国各地雄伟秀丽的山川面貌，对后代游记文学的发展产生了很大影响。

南北朝时期的乐府民歌，保存下来的数量要比汉乐府多。南朝乐府民歌主要有产生在长江下游一带的"吴声歌曲"和产生在长江中、上游一带的"西曲"。这些民歌大都是描写男女爱情的恋歌。它们的形式也较简短，很多是五言四句的小诗，语言清新自然，往往运用很多谐声双关语，在艺术表现手法上很有自己的特色。北朝乐府反映的内容大都偏重社会现实，表达的感情也比较直率、粗犷，不像"吴声""西曲"的委婉细腻。其中长篇叙事诗《木兰诗》塑造了一个聪明勇敢、不爱名利的女性英雄形象，是北方民歌中的杰作。

魏晋南北朝的小说比以前有了进一步的发展，如晋干宝的志怪小说《搜神记》，其中除宣扬鬼神迷信的作品外，也保存了一些优秀的神话故事和民间传说，如《干将莫邪》《韩凭夫妇》《吴王小女》《李寄》等篇。南朝宋代刘义庆的《世说新语》则是记载汉末到东晋这一阶段士族阶层轶事和言谈的笔记小说，它的语言非常精练，往往通过一言一行勾勒出人物的肖像和他们的精神面貌，对后代的笔记小说产生过深远的影响。齐、梁时代，出现了两部文学理论批评的专门著作——刘勰的《文心雕龙》和钟嵘的《诗品》。《文心雕龙》对文学的创作方法、文体的流变以及对作家作品的评价作了全面系统的论述。《诗品》把汉代以来的100多个五言诗作者分上、中、下三品，追源溯流，对每个作家进行了评论。

四、唐代文学

唐代是我国封建社会历史上空前强盛和繁荣的时代，也是我国古代文化发展的高峰时期。唐代文学作家作品数量之多、成就之高、影响之大，都是前所未有的。

就现存不完整的资料看，南宋计有功的《唐诗纪事》录存唐诗作者1150人；清代彭定求等所编的《全唐诗》，共收唐、五代诗歌49403首，残句1000余条，作者2837人，大致按时代前后排列，并系小传；清代董诰、徐松等所编的《全唐文》，共收唐、五代作家3035人，文20025篇，并附有作者小传。这几个简单的数字，已经足以显示出唐代文学创作所呈现的空前兴盛的景象了。在诗歌方面，其古体有五言、七言及长短句歌行，近体有五言和七言律、绝，我国汉魏以后古典诗歌的主要体裁，已经应有尽有。在散文方面，既有沿袭旧体的骈俪之作，又有大量新创造的语言趋于散文化的短篇游记、书信、杂论、传记、寓言等。此外，传奇小说、变文之类的通俗说唱文体以及词的创作，也都以新的面貌、新的形式相互辉耀于文坛，开拓了文学发展的新局面。

题材广泛而内容深厚，是唐代文学又一重要特色。唐代诗人、作家，很多出身于社会中下层，阅历比较丰富。他们不仅抒写个人身边的喜悦和忧愁，也描述了在尖锐政治斗争和重大社会变革中的所见所感；他们纵情歌唱祖国秀丽的田园山水，雄奇的边塞风光，又大胆揭露了包括皇帝在内的统治阶级某些成员的丑态和罪恶；他们还把自己的笔触伸向普通民众，描写了农民、士兵、炭工、矿工、纤夫、种树者、从役者，以及宫女、倡女、弃妇等。唐代文学反映生活之广，发掘社会矛盾之深刻有力，表现人民感情愿望之真切细致，使得它的真实性和现实性大大超过了以往的作品。唐代文学是唐代社会的画卷，是当时历史的一面镜子。

300多年唐代文学的发展过程，经历了初唐（618—712）、盛唐（713—765）、中唐（766—827）和晚唐及五代（828—978）等四个阶段。

初唐文坛，一时尚未摆脱齐梁风气的影响，但被称为"四杰"的王勃、杨炯、卢照邻、骆宾王，已经在作品的内容上有所开拓，而且创造了近体诗。像王勃的《滕王阁序》《送杜少府之任蜀州》，杨炯的《从军行》等，都是人们熟知之作。稍迟于"四杰"的陈子昂，在理论和实践上表现了更大的创造性。他的《感遇》诗38首，较多地反映了社会现实的矛盾；他主张恢复"兴寄""风骨"的传统，也对以后的诗歌创作产生了相当的影响。

开元、天宝之际的四五十年是群星灿烂的盛唐时期。这一时期，山水田园诗派的代表作家有王维、孟浩然、储光羲等，边塞诗派的重要诗人有高适、岑参、王昌龄、李颀等。王维、孟浩然都长于五律，而王维的艺术造诣更高。他精于描写自然景物，能够寓情于景，多出新意，如《山居秋暝》，深深影响了后代的创作。高适、岑参同是描写征战生活和边塞风光的高手，都以七古见长。高诗多慷慨苍凉，而岑诗则更奇丽峻峭，于同中又有不同的风格。被誉为诗史上的"双子星座"的李白和杜甫，是本时期，也是我国整个古代最伟大的诗人。李诗豪放开阔、壮丽雄伟，凝结着盛唐的时代精神；杜诗博大精深、沉郁顿挫，有力地反映了现实，并在许多后人心目中成为一种创作的典范。

中唐文学是盛唐的延续，在诗歌、散文方面又形成新的创作高潮。中唐之初，继续写山水诗的有刘长卿、韦应物；写边塞的有李益、卢纶；而元结、顾况则关心民生国计，是新乐府运动的前驱。新乐府运动的领导者白居易，是李、杜以外的又一个值得重视的大诗人。他提出"为时""为事"而创作的理论，《新乐府》《秦中吟》就是体现上述理论主张的佳作。他的叙事长诗《长恨歌》《琵琶行》，更是广为传诵的名篇。元稹、张籍、王建都是白居易的诗友和新乐府运动的积极参加者。此外，中唐独树一帜的诗人，还有孟郊、贾岛、刘禹锡、李贺等。韩愈、柳宗元，是诗家也是一代散文大家。他们倡导了反对因袭、反对骈俪的古文运动。韩文气势磅礴、雄浑奔放，柳文条理井然、意味深长，同属散文创作中的精品。传奇小说，唐初已经出现；但其作者纷起的繁盛时期，也是在中唐阶段。

到了晚唐，唐诗的发展已经走过漫长的道路，能于诸多大家之外，另辟蹊径，在艺术上有所创新者，当推杜牧和李商隐。杜牧擅长七绝，诗风清丽俊逸；李商隐工于七律，格调绮丽绵密。皮日休、聂夷中、杜荀鹤继承了新乐府诗歌的现实主义传统。词至晚唐五代，已经完全获得了独立的地位。这个时期较早出现的词家如温庭筠和韦庄，多写闺情、相思，风格纤细。南唐后主李煜以词抒写亡国之恨，感慨深切，具有很高的艺术表现力。唐代文学发展到温庭筠、韦庄和李煜，显然已经预示了向宋代文学的过渡。

我国古代散文，在先秦、两汉时期已经取得辉煌的成就。散文是唐代文学又一重大收获。唐初骈文盛行，虽不断有人提倡简古实用的散文，但影响不大。到中唐时，韩愈、柳宗元以复古相号召，致力于恢复散文的主导地位，领导了一场其实质是文学革新的古文运动。在这种思想指导下，他们的散文有比较充实的思想内容，力求反映各种社会现实问题，感情真切，内容和形式都达到了推陈出新的境地。晚唐散文应以罗隐、皮日休、陆龟蒙等所写的小品文为代表。由于古文运动的濡染，晚唐还产生了散文化的赋，如杜牧的《阿房宫赋》等。

唐人传奇在魏晋南北朝"志人""志怪"小说的基础上，更加深化了内容，扩大了题材，人物形象也愈益清晰完整。它不仅直接影响了宋以后的传奇小说，而且对于由宋到清的我国古典文言小说和白话小说，都有广泛的影响。

词是唐代出现的新文体。入宋以后，才涌现了众多的作家作品。另外，宋话本、鼓子词，以及盛行于明、清两代的宝卷、弹词等，则是沿着唐代又一新文体——变文的内容与形式发展起来的。

唐代对我国古代文学的最大贡献，当然还在诗歌方面。唐诗远承先秦，近继六朝，从理论到创作，从创作方法到艺术技巧，几乎全面地总结并发展了前代的优良传统，产生了以李白、杜甫、白居易为代表的一大批重要诗人，形成了中国诗歌史上黄金时代。唐诗对于后代的影响是难以估量的。

五、宋代文学

宋代在政治和军事上软弱无力，但科学技术和思想文化却相对繁荣。宋代文学继承了唐代的优良传统，在古文、诗、词各方面，都出现了许多著名的作家，特别是词的发展，形成了宋代文学的主要标志。另外，在小说和戏剧方面，宋代亦有突出的创造。

词到宋代，是鼎盛时期。北宋初年的词，多受五代的影响。著名的作家如晏殊、晏几道父子，或富贵浓丽，或婉转秀丽，都承袭了花间派的流风。自柳永开始，词风大变。晚唐五代的词，都是数十字的"小令"，内容大多描写儿女之情。柳永是第一个大量写"长调"的词人，长于铺叙，多用俗语，内容反映了都市中下层人民的生活和知识分子怀才不遇的苦闷，如《八声甘州》（对潇潇暮雨洒江天）。他的词在社会上广泛流传，相传"凡有井水饮处，即能歌柳词"。

词到苏轼，风气又一变，柳永词虽以铺叙见长，但仍不脱婉约之风。苏轼则一反柳永旖旎之情，代以清旷豪放之风。苏轼才情横溢，常以诗赋、经典语入词，并用散文句法作词。他扩大了词的表现范围，以词写情说理，吊古伤今。他的词风，不拘声律，自由奔放，使词脱离音乐，成为一种独立的新诗体。自苏词出，宋词与五代词始有截然之别，并由此而形成了豪放派词。

苏轼之后，北宋主要词人是周邦彦。周邦彦承柳永余风并加以发展。周邦彦也是一位音乐家，创造了不少新的词调，他的词声律严整，适合于歌唱。他还善于把古人诗句融化入词。人们说他的词集婉约派的大成，影响所及，开南宋姜夔、吴文英一派。

北宋末年，出现了我国文坛上第一流的女词人李清照。她流传至今的词虽不多，但意境深切，造语清新，显示了不凡的才华。因晚年遭受国破家亡的痛苦，她将漂泊的身世和悲凉的心情融入词中，真切感人。

词到南宋，又有发展。由于南宋王朝偏安一隅，不思北伐收复中原，南宋文人身受家破国残的惨痛，爱国热情空前高涨，词坛上涌现出大批爱国词人，最著名的首推辛弃疾。辛弃疾一生以抗敌报国自许，由于夙愿未酬，便将满腔爱国热情和慷慨激昂、牢骚不平之气熔铸于词篇。他的词抚时感事，气魄雄伟。其在风格上继承了苏轼词豪放的特色，并加以变化，大大发展了散文化的句法，如《摸鱼儿》（更能消、几番风雨）。辛派词人有陈亮、刘过、刘克庄、刘辰翁等。辛弃疾还以通俗的语言创作了不少描绘农村风物的小词，活泼清新，可与范成大的田园诗媲美。

南宋继承并发展周邦彦词的代表作家当推姜夔。姜夔词不独辞句工巧，结构完密；由于他精通音律，他的词音律特别和谐。他还一洗周派词人喜作露骨情词的陋习，创造了典雅沉郁的词风。继姜夔而起的同派词人有吴文英、史达祖等。

散文到晚唐中衰。宋初杨亿、刘筠等承五代流风，文趋骈俪，一时文士，靡然相从。北宋最早提出恢复韩柳散文传统的是柳开、石介、尹洙、穆修等人，但成绩并不显著。到庆历以后，经欧阳修、苏轼诸家的努力，宋代散文的发展便达到了高潮。

欧阳修是宋代古文运动的领袖。他的文独富韵味，委婉畅达。他能奖掖后进，"三苏"、曾巩都出自他的门下，王安石也曾得其提携。他重视理论，提出重道重文、先道后文的主张。他努力创作，写出了《泷冈阡表》《醉翁亭记》等散文名作。他又校补了韩愈的文集作为典范，并运用自己的政治影响，经过30多年的努力，终于奠定了一代文风。

王安石的散文，多属政论。其文雄辩简洁，言之有物，一扫文人浮泛之习。他的《读孟尝君传》，寥寥90字，就有力地驳倒了世俗的看法。其他如《答司马谏议书》《游褒禅山记》等，都是他的代表作。

"三苏"的散文，以苏轼成就为最高。他才气横溢，所写散文自由驰骋，纵横多变。他自评"作文如行云流水，初无定质；但当行于所当行，止于所不可不止"。佳作极多，以《赤壁赋》《石钟山记》等最为人们传诵。

和欧阳修并世或相先后的散文家，还有范仲淹、宋祁、刘敞、司马光等。

宋代道学特盛，形成了张载、周敦颐、程颢、程颐、朱熹一派的古文。为文从容平易，专门发挥性理，表彰经义，后世纯粹说理的文章，往往由此发展而来。理学家还有一种语录体，多用当时民间口语阐发义理，比较通俗，但缺乏文采。

宋初诗坛，杨亿、钱惟演等宗法李商隐一派，作诗求骈俪、对仗，好用隐僻典故，称"西昆体"；杨亿编集他们相互酬唱之作为《西昆酬唱集》。反五代颓靡纤丽文风的是王禹偁，梅尧臣、苏舜钦、欧阳修继起，力矫西昆浮艳之弊，奠定了宋诗发展的基础。

最能反映宋诗特色的代表作家是苏轼和黄庭坚。苏轼的诗，说理抒情，自由奔放，多畅达之语，少蕴蓄之情。宋诗散文化、议论化的特色，到苏轼诗达到顶点。黄庭坚的诗，在用词造句、体制格律等方面很下功夫。他提出了许多作诗的主张和方法。他以杜诗为宗，在提倡句法散文化的同时，标榜用典故，尚拗律、险韵，去陈反俗，好奇特，崇瘦硬，自立门户。南宋吕本中作《江西诗社宗派图》，列举25人的诗皆学黄庭坚，"江西诗派"由此而得名。

南宋诗人，首推陆游、范成大。陆游是宋代最伟大的爱国诗人。早年学诗，亦曾受江西诗派影响，在技巧上颇用功夫。他立志以挽救祖国危亡为己任，竭力反对南宋统治者屈膝求和的政策，主张积极抗战，恢复失地。可惜壮志未酬，只能将满腔爱国热忱付之诗篇之中。陆游诗现存共9000多首，他的成就在宋代诗人中是名列前茅的。范成大的诗多写田园风物，对农村的观察很细致，用语亦近似白话，流畅自然。另有号称"南宋四大家"之一的杨万里，宗江西诗派，诗风雄健粗豪，亦以白话入诗，擅写田园，自成一家。

南宋诗坛，不受江西诗派影响的，一是"永嘉四灵"，即徐玑（号灵渊）、徐照（字灵晖）、翁卷（字灵舒）、赵师秀（字灵秀），诗宗晚唐；另一是严羽，诗宗盛唐，著有《沧浪诗话》，为我国诗歌理论名著。

南宋最后一位大诗人是文天祥。他在山河破碎之时，毁家纾难，奋力抗元，被俘后坚贞不屈，从容就义。文天祥诗宗杜甫，然而其内容阔大，正气磅礴。他的诗，其亡国的悲愤，坚强的信心，宁死不屈的气概，跃然纸上。

宋代由于手工业和商业的发展，都市繁荣，市民阶层壮大，促进娱乐技艺的发达，"说话"成为一门专门职业。说话人所用底本，即是"话本"。宋代话本，可分三类：一是讲史，如《新编五代史平话》《大宋宣和遗事》等；二是说经，如《大唐三藏取经诗话》；三是小说，如《京本通俗小说》《清平山堂话本》等。

戏曲在宋代也有很大的发展。当时的戏曲大概有滑稽戏、歌舞戏、傀儡戏、影戏、讲唱戏等。除滑稽戏、歌舞戏外，其他主要在民间流传。值得注意的是讲唱戏。讲唱戏分鼓子词和诸宫调，以诸宫调对后世影响最大。诸宫调都是民间艺人创作表演的，流传至今最完美成熟的优秀诸宫调作品是董解元的《西厢记诸宫调》。元代王实甫创作《西厢记》，即是在此基础上写成的。宋代戏曲的另一成就是在浙东温州产生了"南戏"。从现今辑录到的南戏剧本来看，有100余种，其中《张协状元》是唯一完整保留下来的戏文。这足以证明宋代南戏之盛况。

六、元代文学

元代的统一带来了农业、手工业的恢复，交通运输的便利和都市经济的繁荣，为文化的发展和新的文学样式的产生创造了良好的物质条件；而统治者所实行的残酷的阶级压迫和民族压迫以及广大人民的强烈反抗,自然成为文学所反映的主要内容。

诗、词此时已不能满足市民的文化娱乐生活的需要,元曲由此应运而生,成为一个时代文学的代表。元曲是杂剧和散曲的合称,有着独特的艺术风格,开辟了我国戏曲史的黄金朝代。

关汉卿是元杂剧的创始者和代表作家,一生写了60多种杂剧,他的代表作之一为《窦娥冤》。杂剧作家王实甫的代表作是《西厢记》,它讴歌了青年男女追求爱情自由的热情,曲词优美,充满诗情画意。除关、王外,元朝前期较知名的杂剧作家还有康进之、纪君祥、石君宝、白朴、马致远等人,他们以《李逵负荆》《赵氏孤儿》《秋胡戏妻》《墙头马上》《梧桐雨》《汉宫秋》等优秀作品,为杂剧的繁荣做出了贡献。

元代后期,杂剧中心南移,出现了郑光祖、乔吉、宫天挺等作家和《倩女离魂》等佳作。与此同时,始于南宋的南曲戏文兴盛起来。南戏的著名作家有高明、施惠等,《琵琶记》《拜月亭》等有影响的南戏的创作,为明清传奇戏的发展奠定了基础。

散曲是元代新兴的诗体,它吸收了宋词、民间曲词和女真、蒙古等少数民族乐曲的成就,是以当时流行的曲调清唱的一种抒情韵文,包括小令和套数。小令又叫作"叶儿",是单个的曲子;套数则是由两个以上同一宫调曲子按照一定规则连缀起来的套曲。散曲多以叹世、归隐、写景、咏史和诉说恋情为题材。

元代前期的散曲朴素自然,著名的作家仍推关汉卿和马致远。关汉卿的代表作【南吕】《一枝花·不伏老》,以生动的比喻和泼辣的语言,描写了一个戏曲行会作者的浪漫生活。马致远的【越调】《天净沙·秋思》被誉为"秋思之祖",其【双调】《夜行船·秋思》,人称"万中无一"。白朴也有一些较好的作品。元代后期的散曲讲究格律辞藻,趋于典雅工丽,成就不如前期,佳作有张可久的【中吕】《卖花声·怀古》、睢景臣的【般涉调】《哨遍·高祖还乡》、张养浩的【中吕】《山坡羊·潼关怀古》和张鸣善的【双调】《水仙子·讥时》等。

元代诗文比较衰落,卓有成就的作家、作品甚少,主要作家有萨都剌、杨维桢、高启、顾瑛、王冕等。

七、明代文学

明朝城市工商业逐渐繁荣,资本主义开始萌芽,随着社会经济和文化思想的发展,小说和戏曲成了文学的主流。明代的长篇章回小说,是在宋元话本的基础上,吸收民间其他材料,由文人整理加工而产生的。明初章回巨著的开山之作是罗贯中的《三国演义》,与之媲美的是施耐庵的《水浒传》。前者反映魏、蜀、吴封建统治集团的复杂矛盾和阶级斗争,后者描写北宋末年波澜壮阔的农民起义。明中叶以后,出现了《西游记》《新列国志》《金瓶梅》和《封神演义》等作品。吴承恩的《西游记》通过神话故事表达人民摆脱压迫、征服自然、主宰自己命运的迫切愿望。这些长篇小说结构宏大,人物众多,不乏鲜明的个性,故事情节曲折,语言通俗生动,各以现实主义或浪漫主义的艺术特征取胜。

短篇小说拟话本也是文人创作的,供案头阅读,艺术上更加完美,主题集中,情节曲折,人物心理活动刻画细致,篇幅也比话本长得多。明代拟话本的繁荣与冯梦龙的努力是分不开的,他选编的《喻世明言》《警世通言》《醒世恒言》三部短篇小说集,合称"三言",内有经过他加工的明代拟话本七八十篇。"三言"对明代社会,特别是对市民生活的描写绘声绘色,如《杜十娘怒沉百宝箱》塑造了一个向往自由和幸福、与黑暗势力作宁死不屈的抗争的妇女形象,是其中最优秀的作品。凌濛初受"三言"影响而写的

《初刻拍案惊奇》和《二刻拍案惊奇》，合称"二拍"，虽不乏描写公案和爱情的佳作，但封建思想和色情描写的糟粕亦不少。

取代元杂剧而兴起的明传奇，开辟了戏曲发展的新阶段。传奇是以唱南曲为主的戏曲，汤显祖是最杰出的传奇作家。他才情横溢的浪漫主义杰作《牡丹亭》，通过杜丽娘和柳梦梅生死离合的爱情故事，歌颂了他们蔑视旧礼教、追求个性解放、争取婚姻自由的顽强斗争的精神，情深意切，曲辞优美，艺术境界神奇，富有极大的感染力。

在诗文创作方面，明初刘基以寓言的形式写的《郁离子》一书和宋濂的《秦士录》《记李歌》等散文较有影响。此后，由宰辅权臣为歌功颂德而作的"台阁体"诗文，雍容典雅而衰靡不振。起而反对"台阁体"的前、后"七子"，以李梦阳、何景明与李攀龙、王世贞为代表，强调"文必秦汉，诗必盛唐"，最后完全陷入拟古主义的歧途。王慎中、唐顺之、茅坤、归有光等人，反对前、后"七子"主张的艺术教条主义，着重学习唐宋古文的法度，创作具有自己面目的散文，被称为"唐宋派"。茅坤通过《唐宋八大家文钞》的选评传播唐宋文。归有光创作成就较大，他的散文记述日常生活，抒发真情实感，不事雕饰而自有风味。不足的是多写身边琐事，缺乏深广的现实内容。《先妣事略》《项脊轩志》《寒花葬志》等是颇为动人的名篇。以公安（今属湖北）人袁宏道、袁宗道、袁中道三兄弟为首的"公安派"，也反对前、后"七子"的拟古，主张文学要自然地抒写性灵，但对社会实践不免忽视。竟陵（今湖北天门）人钟惺、谭元春为代表的"竟陵派"，同样反对以剽袭为复古，而文风流于幽深孤峭。卓越的思想家李贽，主张创作必须抒发己见，以充满强烈的战斗性的散文，向伪道学开火。晚明写景小品文，如张岱的《陶庵梦忆》，语言明丽，风格清新。总的来说，明代诗文虽没有出现杰出的作家和作品，亦有其一定的特点。

八、清代文学

清朝是中国封建社会的最后一个王朝，清代处于一种复杂而特殊的文化背景之中。统治阶级不断加强对人民的思想钳制，文化上也实行高压政策，八股取士的制度更加腐朽。各种体裁的作品所取得的成就极不平衡，小说甚为出色，戏曲亦有佳作，受拟古主义影响的诗、词、散文，则未免逊色。

清代小说创作，在思想性和艺术性上，都达到了新的高度。蒲松龄的《聊斋志异》是一部优秀的文言短篇小说集。它构思奇妙，人物个性鲜明，语言生动活泼，其中的《促织》《席方平》《画皮》《娇娜》等都是脍炙人口的作品。吴敬梓的《儒林外史》是讽刺文学的巨著，它以嬉笑怒骂的巧妙文笔，刻画了各类士人虚伪无耻、丑态百出的可憎面目，也塑造了一些正面人物的形象，体现出作者强烈的爱憎。曹雪芹的《红楼梦》代表了我国古代小说的最高成就，它以贾、史、王、薛四大家族的盛衰为背景，以贾宝玉、林黛玉的爱情为主要线索，揭示封建社会行将就木的结局，对于叛逆的贵族青年和勇于反抗的奴隶，深情地予以赞美。

于元、明崛起和兴盛的杂剧和传奇，到了清代，气势已大不如前。以李玉为代表的清初戏剧家，写出了一些反映明、清之际尖锐的民族矛盾和阶级矛盾的作品。传奇《清忠谱》揭露明末统治的黑暗，歌颂市民反抗暴政的斗争。此后，清传奇的杰作当推洪昇的《长生殿》和孔尚任的《桃花扇》。《长生殿》曲折地反映了社会的动荡和人民的痛苦；《桃花扇》塑造了一个被压迫而有民族气节、忠于爱情而坚贞不屈的光辉女性形象。在戏曲创作的基础上，戏曲理论也得到了发展。李渔在《闲情偶寄》中对戏曲的结构、音律、语言和演唱技术等，做了认真的论述和有益的探讨。清中叶以后，文人创作的戏曲渐趋衰落，产生于民间的地方戏曲则逐渐兴盛起来，为近代京剧和地方戏的发展打下了基础。

在诗、词、散文、骈文等领域，清代出现了众多的作家和各种流派，但缺少重要的创新和突出的成就。清初，顾炎武、黄宗羲、王夫之等人的诗文，充满了反抗压迫的爱国主义思想感情。诗人以力主"神韵说"的王士禛较为著名，词人较有成就的是朱彝尊、陈维崧和纳兰性德。乾嘉时期，由于清政府大兴文字狱，很多文人被迫躲进故纸堆，专攻考据之学，诗文、文风随之出现了拟古和形式主义。郑燮反其道而行之，以奔放的诗文自由地抒写对贪官污吏的憎恨和对人民疾苦的同情。袁枚的诗歌直抒性情，格调颇为清新。桐城派因其主要作家方苞、刘大櫆和姚鼐均出自安徽桐城而得名。他们讲究"义法"，要求语言"雅洁"，但作品内容比较单薄贫乏。恽敬、张惠言为首的阳湖派，渊源于桐城派，文风较为恣肆。清代的骈文家，以汪中的成就最为突出，他的《哀盐船文》颇有名气。

九、近代文学

鸦片战争爆发，中国沦为半封建半殖民地社会。宣扬封建思想、抗拒新文化的"正统"的诗、词、文依然存在，但是充满反帝爱国和民主主义精神的作品，以强大的声势代表着这一时代文学的主流，通俗化成了一大特色。龚自珍是近代文坛上极有影响的人物，著名的《己亥杂诗》冲破格律的束缚，以浪漫主义的笔调抨击清政府的腐败统治，提出改革内政、抵抗外侮的主张。与龚齐名的魏源，也有呼吁变革图强的爱国主义的诗文。戊戌变法时期，康有为、梁启超、谭嗣同的诗文支持维新改良。黄遵宪打出"诗界革命"的旗帜，主张"我手写我口"，以自己的诗作反映社会的重大事变，洋溢着现实主义和爱国主义的热情。辛亥革命时期，邹容的《革命军》以思想尖锐、感情澎湃、语言通俗而成为强有力的战斗檄文。陈天华的《猛回头》《警世钟》大声呐喊，激动人心。秋瑾的诗歌，笔调雄健，《黄海舟中日人索句并见日俄战争地图》一诗，慷慨激昂地发出拯救祖国的战斗誓言。章太炎锋芒毕露的散文，矛头直指内外反动势力，但由于取法魏晋，文字古奥，不易理解。

近代小说创作颇为繁荣，侠义公案小说价值不高，而谴责小说却富有批判现实的精神。李宝嘉的《官场现形记》、吴沃尧的《二十年目睹之怪现状》、刘鹗的《老残游记》和曾朴的《孽海花》，被称为清末四大谴责小说。林纾以古文翻译了不少外国文学名著，在当时颇有影响，开拓了我国小说界的视野。

近代戏曲方面的成就，首推京剧的形成和发展，现存传统剧目有1200多种。其他地方剧种也受到群众的欢迎。

十、现代文学

现代文学，发端于五四运动和文学革命。现代文学是在外国文学的影响下产生的，其中最具影响力的四大文体——诗歌、小说、散文和戏剧，就是这一影响的直接产物。稍后又在此基础上衍生出交叉性文体：如诗歌与散文的结合形成散文诗，以鲁迅的《野草》最为著名；诗歌与戏剧的交杂生成诗剧，以郭沫若的诗剧最具影响力。因此，就文体而言，现代文学也是一个多元并存的文学时代。

最先开启中国现代文学之门的是五四文学革命的先驱者胡适、刘半农、沈尹默、陈独秀、鲁迅、周作人等。1917年，胡适、刘半农、沈尹默等率先在《新青年》上发表白话诗；几乎在同时，胡适发表《文学改良刍议》，陈独秀与周作人又相继发表《文学革命论》和《人的文学》等五四文学革命的纲领性文献。1918年，鲁迅发表第一篇白话小说《狂人日记》。1920年，胡适出版第一部白话诗集《尝试集》，由此掀开中国现代文学新的一页。中国现代文学史大致可分为三个时期：第一个十年的文学（1917—1927）、第二个十年的文学（1927—1937）和第三个十年的文学（1937—1949）。这三个时期习惯上又分别称为五四文学、左联文学和战争文学。

五四文学的总主题便是反封建和个性解放。就新诗而言，1921年，郭沫若出版了中国新诗史上第二部诗集《女神》，传达出五四运动时期狂飙突进的时代精神。20世纪20年代中期，中国新诗出现多种诗派与流向：以蒋光慈、殷夫为代表的，趋向于革命现实主义的"普罗诗派"；有以闻一多、徐志摩、林徽因、朱湘等为主要成员的，追求浪漫主义诗风的"新月诗派"；还有以李金发、穆木天等为代表的，追踪现代主义诗风的"象征诗派"等。在小说方面，除"现代小说之父"鲁迅的《呐喊》《彷徨》外，还有郁达夫的《沉沦》，许地山的《缀网劳蛛》，以及冰心、庐隐、王统照等人的作品。在戏剧方面，有胡适的《终身大事》，田汉的《获虎之夜》《南归》，郭沫若的"三个叛逆的女性"（《卓文君》《王昭君》《聂嫈》）。在散文方面，虽与传统散文有较直接的承传关系，但像朱自清、冰心、鲁迅、周作人、林语堂等的早期散文，仍与时代精神保持一致，呈现出较为鲜明的五四时代特征。

进入第二个十年，1931年"九一八"事变后，民族矛盾随之激化，救亡图存成为全民族的第一要务。以阶级解放与民族解放为主题的现实主义文学成为这一时期的文学主潮，涌现出一大批文学作品，呈悲凉慷慨的文学格调。在新诗界，最为著名的有艾青、田间、臧克家等，他们的代表性诗作《我爱这土地》《雪落在中国的土地上》（艾青）、《给战斗者》（田间）和《老马》（臧克家）等，都在当时被广为传诵，对于激发全民族的抗战斗志起到了积极的作用。几乎是同时，还有一批生活在国统区大都市（如上海、南京、北平）的青年知识分子，其中的代表诗人有戴望舒、施蛰存、卞之琳、路易士等，先以上海的《现代》杂志为阵地，形成南方的现代派诗人群，后又移向南京和北平。他们共同推进中国新诗的现代性进程。在小说界，虽出现过以"新感觉派"为代表的现代主义小说流派，但处于绝对统治地位的仍是现实主义小说，其中有巴金的《家》，茅盾的《蚀》《子夜》，老舍的《骆驼祥子》，沈从文的《边城》《丈夫》，以及叶紫与东北作家群等左翼作家创作的小说。本时期的戏剧和散文创作也有质的飞跃，曹禺的《雷雨》《日出》《原野》《北京人》等杰作，创造了中国现代戏剧文学的制高点，至今也难以企及与超越。稍后又有夏衍的《上海屋檐下》等现实主义戏剧力作，再加上众多的抗战戏剧，为这一时期戏剧创作的全面繁荣奠定了基础。散文方面以鲁迅的杂文、周作人、林语堂等的小品文为主。两路散文的审美取向虽有不同，但都为中国现代散文的发展做出了自己的贡献，使本时期文学呈现出多元并存、竞相发展的繁荣局面。

进入第三个十年后，全民族抗战已进入最为艰难与残酷的阶段，抗战胜利后不久又爆发了国共两党之间的内战，形成战争背景下的两大区域：国统区与解放区。同一背景下两大时空的文学创作呈现出迥然相异的艺术风格。国统区诗歌继续沿着现实主义与现代主义两条路子行进，前者有以艾青、胡风、牛汉、阿垅等为代表的"七月诗派"，他们的诗作仍以反映现实特别是反映当时残酷的战争现实为主，像艾青的《向太阳》、牛汉的《鄂尔多斯草原》、阿垅的《孤岛》等都是这方面的杰作。而解放区以穆旦、郑敏、陈敬容、袁可嘉等为代表的"九叶"诗人群，则以现代主义为内核，汲取现实主义的有益营养，提出"现实、象征与玄学"三者综合的主张，显示出现实主义与现代主义融合的鲜明特征。像穆旦的《赞美》《春》《诗八首》，郑敏的《金黄的稻束》，陈敬容的《铸炼》等，都是这三者综合的经典之作。解放区诗歌将中国新诗引向民歌传统，以李季的《王贵与李香香》、阮章竞的《漳河水》为代表的民歌体叙事诗成为其标志性作品。国统区小说也以现实主义为主流，巴金的《寒夜》，老舍的《四世同堂》，茅盾的《腐蚀》《霜叶红似二月花》，萧红的《生死场》《呼兰河传》，沙汀的《在其香居茶馆里》，张天翼的《华威先生》等都是以揭露国统区黑暗为主旨的现实主义力作。而解放区小说虽同属于现实主义文学，但其主题则以讴歌解放区新的政权、新的生活、新的人物为主，艺术上取用古典与民间传统相结合，形成一种为老百姓所喜闻乐见的，具有民族化、大众化风格的小说样式，主要作品有赵树理的《小二黑结婚》《李有才板话》，孙犁的《荷花淀》，康濯的《我的两家房东》，丁玲的《太阳照在桑干河上》，周立波的《暴风骤雨》等。戏剧方面，以郭沫若的《屈原》为代表的一大批历史剧，以陈白尘的《升官图》为代表的政治讽刺剧，成为国统区戏剧创作的重头戏；而解放区则出现了新歌剧《白毛女》，成为解放区戏剧改革的重要收获。本时期的散文创作以反映抗战现实的报告文学作品最为突出，如大型报告文学集《中国的一日》、夏衍的《包身工》等都是这方面的力作；艺术性散文创作也获得长足发展，茅盾的《风景谈》《白杨礼赞》，陆蠡的《囚绿记》，梁实秋的《雅舍小品》等，都是融现实、哲理、抒情与灵性于一体的艺术佳作，至今还为人们所吟诵。

总之，中国现代文学在与民族文学传统断裂的阵痛中产生，在空前的民族灾难中前行，在全民艰苦卓绝的抗争与自救中发展，成为中华民族伟大而又悲壮的历史见证。而其自身也在这一进程中形成中国现代文学的伟大传统，影响至当代。

1949年，中华人民共和国宣告成立，中国文学从此掀开了全新的篇章。

十一、外国文学

在人类历史长河中，文学作为人类思想情感的一种载体，已成为人类文明史的一个重要组成部分。许多著名文学大师创造的杰出作品，给世界文学的画廊增添了一个又一个生动而又鲜明的艺术形象。它们是全世界人民共同的宝贵精神财富。从世界文学发展的历史看，它大致走过了三个阶段：古代文学、近代文学、现当代文学。

（一）古代外国文学

古代外国文学体裁主要是神话、英雄史诗和戏剧。

亚、非两洲的各大河流域是世界文明的发源地，同时也就成了世界文学的摇篮。古埃及文学、古印度文学、巴比伦文学和希伯来文学，分别产生于尼罗河、印度河、恒河流域及地中海与约旦河之间。古伊朗（波斯）文学产生在欧洲、亚洲、非洲的交汇之地。这些民族在原始公社制时代，有不少民间口头相传的故事、歌谣，这里面包含了许多神话传说。如巴比伦文学中的创世史诗《埃努玛·埃立什》，古印度最早的神话诗集《吠陀》，希伯来民族的宗教神话《旧约·创世记》。稍后，在欧洲则产生了以神人同形同性为特征的希腊神话传说，古希腊也成了欧洲文化的发源地。

在原始公社制社会向奴隶制过渡的时候，战争成为这个时代的主旋律，战争中的英雄取代神话中的神灵，成为文学表现的中心，人们通常把这一时代叫作"英雄时代"，于是就出现了许多歌颂英雄的"英雄史诗"。如古印度的《摩诃婆罗多》《罗摩衍那》，巴比伦的《吉尔伽美什》，还有著名的"荷马史诗"——《伊利亚特》和《奥德赛》。

到了奴隶社会，最能代表这一时期文学成就的是古希腊的悲剧。古希腊的三大悲剧家埃斯库罗斯、索福克勒斯、欧里庇得斯,他们的代表作分别为《被缚的普罗米修斯》《俄狄浦斯王》《美狄亚》,它们均取材于希腊神话传说,表现人与命运的冲突,因而被称作"命运悲剧"。

从476年到1640年的英国资产阶级革命,这是封建生产方式形成、发展和走向崩溃的时期。在文学史上,我们则习惯把476年到文艺复兴前的这段时期的文学称作欧洲中古文学,又称中世纪文学。这一时期的文学主要是教会文学。在内容上它宣传宗教教义,在形式上有圣徒传、苦修传说、言行录、圣经故事、祷告文、奇迹故事、梦幻故事、宗教剧等。在表现手法上则多采用象征、梦幻手法。中世纪也有英雄史诗,一类反映了封建社会确立前各民族部落的生活,如盎格鲁-撒克逊人的《贝奥武甫》、冰岛的《埃达》和《萨迦》、芬兰的《卡列瓦拉》;另一类则表现了欧洲封建制度建立以后的国家观念和荣誉观念,如法国的《罗兰之歌》、西班牙的《熙德之歌》、德国的《尼伯龙根之歌》、俄国的《伊戈尔远征记》等。这些史诗多是对英勇善战、忠于君主的英雄的描述,表现了一种爱国主义精神。中世纪还出现了表现骑士阶层生活的骑士传奇。这些传奇多以忠君、护教、行侠为主题,表现骑士曲折惊险的冒险故事,骑士对领主的忠诚及英雄与美人间的热烈爱情。

欧洲中古文学的杰出代表是意大利诗人但丁。他的长篇叙事诗《神曲》通过作者幻游地狱、炼狱、天堂的经历,展示了意大利社会生活的广阔画面,同时也体现了人的精神追求的历程。《神曲》在艺术上既有现实主义的写实,又有宗教的象征、梦幻。恩格斯把但丁称作"中世纪的最后一位诗人,同时又是新时代的最初一位诗人"。

在中古时期,东方诸国的文学亦取得了很高的成就。伊朗诗人萨迪的《蔷薇园》,题材广泛,内容丰富,富于哲理。阿拉伯的民间故事集《一千零一夜》充满了瑰丽离奇的想象,同时又洋溢着现实生活的芬芳,流传极广,对世界近代文学产生很大影响。日本的古代诗歌总集《万叶集》内容极为丰富,紫式部的《源氏物语》则是日本中古时代物语文学(故事、小说)的典范。

(二)近代外国文学

近代外国文学主要是指从文艺复兴到19世纪这一时期的文学,即资本主义时期的文学。亚非地区因备受西方资本主义国家的殖民侵略,文学也受到严重摧残,因此近代文学的繁荣主要在欧洲。

14世纪到16世纪,在欧洲产生了资产阶级反封建反教会的思想文化运动——文艺复兴运动。文艺复兴时期的文学,典型地体现了人文主义思想。如意大利诗人彼特拉克的诗集《歌集》、薄伽丘的《十日谈》、法国拉伯雷的《巨人传》、西班牙塞万提斯的《堂吉诃德》、英国乔叟的《坎特伯雷故事集》等。最能代表文艺复兴文学成就的是英国剧作家莎士比亚,他的剧作思想深刻、情节生动,人物性格丰满复杂,语言生动、富于表现力,对后世产生了巨大影响。

17世纪,在英国出现了反映资产阶级生活和斗争的文学,如弥尔顿的《失乐园》《复乐园》《力士参孙》。在法国则出现了古典主义文学潮流。古典主义的代表作品有悲剧作家高乃依的《熙德》、拉辛的《安德洛玛刻》,都典型地表现了爱情与责任、感情和理性的冲突。喜剧作家莫里哀的《伪君子》《吝啬鬼》等,则对封建贵族、教会僧侣及一些视钱如命的资产阶级人物,予以了辛辣的讽刺。

18世纪,在欧洲产生了启蒙运动。这是继文艺复兴运动之后,资产阶级在意识形态领域里的一场更猛烈、更深刻、更全面的反封建革命。启蒙主义文学思潮即是启蒙运动的一个重要组成部分。启蒙主义文学首先产生于英国,以18世纪上半叶的现实主义小说为代表，如笛福的《鲁滨孙漂流记》、斯威夫特的《格列佛游记》、理查逊的《帕米拉》、菲尔丁的《汤姆·琼斯》等。

启蒙主义文学的繁荣标志是法国的哲理小说和启蒙戏剧。法国启蒙思想家往往以小说形式来表达哲学、政治、社会见解。如孟德斯鸠的《波斯人信札》、伏尔泰的《老实人》《天真汉》、狄德罗的《修女》《拉摩的侄儿》、卢梭的《忏悔录》《爱弥儿》等。在法国启蒙思想家中，思想最激进、对后世影响最大的是真正出身于平民阶层的卢梭。他的《忏悔录》以其对自我的大胆坦露，成了文学史上一部罕见的作品。

18世纪末，启蒙主义波及德国、俄国等封建主义尚根深蒂固的国家，代表作品有歌德的《少年维特之烦恼》、席勒的《强盗》《阴谋与爱情》等。而歌德倾注毕生精力完成的诗剧《浮士德》，表现了浮士德不断寻求理想人生与理想社会的过程，成为启蒙主义文学的最后丰碑。

18世纪末至19世纪前期，欧洲出现了浪漫主义文学思潮并在欧洲各国风行一时。浪漫主义首先产生于英国。华兹华斯、柯勒律治等诗人组成的"湖畔派"，表现出通过回归自然来抵制资本主义工业文明的倾向。以拜伦、雪莱为代表的浪漫主义诗人则更多地表现了争取民主、自由、个性的精神。拜伦在《恰尔德·哈洛尔德游记》《唐璜》等作品中，塑造了一系列以"反抗、孤独、忧郁"为特征的"拜伦式英雄"形象。雪莱则在诗剧《解放了的普罗米修斯》和诗歌《西风颂》等作品中，表达了对人类理想与光明的向往。

法国浪漫主义运动在19世纪发端，在1830年前后进入高潮。夏多布里昂开创了法国浪漫主义文学。19世纪20年代，浪漫主义诗人活跃于文坛，拉马丁、维尼、雨果、缪塞被誉为"诗坛四杰"。1830年，雨果的戏剧《欧那尼》上演的成功，标志着浪漫主义对古典主义的胜利。小说《巴黎圣母院》则典型地体现了雨果浪漫主义小说的特征。雨果在19世纪60年代以后还写了四部小说：《悲惨世界》《海上劳工》《笑面人》《九三年》。此外，法国浪漫主义小说还有缪塞的《一个世纪儿的忏悔》、乔治·桑的《康素爱萝》《魔沼》等。

受浪漫主义运动的影响，德国出现了荷尔德林、霍夫曼等浪漫主义作家。波兰出现了著名诗人密茨凯维支。在俄国出现了普希金、莱蒙托夫。普希金被誉为"俄国诗歌之父""俄罗斯诗歌的太阳"。他的抒情诗如《自由颂》《致恰达耶夫》《致大海》，体现了浪漫主义诗歌争取自由、解放的精神，叙事诗《高加索的俘虏》《强盗兄弟》《茨冈》等，则在歌颂自由理想的同时，又在一定程度上批判了个人主义、利己主义思想，从而体现了俄罗斯民族精神的独特性。

19世纪30年代，资本主义在英、法等国取得彻底胜利，但金钱至上、个人主义，又导致了社会的道德沦丧，许多作家以冷峻的眼光，审视这个社会的变迁，从道德的角度对资本主义的社会现实作了无情的批判，浪漫主义被现实主义所取代。19世纪在欧美各国产生了一批杰出的现实主义作品，如法国司汤达的《红与黑》，巴尔扎克的《人间喜剧》，福楼拜的《包法利夫人》，莫泊桑的《俊友》及其短篇小说，罗曼·罗兰的《约翰·克利斯朵夫》。在英国，出现了狄更斯的《大卫·科波菲尔》《艰难时世》，萨克雷的《名利场》，夏洛蒂·勃朗特的《简·爱》，哈代的《德伯家的苔丝》《还乡》。19世纪的俄国文学，异峰突起，人才辈出。普希金的《叶甫盖尼·奥涅金》，果戈理的《死魂灵》《钦差大臣》，屠格涅夫的《贵族之家》《前夜》《父与子》，车尔尼雪夫斯基的《怎么办》，陀思妥耶夫斯基的《罪与罚》《卡拉玛佐夫兄弟》，列夫·托尔斯泰的《战争与和平》《安娜·卡列尼娜》《复活》，契诃夫的短篇小说，在思想和艺术上都取得了很高的成就。此外，德国诗人海涅的《德国，一个冬天的童话》，挪威剧作家易卜生的《玩偶之家》，美国诗人惠特曼的《草叶集》，小说家马克·吐温的《哈克贝利·费恩历险记》，杰克·伦敦的《海狼》《马丁·伊登》，欧·亨利的短篇小说等，在欧美现实主义文学中亦享有盛誉。

19世纪中后期，在法国还产生了自然主义文学思潮。自然主义强调作家应以纯客观的态度描绘现实，而不掺杂任何主观感情色彩。自然主义文学的代表作是左拉的系列长篇《卢贡-马卡尔家族》。

（三）现当代外国文学

20世纪西方文学的一个重大变化，即现代主义文学潮流的崛起。从19世纪后期出现的象征主义到20世纪前半期出现的新的文学流派，如未来主义、表现主义、达达主义、超现实主义、意象派、迷惘的一代、意识流小说、存在主义等，人们把它们通称为现代派或现代主义。

象征主义是欧美现代主义文学潮流中出现最早、影响最大的诗歌流派。作为一个文学运动，它形成于1880年前后。其先驱者是法国的波德莱尔，他的诗集《恶之花》被认为是第一部象征主义作品。继波德莱尔之后，前期象征主义诗人还有法国的魏尔伦、兰波、马拉美。到20世纪20年代，后期象征主义盛极一时，著名诗人有法国的瓦雷里，英国的叶芝、艾略特，德国的里尔克，俄国的布洛克等。艾略特的长诗《荒原》，成了一个时代的精神象征。

表现主义是20世纪初至20年代中期盛行于欧洲的一种文学艺术思潮。表现主义的代表作品有瑞典剧作家斯特林堡的《鬼魂奏鸣曲》，捷克剧作家恰佩克的《万能机器人》，美国剧作家奥尼尔的《毛猿》《天边外》，奥地利小说家卡夫卡的《审判》《城堡》《变形记》等，典型地体现了表现主义"把现实加以变形以让人看到真实的本质"的审美观。

20世纪20年代至40年代流行于英、美、法的另一文学流派是意识流小说。意识流小说的代表作品有爱尔兰作家乔伊斯的《尤利西斯》，英国作家伍尔芙的《达洛维夫人》，美国作家福克纳的《喧哗与骚动》，法国作家普鲁斯特的《追忆逝水年华》等。

存在主义作为一种哲学思潮形成于20世纪20年代的德国。存在主义文学则出现在第二次世界大战前后的法国，其代表人物是萨特和加缪。萨特的小说《恶心》《墙》、戏剧《禁闭》《苍蝇》，加缪的小说《局外人》《鼠疫》，都展示了一个荒诞的人生和世界，以及在某一境遇中人生的自由选择，在选择中反抗绝望、反抗荒诞。因此，荒诞便构成了存在主义的一种哲学与美学的标签。

第二次世界大战之后，一种新的文化潮流——后现代主义，日益取代现代主义，成为欧美文化的主潮。后现代主义文学是后现代主义文化潮流中的一个组成部分，代表作有尤奈斯库的《秃头歌女》《犀牛》，贝克特的《等待戈多》等。

20世纪50年代兴起于法国的新小说派，也被人称为"反小说派"，它以罗伯-格里耶、萨罗特、西蒙等为代表，影响波及英、美、德、日等国，在小说技法上多采用"反小说"的形式。代表作品有海勒的《第二十二条军规》，品钦的《万有引力之虹》，巴思的《烟草经纪人》等。

20世纪欧美文学中，现实主义仍然是其中的一个重要组成部分。法国作家巴比塞的《火线》《光明》，英国剧作家萧伯纳的《巴巴拉少校》，德国作家托马斯·曼的《布登勃洛克一家》，美国作家德莱塞的《嘉莉妹妹》《美国的悲剧》等，都是著名的现实主义作品。这些作品都程度不同地吸收了现代主义的一些艺术表现手法，特别是美国作家海明威，他的《太阳照常升起》《丧钟为谁而鸣》《老人与海》等作品，现代主义与现实主义相交融，自有其独特的艺术魅力。

如果说20世纪英、法、美等国文学的主流是现代主义，苏联文学的主流则是现实主义。高尔基的《母亲》被认为是社会主义现实主义的奠基之作。20世纪20年代至40年代出现的富尔曼诺夫的《恰巴耶夫》、绥拉菲摩维奇的《铁流》，法捷耶夫的《毁灭》《青年近卫军》、阿·托尔斯泰的《苦难的历程》、奥斯特洛夫斯基的《钢铁是怎样炼成的》等，成了社会主义现实主义的经典作品。

在苏联文学中，肖洛霍夫的《静静的顿河》则更多地表现了顿河地区哥萨克人在走向革命、走向社会主义的进程中的曲折性、复杂性。而像普拉东诺夫的《基坑》《切文古尔》《初生海》，布尔加科夫的《大师和玛格丽特》，更多地揭示了苏联社会现实的另一面，构成了苏联文学主旋律之外的另一种声音。

20世纪50年代，苏联文学出现了一股人道主义浪潮，使文学贯注了深厚的人道主义精神。肖洛霍夫的《一个人的遭遇》、索尔仁尼琴的《伊凡·杰尼索维奇的一天》、爱伦堡的《解冻》、帕斯捷尔纳克的《日瓦戈医生》、格罗斯曼的《生活与命运》、瓦西里耶夫的《这里的黎明静悄悄》等，都表现了对普通人的命运的关注。

20世纪，一些亚非国家随着民族的独立及社会的现代化，文学也在不断做出自己的思考，出现了不少优秀的作家、作品。如印度泰戈尔的《新月集》《飞鸟集》《吉檀迦利》等散文诗集蜚声文坛，普列姆昌德的小说《仁爱道院》《戈丹》为当代印度现实主义和民族主义文学的发展奠定了基础。日本当代作家川端康成的《伊豆的舞女》《雪国》《古都》，以其具有充满感伤色彩的传统美而独树一帜。非洲作家索因卡和马哈福兹的作品，因对非洲的社会历史、现实的深刻揭示，以及对民族命运的思考，闻名于世。

20世纪已经终结，21世纪已展现在我们面前，世界文学也将呈现出更加灿烂的新局面，必将涌现出更多更好的作品。

中编

应用写作

第一章　应用写作概述

学习要点

- ◆ 应用文的概念、产生与发展
- ◆ 应用文的主要特点和作用
- ◆ 应用文的语言和表达方式
- ◆ 提高应用写作能力的途径

第一节　应用文的概念、产生与发展

一、应用文的概念

应用写作是写作学科的一个重要分支。应用写作以应用文为学习和研究对象，以实用为写作目的。

应用文是指党政机关、企事业单位、社会团体以及人民群众在日常工作、学习、生活中联系外界、沟通情况、处理公私事务、解决实际问题而使用的具有直接使用价值和一定惯用体式的实用性文章。在所有文体中，它与人们的关系最为直接，使用频率也最高。

二、应用文的产生与发展

应用写作源远流长，它和文字同步，在我国已有3000多年的历史。最早的文字应该说都是为应用而写作的。

殷墟出土的甲骨卜辞，已具有原始应用文的雏形。《尚书》是我国上古的历史文献和部分追述古代事迹的著作汇编，也可以说是我国第一部以应用文为主体的历史文献总集。

秦汉时期，公文文体分类制度正式确立。这个时期，第一次确立了下行文与上行文的区别和各自的文体。下行文有制、诏、策、诰、旨、令等，只有皇帝才能使用。上行文有章、表、奏、议等，是臣子给皇帝上书用的文书。公文格式的正式确立也始自秦汉。

在我国应用文发展的历史上，产生了不少传世佳作，如李斯的《谏逐客书》、司马迁的《报任安书》、贾谊的《论积贮疏》、诸葛亮的《出师表》、李密的《陈情表》、魏徵的《谏太宗十思疏》、韩愈的《祭十二郎文》、王安石的《答司马谏议书》、苏轼的《教战守策》等。

随着历史的发展和时代的变迁，应用文的品种不断增加，体式也更加完备，出现了众多的经济文书和法律文书，如可行性研究报告、商品说明书、招标书、投标书、起诉状、答辩状等。

而随着电脑及互联网的出现，应用文的写作、传递又发生了巨大的变化。电脑写作使现代应用文的制作、传递、阅读和接收以及存储等方式发生了改变，快速、高效办公已成为时代的必然选择。这一切都是为了适应人们的各种需要而产生的，并随社会发展而不断演进。

三、应用文的分类

应用文使用范围广、频率高，不仅种类多，而且还在不断发展。应用文的分类方法多种多样。本书综合考虑应用文的特点、作用、写作规律以及教学规律，把应用文分成日常文书、党政机关公文、事务文书、财经文书、法律文书、科技文书、新闻文体和申论等八大类。这八大类中包含的近50个文种的知识及写法，本书将在中编各章分别介绍。

第二节　应用文的特点和作用

一、应用文的特点

应用文一般有以下主要特点。

（一）实用性

实用性是指应用文能解决实际问题。如果说记叙文是"以事感人"，议论文是"以理服人"，那么应用文就是"以实告人"。一份通知，一则通告，一项规定，往往要成千上万的人遵照执行，甚至制约着几亿人的行动。一份报告，一件材料，往往是上级机关处理问题的依据，或是制定方针、政策的重要参考。有无直接的实用价值是应用文区别于其他文体的明显特征。

（二）真实性

真实性是指应用文无论是处理公务或私务，都要实事求是，决不能弄虚作假、虚构编造。应用文必须实话实说，内容必须真实可靠，写事必须有根据，议论必须有分寸，数据必须准确无误。真实的内容是应用文的生命。

（三）针对性

一般文章或文学作品的读者群广泛，而应用文有明确的阅读对象。特别是某些行政公文，对阅读对象的要求明确具体。由于应用文的每一个文种都有一定的使用范围，所以对于确定的作者和读者来说是非写不可或非读不可的，否则将贻误工作。

（四）时效性

应用文是为了处理亟待解决的日常工作和具体问题而写的，这就要求必须在规定的时间内写成和运转，以便最大限度地发挥其效力。否则时过境迁，应用文就失去了它的实际用途。应用文的时效性主要表现在三个方面：快写、快发、快办。有些应用文正是以发文日期来表示它的生效期限或正式执行日期的，有的应用文还明确规定了有效期限。

（五）程式性

应用文区别于其他文体的又一明显特点是文本格式的固定性或惯用性。无论是党政机关公文还是日常文书，都有明确规定或约定俗成的文本格式。比如公文写作，国务院办公厅从公文种类、写作体式到行文准则都有明确、具体的要求和规定。这种结构完整、统一的格式，不仅可以提高公文处理的效率和公文质量，而且从具体表现形式上更体现出公文所应有的约束力和严肃性，同时也为公文的立卷、归档分类提供了方便。这一特点是其他文体所没有的。

二、应用文的作用

应用文是一种工具，作为实用性很强的文章，它具有广泛的社会作用。在所有文体中，应用文和人们的实际生活联系最直接、紧密。在经济全球化的过程中，人类交往的范围不断扩大，与应用写作的关系越来越密切，信息交流日益增多，处理问题、接洽人员、沟通情况、交流经验，处处离不开应用文。应用文最基本的作用，主要有以下几点。

（一）指挥、管理作用

党政机关、企事业单位、群众团体等在特定的范围内担负着组织、指挥、管理的职责，而应用文就是实施这些职责的基本工具之一。如应用文中的下行文，大都具有行政领导和行政管理的作用。这些公文一经下发，下级机关必须执行。

（二）宣传、教育作用

党和政府经常通过应用文，向有关单位和人民群众广泛宣传路线、方针、政策，指导并推动各项工作开展。如法规性文件，对人们行为起着规范和准绳作用。应用文可以运用各种不同的方式发挥宣传教育的作用，或推广新的科技，或介绍先进经验，或表彰进步，或惩戒落后……就是在处理一些具体事务上，表明支持什么，反对什么，也起到了宣传教育的作用。

（三）沟通、协调作用

在现代社会中，人们的活动范围更加广泛。国与国之间，党派与党派之间，国家与国际组织之间，都是通过应用文进行交流、沟通，达到互相了解、信任，实现相互合作、共同发展目的的。在经济全球化、信息网络化的今天，应用文发挥着重要的作用。专用书信对于加强个人与群体之间的相互了解起到了相当大的作用。如感谢信、推荐信等，已为越来越多的人所关注和使用。应用文是沟通上下的渠道，协调左右的桥梁，它把上下左右联系在一起，使之形成一个有能力的统一的整体，从而推动各项工作有序、顺利地进行。

（四）依据、凭证作用

应用文既是指导、监督、保证各项工作顺利开展的工具，也是解决实际问题的依据、凭证。如每份公文都反映着制发机关的意图，收文机关须以此为依据去处理工作、解决问题。如合同作为确定彼此权利和义务的凭证，双方都要信守，任何一方违约，都要承担责任。其他如介绍信、证明信等，都可作为凭证。还有一些应用文，作为真实的历史记录，在完成其现阶段作用后，将被立卷归档，作为文献资料供后人查考，也起着凭证的作用。

第三节 应用文的语言和表达方式

一、应用文语言的特点

应用文由于文种繁多，写作目的各不相同，语言特点突出且多样，主要表现在：

（一）书面用语

应用文的很多文种，如党政机关公文、法律文书、科技文书等，都要求使用庄重、规范的书面语言。

（二）惯用词语

惯用词语是指写作时使用通行的、约定俗成的各种习惯性词语。如公文语言，在长期的写作使用过程中形成了一些专用词语，像"批转""审核""任免""着即"等；或沿用了古汉语中的一些文言词语，像"顷奉""为荷"等，使公文语言更具庄重、简洁、凝练的特点，使用得当能起到"文约意丰"的效果。具体如下表所示：

应用文惯用词语示例

称谓用语	第一人称	本人、本公司、我、我公司
	第二人称	你、你局、贵公司、贵方
	第三人称	该、该公司、该项目
领述用语		据、根据、按照、为、为了、按、前接、近接、顷接、遵照、依照、敬悉、惊悉、收悉、鉴于、兹定于……
追叙用语		经、业经、前经、均经、即经、复经、兹经
承转用语		为此、据此、故此、鉴此、综上所述、总而言之、总之
祈请用语		希、即希、敬希、务希、请、敬请、务请、拟请、烦请、恳请、望、希望、尚望
商洽用语		是否可行、妥否、当否、是否妥当、是否可以、是否同意、意见如何
受事用语		蒙、承蒙、承蒙惠允
命令用语	表示命令语气	着、着令、特命、责成、令其、着即
	表示告诫语气	切切、切勿、毋违、切实执行、不得有误、严格办理
目的用语	用于上行文、平行文	请批复、函复、批示、告知、批转、转发
	用于下行文	查照办理、遵照办理、参照执行
	用于知照性文件	周知、知照、备案、审阅
表态用语		应、应当、同意、准予备案、特此批准、请即试行、按照执行、可行、不可行、迅即办理
结尾用语	用以结束上文	此布、特此报告、特此通知、特此批复、特此函复、特此函告、特予公布、此致、谨此、此令、此复
	再次明确行文目的与要求	……为要、……为盼、……为荷、……是荷
	表示敬意、谢意、希望	敬礼、致以谢意、谨致谢忱

二、应用文语言运用的要求

应用文注重实用，讲求语言的朴素平实，因此，应用文语言运用的基本要求是：准确、简明，朴实、得体，庄重、严谨。

（一）准确、简明

应用文的语言，特别是公文的语言，必须注意用词用字准确、规范，要做到人名、地名、数字、引文准确，绝对不能使用容易产生歧义的词语。要仔细辨析词义，选择最恰当的词语，恰如其分地表现内容。例如，公文中提出执行要求的惯用语"要严格遵照执行""应认真贯彻执行""请参照执行""供执行时参考"等，这些句子表达了不同程度的贯彻落实的要求，如不认真选择，就有可能用错。

应用文的语言还应言简意赅，即以简洁明白的语言把办事情的方法、要求等讲明即可。叙述直陈其中，明白晓畅；说明简单明了，要言不烦；议论画龙点睛，切中要害，切忌空话、废话。特别是公文的语言，更要做到少而精，文约而事丰，注重效用。

（二）朴实、得体

应用文不仅是处理事务的工具，而且是沟通信息的基本工具，因此要强调用语的朴实与得体。

朴实是指文风要朴实无华，语言应实在，强调直接叙述，意尽而言止。不追求华丽辞藻，不允许有虚构、夸张和想象，少用甚至不用描写、抒情等表达方式，力求朴素纯真、实事求是。

得体是指应用文在用词、语气、语体风格等方面要符合文体的要求，语言适度有分寸。例如，公文的语言要严肃庄重，调查报告、总结的语言要朴素平实，经济文书、司法文书、科技文书的语言要用好专业术语等。

（三）庄重、严谨

应用文中的公文具有法定的权威性，其用语应当庄重、严谨，以体现出公文的严肃性。因此，公文不宜用口语，也不宜用文学语言。

1. 使用规范化的书面语言。不用叹词、儿化词、语气词，排斥方言、口语，不滥用缩略语。

2. 使用专用词语。长期以来，人们在公文中沿用一些使用频率较高的专用词语。掌握这些词语，有助于文章表述的简练。

三、应用文的主要表达方式

文章的表达方式通常有五种，即叙述、说明、议论、描写、抒情。由于受应用文特点和写作目的的制约，应用文的表达方式主要为叙述、说明和议论。

（一）叙述

叙述就是把人物的经历、某种情况或事件发生、发展和变化过程写出来，它是写作中最常见的一种表达方式。在应用写作中，叙述主要用来介绍事实经过，交代问题的缘由。例如，它可以作为以叙说情况为主的情况报告、表彰或处分通报、市场调查报告等文种的主要表达方式；交代背景、介绍涉及的人员、单位或事件的基本概况，都离不开叙述；为议论提供事实依据，也要用到叙述。

应用文"叙述"的要求：线索清楚，交代明白，概括叙述与具体叙述得当。

（二）说明

说明是对事物的形态、性质、特征、构造、功能等作介绍，或是对事理进行解说、阐释的一种表达方式。应用文中的条例、规定、制度、公约等法规规章类文书，介绍信、证明信等专用书信以及启事、合同、产品说明书等就经常采用说明这一表达方式。

运用"说明"时要根据文种的需要，选择恰当的说明方法，如定义说明、举例说明、数字说明、图表说明、比较说明、比喻说明等。

应用文"说明"的要求：客观、准确、恰当、简明，需要使用行业术语时一定要使用。

（三）议论

议论是作者运用严密的逻辑推理，对某个事件或问题进行分析评论，发表自己观点和看法的一种表达方式。在应用写作中，作者发表意见、阐明道理、做出评价、批驳他人观点等都属于议论。调查报告、司法文书、总结、新闻评论等常用此法。

议论由论点、论据、论证组成，要求论点正确鲜明，论据充分典型，论证有理有力，观点与材料统一，能够揭示客观规律。

议论还要求依据文种的需要，选用恰当的论证方法，如例证法、引证法、对比法、类比法、归纳法、归谬法等。

第四节　学习应用写作的意义与提高途径

一、学习应用写作的意义

需要是应用写作的基本前提，只有写好应用文才能处理相应事务。应用写作能力是现代人不可缺少的一项本领，根据职业工作需要撰写相应的应用文是每个大学毕业生必备的岗位技能之一。

（一）应用文是日常工作、生活中不可或缺的工具

应用文是人类社会生活中最重要的一种运用语言文字的交际工具，大至管理国事、处理政务，小至交际应酬、传递信息，乃至个人日常生活中的思想表达，都离不开应用写作。在社会主义市场经济体制下，许多经济活动，如广告、合同、市场调查报告等都离不开应用写作。应用文使用之广，已经到了无所不在的程度。

（二）撰写好应用文是21世纪创新型人才培养目标的要求

正如叶圣陶先生所说的那样，大学毕业不一定要能写小说、诗歌，但是一定要能写工作和生活中实用的文章，而且非写得既通顺又扎实不可。在21世纪，撰写好应用文成为创新型人才培养的关键需求。随着信息技术的迅猛发展和全球化进程的加速，有效沟通与信息准确传递的能力显得尤为重要。应用文作为沟通的基本工具，涉及报告、计划、通知等多种形式，其撰写能力直接影响到信息的有效交流、决策的准确实施和创新想法的有效表达。因此，培养学生的应用文写作能力，不仅是提升其专业技能的必要途径，也是塑造其创新思维和实践能力的重要环节，对于适应快速变化的社会环境，推动科技进步和社会发展具有深远意义。

（三）能撰写应用文是衡量个人工作能力高低的重要标准之一

尽管办公现代化彻底改变传统的工作模式，计算机能帮助人们解决大量的数据处理问题，办公效率前所未有地提高，但人们在办理具体事务时还是要使用应用文，这是无法取代的。能熟练地掌握常见的各类应用文种的写作，是一个人思想、知识、能力的综合体现。所以，很多用人单位都会把撰写应用文的能力，作为衡量员工工作能力高低的重要标准之一，而扎实的写作能力将成为求职就业、发展成才的一大优势。

二、提高应用写作能力的途径

应用写作是一种综合能力的体现，需要具备多方面的素质和基本技能。提高应用写作能力的途径主要有以下几个方面。

（一）加强自身的综合修养

曹丕将文章写作称为"经国之大业，不朽之盛事"。因而文章的写作者在"德、识、学、情、才"几个方面都应有较高的修养和优良的素质。所谓写作水平，其实就是写作者德、识、学、情、才等诸因素与写作实践能力的有机结合。这就要求写作者加强自身综合修养，为最后的文字表达做好充分的准备工作。

（二）掌握应用写作的理论知识

应用写作的理论知识是我们学习应用文的基础，它可以教给我们写作方法，指导我们正确地撰写应用文。应用写作的理论知识包括各文种的内涵、特点、结构、格式和写作要求等，我们要认真理解，准确把握，找出规律，并能将应用写作的理论知识运用到应用写作的实践中去。

（三）认真阅读、分析借鉴例文

例文在应用写作中起着模板的作用，例文有成功的，也有有瑕疵的。分析成功的例文，可以帮助我们学习应用文的写法，还可以作为我们撰写应用文的范文；分析有瑕疵的例文，可以帮助我们辨别正误、吸取教训，避免犯同样的错误。

（四）多思勤练，加强写作实践

文章是精神产品，写作是艰苦的精神劳动。只有在阅读的同时勤思多想，精神世界才能丰富，从而写出有内容、有思想的文章。"一文一练"是提高应用写作能力的根本途径。学习应用写作是没有捷径可走的，关键在于动手多写，坚持不懈地苦练应用写作的基本功。因此，我们在学习应用写作的过程中，还是要加强语文学习，结合写作练习的需要，学一点语法、修辞、逻辑。在真正下苦功夫的写作实践中，不断提高自己的文字表述能力和应用写作水平。

写作训练

一、你对应用写作有哪些认识和体会？

二、进行一次校内调查，看看在学校范围内能使用到的应用文主要有哪些。

三、你准备怎样提高自己的应用写作能力？请制订一个学习计划。

四、运用应用文惯用词语填空。

1. ××省××局：
　　　　　　局×字〔20××〕73号请示_____收_____，_____与××部_____答复_____：……

2. _____部领导指示精神，_____局会同××司××办公室抽调×名同志组成了"××事件调查组"……

3. 《××××办法》_____厂务委员会讨论通过，现发给你们，望结合本单位具体情况_____执行。

4. _____以上意见，如_____，_____批转各部属院校。

5. _____为了_____的需要，特_____如下指令。

6. _____局大力协助，我校×××研究所各项筹建工作已基本告一段落。

7. ×××来函_____，关于××一事，我部完全同意_____局意见，……特此_____。

8. 以上所请_____，以迅即_____为盼。

9. _____该厂此类错误做法，上级有关部门曾多次行文，_____其有关领导迅即查清问题，限期纠正错误。

10. _____悉_____总公司成立，谨表_____。

11. 以上命令_____施行，不得_____。

12. 随函附送《××××情况统计资料》一份，请_____。

13. _____国务院领导同志的指示精神，我们_____有关部门，对农村电网改造工作进行了研究。

14. _____进一步提高我省企业管理干部的管理素质，决定对在岗企业管理干部有计划地进行培训。_____征得××省行政管理学院同意，_____委托_____院举办企业管理专业班_____。

15. 以上请示，望予_____，并列入20××年招生计划。

16. _____省人民政府领导同志的指示，_____将国务院办公厅《关于公文处理等几个具体问题的通知》_____给你们。

第二章　日常文书

> **学习要点**
>
> ◆ 便条、单据的写法　　　　◆ 启事、海报的写法
> ◆ 介绍信、证明信的写法　　◆ 感谢信、祝贺信的写法
> ◆ 倡议书、申请书的写法　　◆ 求职应聘文书的写法

第一节　便条　单据

一、便条

便条就是最简短的信。在日常生活和工作中，碰到一些事情要对别人说明，但由于某种原因无法面谈，或者由于手续上的需要，常常要写一张便条。

在使用时应注意，便条一般用于较熟识的同事、朋友之间，比较随意。如用于陌生人或长者，就显得简慢失礼了。

（一）便条的结构

1. 标题。便条在多数情况下没有标题（如留言条），只有在少数情况下有标题（如请假条）。

2. 称谓。有如一般书信，便条应在开头部位顶格书写对方的姓名和称谓。称谓应表示对对方的尊重。

3. 正文。在称谓的下一行退两格书写正文。它不像书信那样客套，一般情况下都是直接说明主要事项。

4. 致敬语。根据需要，有的便条在正文结束后要书写致敬语。致敬语一般分两行书写，如"此致，敬礼"等。

5. 落款。便条的落款包括署名和时间两项内容。

（二）便条的写法

最常用的便条有留言条、请假条两种。

1. 留言条。有事找某人，正巧对方不在，又不能久等，就可以写张便条说明来访目的，或另约见面的时间和地点；或替人接了电话，自己又没机会当面转告他，也可以写张便条留下，这类便条就叫留言条。留言条一般没有标题。

> **例文**

小王：

　　陈经理约咱们今晚8点到他的办公室讨论与海宁水泥厂签订协议书一事。请一定准时参加。

刘强　留条

××××年×月×日下午3点

2. 请假条。请假条简称假条。因病或因事向所在单位告假，一般需写请假条，说明请假原因和时间。病假一般应附医院的证明。

例文

请 假 条

赵主任：

  我因患肺炎需住院治疗，特请假一星期（×月×日至×月×日），请予批准。
  此致
敬礼！

附：医院证明单（略）

马小明
××××年×月×日

二、单据

  单据是一种凭证、证据。当你借、收、领、欠钱或物时，往往要写一张字条交给对方留作凭证，这种做凭证用的字条，叫作单据。

（一）单据的结构

1. 标题。标题通常在单据上方的中间，一般要写上单据的名称，如"收条""借条"等字样，字体要大些，醒目地说明是什么性质的单据，既扼要地提示了内容，又便于归纳保管。

2. 正文。正文是单据的中心内容，在标题下方另起一行，空两格书写正文。单据开头有较为固定的惯用词语，如"今借到""兹领到"等。正文要写明钱、物的名称和数量，有的还要写上必要的说明性文字。

3. 尾语。尾语要另起一行，前空两格写上"此据"两字，不用加标点符号。

4. 签署。签署放在单据的右下方，写上写作人姓名。如是单位，除写明单位名称外，还应写明经手人姓名，然后再下移一行靠右写明签署的时间，并加盖单位公章。

（二）单据的写法

最常用的单据有收条、借条、领条、欠条四种。

1. 收条。收条又称收据，是收到别人或单位交来的钱或物时，给对方开具的凭证式单据。

例文

收 条

  今收到美的电器行送来五月份订购的××瓦电热水壶壹佰伍拾个，经检验全部合格。
  此据

经手人：资产科　张新
××××年×月×日

2. 借条。借条是借到个人或单位的现金、财物时留给对方作凭据的单据。当钱或物归还后,借条当即要收回作废或撕毁。

例文

借 条

今向学院体育器材管理处借到篮球拾个、排球贰拾个,做赛前训练用,拾天内归还。此据

经贸系(盖章)

经手人:王伟

××××年×月×日

3. 领条。领条是个人或单位从有关单位、部门领取发放的钱或物时,写给负责发放的单位或个人留存的凭据。

例文

领 条

今领到学院教材科课本《基础会计》陆拾本、课本《管理学》陆拾本。此据

财税金融系 刘勇

××××年×月×日

4. 欠条。欠条是拖欠单位或个人的钱物后,给对方留下的凭证。钱物还清后,欠条一定要收回作废或撕毁。

例文

欠 条

今欠付××市新华书店书款共计人民币叁万伍仟叁佰零柒元捌角整,两个月内归还。此据

××学院(盖章)

经手人:李海平

××××年×月×日

三、便条、单据写作注意事项

(一)要写明单据的性质,如"请假条""收条""借条""领条""欠条"等。

(二)文字要极其简明,一般只写事由,不必讲道理。

(三)有关款项、物件的数字一律用汉字的大写,以防涂改;数字后面写上量词名

称，然后写上"整"字，以防增添。

（四）凭证条据要用钢笔或签字笔书写，字迹要端正、清楚。写成后，不可随意涂改，如必须涂改时，应在涂改处加盖公章或私章。署名应是亲笔签的真实姓名。重要的单据，要写清单位的地址，署名后要盖上印章。

第二节　启事　海报

一、启事

启事是为了公开声明某件事或希望公众协助办理某件事而使用的一种告知性日常应用文。启事具有公开性、知照性、实用性等特点。启事可公开张贴，也可在新闻媒体上刊登，传播方式灵活。

（一）启事的种类

启事的种类很多，也很繁杂。按照性质分，启事可分为一般启事、紧急启事、重要启事等；按照内容分，可分为招生启事、征文启事、征订启事、招领启事、招聘启事、遗失启事、寻人启事、寻物启事、开业启事、迁址启事、更名启事、租赁启事、代加工启事等。

（二）启事的结构和写法

1. 标题。启事的标题，可以有三种写法：一是由单位名称（或个人）、事由和文种构成，即完整式标题，如"隆鑫房地产开发有限公司招聘销售经理启事"，这样的标题既醒目又郑重。二是由事由和文种构成，如"招聘启事""寻人启事"，这样的标题使读者一眼就能看出启事的事由。三是只写事由，如"寻物""招聘"等，这样的标题简单明了；若是比较重要或紧急的启事，可以写"重要启事"或"紧急启事"。

2. 正文。由于启事种类繁多，体裁各异，所以写法不尽相同。一般来说，启事的正文主要写启事的事项，要用明确、具体、简练的语言说明启事的目的、原因，并提出要求，或告知具体的事项。这部分文字较多的，可使用序号表示顺序，内容的详略则视具体情况而定。如"招生启事"，正文要交代招生目的、类别、名额、报名条件、时间及地点，以及联系人姓名、地址、联系方式等。如写"招领启事"，一般只写物品的名称，不罗列细目。

3. 落款。落款由署名和日期两部分组成。署名即写作启事的单位名称或个人姓名，写在正文的右下方，并注明日期，而且日期的年、月、日写法要统一。

（三）启事的写作要求

1. 启事的内容力求单一，应"一事一启"。

2. 对启事的具体要求和联系人、联系电话、联系地址等一定要交代得一清二楚，才能收到预期的效果。

3. 启事的语言要朴实、平直，语气要平和、真诚。这样，公众才可能愿意参与或予以协助，才能达到发表启事的目的。

例文一

招聘启事

  ××集团是中外合资的大型企业，集团所属五星级科晶酒店，设施完备，拥有一流的写字楼、客房、中餐厅、西餐厅、娱乐休闲中心和综合商场。为了适应酒店业务发展的需要，酒店决定面向社会招收服务员150名（女100名，男50名）。

  一、招收条件：凡本市户口，年龄在18周岁以上，22周岁以下，大专及以上学历，男身高1.70米以上，女身高1.60米以上，身体健康、五官端正的男女青年，均可报名（英语流利者优先录取）。

  二、报名手续：持身份证、学历证书及近期免冠一寸照片两张到现场报名

  三、报名时间：2023年12月3日9:00—2023年12月10日18:00

  四、报名地点：××市象山路9号科晶酒店人事部

  五、录取办法：面试和笔试相结合

联系人：许先生

联系电话：138××××××××

××集团科晶酒店
2023年12月2日

例文二

求知书屋开业启事

  本书屋装修已毕，定于本月28日上午8时开始正式接待读者。

  本书屋规模虽小，但存书丰富，举凡中外文学名著，最新科技图书，理工、文史工具书，大、中、小学学习资料一应俱全。为庆贺开业，三天内所有书籍均七折优惠。

  欢迎光顾。

地址：××市中山路188号

联系电话：07××-8640××××

求知书屋启
××××年×月×日

例文三

招领启事

  本人于2024年1月6日上午在校门口拾到黑色手提包一只，内有人民币若干元和其他证件，请失主速到学生宿舍南区5栋305房间认领。

吕大为
2024年1月7日

二、海报

海报是用来向广大群众报道或介绍有关电影、戏剧、体育、报告会等消息的一种招贴。它具有显豁醒目、吸引力强、传递信息迅速、制作简易、更换方便等特点。海报具有广告的性质，多张贴在易为群众注意的公共场所。

（一）海报的种类

1. 文字海报。它采用精练的文字、鼓动性的词语，把海报的内容突出、鲜明地介绍出来，追求版面的合理布局和适当的装饰。

2. 美术海报。这种海报常用较大篇幅的纸张印刷而成，由画面和文字说明两部分组成，以画面为主，文字为辅，电影发行单位精印的电影海报多属此类。

（二）文字海报的结构和写法

1. 标题。海报的标题要大而醒目，可写"海报"二字，也可以直接写明内容，如"学术讲座""舞会""报告会""球讯""书画展览"等。

2. 正文。正文应写明演出、比赛、展览会、报告会等的内容、时间、地点、举办单位等。为了增加吸引力，引起读者兴趣，在介绍内容时语言可有一定的形象性和鼓动性，并可配以有特色的图案或象征性的图画，允许适当的夸张，但不可失实。

3. 落款。落款处写明举办单位和时间，如海报正文已写明具体时间，落款也可不写时间。

（三）文字海报的写作要求

在海报正文的写作上，有以下几点应注意：

1. 真实性。海报的内容必须是真实可信的，不可夸张过度，虚假骗人。

2. 文字精练、简洁。海报的内容应该让人一眼扫过去就明白，切不可啰啰嗦嗦、长篇大论。用语简洁精练，意思清楚明了。

3. 鼓动性。海报要达到吸引人参加的目的，可以在不违反真实性的前提下使用一些形象性、鼓动性的语言，可抓住海报所写活动的某一点或几点特色来做文章，用最可能使人心动的亮点来激发观看者的参与热情。在设计上，也可使用一些鼓舞人的鲜明、生动、活泼的图画或漫画。

例文一

迎新年化妆晚会

晚会节目
诙谐！幽默！
生动！有趣！
请踊跃参加，莫失良机。
地 点：计算机学院学生活动中心
时 间：20××年12月31日 19:30
主办单位：计算机学院学生会
　　　　　计算机学院团委会
　　　　　20××年12月25日

例文二

精彩球赛

会计系学生男子足球队 VS 财税系学生男子足球队
时间：20××年5月25日8:30（本周日）
地点：经济与管理学院足球场
欢迎全校师生参观助兴
主办单位：经济与管理学院学生会
经济与管理学院体育教研室
20××年5月21日

第三节　介绍信　证明信

一、介绍信

介绍信是国家行政机关、企事业单位或社会团体的工作人员外出与其他单位或个人联系工作、了解情况、磋商事宜时所用的一种专用书信。它具有介绍与证明的双重作用，办事双方凭据此信进行接洽。

介绍信一般有普通介绍信和印刷介绍信两种形式。

（一）普通介绍信

1. 结构和写法

普通介绍信一般用公文信笺临时书写，其结构和写法如下：

（1）在第一行正中用较大字体写"介绍信"或"××单位介绍信"，然后在第二行开头顶格写对方单位名称或对方负责人的姓名、称呼，再加上冒号。

（2）另起一行空两格起写介绍信的内容。开头习惯上用"兹""今""现"，正文要写明被介绍人的姓名、身份、随行人数以及要接洽的事情和要求等。随行人数的数量要用汉字的大写，如要办理重要事项或带保密性的事项，还应注明被介绍人的政治面貌、年龄、职务、级别等，便于对方接待。

（3）结尾可写上"请接洽""请予协助""此致，敬礼"等表达敬意或祝愿的话。

（4）最后在右下方写上本单位名称，出具介绍信的年月日，并加盖公章。在左下方还要注明介绍信的有效期限。

2. 写作要求

（1）明确目的。介绍信应明确其撰写目的，清楚表达为何介绍、介绍对象是谁，以及希望收信人采取何种行动或给予何种帮助。

（2）详细介绍。应详细介绍被介绍人的背景、能力和成就，以及为何推荐此人，确保信息充分，让收信人对被介绍人有充分了解。

（3）格式规范。使用正规的书信格式，包括日期、称呼、正文、结束语和签名等，语言应正式礼貌，体现出尊重和专业性。

> 例文

介 绍 信

××××公司：

　　兹介绍我厂营销部二处处长×××等叁人前往贵公司洽谈××××，请予接洽为荷。
　　此致
敬礼！

××××厂（公章）
××××年×月×日

（有效期×天）

（二）印刷介绍信

印刷介绍信有固定样式，印刷成册，属联单式，使用时只需在空白处填上有关内容即可。这种介绍信分两联，一联是存根，另一联是本文，正中有间缝。

1. 存根

存根部分供查考之用，其写法如下：

（1）第一行正中用大字体写"介绍信"三个字，后面加圆括号内写"存根"两个字。

（2）第二行的右半行，即"介绍信"的右下方写"××字第××号"。"××字"是单位的代字，如市教委的介绍信就写"市教字第××号"，"××号"是介绍信页码的顺序号。

（3）第三行空两格起写介绍信内容，应写明何人到何处办何事，对接洽单位有什么要求等。

（4）为了负责起见，以备日后查考，还应填上经手人和签发人姓名。

（5）最后写介绍信开出的时间、有效期限。

2. 本文

本文部分的写法如下：

（1）在第一行正中用大字体写"介绍信"三个字。

（2）在"介绍信"三个字右下方写"××字第××号"，与存根处的"××字第××号"保持一致。

（3）第三行顶格起写联系单位名称或个人姓名、称呼，再加上冒号。

（4）第四行空两格起写正文。应写明被介绍人的姓名、政治面貌、人数、职务、职称等，要接洽的具体事项及对联系单位或个人的要求和希望等。

（5）结尾写"请接洽""请予协助""请支持"之类的敬语。另起一行空两格写"此致"，再另起一行顶格写"敬礼"。

（6）另起一行的右下方写上单位名称，下边写上日期，并加盖公章。另起一行的左下方写介绍信的有效时间，并用括号括上。

印刷介绍信的本文与存根之间是间缝部分，有一条虚线，虚线中间写着"××字第××号"字样。号码要用中文大写，并写在虚线的正中，使存根及本文各有一半。虚线正中的号码要加盖公章。

印刷介绍信样式

介绍信（存根）

字第　　号

被介绍者：
前往单位：
联系何事：

经手人：
签发人：
　　　　　　　　　　　　　　　　　　　　年　　月　　日
（有效期　　天）　　　　字第　　号（公章）

介　绍　信

字第　　号

＿＿＿＿＿＿＿＿＿＿：
　兹介绍我院　　　　等　　　人，前往　　　　，请接洽。
此致
敬礼！

　　　　　　　　　　　　　　　　×××××××（公章）
　　　　　　　　　　　　　　　　　年　　月　　日

（有效期　　天）

二、证明信

证明信是机关团体、企事业单位或个人证明有关人员的身份、经历、学历或某件事情真相的一种专用函件。证明信通常称为"证明"，它具有凭证的作用。

证明信有两种形式：一种是以组织名义出具的证明信；另一种是以个人名义出具证明，再由所在单位组织签署意见的证明信。这两种形式的证明信的结构大致相同。

（一）证明信的结构和写法

1. 标题。标题常冠以"证明信"三个字或写明"关于××同志××情况（或问题）的证明"。

2. 称呼。在标题下空一行顶格写上需要证明单位的名称，之后加冒号。

3. 正文。正文是证明信的主体部分，写法是另起一行空两格写明被证明事项的全部事实，内容要翔实，语言要准确肯定、简明扼要。正文之后常另起一行空两格写"特此证明"作结束语。

4. 署名、日期。在正文右下方署上证明人（或单位）的名称、日期，并加盖印章。若属个人名义出具的证明信，所在单位组织须签署意见，内容大致包括：

（1）写明对写证明信其人的政治、工作等的评价，便于对方了解证明人的基本情况，从而鉴别证明材料的真伪与可信的程度。

（2）对证明信内容的态度。凡证明的材料属熟悉的，可表示肯定或否定的态度；若不大熟悉，可注明"仅供参考"。

签署意见之后，要署上单位名称和日期，并加盖公章。

另外，还有一种随身携带、起证明身份作用的证明信。这种证明信只是保证被证明者的工作、生活或旅行的正常进行，其写法与上述两种证明信相同，只是这种证明信要注明有效期限。因此，这种证明信与介绍信更为相近。

（二）证明信的写作要求

（1）实事求是。证明的材料必须真实、可靠，不得含有虚假信息。

（2）用词要准确，避免歧义；语气要肯定，令人信服。

（3）写完后应留存底稿，以备查考。

例文一

证 明 信

××县财政局：

××××年×月×日来函收到。根据函中要求，现将我局张小宁同志的情况介绍如下：

张小宁同志，女，现年36岁，中共党员，是我局办公室主任。该同志和家庭成员以及主要社会关系政治历史均清楚。该同志对工作认真负责，近年来多次被评为市级先进工作者。

特此证明。

××市税务局（公章）
××××年×月×日

例文二

证 明 信

××公司：

贵公司章××先生2018年×月至2021年×月，与我共同承担了××××的研究工作，发明了×××。于2022年×月获得国家专利（证书号第2123×××号）。

特此证明。

证明人：杨××
××××年×月×日

证明人杨××系我公司工程师，所出具证明材料，经查属实，可供贵公司参考。

××××公司（公章）
××××年×月×日

第四节　感谢信　祝贺信

一、感谢信

感谢信是在得到别人的帮助和支持，或收到别人的祝贺信后，向对方表示答谢的书信。它可以用于单位与单位、个人与个人或个人与单位之间。

（一）感谢信的结构和写法

1. 标题。在感谢信的第一行正中写"感谢信"或"致×××的感谢信"等字样。
2. 称谓。在标题下空一行顶格写被感谢方的单位名称或个人姓名。在个人姓名后面应加上尊称或职务等。
3. 正文。感谢信的第三行空两格起，写感谢的内容。一般有以下两个方面的内容：简述事迹和说明效果。应说明人物、事件、时间、地点、原因和结果，并扼要叙述对方帮助所产生的客观影响和社会效果；既表感激之情，也谈今后如何用实际行动向对方学习。
4. 致敬语。在感谢信的最后写上诸如"此致，敬礼""致以最诚挚的敬礼"等表示感激的有敬意的话。
5. 署名和日期。在感谢信的右下方写上单位名称或个人姓名，下一行注明年、月、日。

（二）感谢信的写作要求

1. 内容要真实。叙述事情要真实具体，人物、时间、地点及有关数字要准确，关键内容要突出，并给对方恰如其分的评价。
2. 感情真挚、充沛。做到以事表情，以情感人。既要感情充沛，讲究文辞，又要避免故作辞藻惊人。表达谢意的行动要符合实际，说到做到，切实可行；同时要讲究礼貌，开头的称呼、文中的用词、结尾的敬语都要符合双方的身份和社会交往的习惯。
3. 格式符合规范性。篇幅要简短，语句要精练，格式要符合一般书信的要求。

例文

感　谢　信

××市××宾馆：

　　此次我们酒店管理专业八位同学在贵宾馆进行毕业实习期间，得到贵宾馆全体人员的热情指导和无微不至的关怀。工作人员不仅为我们妥善安排了食宿，生活上悉心照顾，在思想上、业务方面更是时时、处处给予我们热情的指导，使我们懂得了许多书本上学不到的知识。我们的业务指导老师，耐心讲解、严格要求，使我们在短短两个月的时间取得了很大的进步，达到了预期的实习目的。毕业实习马上就要结束了，但是我们在这里看到、学到的一切将成为我们今后学习和工作的动力。在这里，我们全组同学再次向贵宾馆领导和全体员工表示诚挚的谢意！

　　此致

敬礼！

××学院经贸系

××级酒店管理专业吴希、张成等八名同学

××××年×月××日

二、祝贺信

表示祝贺、赞颂的信叫祝贺信，简称贺信。凡遇值得庆贺的事情，从结婚、生子、生日、节日、取得好的成绩，到开业、开会、任职、重大工程的完成等，都可以写信表示祝贺。祝贺信可以用于单位与单位之间、个人与个人之间、个人与单位之间，也可用于国家与国家之间。

（一）祝贺信的结构和写法

1. 标题。在祝贺信的第一行居中写上"贺信"或"祝贺信"。
2. 称谓。在标题下面一行顶格写接受贺信的单位名称或个人姓名及称谓。
3. 正文。祝贺信的正文可简述当前的形势和工作发展情况，说明对方取得的成绩及原因，表示热烈的祝贺和殷切的希望。
4. 结尾。在祝贺信的右下侧写明发信单位或个人名称，最后注明年、月、日。

（二）祝贺信的写作要求

1. 感情真挚、浓烈，给人以鼓舞。
2. 文字简练，语言朴素。不堆砌华丽辞藻，不言过其实地空喊口号。
3. 评价要恰当、有新意，避免陈词滥调。

例文

祝 贺 信

××会计学会：

获悉贵会经过充分筹备，现已正式成立。这是我市会计界的一件大喜事。我们谨向贵会致以衷心的祝贺！

××会计学会的成立，标志着我市财会战线在市场经济中发挥了积极的作用。敬祝贵会今后在对提高我市会计科学研究水平、促进与国际会计接轨等诸项工作中做出更多的贡献。

此致
敬礼！

××财政学会
××××年×月×日

第五节　倡议书　申请书

一、倡议书

倡议书是为了促进工作和开展某项公益活动，向群众提出有号召性建议的一种专用文书。它有个人发起的和集体发起的两种。

倡议书不是向一个人，也不仅仅是向一个小组或一个部门，而往往是向一个行业、一个地区，甚至向全国发出倡议，其对象非常广泛。它可以在更大范围内调动群众的积极性，使大家心往一处想，劲往一处使，目标一致，齐心协力，共同奋斗。

（一）倡议书的结构和写法

1. 标题。在倡议书的第一行正中用较大字体写"倡议书"三字。也可用高度概括的语言在倡议书前加一个限定语，如"公共场所禁止吸烟的倡议书"。

2. 称谓。称谓即倡议的对象。有的倡议对象较为广泛，可根据需要分别列上，如"××学院全体同学""社会各界人士"等，有的也可省略不写。应在称谓之后加冒号。

3. 正文。在称谓下面另起一行，空两格开始书写倡议书的内容，一般应包含以下内容：

（1）交代发出倡议的背景、理由或条件，指出完成倡议内容的意义等。因发了倡议是要大家响应的，只有交代清楚倡议活动的目的、意义，大家才能理解，才能变成自觉的行动。如果对倡议的目的、意图不交代或交代不清，别人就很难响应。这部分写完后，通常用"我们倡议如下""我们提出以下倡议"等承启语连接下文。

（2）倡议的具体事项。应写清楚希望大家做什么、怎么做。只有交代清楚倡议的内容，响应者的行动才有所依据；只有弄清了拟采取的具体措施，响应者才知道如何投入行动。这部分内容通常分条开列。

（3）表明倡议者的决心和希望。

4. 署名和日期。在正文右下方注明倡议者的名称和发出倡议书的具体日期。

（二）倡议书的写作要求

1. 倡议书的内容应真实、具体，体现实事求是的精神。
2. 提出倡议的理由必须充分，目的一定要明确。
3. 倡议的事项应切实可行。
4. 倡议书的措辞要恰当，情感要真挚，同时要富于鼓动性。

例文

"世界无车日"环保倡议书

各位可爱的 S 市市民：

环境，是人类赖以生存的必要条件，也是人类发展的根基。我们梦寐以求的优美家园应该是蓝天碧水、阳光明媚、鸟语花香、空气清新……但是有谁会注意到，上下班那不算长的路途中，小车会排出多少废气？造成多少污染？

保护环境，就是保护自己；热爱家园，就是热爱生命。保护生存环境从自身做起，是留给下一代的唯一财富。为了人类，为了自己，也为了我们的子孙后代，能永远有一个美好的生存环境，我们真诚地向广大市民朋友倡议：

一、9月8日，即"让地球呼吸一天干净的空气"国际无车日大型环保公益活动正式启动当天，参与"万人签名倡议少开私家车"活动，在仪式现场为活动的顺利举行添上自己光荣的一笔。

二、9月22日，参与"环线自行车骑行"等活动，用实际行动来支持环保，真正做到"少开一天车，让地球呼吸一天干净的空气"。

三、活动期间，通过电子邮件、书信或者在论坛跟帖的形式，说出自己的环保心声，以唤起更多市民对环境问题的重视，并最终把环保理念落实到行动上。

四、在活动结束后的日常生活中，出行时尽量选择公共交通工具，如地铁、公共汽车，既方便快捷又经济环保。

我们相信，有了你我的共同努力，在20××年的"国际无车日"，我们将享受行走和运动的自由，慢慢体味平静生活的快乐。相信未来，S市将有更多的蓝天，更新鲜干净的空气！

倡议者：S市环境保护协会
20××年9月1日

二、申请书

申请书是个人或集体向组织、团体、机关、单位说明情况，表达愿望和提出请求时使用的一种书面材料。申请书的内容很广泛，个人入党、入团、入学、入会，以及调动工作、续聘职务、解决生活困难等方面的请求，都可以写成申请书。申请书不管是个人的还是集体的，都是下级对上级的；内容也较单一，基本上是一书一事。

（一）申请书的结构和写法

1. 标题。在申请书的第一行正中写上申请书的名称，可以只写"申请书"三字，也可以写出内容的主旨，如"入党申请书""申请调换工作岗位"等。

2. 称谓。在标题下空一行顶格写出接受申请的组织、团体、单位的名称或领导人的姓名及职务。

3. 正文。正文部分是申请书的主体，要提出要求并说明理由。理由要写得客观、充分，事项要写得清楚、简洁。

4. 结尾。结尾部分往往是表示礼节或恳切的愿望，可写惯用词语"特此申请""恳请领导研究批准"等，也可用如"此致，敬礼""不胜感激"等礼貌用语。

5. 署名和日期。在文章结尾下一行的右下角写上申请人姓名或单位名称。如申请方是单位，还应加盖单位公章。在署名下面写上申请的年、月、日。

（二）申请书的写作要求

1. 申请的事情、要求的情况一定要写具体、写仔细。
2. 申请的理由一定要实事求是，不能浮夸和杜撰。
3. 申请书的语言，一是要准确，二是要朴实，三是要简洁明了，四是要恳切。要认识到，语言表达得如何常常会影响到申请的效果。

例文

试用员工转正申请书

尊敬的人事部领导：

我于20××年4月25日进入公司，根据公司的需要，目前担任×××一职，负责办公室内勤管理工作。

本人工作认真、细心，具有较强的责任心和进取心，勤勉不懈，极富工作热情；性格开朗，乐于与他人沟通，具有良好和熟练的沟通技巧，有很强的团队协作意识；责任感强，较好地完成了领导交付的工作，和公司同事之间能够通力合作，关系相处融洽，配合各部门负责人成功地完成了各项工作；积极学习新知识、新技能，注重自身发展和进步，平时利用下班时间参加培训，从而提高了自己的综合素质，目前正自学日语课程，以期将来能学以致用，同公司共同发展。

三个多月来，我在公司领导和同事们的热心帮助及关爱下取得了一定的进步，但综合考量，我认为自己还有以下的缺点和不足：

一、有时候处理事务的方式可能不够高效和果断，同时在言行举止上，有时未能充分意识到自我约束的重要性；

二、工作主动性发挥得还是不够，对工作的预见性和创造性不够，离领导的要求还有一定的距离；

三、业务知识方面特别是相关法律法规掌握得还不够扎实。

在今后的工作和学习中，我会进一步严格要求自己，虚心向领导、其他同事学习，尽快改正这些缺点，争取在各方面取得更大的进步。

根据公司规章制度，我特向领导申请：希望能根据我的工作能力、态度及表现给出合格评价，使我按期转为正式员工。在以后的工作中我将更加努力上进，恳请领导批准转正。

此致

敬礼！

申请人：×××

××××年×月×日

第六节　求职应聘文书

一、自荐信

自荐信是求职者主动向用人单位推介自己，表明求职意图，希望对方能予以录用的一种专用书信，也称为求职信。求职者在经过查询信息，明确求职的目标单位后，应及时发出自荐信，以强烈的竞争意识、充足的自信心引起用人单位的注意。

（一）自荐信的结构与写法

1. 标题。自荐信的标题可写"自荐信"或"致××的自荐信"，应用较大字体在自荐信的最上方标注。

2. 称谓。在标题下空一行顶格写用人单位名称或其领导人、人事部门负责人的姓名、职位。对人的称呼前面可加"尊敬的"加以修饰，如对该单位的领导不太了解，则用统称"尊敬的领导"。

3. 正文。正文是自荐信的核心部分，开头应表示向对方的问候致意、致谢。主体部分一般包括个人简介、自荐目的、能力展示、愿望决心和结语五项内容。自荐信备有附录材料的，正文可不再详述本人学识、经历等内容。

个人简介是自我概要的说明，包括自荐人姓名、性别、民族、年龄、籍贯、政治面貌、文化程度、校系专业、任职情况、家庭住址等要素，要针对自荐目的作选择性的简单说明，切忌冗长烦琐。

自荐目的，即求职意向，要写清楚自荐做什么，是谋求某岗位、某职务，还是希望承担某项任务。要写得明确具体、简明扼要。

能力展示，即展示自己的才能和特长，这是自荐信的关键内容。要针对所求工作的基本要求，充分展示求职者的能力，有基本条件和特殊技能两个方面。基本条件要写政治表现和学习活动两方面内容。政治表现要从活动和绩效方面写，如党校学习、参加活动、敬业态度、奉献精神、合作意识等方面，并佐以获奖证书和资格证书。学习经历要写清主、辅修专业课程及成绩状况，对于获取英语、计算机等级证书以及职业资格证书的情况应重点说明，对于为人处世、组织管理、社会调查、实习设计及论文答辩等方面的情况也要略加提及。求职者有特殊技能的要根据单位需要适当表现，如操作实践、文体书画、写作口才等特长，以突出自己的个性特征。此部分内容要陈述有利信息，争取成功机会，但切忌刻板罗列，自吹自擂。

愿望决心，即要表达进入对方单位的热切愿望，展望单位的美好前景，期望得到认可和接纳，自然恳切，不卑不亢。

结语一般在正文之后按书信格式写上祝语或"此致，敬礼""恭候佳音"之类的致敬语。

4. 落款。落款处要写上"自荐人×××"的字样，并标注年月日。署名处如打印复印件则要留下空白，由求职人亲自签名，以示郑重和敬意。

5. 联系方式。在自荐信中必须列明自己的电话号码、电子信箱等内容。

（二）自荐信的写作要求

1. 态度诚恳。自荐信首先应实事求是，对自己的人品、学识、技能要有恰如其分的认识和评价，不能自吹自擂、夸大其词。表达要讲究礼节，措辞得体，不卑不亢，坦诚直率，显示良好的修养。

2. 立足对方。用人单位重视的是自己的需要，他们要了解你能做什么，但更关心你能为他们做什么或他们要求你做的你是否有足够的能力完成，因此，写作时要进行"换位思考"，多从对方角度看问题，尽可能表露出你对用人单位及其行业的熟悉，不妨在求职信中简短评价公司及其顾客的状况，让对方觉得你能很快胜任新岗位。

3. 突出特点。要以实在的内容强调自身的优势和与众不同。自荐信新颖的构思和不落俗套的语言也是展示自己特点的有效方法。通过内容与形式的"与众不同"，使招聘者对你产生浓厚兴趣，增加在众多应聘者中胜出的机会。

4. 文面整洁。自荐信的格式、用字、措辞都应规范和正式，文面要整洁，切忌有错别字，力图给用人单位创造良好的"第一印象"。

例文

自 荐 信

尊敬的领导：

您好！

真诚地感谢您在繁忙的公务中阅读这封信，为我打开了一扇希望之窗。在此，请允许我向您毛遂自荐。

我是一名来自××大学××学院20××届电子与信息技术专业的毕业生。来自普通农民家庭的我从小就在劳动中成长，锻炼出我强健的体魄，磨炼出我坚忍不拔的毅力和吃苦耐劳的精神，也造就出我诚实、乐观、自信的性格。

本着对电子与信息技术专业的酷爱，我幸运踏进了××大学的大门，并成为20××级电子与信息技术专业的学生。在校期间，我认真系统地学习了各门基础课程和专业课程，并取得了优异的成绩。我连续三年获得学校的"优秀学生奖学金"，并获得"优秀特困大学生奖学金"，多次被评为学院的"三好学生"，综合成绩一直名列前茅。在学习的同时，我不忘培养自己的综合能力，长期担任班级和学院的学生干部，并担任学校法律协会的副会长，协助班级、院系开展了许多有益的活动。在大学四年的求学生涯里，学校培养了我谦虚、勤奋、严谨的学习和工作作风。

我的大学英语六级考试成绩为560分，获得普通话二级甲等证书，特别是在计算机方面，我能够熟练操作Office系列、Photoshop、PKPM等多种应用软件；能熟练使用Java和C++两种语言进行编程，运用Flash、Frontpage等软件制作网页，并获得计算机二级证书。

毕业之际，悉闻贵单位广纳贤才，我怀着对美好生活的向往，对事业成功的追求，对困难和挫折永不气馁的勇气和决心，将贵单位作为我走向社会、追求成功事业的慎重选择。衷心希望得到贵单位的认可和接纳。

谨诚挚地向您呈上我的自荐材料！祝贵单位事业蒸蒸日上！

此致

敬礼！

自荐人：章××
××××年×月×日

联系地址：××市××大学××学院122号楼

联系电话：156×××××××

E-mail：××××@××××××

二、应聘信

应聘信是求职者为取得某一具体职位，向公开招聘单位表明任职愿望与条件的专用书信。

应聘信和自荐信一样，都是为谋求某一工作职位而进行自我推荐的书信，但二者有明显的区别。一是前提不同，自荐信是不知道对方单位是否用人的情况下撰写的，常常同时发向几个目标单位，而应聘信则是对某个具体单位招聘信息的回应。二是内容侧重点不同，自荐信应是对自己素养、经历、才干、能力作较全面的介绍，不一定附上相关材料；而应聘信因目标明确，内容针对性强，常附送证明材料。

（一）应聘信的结构和写法

应聘信的结构与自荐信基本相同，只是在正文开头和附件部分有所不同。

1. 标题。标题处应标明"应聘信"或"应聘书"，来表明书信性质，以示郑重。

2. 称谓。应按招聘信息上指定的联系人称呼，前面加上"尊敬的"即可。一般不要直接寄给单位负责人，以免贻误。

3. 正文。应聘信的正文一般写三部分内容。一是写明求聘消息的来源与本人应聘某具体岗位的愿望；二是介绍本人的基本情况和满足岗位工作需要的知识、能力、特长，还可简单说明自己做好本工作的设想；三是表达接受进一步考察的愿望。最后同样以"此致，敬礼"等敬语结尾。

4. 落款。落款处注明署名和写信日期，如还是学生，名字前可写上学校及专业名称。

5. 附件。应聘信一般要附上证明材料，此处可列出证明材料目录。

（二）应聘信的写作要求

应聘信的写作要求与自荐信也基本相同，但要特别注意以下两点：

1. 要有的放矢。一般来说，招聘广告中求聘单位、岗位及岗位要求都很明确，应聘信所要表达的内容中，最重要的是展示应聘者适应岗位需要的自身条件和特长，这样才能投其所需，句句中"的"。

2. 文字要简明。应聘信应以平实的语言风格，准确、简明地表述，篇幅一般应控制在一页左右。

> 例文

应 聘 信

尊敬的韦经理：

　　今天在××网站上得知贵公司急聘电子商务操作人员一名，十分欣喜。

　　我是××学院电子商务专业的应届毕业生，经过三年的刻苦学习、业余自修以及假期到外企打工实践，现已能熟练地运用互联网、电子通信工具进行商务运作，具有较强的英语表达能力，参加过数次对外商务谈判，能从事英语信函及商务资料的草拟与翻译工作，熟悉国际、国内贸易法规和商务活动规范，具备电子营销、电子支付等电子商务活动知识与能力。

　　在学校，我是系学生会学习部长和模拟期货市场的主持人。我性格稳重，与人相处融洽。学校给我的评语是"学习刻苦，思维敏捷，成绩优秀，有较强的动手能力。工作热情高，责任心强，踏实肯干"。

　　我自信能胜任贵公司征聘的职位，故将本人简历、就业推荐信和获奖证书影印件寄上。期盼贵公司的好消息。

　　此致

敬礼！

王雪谨上

××××年7月28日

手机：187×××××××××

E-mail：××××@×××××

附件：1. 个人简历（略）
　　　2. 就业推荐信（略）
　　　3. 获奖证书（略）

三、个人简历

　　个人简历是求职者对自己的教育背景、才能和成果的概括性介绍，它以明快的形式和简洁的文字反映求职者的成长过程和真实情况，给用人单位一个鲜活的形象。个人简历是求职应聘中的基本文件，也是最重要的一个文件，是个人能力、素质、亮点的集中体现，求职者要缜密构思，集中力量写好它。

（一）个人简历的格式

　　1. 表格式简历。表格式简历是传统的个人简历形式，主要反映个人"历史"，一般设有"起讫年月""何时在何校学习"两栏。如果有过任职经历或获奖，则可以加上"任职情况""获奖情况"等栏目，以突出优势。这种形式虽然能让人一目了然，但很难体现个性与优势。

　　2. 技能式简历。如果想突出自己的特点，可采用这种简历。这种简历不设栏目，按时间划分自然段，没有空间限制，文字可以略多一点，这样你可以把与应聘职位相关的技能、课程或实践活动和毕业设计放在醒目的位置，再附带说一下经验（如实习经验）。社会工作细节可放在工作经历中，以填补应届毕业生工作经验少的缺陷。要重点写出你适应应聘职位的优势和特长。

（二）个人简历的写作要求

简历要真实地表现出一个有才能的"我"，要展示自己的最佳形象，写作的时候要注意扬长避短、突出优势。写作简历时要注意以下几点：

1. 简历的纸张应选用比较规格化的，一般以 A4 复印纸为宜。

2. 简历的排版打印要精心设计，四周必须留出足够的空白，每行之间要有一定的空间便于人们阅读。

3. 简历的用词尽可能精练，使简历短小精悍，通俗易懂。简历一般为一页纸，也可用两页纸。

例文

个人简历

姓　　名：谢××　　　　　　性　　别：男
民　　族：汉　　　　　　　　出　　生：20××-12-22
身　　高：176cm　　　　　　籍　　贯：山西省太原市
政治面貌：中共党员　　　　　住　　址：××省××市××××××
毕业院校：××××大学　　　所学专业：市场营销
联系电话：135×××××××　电子邮件：×××××××××××
教育简历：20××—20××年××市××大学××学院
　　　　　20××—20××年××市××县××中学
　　　　　20××—20××年××市××县××中学
获奖情况：20××年获得××××大学优秀学生奖
　　　　　20××年获得××××大学××学院一等奖学金
　　　　　20××年获得××××大学××学院优秀学生干部奖
　　　　　20××年获得××××大学优秀毕业生
　　　　　20××年获得××省"九大高校联合辩论赛"最佳辩手
能力水平：全国计算机等级考试二级
　　　　　大学英语四级考试成绩 610 分
擅长技能：编程、篮球
实习经验：20××年×月×日—20××年×月×日，在××房地产交易有限公司营销部实习，担任销售人员，参与××××项目的营销工作。
求职意向：市场研究、专业销售及营销管理与咨询等

四、综合自荐材料

综合自荐材料是指自荐者自编的包括自荐书、个人简历、各种表格和证明材料等的完整的个人档案，为用人单位全面了解自己提供翔实的依据。综合自荐材料在内容和形式上不拘一格，是大学生展示个性、表现创意、施展才华、突出优势的有效手段。

随着人才市场的日臻成熟和求职竞争日趋激烈，自荐材料由书写到打印，由单色到彩色，由文字表达到图文并茂，由一两页到厚厚的小册子，经历了一个迅速发展的过程。目前，除了在网络、电视上已出现动静结合、诉诸视觉与听觉的自荐文字与画面

外，还有大学生自制的综合了文字、音频与视频材料的自荐电子文件。其内容和形式都在不断创新。

（一）综合自荐材料的结构

目前，大学生求职一般采用装订成册的书籍式综合自荐材料，其主要包括以下内容。

1. 封面。封面一般包括：标题，可写"自荐书"或"自荐材料"；姓名、学校及专业名称；求职意向；联系方式，等等。

2. 导语。自己人生或工作的座右铭，一般是名人名言、格言警句或自拟的哲理性短句。

3. 材料目录。

4. 自荐书。

5. 基本情况表。它包括姓名、性别、年龄、出生年月、民族、籍贯、政治面貌、爱好特长、家庭住址、家庭主要成员等，右上角应贴上个人近期证件照。

6. 个人简历。

7. 成绩单与实习鉴定。

8. 毕业论文或毕业设计摘要或简介（包括评语）。

9. 班主任或辅导员评语、院系意见及联系方法。

10. 推荐信（附推荐人联系方式）。

11. 证书。如英语水平相关证书、计算机等级证书、普通话等级证书、奖学金证书，以及其他职业技能证书和获奖证书的复印件等。

12. 社会活动证明材料。如假期及业余时间参加社会活动的街道或有关单位的证明材料，实习单位评语，参加青年志愿者活动情况记录，义务献血证等复印件。

13. 本人作品选。可附上作品的原件或复印件。

（二）综合自荐材料制作注意事项

1. 主题要鲜明。毕业生应尽早获取、收集与整理求职所需的各种求职材料，当求职意向确定后，要根据求职目标确定综合自荐材料的主题，就是为自己设计一个有鲜明特点的总体形象，再紧扣主题去选材、编排，把一个集德、能、勤、绩的"真实的我"呈现在用人单位面前。在材料处理上，切忌博而不专、面面俱到，以致篇幅太长而又重点不明，优势难显。

2. 装帧要规范、朴素。除非应聘美术设计、装潢、广告等专业，否则简历不应做得太花哨。简历过分标新立异有时反而带来不好的效果。

3. 内容要真实、客观。求职材料应实事求是，切不可弄虚作假。

写作训练

一、按照请假条的格式与要求，写一张因参加全国数学建模大赛而不能上"大学语文"课的请假条。

二、按照单据的格式与要求，写一张向单位办公室领一台笔记本电脑用于今后办公的单据。

三、某厂拟招聘三名汽车驾驶员，请你代拟一则启事，相关内容自拟。

四、按照介绍信的格式和要求，拟一封介绍A大学教务处的许明到L省教育厅联系工作的介绍信。

五、谢天同学是C学院即将毕业的学生，各门功课成绩均合格，毕业证尚在办理中。拟聘他的用人单位要他出具毕业证明，于是他请C学院教务处为他开具证明。请你代 C 学院教务处为谢天同学开具这张证明信。

六、假设你是一名受"××基金"资助的大学生。请你以个人的名义给"××基金"写一封感谢信，具体内容自拟。

七、今年 9 月 1 日是 A 大学建校 50 周年纪念日，请你以兄弟学校的名义写一封祝贺信。

八、请你以 C 学院学生会的名义向全院同学发一份倡议，号召全院同学坚决制止餐饮浪费行为。

九、假设你要参加学校的吉他协会，请拟写一份入会申请书。

十、假设你即将毕业，希望毕业后到某公司工作，请根据自己的实际情况，给该公司写一封自荐信。

十一、假设你从某招聘网上获知 B 公司急聘一名会计专业技术人员，请你以该专业毕业生的身份给该公司写一封应聘信。

第三章　党政机关公文

学习要点

- ◆ 党政机关公文的概念及种类
- ◆ 通告、通知、通报的写法
- ◆ 函的写法
- ◆ 党政机关公文的格式
- ◆ 报告、请示的写法
- ◆ 纪要的写法

第一节　党政机关公文概述

一、党政机关公文的概念

党政机关公文是党政机关实施领导、履行职能、处理公务的具有法定效力和规范体式的文书，是传达贯彻党和国家的方针政策，公布法规和规章，指导、布置和商洽工作，请示和答复问题，报告、通报和交流情况等的重要工具。

二、党政机关公文的种类

（一）按适用范围分类

根据中共中央办公厅、国务院办公厅自2012年7月1日起施行的《党政机关公文处理工作条例》规定，我国党政机关公文种类主要有以下15种。

1. 决议：适用于会议讨论通过的重大决策事项。
2. 决定：适用于对重要事项做出决策和部署、奖惩有关单位和人员、变更或者撤销下级机关不适当的决定事项。
3. 命令（令）：适用于公布行政法规和规章、宣布施行重大强制性措施、批准授予和晋升衔级、嘉奖有关单位和人员。
4. 公报：适用于公布重要决定或者重大事项。
5. 公告：适用于向国内外宣布重要事项或者法定事项。
6. 通告：适用于在一定范围内公布应当遵守或者周知的事项。
7. 意见：适用于对重要问题提出见解和处理办法。
8. 通知：适用于发布、传达要求下级机关执行和有关单位周知或者执行的事项，批转、转发公文。
9. 通报：适用于表彰先进、批评错误、传达重要精神和告知重要情况。
10. 报告：适用于向上级机关汇报工作、反映情况，回复上级机关的询问。
11. 请示：适用于向上级机关请求指示、批准。
12. 批复：适用于答复下级机关请示事项。
13. 议案：适用于各级人民政府按照法律程序向同级人民代表大会或者人民代表大会常务委员会提请审议事项。
14. 函：适用于不相隶属机关之间商洽工作、询问和答复问题、请求批准和答复审批事项。

15. 纪要：适用于记载会议主要情况和议定事项。

（二）按行文方向分类

1. 上行文：下级机关向上级机关递送的公文，如报告、请示。
2. 平行文：同级机关或不相隶属的机关之间互相递送的公文，如函。
3. 下行文：上级机关向下级机关发送的公文，如命令（令）、决定、通报、通知、批复等。

（三）按紧急程度分类

党政机关公文按紧急程度分为：紧急公文和普通公文。紧急公文又分为特急件和急件两类。

（四）按公文的秘密程度分类

党政机关公文按公文的秘密程度分为：绝密文件、机密文件、秘密文件和普通文件。

三、党政机关公文的作用

（一）领导指导作用

党和国家的各级领导机关常通过公文传达方针、政策及一些行政措施，布置工作，因而它对下级机关的工作具有领导和指导作用。

（二）知照沟通作用

上下级之间、平级机关或不相隶属机关之间可以通过公文使上情下达、下情上传、左右沟通信息，从而使整个社会工作协调有序地进行。

（三）宣传教育作用

许多公文就是为了传达党和国家的方针、政策，或宣传思想、教育群众而制发，因而有宣传教育作用。

（四）依据凭证作用

公文是各项公务活动的真实记录，是开展公务活动的依据，也是发文机关意图的体现。这些公文，使各项工作有据可依、有案可查，从而使工作正确、正常地进行。

四、党政机关公文的特点

（一）制发者的法定性

公文有法定的制发者，只有那些依法成立并能以自己的名义独立行使权利并承担义务的组织才有权制发公文。

（二）内容的权威性

公文是组织或单位在行使职权、处理事务过程中形成的，体现了制发单位的意志及权力，对受文者的行为产生不同程度的制约性，具有法定的权威性。公文法定的制发者也体现了它的权威性。

（三）特定的时效性

公文总是为了现实的特定工作，或为了特定的现实任务而制作和发布的，某项现行工作一旦完成，由这项工作所形成并使用的公文的作用也随之结束，因而公文具有特定的时效性。

（四）体式的规范性

公文的体式，必须符合《党政机关公文处理工作条例》的规定。

（五）处理的程序性

公文从制发、形成到办理，甚至到最后的销毁都有一定的程序性。其目的是保证公文的质量，维护公文的权威性。

五、党政机关公文的格式

（一）党政机关公文的构成要素

《党政机关公文处理工作条例》第九条规定："公文一般由份号、密级和保密期限、紧急程度、发文机关标志、发文字号、签发人、标题、主送机关、正文、附件说明、发文机关署名、成文日期、印章、附注、附件、抄送机关、印发机关和印发日期、页码等组成。"

（二）党政机关公文各要素的编排规则

党政机关公文的各要素分为版头、主体、版记三部分。公文首页红色分隔线以上的部分称为版头，公文首页红色分隔线（不含）以下、公文末页首条分隔线（不含）以上的部分称为主体，公文末页首条分隔线以下、末条分隔线以上的部分称为版记。页码位于版心外。

1. 版头

版头包括：份号、密级和保密期限、紧急程度、发文机关标志、发文字号、签发人。

（1）份号：公文印制份数的顺序号，即将同一文稿印刷若干份时每份公文的顺序编号。涉密公文应当标注份号。顶格置于版心左上角第一行，用6位3号阿拉伯数字标注。

（2）密级和保密期限：公文的秘密等级和保密的期限，置于版心左上角第二行，一般用3号黑体字标注。涉密公文应当根据涉密程度分别标注"绝密""机密""秘密"和保密期限，密级和保密期限之间用★隔开，保密期限用阿拉伯数字标注。

（3）紧急程度：公文送达和办理的时限要求，置于版心左上角，用3号黑体字标注。紧急公文标注"特急"或"加急"，电报应当分别标注"特提""特急""加急""平急"。

（4）发文机关标志：由发文机关全称或规范化简称加"文件"二字组成，也可以使用发文机关全称或规范化简称。联合行文时，发文机关标志可以并用联合发文机关名称，如有"文件"二字，置于发文机关名称右侧，上下居中排布，也可以单独用主办机关名称。

（5）发文字号：是发文机关按照发文顺序编排的顺序号。发文字号由发文机关代字、年份和顺序号组成，置于发文机关标志下空两行，居中排布。年份、序号用阿拉伯数字标记；年份应标全称，用六角括号"〔 〕"括入；序号不编虚位（即1不编为001），不加"第"字。上行文的发文字号居左空一字编排，与最后一个签发人姓名处在同一行。发文字号之下4mm处印一条与版心等宽的红色分隔线。

（6）签发人：是在上报的公文中批准签发的领导人姓名，只用于上行文，平行排列于发文字号右侧。发文字号居左空一字，签发人姓名居右空一字；"签发人"三字用3号仿宋体字，"签发人"后标全角冒号，冒号后用3号楷体字标记签发人姓名。如有多个签发人，签发人姓名按照发文机关的排列顺序从左到右、自上而下依次均匀顺排，一般每行排两个姓名，回行时与上一行第一个签发人姓名对齐。

2. 主体

主体包括：标题、主送机关、正文、附件说明、发文机关署名、成文日期、印章、附注、附件。

（1）标题：是对公文主要内容准确、简要的概括，由发文机关名称、事由和文种组成。除法规名称加书名号外，一般不用标点符号。标题位于红色分隔线下空两行，用2号小标宋体字，可分一行或多行居中排布；回行时，要做到词意完整，排列对称（应当使用梯形或菱形排列），长短适宜，间距恰当。

（2）主送机关：是指公文的主要受理机关，应当使用机关全称、规范化简称或者同类型机关统称。主送机关编排在标题下空一行，居左顶格用3号仿宋体字标记，回行时仍顶格。最后一个主送机关名称后标全角冒号。

（3）正文：正文表述公文的具体内容，在主送机关下一行，每个自然段左空二字，回行顶格，数字、年份不回行。正文用3号仿宋体字，一般每面排22行，每行排28字。文中结构层次序数依次可以用"一、""（一）""1.""（1）"标注；一般第一层用黑体字、第二层用楷体字、第三层和第四层用仿宋体字标注。

（4）附件说明：公文如有附件，在正文下空一行左空二字编排"附件"二字，用3号仿宋体字进行标记，后标全角冒号和名称。附件如有序号，则使用阿拉伯数字。附件名称后不加标点符号。附件名称较长需回行时，应当与上一行附件名称的首字对齐。如：

   附件：1.《×××××××》（×份）
      2.《×××××××》（×份）

（5）发文机关署名：署发文机关全称或者规范化简称，位于正文的右下方。

（6）成文日期：指公文生效的时间，应署会议通过或者发文机关负责人签发的日期。联合行文时，署最后签发机关负责人签发的日期。成文日期标注在正文之下，空两行、右空四字编排。用阿拉伯数字将年、月、日标全，年份应标全称，月、日不编虚位（即1不编为01）。

（7）印章：公文中有发文机关署名的，应当加盖发文机关印章，并与署名机关相符。有特定发文机关标志的普发性公文和电报可以不加盖印章。单一机关行文时，一般在成文日期之上、以成文日期为准居中编排发文机关署名，印章端正、居中下压发文机关署名和成文日期，使发文机关署名和成文日期居印章中心偏下的位置，印章顶端应当距正文（或附件说明）一行之内。

联合行文时，一般将各发文机关署名按照发文机关顺序整齐排列在相应位置，并将印章一一对应、端正、居中下压发文机关署名，最后一个印章端正、居中下压发文机关署名和成文日期，印章之间排列整齐、互不相交或相切，每排印章两端不得超出版心，首排印章顶端应当上距正文（或附件说明）一行之内。

当公文排版后所剩空白处不能容下印章位置时，应采取调整行距、字距的措施加以解决，务必使印章与正文同处一面，不得采取标注"此页无正文"的方法解决。

（8）附注：公文印发传达范围等需要说明的事项。公文如有附注，用3号仿宋体字，居左空二字加圆括号编排在成文日期下一行。

（9）附件：公文正文的说明、补充或者参考资料。附件应当另面编排，与公文正文一起装订。"附件"二字及附件顺序号用3号黑体字顶格编排在版心左上角第一行。附件标题居中编排在版心第三行。附件顺序号和附件标题应当与附件说明的表述一致。如附件与公文正文不能一起装订，应在附件左上角第一行顶格编排公文的发文字号并在其后标注"附件"二字及附件顺序号。

  3. 版记

版记包括：抄送机关、印发机关、印发日期和分隔线。

（1）抄送机关：指除主送机关外需要执行或知晓公文内容的其他机关。公文如有抄送机关，在印发机关和印发日期之上一行、左右各空一字用4号仿宋体字编排，"抄送"二字加标全角冒号和抄送机关名称；抄送机关间用逗号隔开，回行时与冒号后的首字对齐，最后一个抄送机关名称后标句号。如需把主送机关移至版记，除将"抄送"二字改为"主送"外，编排方法同抄送机关。既有主送机关又有抄送机关时，应当将主送机关置于抄送机关之上一行，二者之间不加分隔线。

（2）印发机关和印发日期：公文的送印机关和送印日期，用4号仿宋体字，编排在末条分隔线之上，印发机关左空一字，印发时间右空一字，用阿拉伯数字将年、月、日标全，年份应标全称，月、日不编虚位，后加"印发"二字。

（3）分隔线：版记中各要素之下均加一条分隔线，与版心等宽。首条分隔线位于版记中第一个要素之上，末条分隔线与公文最后一面的版心下边缘重合。

4. 页码

页码一般用4号半角宋体阿拉伯数字，编排在公文版心下边缘之下，数字左右各放一条一字线；一字线上距版心下边缘7mm。单页码居右空一字，双页码居左空一字。公文的版记页前有空白页的，空白页和版记页均不编排页码。当公文的附件与正文一起装订时，页码应当连续编排。

下面为党政机关公文的参考书面格式：

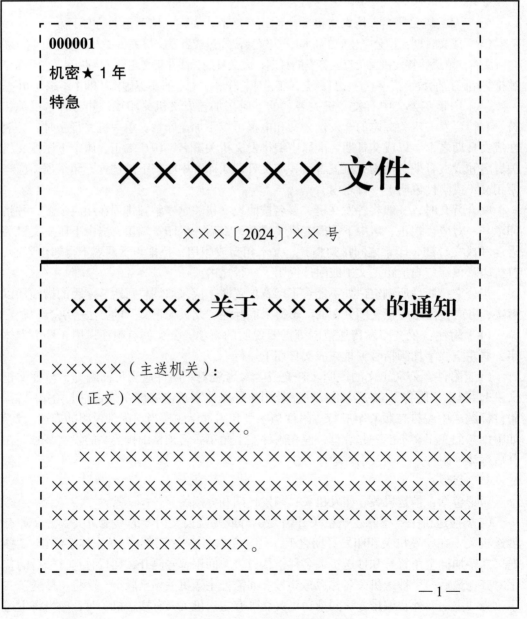

党政机关公文首页格式

××。

××××××××××××××××××××××××××××××××。

附件：1. ××××××××××
   2. ××××××××××

××××××（印章）

2024 年 1 月 1 日

（附注：××××××××）

抄送：××××××，××××××，××××××，××××××，××××××××××。

×××××××（印发机关）　　　　　2024 年 1 月 1 日印发

— 2 —

党政机关公文末页格式（样本）

第二节　常见的几种党政机关公文

一、通告

（一）通告的概念

通告是公布社会各有关方面应当遵守或者周知的事项的公文。

通告的发布者通常是国家机关中的业务（职能）部门，也可以是基层单位、群众团体。

（二）通告的种类

1. 知照性通告：告知应当知道或需要遵守事项的通告。如通告停电、停水、电话号码变更等。

2. 办理性通告：公布要求有关单位和人员需要办理事项的通告。如《××市建设局关于对建筑企业进行资格年审的通告》。

3. 禁止性通告：公布一些令行禁止类事项的通告。如《××市公安局关于查禁赌博的通告》。

（三）通告的结构和写法

1. 标题。通告的标题有以下几种结构。

（1）发文机关＋事由＋文种。

（2）发文机关＋文种。

（3）事由＋文种。

（4）只写文种。

2. 正文。通告的正文一般由以下三部分构成。

（1）缘由，是指发布通告的原因、目的、法律依据。

（2）事项，是正文的主体，要写明在一定范围内群众应当遵守或周知的事项。

（3）结尾，一般为"特此通告"之类的用语，以示强调，提醒注意。

3. 落款和日期。通告的发文机关和日期一般标于正文右下方。

（四）通告的写作要求

写通告时要符合相关法律法规和方针政策，明确具体地阐明需要遵守或周知的事项，便于理解和执行。

例文

北京市消防救援总队
关于禁止机动车占用消防车通道的通告

　　消防车通道是火灾发生时供消防车和其他救援车辆通行的道路，是抢救人民生命财产的"生命通道"。为保障"生命通道"畅通，维护公共消防安全秩序，有效治理机动车占用消防车通道违法行为，依据《中华人民共和国消防法》《中华人民共和国道路交通安全法》《北京市消防条例》等法律法规，现就有关事项通告如下：

　　一、建筑物的管理使用单位，应依法加强消防车通道管理，设置消防车通道标志标识，确保消防车通道畅通。社区（村）、物业服务企业要强化巡查检查，及时劝阻制止机动车占用消防车通道行为。

二、任何单位和个人应自觉遵守消防法律法规，规范机动车停放，不得占用消防车通道。

三、机动车驾驶人停车违法占用消防车通道，经通知驶离后拒不改正的，消防救援机构有权依法强制执行，所需费用由违法行为人承担。

四、消防救援机构在执行灭火救援任务时，有权强制清拖占用消防车通道的机动车。

五、任何单位和个人均有权举报机动车占用消防车通道的违法行为。

特此通告。

北京市消防救援总队
2023 年 5 月 22 日

二、通知

（一）通知的概念

通知是批转下级机关的公文、转发上级机关和不相隶属机关的公文、传达要求下级机关办理和需要有关单位周知或者执行的事项的公文。它是公文中使用范围最广、使用频率最高的一种。

（二）通知的种类

1. 批示性通知。这类通知又包括以下三类。

（1）发布性通知：主要用于发布各种行政法规和规章，以通知的形式发给有关单位。

（2）批转性通知：主要用于上级机关将下级机关的重要公文批转给有关单位，让其执行或参照执行。

（3）转发性通知：主要用于将上级机关或不相隶属的机关的重要公文转发给下级单位，让其执行或参照执行。

2. 事务性通知。这类通知主要用于向下级机关布置一些不适于用命令做出指示的工作，传达一些要求下级机关需要办理或周知的事项，包括会议通知。

3. 指示性通知。这类通知主要用于对下级机关指导工作或布置任务。

（三）通知的结构和写法

1. 标题。通知的标题形式比较灵活，既可以用由发文机关、事由、文种组成的规范完整的标题形式，也可以使用发文机关或事由加文种构成的标题形式，还可以直接使用"通知"做标题。如特殊情况下的通知，应在"通知"前加上说明性词语，如"紧急通知""补充通知"等。

2. 主送机关。在标题下空一行写明受文单位或个人姓名，如是普发性的通知，则可省去表示泛指。

3. 正文。通知的正文一般包括缘由、主体、结尾等部分。缘由部分要求写明发出通知的原因、依据和目的；主体部分写具体的通知事项，内容较多时可分条列项；结尾部分写相关的要求、建议、号召等，根据具体的事项内容不同，有时也可不写结尾。

不同类型的通知，其正文主体部分的写法有所不同：

批示性通知的正文先写发文缘由、依据，然后评价批转、转发或发布的文件，并提出执行文件的要求。

事务性通知的正文要具体全面，如会议通知，开头要概括地介绍召开会议的原因、目的、议题等内容；主体部分具体说明会议的内容、时间、地点、与会人员、议程、与会要求等。

指示性通知的正文主要写对某项工作的指示意见、安排决定或解决问题的措施、办法，并要求下级机关贯彻执行。

4. 落款。通知的落款要写明发文机关、成文日期，并加盖公章。

（四）通知的写作要求

1. 要有针对性。通知的事项要明确具体，切实可行。
2. 要有条理。通知事项较多时，应分条列项。
3. 语言要准确简明。

例文一

教育部办公厅关于
公布中小学人工智能教育基地名单的通知

教基厅函〔2024〕5号

各省、自治区、直辖市教育厅（教委），新疆生产建设兵团教育局：

根据《教育部办公厅关于开展中小学人工智能教育基地推荐工作的通知》（教基厅函〔2023〕29号）要求，经各省级教育行政部门遴选推荐、教育部集中公示等环节，最终确定了184个中小学人工智能教育基地，现予以公布（名单见附件）。

附件：中小学人工智能教育基地名单（略）

教育部办公厅
2024年2月19日

例文二

国务院办公厅关于调整辽宁丹东鸭绿江口
湿地等4处国家级自然保护区的通知

辽宁省、江苏省、宁夏回族自治区、新疆维吾尔自治区人民政府，环境保护部、林业局：

环境保护部《关于调整辽宁丹东鸭绿江口湿地等4处国家级自然保护区范围的请示》（环发〔2012〕104号）收悉。经国务院批准，现通知如下：

一、国务院同意调整辽宁丹东鸭绿江口湿地、江苏盐城湿地珍禽、宁夏灵武白芨滩和新疆罗布泊野骆驼国家级自然保护区的范围。调整后保护区的面积、范围和功能分区等由环境保护部予以公布。

二、有关地区要按照批准的调整方案组织勘界，落实自然保护区土地权属，并在规定的时限内标明区界，予以公告。

三、有关地区和部门要严格执行《中华人民共和国自然保护区条例》等有关规定，认真贯彻《国务院办公厅关于做好自然保护区管理有关工作的通知》（国办发〔2010

63号）要求，切实加强对自然保护区工作的领导和协调、监督，妥善处理好自然保护区管理与当地经济建设及居民生产生活的关系，确保各项管理措施得到落实。

国务院办公厅（印章）

2012年8月31日

三、通报

（一）通报的概念

通报是适用于表彰先进、批评错误、传达重要精神或情况的公文。

（二）通报的种类

1. 表彰性通报。此类通报用于表彰先进人物或先进单位的先进事迹，以此来教育他人或其他部门，起到表率作用。

2. 批评性通报。此类通报用于批评一些不良倾向或错误行为，引起注意，以期其他部门或他人引以为戒。

3. 情况通报。此类通报用于传达重要精神或情况，以引起有关方面的重视，采取相应的措施，做好下一步的工作。

（三）通报的结构和写法

1. 标题。通报的标题由发文机关、事由、文种或事由、文种构成，也可用事由加文种的形式。特殊情况也可以只写"通报"二字。

2. 主送机关。通报的受文单位一般用泛称，有时也可省去表示泛指。

3. 正文。根据通报类型的不同，其正文的具体写法也略有区别。

表彰性通报：

（1）首先，叙述先进事迹，包括时间、地点、人物、事件、起因、结果。

（2）其次，对上述事件进行分析、评议，指出其典型意义，或概括其主要经验。

（3）最后，提出表彰或发出号召。

批评性通报：

（1）首先，通报缘由，即将事故或错误事实的经过情况、时间、地点、事故、后果等交代清楚。

（2）其次，对事故进行分析评议，重点分析事故发生的原因，指出事故的性质及其危害，并提出处分决定。

（3）最后，写明防止此类事故的措施，或重申某一方面的纪律。

情况通报：

（1）首先，叙述情况。

（2）其次，分析情况，阐明意义。

（3）最后，提出指导性意见。

4. 落款。在通报正文的右下方签署发文机关名称并注明成文日期。

（四）通报的写作要求

1. 行文要及时。

2. 事例要真实、典型。

3. 详略要得当。

4. 要突出教育性，注意掌握政策。

例文一

××市教育体育局关于对2023年度安全工作的表彰通报

各乡镇区办中心学校，局直各学校：

2023年，在市委、市政府的正确领导下，我市各级各类学校坚持"安全第一，预防为主，综合治理"的方针，以深入开展"安全生产年"活动为契机，牢固树立"学生安全，重于泰山"的意识，强化责任，健全制度，加强管理，深化对中小学幼儿园安全知识的普及和培训，进一步提高广大师生的安全意识，加大对学校安全隐患的专项排查治理力度，认真开展安全生产"三项行动"，从健全完善学校安全长效机制入手，严格落实学校安全目标责任、安全月报、安全台账、检查通报等一系列规章制度，加强中小学幼儿园安全防范，积极开展创建"和谐平安校园"活动，为平安××建设做出了积极的贡献，确保了全市学校的财产安全和广大师生的生命安全。为树立典型，表彰先进，推动学校安全工作再上新台阶，根据《××市2023年学校安全工作实施意见》（×教〔2023〕9号）及《××市教育体育局关于开展2023年"和谐平安校园"评选和对已获得"和谐平安校园"学校进行复验工作的通知》（×教通〔2023〕3号）的精神和年终考核结果。经研究决定，对××市第一高级中学等29所中小学幼儿园命名为"××市2023年度和谐平安校园"（名单附后），对×××等60个2023年度学校安全工作先进个人（名单附后）给予表彰奖励。

希望受表彰的单位和个人戒骄戒躁、再接再厉。同时，希望全市各学校继续坚持安全第一的思想不动摇，认真落实"一岗双责"制，抓好学校安全目标责任制，完善学校安全工作长效机制，进一步强化组织领导，加大督查力度，落实整改措施，全力消除一切学校安全隐患，确保学校师生员工的生命与财产安全，维护校园和社会稳定，为创办让人民满意的教育做出新的贡献。

附件：1. ××市2023年度和谐平安校园名单（略）
2. ××市2023年度学校安全工作先进个人名单（略）

2024年×月×日（印章）

例文二

国务院办公厅关于××省××市××县擅自停课组织中小学生参加迎送活动的通报

××××年××月××日，××省××市××县举行××高速公路在本县通车仪式，××县主要领导擅自决定，让本县部分中、小学校停课参加通车仪式，近千名中小学生在风雪天等候长达2小时，致使部分中小学生生病，学生家长和群众极为愤慨，致信中央要求坚决制止此类现象。

中小学校依照国家规定建立有严格的教育教学秩序，这是教育教学质量的保证，任何单位和个人都不能随意破坏。现在一些地方的个别领导利用自己的权力，动辄调用中小学生为各种会议、考察、参观、访问甚至营业性典礼搞迎送或礼仪活动，有些地方还因此发生了严重的安全事故，造成极恶劣的社会影响。××县发生的问题，已不只是一般的形式主义，而是官僚主义，严重脱离群众，此类不良风气必须坚决予以制止。各地区、各部门以及各级领导干部，要高度重视这一问题并从中吸取深刻的教训，切实增强群众观念，杜绝此类事件再度发生。

中小学生是祖国的未来，他们的学习和活动安排，要有利他们的学习和身心健康。今后各地区、各部门都必须严格执行国家的有关法规和规定，不得擅自停课或随意组织中小学生参加各种迎送或"礼仪"活动，如确有必要组织的，须报经省级教育行政部门批准。

国务院办公厅（印章）
××××年×月×日

四、报告

（一）报告的概念

报告是向上级机关汇报工作、反映情况、答复上级机关的询问的公文。

（二）报告的种类

1. 工作报告。此类报告是指定期向上级领导机关汇报本单位的全面工作情况而写的报告。

2. 情况报告。此类报告是指向上级机关汇报出现的新情况、新问题，特别是突发事件、特殊情况、意外事故及处理情况的报告。

3. 答复报告。此类报告是指答复上级询问事项，汇报有关情况的报告。

4. 报送报告。此类报告是指向上级机关报送物件或有关材料的报告。

（三）报告的结构和写法

1. 标题。报告的标题，通常只写事由和文种。

2. 主送机关。此处写明报告的收文机关。

3. 正文。报告的正文主要由开头、主体、结尾三部分组成。不同类型的报告，其正文的写法也有所不同。

（1）工作报告：开头写前一阶段工作情况，包括取得的成绩和存在的问题；主体部分写基本经验和教训；最后写今后的工作打算。

（2）情况报告：正文围绕主旨，实事求是地概括叙述事件发生的原因、经过、性质，同时，还要写出处理意见、处理情况或处理建议。

（3）答复报告：内容要体现针对性，有问必答，答其所问，以示负责。答复报告的正文包括答复依据和答复事项两部分内容。答复依据即上级要求回答的问题。

（4）报送报告：只要把要报送的文件或物件交代明白就可以了，并把文件或物件名称附在正文后面。

报告结尾一般都有提出要求的惯用词语，根据报告的不同内容使用不同的惯用词语，常以"特此报告""专此报告""请审阅""请收阅""请查收"等用语作结。

4. 落款。在报告的正文右下方写明发文机关名称和成文日期，如果标题中已注明发文机关，也可只写成文日期。

（四）报告的写作要求

1. 正确使用文种。

2. 突出重点，详略得当，忌面面俱到。

3. 报告不得夹带请示事项。
4. 结束语的使用要注意分寸，要与报告的内容相适应。

例文

关于我县乡镇畜牧水产站退休职工养老保险金落实情况的报告

××市人民政府：

　　市人民政府办公厅转来的《××县乡镇畜牧水产站退休职工养老保险无着落》的群众来信和市政府主要领导的批示收悉。现将我县乡镇畜牧水产退休职工养老保险金落实情况报告如下：

　　我县乡镇畜牧水产站在××××年撤区并乡中按照中央对乡镇农村推广机构"三定"工作的总体部署，界定为正股级自收自支编制的全民事业单位，实行单独核算，自负盈亏管理，核定畜牧水产人员编制为368人。其经费来源在××××年前，由乡镇政府组织开展动物防疫阉割"两包"服务，先后按养殖户每户3元、6元、9元、12元的标准统筹防疫费，拨付给乡镇畜牧水产站支付畜牧兽医人员及退休人员的工资和工作经费。××××年我县落实省政府减轻农民负担有关精神，取消了乡镇统筹防疫费，动物防疫服务实行临诊收费。由于长期以来无积累，因此，我县从××××年起对乡镇畜牧兽医人员按××××年核定的368名编制，实行每人每年600元的标准拨付到站分配，差额补贴畜牧水产人员（含退休人员）工资。

　　为切实消除乡镇畜牧水产人员后顾之忧，解决社会养老保险，县政府决定从××××年起挤出资金，专项安排200万元解决乡镇农业、科技、畜牧水产、水利、经管、林业、农机站及农林场所的在职及退休人员共计1500人的社会养老保险。我县现有208名乡镇在职畜牧兽医人员（不含乡镇动物防疫员，我县乡镇动物防疫员已按照省政府文件精神于××××年10月全部解决）和98名乡镇退休畜牧兽医人员已被列入了社会养老保险范围，6月份前可全部落实到位。

　　特此报告。

××县人民政府
××××年×月×日

五、请示

（一）请示的概念

请示是向上级机关请求指示、批准的公文。

（二）请示的种类

根据写作目的的不同，请示可分为以下四种。

1. 请求指示的请示。此类请示用于在工作中遇到重大或疑难问题，请求上级机关给予指示。
2. 请求批准的请示。此类请示用于遇到必须经上级批准才能办理或必须处理但本单位又无权处理的事项，请求上级批准。
3. 请求帮助的请示。此类请示用于本单位应办或上级交办的事项，需一定人力、物力、财力，本单位难以解决，请求上级帮助解决。
4. 请求批转的请示。此类请示用于需要办理的重大事项，带有普遍性，牵涉全局，超出本单位职权范围,提出意见,请求上级批转。

(三)请示的结构和写法

1. 标题。请示的标题一般由发文机关名称、事由、文种组成,有时也可省略发文机关。

2. 主送机关。写明请示的对象。

3. 正文。请示的正文包括请示缘由、请示事项、结束语三个部分。

(1)缘由。请示正文的开头,首先要写明提出请示事项的理由、背景及依据。请示的缘由是撰写请示的关键,写得充不充分直接关系到请示事项能否成立,关系到上级机关审批请示的态度等。

(2)请示事项。这是指请求上级机关批准、帮助、解答的具体事项。请示的事项要写得具体、明确。如果请示的事项内容比较复杂,则要分清主次,一条一条地写。

(3)结束语。常用的请示结束语有"以上请示当否,请批示""妥否,请批复""以上请示,请审批"等,虽然是很简单的一句话,但却是请示必不可少的内容。

4. 落款。此处注明发文机关名称、成文日期,并加盖公章。如标题中已写明发文机关,则可省去,直接注明成文日期。

(四)请示的写作要求

1. 必须一文一事。

2. 标题要规范,不得将"请示"写成"报告"或"请示报告"。

3. 理由要充分,请示事项要明确、具体。

4. 用语要得体,语气要平实、恳切。

(五)请示与报告的区别

1. 行文目的不同。请示旨在请求上级指示、批准,需要上级批复,重在呈请;报告要向上级汇报工作、反映情况、提出意见或建议、答复上级询问,不需上级答复,重在呈报。

2. 行文时间不同。请示需要事前行文,而报告在事前、事中及事后皆可行文。

3. 涉及内容不同。请示用于向上级机关请求指示、批准,凡是下级机关、单位无权解决、无力解决以及按规定应经上级机关批准认定的问题,均可用请示行文;而报告用于向上级机关汇报工作、反映情况、答复询问等。

4. 写作事项要求不同。请示应一文一事,而综合报告则可一文数事。

例文

关于拟调整全区编外合同用工
最低工资标准的请示

区政府:

根据《××省人民政府关于公布我省最低工资标准非全日制用工小时最低工资标准的通知》(×政〔20××〕39号)有关精神,从20××年1月1日起我省已上调最低工资标准,××市4城区最低工资标准为1800元/月(之前最低工资标准为1700元/月)。20××年施行的《××市××区人民政府关于规范区直机关编外合同用工管理的通知》(×政综〔20××〕50号)文件分不同工种发布了我区5类编外合同用工月工资指导价位,即保洁、勤杂工1700元/月,打字员1750元/月,炊事员1950

元/月，驾驶员 2100 元/月。按照本次省政府新公布的工资指导价位，我区最低工资标准应调整为 1800 元/月（据统计，目前我区编外合同用工已纳入区劳务派遣公司人数为 359 人）。因此，建议区政府按照省政府的文件规定上调全区编外合同用工工资指导价位，即在原来工资指导价位的基础上，各工种均上调 100 元，养老和失业保险缴费标准应视市里即将公布的缴费标准适时上调。以上编外人员工资指导价位变动情况由区政府办行文通知并执行，按近年来惯例，省、市每年都会调整最低工资标准，建议区政府在行文中规定今后若遇此情况，将自动调整我区工资指导价和保险缴费比例，无须年年行文。

　　妥否，报请审定。

××区人力资源和社会保障局（印章）
20××年×月×日

六、函

（一）函的概念

函是不相隶属机关之间商洽工作、询问和答复问题、请求批准和答复审批事项的公文。

（二）函的种类

1. 按照文面规格，函可分为以下几种。

（1）公函。公函是国家法定的公文，多用于答复、商洽较重要的事项和问题。格式完整规范，有自己单独的发文字号。

（2）便函。便函与公函最大的区别就是没有完整的公文格式，可以不用正式的公文版头，也可省去发文字号，多用于处理常规性的日常事务。但便函仍用于公务活动。

2. 按内容和用途，函可分成以下几种。

（1）商洽函。其主要用于机关之间相互商量和接洽工作。

（2）询问性函。其主要用于机关之间询问问题，征求意见。

（3）答复性函。其主要用于机关之间答复问题。

（4）请求性函。其主要用于机关之间请求配合，以及向有关主管部门请求批准。

3. 按照行文方向，函可分为：去函、来函和复函。

（三）函的结构和写法

1. 标题。函的标题一般由发文机关、事由、文种三要素组成。有的标题可省去发文机关。

2. 主送机关。主送机关即收函对象。

3. 正文。

（1）去函的正文开头，一般先写商洽、请求、询问或告知事项的依据、背景、缘由。

（2）去函的主体部分提出要商洽、询问、答复、告知的事项，提出希望或要求。事项较多时，可分条列项。

（3）结语。可根据函的类别，用不同的结尾语。去函一般用"特此函达，即希查收""为盼""为要""为荷""特此致函，盼复""请研究函复为盼"等；复函可用"特此函复""此复""专此函复"等。

4. 落款。此处写明发文机关名称、成文日期。

（四）函的写作要求

1. 叙事简洁，要求明确。只需将缘由说明，事项、要求说清即可。

2. 用语得体，注意分寸。措辞要得体，用语谦和有礼，切不可盛气凌人，也不能过于谦卑。

例文

国家安全监管总局办公厅
关于小型露天采石场安全距离问题的复函

××省安全生产监督管理局：

你局《关于小型露天采石场安全距离如何适用有关法律法规的请示》（湘安监非煤〔20××〕××号）收悉。经研究，现函复如下：

一、小型露天采石场与其周边公路、铁路、电力设施之间的安全距离，应当执行《公路安全保护条例》（国务院令第×××号）、《铁路运输安全保护条例》（国务院令第×××号）、《电力设施保护条例》（国务院令第×××号）等行政法规的有关规定。

二、小型露天采石场与其周边除公路、铁路、电力设施之外的其他生产生活设施之间的安全距离，法律、行政法规没有明确规定的，应当严格按照《小型露天采石场安全管理和监督检查规定》（国家安全监管总局令第××号）第三十一条的要求执行。

国家安全监管总局办公厅（印章）
20××年×月×日

七、纪要

（一）纪要的概念

纪要是记载会议主要情况和议定事项的公文。

（二）纪要的种类

1. 办公纪要。这是记述处理日常工作的办公会议对本系统、本部门的工作研究、讨论、议决等事项的一种纪要。

2. 专题纪要。这是专门记述专业性会议或就某个问题开会研究，作较深入讨论，得出相应结论的一种纪要。

（三）纪要的结构和写法

1. 标题。纪要的标题写法有两种：一是由会议名称、文种组成，如《全国政法工作会议纪要》；二是由正、副标题构成，正标题揭示会议主旨或内容，副标题说明会议名称、文种，如《切实加强和坚决维护党的纪律——中纪委第三次全体会议纪要》。

2. 正文。纪要的正文由开头、主体、结尾三部分组成。

（1）开头部分。它一般包括：召开会议的目的、依据，举行会议的时间、地点，出席会议的人员，会议的议题、议程，会议的主要收获以及对会议的总体评价，等等。这部分表述完毕后，可用"会议纪要如下"或"会议确定了如下事项"等惯用语为过渡，转入主体部分。

（2）主体部分。这部分内容一般包括：会议所讨论的问题、研究的工作、做出的决定、布置的任务等。主体部分常用的写法一般有以下三种。

① 条款式。把会议上研究的问题、做出的决定等内容分门别类，分成条款记录。

② 综述式。把会议内容综合为几个方面，分成几个层次段落，逐一说明。为行文方便，常使用小标题引领本部分内容，反映会议的各个方面。

③ 摘要式。把会议上具有典型性、代表性的发言加以整理、提炼，按发言顺序或内容类别作具体阐述。

（3）结尾。结尾部分通常强调会议的意义、提出希望和要求、发出号召等，也可省略结尾。

（四）纪要的写作要求

1. 做好准备工作。会前了解会议主旨，阅读有关资料，把握会议的精神实质，掌握会议的有关情况。写作者要自始至终参加会议。

2. 客观反映内容。忠实于会议实际，客观反映会议内容。

3. 突出会议重点。纪要要突出一个"要"字，要围绕会议中心，突出主题，抓住重点，提炼要点，使纪要更加条理化。

例文

××区人民政府第四季度防范重、特大生产安全事故会议纪要

10月10日，受张××区长委托，刘××副区长主持召开全区第四季度防范重、特大生产安全事故专题会议。会议传达了市政府第四季度防范重、特大生产安全事故会议精神，总结分析了我区第三季度安全生产工作情况，研究部署了第四季度安全生产工作。现纪要如下：

会议对我区第三季度安全生产工作进行了总结。第三季度，全区牢固树立科学发展安全发展理念，认真贯彻落实全国、全省、全市关于安全生产工作的决策部署和重要指示精神，继续深入扎实开展"安全生产年"活动，狠抓各项工作落实，全区安全生产形势总体平稳。1—9月，全区共发生各类生产安全事故104起、死亡7人、直接经济损失83.3万元，同比分别下降11.11%、56.25%、15.21%，各项指标均控制在市里下达指标范围内，为我区经济社会转型跨越发展营造了良好的安全稳定环境。

会议对第四季度安全生产工作进行了部署。一要持续开展道路交通、消防、危险化学品、建筑施工、特种设备等重点行业领域安全整治，进一步改善重点行业领域安全形势。二要持续深入开展"打非治违"专项行动，始终保持严打高压态势，深化和巩固专项行动成果。三要全力推进企业安全生产标准化建设，不断丰富安全生产标准化建设内容，提升我区安全生产标准化工作水平。四要积极做好年终岁末阶段性工作，筹备元旦期间安全生产工作，做好2023年度安全生产目标责任考评准备工作，筹划2024年安全生产工作。五要加大宣传教育力度，认真总结推广安全生产宣传教育培训工作的先进经验和典型做法，营造全社会重视、关心和支持安全生产工作的浓厚氛围。

为进一步加强第四季度安全生产工作，会议强调：一要提高认识，强化责任。各街道、各部门务必保持清醒的认识和高度的警觉，把安全生产的责任措施落实到生产、经营、建设的每一个环节，落实到每一个责任主体和具体责任人。二要抓住重点，确保安全。把道路交通安全综合整治作为工作的重中之重，把落实责任作为工作的关键，把有效防范事故发生作为工作的落脚点。三要总结过去，谋划未来。各街道、各部门要实事

求是地回顾分析今年的安全生产工作情况，既要总结经验，也要查找不足；及早谋划，抓紧制定2024年安全生产工作意见，做到早安排、早部署、早落实。

参会人员：

×××副区长，×××（区政府办），×××（区综治办），×××（区经发局），×××（区安监局），×××（区教育局），×××（区财政局），×××（区人劳和社保局），×××（区卫生局），×××（区建设局），×××（区文体局），×××（区行政执法局），×××（区市政园林局），×××（区监察局），×××（区工会），×××（××公安分局），×××（××消防大队），×××（××区市场监督管理局）等。

记　　录：×××

写作训练

一、给下列公文标题填写合适的文种。

1. W市公安局关于查禁赌博的_____
2. 国务院批转节能减排统计监测及考核实施方案的_____
3. 济南市H区人民检察院2024年工作_____
4. 省医药公司关于急需防疫救灾药品收购资金的_____
5. 国务院办公厅关于成都皮影博物馆冠名问题的_____
6. 《全民科学素质纲要》实施工作_____

二、按下面所提供的材料写一份通告，向来往行人和车辆驾驶员说明情况，确保安全，提出注意事项。

B公路工程局有限公司将于W市文明路西段开展施工工作。施工时间为每天上午8时至下午5时，自202×年6月5日开始，至202×年6月15日结束。

三、根据下面的材料，拟一份转发性通知。

××××年×月×日，教育部向各省教育厅，发布了教专字〔××××〕×号《关于执行〈中等职业学校学生学籍的暂行规定〉的通知》。L省教育厅为了落实该项工作，向其所属的各地、市教育局，转发了该文件。具体内容自拟。

四、试假定发文机关、被通知对象及内容，拟一份会议通知。

五、结合现实生活中的实例，写一篇通报，可以是通报批评，也可以是通报表彰或是通报某一具体情况。

六、请根据下面的材料，写一份请示。

近些年来，群众举报违纪线索增加，为了提高办案效率，W市监察局亟须更新一批办公设备，请求W市政府拨款购置。

七、请根据下面的材料，替B公司和A大学管理学院办公室各写一份询问函和复函。

B公司缺乏得力的企业管理干部，拟派四人参加A大学管理学院举办的一个短期企业管理干部培训班。于是该公司向A大学管理学院办公室写了一则询问是否同意代培本公司管理干部的公函，A大学管理学院办公室收到函后即给B公司回了函。

八、请根据最近的一次主题班会内容，撰写一份纪要。

第四章 事务文书

学习要点

◆ 计划的写法　　　　　　◆ 总结的写法
◆ 调查报告的写法　　　　◆ 简报的写法

第一节 计　划

一、计划的概念

计划是指单位或个人对今后一定时期内的生产、工作、学习、活动等，事先拟定任务和目标、措施和办法、步骤和时间安排以及具体要求的应用文书。

计划是一个统称。常见的规划、设想、要点、安排、方案等，都属于计划的一类，但它们所涉及的范围大小、时间长短、内容详略等是有区别的。

规划是一种具有全局性、方向性、远见性、概括性和指导性的计划。设想是对长远工作的初步的、非正式的、可以补充和修订的计划。要点是上级对下级布置工作时对主要方面做出概括的简明扼要的计划。安排是对短期内要做的工作内容写出的较为具体的计划。方案是指对近期内要做的具体工作，经过深思熟虑，对工作的目标、要求及具体的措施步骤、方法，做出周密、全面部署的计划。

二、计划的种类

按不同的标准划分，计划可做如下分类。

（一）按内容的涵盖面可分为综合计划和单项计划。

（二）按范围可分为国家计划、地区计划、单位计划、部门计划、个人工作计划等。

（三）按时间期限可分为长期计划、中期计划、短期计划；年度计划、季度计划、月度计划、周计划等。

（四）按性质可分为生产计划、工作计划、学习计划、科研计划、会议计划等。

（五）按内容的成熟程度可分为初步计划、正式计划。

（六）按表现形式可分为条文式计划、表格式计划、条文表格结合式计划。

三、计划的结构和写法

（一）标题

完整的计划标题由四部分构成，即计划单位名称、计划期限、计划内容和文种。有的计划标题可省去单位名称或计划期限，但如果是上报计划，单位名称一般不能省略。如果计划尚需经过讨论定稿，应在标题后面用括号注明"征求意见稿""草案""讨论稿"等字样。

（二）正文

1. 开头。开头应用简明扼要的文字说明制订计划的依据、原因、目的和总的目标、任务。这是计划中统领全文的总纲。依据主要是指党和国家的方针政策和上级的指示精神，以及本单位基本情况的总体分析，这是制订计划的出发点，并在此基础上提出总的目标和任务。

2. 主体部分。主体部分是计划的核心，主要包括两方面内容：

（1）目标、任务。要求写明计划要达到的目标、要完成的任务指标和要求，要具体明确，落实到工作量、质量、效率、效益等方面。

（2）方法、措施、步骤。要求详细说明为完成目标、任务采取的具体方法、措施和人力、物力、财力的调配运用，有关部门的具体分工，不同时限达到的具体要求以及具体的检查和奖惩办法等。

3. 结尾。这一部分可根据内容需要确定。或者点明工作重点，强调主要环节；或者说明注意事项，分析可能出现的问题；或者提出希望和号召，激励大家为完成计划而努力奋斗；或者意尽言终，写完措施后文章自然结束。

（三）落款

在正文的右下方应写明制订计划的日期。如果计划的标题中没有写明制订计划的单位名称，还要在正文的右下方写明制订计划的单位名称，再写明制订计划的日期。如果是需要上报或下发的文件计划，最后还要写明主送、抄送单位的名称。

四、计划的写作要求

（一）要有正确的指导思想，这是制订好计划的思想保证。

（二）要有明确的任务和目标，从实际出发，实事求是，这是制订和实施计划的基础与前提。

（三）方法、措施、步骤和时间等应切实可行，这是完成计划的必要条件。

（四）要及时对计划进行调整、修改、补充，这是客观现实对计划制订的必然要求。

例文

××镇人民政府2021年政府工作计划

2021年是开启全面建设社会主义现代化国家新征程、向第二个百年奋斗目标进军的第一年，也是"十四五"的开局之年，做好今年政府工作意义重大、影响深远。我们将认真贯彻落实上级党委政府决策部署，坚持以新思想定向领航，以新理念引领发展，以系统思维谋划全局，围绕做大经济总量，做优镇区环境为重点，更好统筹发展和安全，确保"十四五"开好局，以优异成绩庆祝建党100周年。

今年全镇经济社会发展的主要预期目标是：一般公共预算收入增长4%左右，工业应税销售增长15%左右，固定资产投资增长20%左右，城镇居民人均可支配收入增长7.5%左右，农村居民人均可支配收入增长8%左右。围绕实现上述目标，重点抓好以下五个方面的工作：

一、以做大总量为目标，坚定不移抓招商、上项目，着力打好经济发展主动仗

全力以赴抓好招商选资。牢固树立"人人都是招商主体、处处都有招商环境"理念，抢抓长三角一体化和上海、苏南产业转移的机遇，充分放大本地特色产业、区位以

及要素成本的比较优势，持续加大招商力度，提升招商选资质效。力争全年招引5亿元以上项目不少于4个、10亿元项目取得突破。

多措并举强推项目建设。坚持"项目为王"工作导向，继续强化项目服务力度，完善推进计划，明确责任到人，持续强化"挂图式"作战、"清单式"落实、"月嫂式"服务，全力破解项目建设中的瓶颈制约，让项目建设跑出加速度。力争全年新开工亿元以上项目不少于6个（其中5亿元项目不少于2个）、竣工不少于5个、转化不少于4个。

勠力同心打造平台载体。以共建园区为契机，依托区位及资源优势，完善园区基础配套设施建设；发挥产业基础优势，积极招引医疗器械专业配送公司入园，建立共享仓库，降低企业开办和管理成本；实体化运作医疗器械生产研发共享平台、中小企业产业园和医疗器械产业服务办公室等园区平台，高标准建成比肩苏南的下原科技产业园。

二、以转型升级为要务，坚定不移引人才、育高企，着力打造创新创业人才集聚高地

　　……

三、以生态宜居为抓手，坚定不移补短板、强弱项，着力构建城乡统筹发展新格局

　　……

四、以增进福祉为宗旨，坚定不移办实事、惠民生，着力画好共建共治共享同心圆

　　……

五、以安全稳定为底线，坚定不移除隐患、防风险，着力谱写社会和谐幸福新篇章

　　……

××镇人民政府
2021年×月×日

第二节　总　结

一、总结的概念

总结是单位或个人对某一阶段内的工作、生产、学习和思想状况等活动进行回顾、分析和研究，从中引出规律性的东西，用以指导下一阶段实践活动的一种事务文书。

二、总结的种类

（一）按内容，总结可分为工作总结、学习总结、思想总结、生产总结等。

（二）按时间，总结可分为年度总结、季度总结、月度总结、阶段总结等。

（三）按范围，总结可分为系统总结、单位总结、班组总结、个人总结等。

（四）按性质，总结可分为经验总结、成绩总结、问题总结等。

（五）按内容的涵盖面，总结还可分为综合性总结和专题性总结。

综合性总结是单位、部门或个人对一定时期内各方面工作的全面总结。这类总结涉及面广，内容详细，能够展现以往工作的全貌，既包括工作开展的基本情况、经验和体会，也包括工作中存在的问题、不足和今后的努力方向。综合性总结主要用于向上级单位汇报工作和指导本单位或个人的工作实践。

专题性总结是单位或个人就某项具体工作或专项活动进行的总结。这类总结内容单一、具体，并且多数情况下以总结典型经验、做法为主。因此，这类总结针对性强，富有指导意义，在实际工作中比较常见。

三、总结的结构和写法

（一）标题

总结的标题根据内容范围、目的的不同，可分为以下两种形式。

1. 公文式标题。这类标题一般由单位名称、时间、内容和文种组成，如《××省教育厅2023年工作总结》。这种标题形式庄重、醒目，适合于综合性和专题性总结。

2. 文章式标题。这类标题常用的有单标题和双标题两种。

（1）单标题往往直接概括总结的内容，鲜明地表现出总结的主题，如《坚持向财务管理要效益》《围绕产品特点搞好结构调整》。

（2）双标题是由正标题与副标题两部分组成。正标题一般使用文章式标题，副标题一般使用公文式标题，如《适应新形势，研究新情况，解决新问题——××市××局2023年工作总结》《挖潜力、促效益、补损失——××厂2023年工作总结》。

（二）正文

1. 基本情况概述。这一部分概括叙述工作的基本情况，包括工作开展的背景、内外部环境、主客观条件、总结的时间和范围、成绩，以及对工作情况的总体评价等。这是总结的引言、总提，起着开宗明义、提纲挈领的作用。

2. 成绩与做法、经验与体会。这是总结的主体部分，需要结合充分的事实、典型的材料和确凿的数据，具体详细地阐述工作所取得的成绩、采取的主要措施和做法，以及实际工作中的切身体会和具有典型意义的经验。

3. 存在的问题、不足和今后的打算、努力的方向。除经验性总结外，一般总结在阐述了成绩、做法、经验和体会后，还要指出工作中存在的问题和不足，提出改进的措施，明确今后的打算和努力的方向。这一部分内容虽不需要十分详细，但要具体实在，切不可笼统、抽象，敷衍塞责，做表面文章。

（三）落款

总结的落款位于正文右下方，包括单位名称和成文日期。如果标题中已有单位名称，只写明成文日期即可。如果总结用以发表和交流，可将单位名称置于标题之下。

四、总结的写作要求

（一）做好材料的积累

写总结需要充分地积累、占有材料，因为材料是分析研究问题的基础和前提。只有占有了大量的、有代表性的材料，作者才能全面、正确、深刻地揭示出经验、教训等，为今后的工作实践指明方向。因此，作者在写作总结之前，一定要深入实际调查研究，积累和占有丰富的材料。在积累材料的过程中，既要有文字材料，又要有数字材料；既要有概括的"面"上的材料，又要有具体的"点"上的材料；既要有实际工作的材料，又要有工作背景的材料。

（二）突出重点，写出特点

写总结一定要结合本单位的实际情况，总结出新鲜的、反映单位特点和个性的经验和教训。从结构的安排、材料的选择、叙述的详略上突出重点和主要工作，从重点和主要工作的全过程，包括部署工作的指导思想、目标、措施和步骤，以及最终的实施结果和效果，分析工作所取得的成绩，总结经验和体会；对做得比较出色的、有特点的、有深刻认识和体会的工作，要写出独到的经验和体会。

（三）观点、材料相统一

写总结既不能是单纯地罗列材料，也不是凭空地大发议论，而是要求将观点和反映观点的材料统一起来、结合起来，以观点统率材料，以材料说明观点。要以典型、准确、生动的事实和严密的逻辑推理来说明工作中取得的成绩、存在的问题、得到的经验和教训等。

例文

××市交通局年终工作总结

一年来，我市交通工作在市委、市政府的坚强领导下，在省交通运输厅及有关部门的指导和支持下，全面落实科学发展观，紧紧围绕全市的统一部署和市政府确定的目标任务，坚持"建管养运"一体化的工作思路，一手抓交通建设，一手抓行业管理，超额完成了年度各项目标任务，现将20××年工作总结如下：

一、20××年工作完成情况

（一）交通基础设施建设取得新成果

1. 按照年初与市政府签订的目标，要完成交通固定资产投资3.5亿元，至11月底已累计完成3.6亿元，预计全年累计完成投资3.8亿元，比去年增长了36%。

2. 挂牌成立"××市交通建设投资有限责任公司"，标志着我市交通建设投融资平台正式建立，代表市政府承担业主的第一个项目"××至××及××西绕城高速公路"是我市自主投资建设最大的一个项目，现已完成前期工作，并启动开工仪式，项目全长48.5公里，总投资预算30亿元，预计明年初将全面开工建设。

3. 8个通乡油路项目163.52公里，其中目前已有五个项目100.49公里已完工通车，三个项目63.03公里正进行油路面施工。油路大中修项目4个27.5公里已完成工通车，全市通村600公里，所有项目均已开工建设，目前完成投资3414万元，完成形象进度65%，能按照省公路局的要求，年初全面完工。

4. ……………

（二）公路养护和路政管理再上新台阶

1. 公路养护

列入我处管养的县公路943.9公里（含116.6公里省道），乡公路643.3公里，村公路4623.7公里。20××年我市县公路自查好路率为75%，综合差路率0.5%，养护合格率100%，通过全市养护战线职工的共同努力，全年乡公路全部实现了晴雨通车。今年共对全市3条管养县乡公路进行了危险路段治理工作，投入危险路段治理资金240万元，处置危险隐患430处，新增钢筋混凝土护栏2100米，示警墩5350个，示警柱50个，道路安全警示标志牌22块，为地方公路的安全畅通提供了有力保障。

2. 路政管理

一年来，全市共立案查处路政违法案件191起，制止红线内违章建筑1653平方米，取缔料场12个，清除堆物403处9008平方米，查处污染公路路面834平方米，查处路面损害3391平方米，查处路基损害197立方米，查处非公路标志6块，办理路政许可5件，拆除违法建筑46平方米，查处非法搭接道口21处，政府下发有关文件6件，收取路产赔偿费 40.3 万元，清理不规范公路搭接 15 处，上路巡查天数均在 180 天以上。……

（三）运输行业管理取得新进展

今年以来，我市运输行业管理坚持"以服务促进管理、以管理优化市场"的原则，大力规范经营行为，优化市场环境，道路、水路运输市场呈现出良好的发展势头。

1. 运输生产方面

…………

2. 行业管理方面

…………

（四）安全生产管理取得新成效

一年来，我们坚持"安全第一、预防为主、综合治理"，行程 21771 公里；检查船舶 2421 艘次；检查渡口 398 道次；排查隐患 57 件，整改销号 57 件，整改率 100%；20××年排查隐患 52 件，整改销号 52 件，整改率 100%。一年来，辖区内道路、水路运输行业安全生产形势基本稳定。

（五）党风廉政建设再上新台阶

我局紧紧围绕服务交通发展和经济建设这个中心，着力打造廉政交通，构建和谐交通，为交通的改革、发展和稳定提供政治保证。

…………

二、取得的基本经验

（一）围绕交通建设和行业管理，服务全市社会经济发展大局

……

（二）勇于开拓创新，加快交通建设步伐

……

（三）进一步深化改革，促进交通运输行业发展

……

（四）严格依法行政，提高整体服务水平

……

（五）加强党风廉政建设，坚决遏制交通建设领域突出问题

……

三、存在问题

在总结成绩和经验的同时，我们必须清醒地认识到还存在一些问题和不足，主要表现在：交通建设速度和质量还需提高；农村公路建设县级配套资金筹集十分困难；运输市场特别是客运市场的经营矛盾还很尖锐，运输市场秩序有待进一步规范；站场设施建设速度较慢、总量不足，尚不能适应市场的发展；物流业发展滞后；交通多渠道投融资体制还没有完全建立；交通管理的手段、方式和理念还要深化改革、创新；政风、行风、作风建设还需要进一步加强，等等。所有这些，都有待我们在今后的工作中，加强调研、积极探索，有针对性、有创造性地加以解决、改善或提高。

四、明年工作的初步打算

（一）加快高速公路建设步伐，按照新修编的全省高速公路规划网，我市境内共有高速公路 5 条，形成××高速公路"两横一纵""两连线一环线"的高速公路网布局，规划高速公路在我市总里程达 463.3 公里，估算总投资约 256 亿元。项目开工后，将极大地推动我市经济社会快速发展，将带动新增数万人就业，我市高速公路建设将达到新的高潮，

率先在全省实现规划内的县县高速公路项目开工建设,也将率先实现在全省县县通高速。

(二)完成所有通乡油路项目建设,全市87个乡镇(办事处)都有油路(水泥路)通达,基本实现1837个村村村通公路。县、乡、村公路管养资金落实到位,保障公路通行顺畅。

(三)完成××客运站、××客运站建设,建成农村客运站6个、农村渡口6个,总投资900余万元。

(四)进一步加强安全生产管理。以预防事故发生为重要任务,保持道路、水路运输生产安全平稳态势。要强化安全生产源头管理,督促运输企业提高安全管理水平,搞好全市道路、水路运输行业安全监管工作。

(五)道路、水路运输行业管理再上新台阶。全面推进道路运输市场质量信誉考核工作,不断完善各项工作措施,使质量信誉考核管理办法真正成为行业管理的重要手段,成为运输企业规范有序发展的重要保障。

××市交通局
20××年××月××日

第三节　调查报告

一、调查报告的概念

调查报告是指机关、部门、组织或个人根据一定的目的,对某一项工作、某一件事情、某一个问题、某一种情况或某一方面的经验,进行深入了解、周密调查、认真分析研究后,写出的能反映事物的本质和规律的书面报告。

二、调查报告的种类

(一)根据内容范围,调查报告可分为综合调查报告和专题调查报告

1. 综合调查报告。所谓综合调查报告,是指围绕一个中心问题,对某一单位、地区或系统,或某一涉及面较广的事项进行多方面的调查取材,在此基础上分析研究、整理撰写而成的调查报告。这种调查报告课题重大,涉及面广,在实际工作中对上级部门制定方针政策有重要的参考作用。

2. 专题调查报告。所谓专题调查报告,是指对一项工作、一个事件或一种社会现象进行专项调查研究后写成的调查报告。这种调查报告内容具体单一,涉及范围小,更贴近工作实际,往往适用于对当前迫切需要了解、解决的问题和事项的调查。

(二)根据内容性质,调查报告可分为介绍经验的调查报告、揭露问题的调查报告、反映情况的调查报告

1. 介绍经验的调查报告。这种调查报告主要介绍具有普遍指导意义的典型经验,为有关部门提供具体的经验、做法,以推动整个工作的全面开展。

2. 揭露问题的调查报告。这种调查报告主要是揭示实际工作中的缺点、失误和违背党的方针政策、违反党纪国法的行为,以及社会生活中的不良现象和倾向。其目的是通过大量的事实,总结教训,揭示问题产生的根源,提出相应的解决方案,以引起有关部门的重视和社会的关注。

3. 反映情况的调查报告。这种调查报告,一是指反映工作情况的调查报告,二是

指反映社会新生事物的调查报告。前者针对某项工作的现状或群众普遍关心的热点问题、关系国计民生的重大问题进行深入调查和分析研究后，提出建议，为领导机关、决策部门了解情况、研究问题、制定和修改有关政策、采取相应措施提供依据；后者是对社会生活中出现的新生事物的产生背景、原因、发展过程和规律，以及它的存在意义、影响和发展前途等进行调查分析后写成的。其主要意义是帮助人们提高认识，树立对新生事物的正确态度，在实际生活中采取正当的行动。

三、调查报告的写法

调查报告是对客观事物深入调查、分析研究之后，整理撰写而成的书面报告，是对调查研究成果的文字归纳和总结。调查研究是报告的前提、基础和依据，报告是调查研究的反映、体现和成果。没有调查研究的过程，就没有调查报告的产生。因此，写作调查报告，必须先做好调查研究工作。

（一）调查取材

材料既是形成文章主题的物质基础，又是表现主题的支柱，因此必须深入实际，展开调查，获取大量的第一手材料。那么，如何进行调查呢？

1. 要明确调查意图，带着问题调查。在调查活动开始前，调查者的意图必须明确，即要了解有哪些情况，解决什么问题，切不可随心所欲，否则就会陷入盲目被动的境地。

2. 要制订好调查计划。科学、周密、合理的调查计划是做好调查工作的保证。其内容主要包括调查的目的、时间、对象、方式、方法以及调查提纲等。

3. 要有正确的指导思想和态度。对客观事物展开调查，要坚持实事求是的路线，正确地对待历史的、现实的、正面的、反面的，概括的、具体的各种材料，而且还要做到态度认真、诚实、谦虚。

4. 讲究调查方式、方法。在调查过程中，恰当合理的调查方式和方法是高效率、高质量获取材料的重要保证。调查的方式有全面调查、典型调查、抽样调查三种。在日常工作中，经常运用的调查方法有问卷调查、开座谈会、个别交谈、实地考察等。

（二）分析研究

第一，对材料予以鉴别。鉴别材料就是区别材料的真伪、优劣，做到"去粗取精，去伪存真"。第二，对材料进行比较、整理、综合，找出材料之间内在的本质联系，从具体到抽象，从个别到一般，透过现象看本质，也就是"由此及彼，由表及里"。

分析研究的过程也是作者提取观点、得出结论的过程。这一过程非常复杂，难度也相当大。一方面，观点的形成要受到材料的制约。调查得来的材料未必能满足需要，有时材料的真实性、典型性不足；有时在分析研究过程中还需要补充新材料，需要再回到实际中做调查。另一方面，观点的形成还受一个人的政策水平、理论水平和分析判断能力的制约，对国家方针政策的理解掌握程度如何，对相关理论通晓运用程度怎样，分析判断问题的能力高低等，都直接影响到最终观点或结论的质量。

因此，调查报告的观点或结论应达到以下几点要求。

1. 正确。所谓正确，就是指观点或结论要符合党和国家的路线、方针、政策，符合客观实际，真正揭示出客观事物的本质规律和内在意义。

2. 鲜明。所谓鲜明，就是指观点或结论所体现的作者的态度和思想倾向必须是明确的。作者赞成什么，反对什么，有何建议，一定要态度鲜明。

3. 单一。所谓单一，就是指一篇调查报告只能有一个总观点或总结论。作者可以通过对大量材料的分析得出很多小的结论，但对全文来说，总的观点或结论只能有一个。

（三）构思撰写

1. 标题。调查报告的标题大致有以下两种形式。

（1）公文式标题。这类标题明确标明调查对象、主要内容和文种名称，让人一目了然，如《北京市委关于今年以来党员教育工作情况的调查报告》《关于搞活县域经济的调查》。

（2）文章式标题。这类标题常用的有单标题和双标题两种。单标题往往直接揭示文章主题，归纳全文内容，如《城乡居民收入差距及其决定因素研究》《京津沪市民消费动向》；双标题，即采用正标题、副标题相结合的形式，正标题一般揭示调查报告的中心和主题，副标题一般指明调查对象和内容，如《何时缚住"苍龙"——××市整顿煤炭市场的调查》《百姓与"家轿"——关于考虑购买家庭轿车主要因素的调查》。

2. 正文。调查报告的正文一般由前言、主体两部分组成。

（1）前言部分。前言部分的内容主要包括调查的时间、地点、目的、对象、问题、范围、方式、结论等，使读者对调查报告的内容有一个总体的认识，同时为主体部分的展开做好准备。

（2）主体部分。主体部分是调查报告的核心。这一部分要详细阐述调查的主要内容，揭示客观事物的本质规律，表达作者的观点。主体部分的结构形式有以下三种。

① 横式结构。这种结构按照事物的性质或内在的联系归类，并列地从几个方面来组织材料。各部分之间呈横向并列关系，组合在一起就构成了事物的整体。这种结构形式条理清楚，观点鲜明，能够比较全面地反映客观事物。

② 纵式结构。这种结构按照事物发生、发展的时间顺序或内在逻辑来组织安排材料，通过层层递进、深入，来揭示事物的本质规律。这种结构形式脉络清晰，线索分明，符合读者认识事物、分析事理的思维习惯。

③ 综合式结构。这是一种横式、纵式两种结构交错使用、相互配合的结构形式。它兼有横式结构和纵式结构的特点，适用于内容繁多、头绪复杂的大型调查报告。这种结构形式或是在以时间、内在逻辑为主线安排材料的过程中，为了把问题说清楚，横向展开叙述、说明；或是在横向安排材料的过程中，对一些问题的来龙去脉加以交代，使文章纵横交错，纲目并举。

3. 结尾。调查报告的结尾灵活多样，如何结尾主要依据文章内容的需要确定。有的主体部分叙述完毕，文章自然结束；有的概括归纳全文，以深化主题；有的提出新问题，引人深思；有的展望未来，指明方向；也有的指出问题，找出差距，表明态度，等等。不管如何收尾，都必须简洁有力，意尽笔停。

四、调查报告的写作要求

（一）深入调查研究，广泛占有材料

调查前应做好充分准备，查阅相关资料，拟定调查提纲，设计好调查目的、要求、对象、方法、重点等各个环节。调查时应深入、全面、系统。搜集资料时要注意材料的真实性、典型性，注意材料的广度和深度。

（二）认真分析研究，找出规律性的东西

对所调查的材料要认真归纳，加以分析综合，上升到理论。对材料的研究，要用科学的方法，分清现象与本质、主流与支流、成绩与缺点、主要矛盾与次要矛盾，从事物发展过程中找出起支配作用的本质的东西。

（三）让事实说话，用数据说明问题

要妥善使用材料，让事实说话，从而增加调查报告的客观性、科学性，增强说服力。从写作上看，调查报告也要发议论、讲道理，但不能凭空想象、空发议论，应靠事实，靠典型材料，在叙述的基础上引出结论，归纳观点。

（四）叙述为主，综合运用多种表达方式

从内容看，调查报告应该以叙述事实为主，而事实的叙述、情况的介绍、经验或教训的交代，都是观点或结论产生的基础，所以调查报告是叙述、说明、议论等多种表达方式的综合运用。

例文

论服务型政府与县级公务员队伍建设
——××县政府调查报告

一、服务型政府的概念与特征

（一）服务型政府的概念

服务型政府理念是在中国发展社会主义市场经济的条件下提出来的。在市场经济条件下，政府的角色不断转变，要求各行政层级在改变政府管理方式的同时，起到引领企业甚至社会的作用，为正常的社会服务提供便利，同时实现政府职能的逐步转变。中国是农业大国，"三农"问题的解决对中国是一个关键。而解决农民问题势必要取决于县级政府的协作努力，这是最直接也是最有效的方式。其次，中国的行政制度是一个层次性的行政体系，县级公务员是这个体系中至关重要的因子，所以本文重点研究县级公务员建设与建设服务型政府两者之间的关系。

（二）服务型政府的特征

服务型政府就是以"管理就是服务"为根本理念，以社会和大众为主要导向，以公共服务为核心职能，以实现经济社会和人的全面和谐发展为根本任务的现代政府。具体来讲，的服务型政府具有如下基本特征：

1. 服务型政府是服务型，是社会主义市场经济蓬勃发展下的产物。随着经济体制改革的深入，以市场化为导向的经济制度的确立打破了传统的政治经济一体化局面，从而使社会生活领域出现主体多元化、利益多元化的格局，加入WTO以后，我国政府必须在其框架内运作。WTO框架内的政府职能，实际上就是市场经济体制下的政府职能。政府应该起到其应有的"掌舵"与"灯塔"的领航与服务功能。这也要求我们的政府正确对待自己的角色定位，改变政府管理方式，实现政府职能的逐步转变，将本应由社会履行的职能重新还给社会，而政府则扮演维护社会正常秩序的服务角色。所以，社会主义市场经济在中国的蓬勃发展奠定了我国服务型政府建设的经济前提。

2. 服务型政府是市场条件下构建社会主义和谐社会大前提下的产物，宗旨是服务人民，维护社会的和谐稳定。……

3. 服务型政府是责任型政府，政府只有积极改革，解决社会主义现代化建设中的矛盾，认真履行政府的公共职能，才能有效提高依法行政的能力，完成职能转变。……

二、我国县级政府目前存在的问题与缺陷

（一）××县政府调查状况

××县位于××省东南部，东邻××省××县和××县，东北与××省县

级市××市和××市毗邻，北邻××省××县，西与××省××市相邻，南与××省××市相邻，总面积2165平方千米，总人口49万人。对××县政府人员的年龄和文化层次进行统计，结果如下：

1. ××县政府公务员年龄结构分布情况：统计结果表明，××县政府公务员在年龄结构上，年龄在30岁以下的占27.06%，年龄在30～45岁的占45.88%，年龄在46～55岁的占21.18%，年龄在56岁～退休占5.88%。年龄分布并不均匀，30岁以下以及31～45岁的××县政府公务员占大多数。

2. ××县政府公务员文化分布情况：在××县政府公务员的文化程度方面，统计数据表明本科及本科以上占22.35%，大专占54.11%，中专占18.82%，中专以下占4.7%，说明县级政府公务员总体教育程度不高。

3. 对工作的满意度情况：对工作的满意度直接影响政府职能的发挥。在调查中发现，参加调查的84人中公务员对工作各方面的总体满意度为42.35%，其中很满意的0人；比较满意（含一般）36人，占42.35%；不太满意28人，占32.94%；很不满意21人，占24.7%。根据国外学者的研究，员工对工作的总体满意度在70%～80.96%时，人力资本才正常发挥了效应。

…………

（二）××市××县政府调查分析

1. 服务理念未成形，表面工程严重

公务员对工作的满意度不高，直接影响人力效力的发挥。行政管理思想中传统的管制型政府拥有无限权力，官本位思想严重，忽视了其服务性作用和导向性作用。大多数情况下，一般公民对于服务型政府建设知之甚少，这不仅说明公众没有感到政府的多大变化，更说明政府是封闭运行，没有把服务的供给者和消费者有机地联系起来，形成了服务过程断裂。建设服务型政府必须能够满足人民的需要，照顾人民的利益并有效保障人民的权利，使人民主动参与和政府的互动。这才是建设服务型政府的最终目的。

2. 公务员自身素质存在一定的问题

××县公务员总体教育程度不高，比如人员较多、文化水平低、能力偏低，在一定的范围内存在官僚主义的作风，缺乏服务意识和竞争意识等问题。作为最基层的公务员，他们会同时承受来自上级和下级的工作压力，这样的压力是巨大的，各层级之间的矛盾也会在他们身上集中。

3. 忽略体制创新和职能转换

××县政府不能积极激励其部门人员的工作，直接影响到县级政府的形象。县级政府部门拥有最基础的一支公务员队伍。县级政府公务员是否能积极高效地工作，县级政府是否能保持公务员队伍的稳定，这都对我国的层级更高的公务员队伍和我国整体行政效率的高低起着决定性的作用。但是由于体制、机制的限制和本身的局限性，县级政府部门容易忽略创新，因此仅仅是流于形式的跟风而不是观念、作风、机制、体制的变革。

三、打造县级服务型政府的措施

（一）转变理念，打造服务意识

笔者认为，现代政府理念主张管理就是服务，政府的存在是为满足社会需求，××县政府应尽可能地为社会提供满意的公共产品。确立现代政府理念，关键要克服传统行政管理观念的束缚和影响。这就要求树立以民为本、主权在民、"顾客"至上的理念，还需要改革服务模式，调动社会各方积极因素，共同提供公共服务。同时要加快公共服务体系建设，促进基本公共服务均等化，努力实现人人享有基本公共服务的目标。从公务员队伍建设角度讲，政府拥有一支有较高政治素质、强烈服务意识、较强的服务本领的公务员队伍。从技术层面讲，政府与社会公众之间有比较完善的反应和回应公众需求的桥梁和机制。

（二）依法产生、受法律约束、依法律办事、对法律负责
……

（三）调整政府结构，使政府权限可以更好更有序的发挥
……

（四）大胆创新，改革传统行政方式，建设在线电子政府
……

（五）建立合理完整的公务员竞争激励体制和评价系统
……

四、结束语

本文通过对××市××县政府的运作方式和服务理念分析，结合目前的服务型政府概念，对塑造县级政府为服务型的政府做了详细的分析。县级政府容易出现的问题有：政府职能难以转变和基层公务员观念难以转变，针对上述问题笔者提出塑造服务意识，调整政府结构，依法办事，进行体制服务创新和建立有效合理的公务员激励考核制度等措施，为建设服务型县级政府提供了理论支持并具有一定的实践意义。

第四节 简　报

一、简报的概念

简报是指各级机关、人民团体、企事业单位编发的，用来反映情况、交流经验、解决问题、传播信息的一种简短灵活的书面材料。常见的"××反映""××动态""××简讯""××信息""内部参考"等虽然名称不同，其实质都是简报。

二、简报的种类

根据内容不同，简报可分为工作简报、动态简报、会议简报三种。

（一）工作简报

工作简报主要用于及时简要地反映地区、单位、部门的工作情况。它可分为综合简报和专题简报。综合简报主要反映一段时间内的工作进展情况、经验和问题，既有面上的情况概括，又有具体事例，带有全面、宏观的特点，一般是长期编发的，可定期或不定期。专题简报侧重反映某项重要工作或重大活动的情况，目的是及时反映工作的进展情况，有效地指导工作的开展，这类简报内容集中、事件单一。

（二）动态简报

动态简报简明扼要地反映新情况、新动态，其内容新，时效性强。

（三）会议简报

重要的会议一般都要编写简报，主要功能是及时向与会者报道会议信息，反映会议成果。

三、简报的特点

（一）简明

它主要表现在内容集中、语言简洁、结构简单、篇幅简短。

（二）快速

简报要讲求时效，快写、快编、快发是其制发要诀。

（三）新颖

简报努力反映新情况、新问题、新经验，写作角度、立意观点也要追求新颖。

（四）对内

简报只在机关、单位内部传阅，不公开发行。有的简报有秘密等级、发送范围限制，不是其规定范围的人员不应阅读，这是它与大众传媒的主要区别。

四、简报的结构和写法

（一）报头

简报首页间隔横线以上的部分称为报头，由简报名称、期数、编发单位、日期、保密提示等项目组成。

1. 简报除用"××简报""××动态""情况反映"等常用四字名称之外，还可加上单位名称、专项工作等内容，如《××大学"三讲"教育简报》。简报名称用大号字套红印刷。

2. 期数位于简报名称下方正中，加括号。如果是综合工作简报，一般以年度为单位，统编顺排；如果是专题简报，按本专题统编顺排；如果是增刊，就标明增刊字样。

3. 编发单位一般是"××办公室"或"××秘书处"，位于期数下面、间隔横线上方左侧。

4. 日期位于编发机关右侧。

5. 如果需要保密，在首页报头左上角标明密级或"内部刊物"字样。

6. 编号位于报头右上方，保密性简报才用编号，一般简报不用编号。

7. 间隔横线一般为红色。

（二）报核

报头以下，报尾以上的部分都是报核。报核包括以下几个项目。

1. 目录。集束式的简报可编排目录。由于简报内容单纯，容易查找，目录一般不需标序码和页码，只需将编者按、各篇标题排列出来即可，为避免混淆，可以每项前加一个五星标志。

2. 编者按。必要时可加编者按，主要内容是工作任务来源、本期重点稿件的意义和价值、征稿通知、征求意见等。编者按不可过长，短者三五行，长者半页即可。

3. 标题。简报的标题跟新闻的标题有些类似，可分为单标题和双标题两种基本类型。如《后勤工作今年重点抓好五件事》《再展宏图创全国一流市场——××农贸市场荣获市信誉市场称号》。

4. 正文。简报的正文由导语、主体、结尾三部分组成。导语是简报的开头语，用简短的文字，准确地概括文章的内容，说明文章的宗旨，引导读者阅读全文。主体是简报的主要部分，用足够的、典型的、富有说服力的材料把导语的内容加以具体化，用材料来说明观点。内容或是反映具体的情况，或是介绍具体的做法，或是叙述取得的成绩和经验，或是指出存在的问题。简报是否要结尾，因内容而定。事情比较单一、篇幅比较短小的简报，可以不写结尾；事情比较复杂、内容较多的简报，可以写结尾，对全文作一个小结，以加深读者印象。

（三）报尾

报尾部分印在简报末页的下端，用条横线与报核隔开。报尾一般包括简报的报、送、发单位，和简报的印刷份数。印刷份数位于报送单位之下，一般用一条横线将报送单位与印发份数隔开。

简报的样例如下所示：

```
内部资料                                          份号
注意保存


                    ××××简报
                    第×期（总第××期）

××××学校××办公室              20××年×月×日
─────────────────────────────────────────
编者按

                        标  题

正文





                                              （供稿者）
─────────────────────────────────────────
报：×××××××
送：×××××××
发：×××××××
─────────────────────────────────────────
                                              共印××份
```

五、简报的写作要求

（一）材料精准

简报的内容要集中精练、简短扼要，所以选择材料要善于从大量的材料中综合归纳，加工整理，重点选择与国家方针、政策密切相关的或涉及本部门中心工作的重要情况、典型经验，特别注意展示事物发展的最新状态和发展趋势。

（二）内容真实

简报的内容是领导机关制定政策的参考和依据，是同级单位、基层单位学习、借鉴的榜样，因此，必须将所报道的情况直至每个细节一一核实，确凿无误。真实、准确是简报的生命和赖以存在的价值。

（三）讲究时效

简报是单位管理者对一些问题做出决策的参考依据之一，也是推动工作的一个重要手段。简报的功能决定了简报的编者必须讲求时效。这就要求简报的作者思想敏锐、行动敏捷，对问题反应快，对材料分析快，写作构思快，动笔成稿快，同时，还要求简报的编辑、签发、打印、发稿速度快，共同把握发稿时机。

（四）篇幅短小

简报在写法上要开门见山，直截了当，力求短小精悍，避免拖泥带水。

例文

防汛抗旱简报

第 × 期（总第 × 期）

××市防汛抗旱指挥部办公室　　　　　　　　　　20××年5月12日

市水利局开展"5·12"全国防灾减灾日宣传活动

5月12日上午，××市减灾委员会办公室在东湖广场举行20××年"5·12"全国防灾减灾日宣传活动，活动主题是："提升基层应急能力，筑牢防灾减灾救灾的人民防线"。此次宣传活动是加强基层应急能力建设的有力举措，是提高群众应急避险能力的有效措施。

我局作为水旱灾害防御主管部门，防汛抗旱是我们水利部门的职能所在，一直以来我们致力于筑牢水旱灾害防御防线。我们积极参与宣传活动，派遣了5名同志参与现场宣传咨询，制作了宣传展板2块，印发防灾减灾宣传资料1000余份，并进行现场发放，通过普及自救互救知识，提升我市群众防灾减灾救灾能力和水平。

（×××供稿）

报：省防办、省水利厅
送：各市区防指、水利局
发：各县防汛抗旱办公室

共印××份

写作训练

一、根据个人的实际情况，以一学期为时限，制订自己的学习计划。

二、根据自己的学习、生活情况写一篇总结，可以是同学交际总结，宿舍生活（或卫生）总结，志愿者工作总结，实习、实训总结，技能学习与考核总结，学生会活动总结，学习某项特长的总结，学习经验总结，等等。

三、阅读下面材料，根据要求写作。

某公司拟开发一款适合学生使用的新型手机。请调查本班同学使用手机的情况，从手机的外形、价格、功能、颜色、内存等方面进行调查研究，撰写一份简单的调查报告，字数控制在1000字以内。

四、将下面材料重新排序，并按照简报的要求进行写作。

这是W市志愿服务工作简报，2023年第10期，由W市志愿者联合会秘书处和W市青年志愿者行动指导中心联合编发，并于2023年10月30日刊发。

1. W市各级共青团组织、志愿者组织围绕"美好生活志愿同行"的活动主题，深入开展第十届W市公益志愿文化节系列活动，进一步贯彻落实上级关于"推进诚信建设和志愿服务制度化"的决策部署。

2. 全市各地累计动员了逾1000个公益志愿组织（团队）、近10万人（次）志愿者，累计开展了近300场（次）各类志愿服务活动，为社会贡献了超过150万小时志愿服务。

3. 2023年12月5日是第38个国际志愿者日。

4. 以"一网一证"应用推广、"美丽乡村"志愿行动、志愿服务嘉许激励和《志愿服务条例》宣传等全省性重点工作为主要内容，引导社会各界以志愿服务为载体积极培育和践行社会主义核心价值观。

第五章　财经文书

学习要点

- 市场调查报告的写法
- 可行性研究报告的内容和结构
- 产品说明书的写法
- 合同的结构、内容及写法
- 市场预测报告的写法及预测方法
- 商业广告文案的写法
- 招标书、投标书的写作要领
- 经济活动分析报告的常用分析方法及写法

第一节　市场调查报告

一、市场调查报告的概念

市场调查报告是指市场调查人员根据对市场的深入调查，并在对调查取得的资料进行分析整理、筛选加工的基础上，记述和反映调查成果的一种财经文书。市场调查报告是企划和营销决策的依据。

二、市场调查报告的种类

市场调查报告按不同的分类标准可有以下几种类型。

（一）按服务对象分，市场调查报告可分为市场需求者调查报告（消费者调查报告）、市场供应者调查报告（生产者调查报告）。

（二）按调查范围分，市场调查报告可分为全国性市场调查报告、区域性市场调查报告、国际性市场调查报告。

（三）按调查频率分，市场调查报告可分为经常性市场调查报告、定期性市场调查报告、临时性市场调查报告。

（四）按调查对象分，市场调查报告可分为商品市场调查报告、房地产市场调查报告、金融市场调查报告、投资市场调查报告等。

三、市场调查报告的特点

（一）针对性

调查报告必须明确调查目的，报告是为了解决或说明某一问题，因而撰写报告时必须做到目的明确、有的放矢，围绕主题开展论述。

（二）新颖性

市场调查报告应紧紧抓住市场活动的新动向、新问题，引用一些人们未知的通过调查研究得到的新发现，提出新观点，形成新结论。

（三）实效性

要顺应瞬息万变的市场形势，调查报告必须讲究时间效益，做到及时反馈。调查报告只有及时到达使用者手中，使决策跟上市场形势的发展变化，才能发挥应有的作用。

四、市场调查报告的结构和写法

（一）标题

市场调查报告的标题常见的形式有公文式和文章式。

1. 公文式。这种标题一般由作者、事由和文种三部分组成。其中作者可以省略，如《关于当代青年消费问题的调查报告》《关于2023年全省农村服装销售情况的调查报告》）。

2. 文章式。这种标题不要求作者、事由和文种齐全，而根据内容的需要取舍，标题只要能够突出主题即可，如《××手机市场透视》。此类标题还常常采用双题（正标题＋副标题）的结构形式，更为引人注目，如《竞争在今天，希望在明天——全国电视机用户问卷调查分析报告》。

（二）正文

1. 开头。开头又称前言部分。这一部分是对调查情况的简要说明，包括调查的原因、时间、对象（地区或范围）、经过、方法等，也可简要介绍报告的主要内容和观点。

2. 主体。主体是正文的核心部分，一般有以下三方面内容：

（1）基本情况。此部分即对调查所获得的基本情况进行介绍，要用叙述和说明相结合的手法，将调查对象的历史和现实情况（包括市场占有率等），生产与消费的关系，产品、产量及价格情况等表述清楚。

（2）分析。此部分是对调查所获得的资料进行科学的研究和推断，并据以形成符合事物发展变化规律的结论性意见。切忌脱离调查随意发挥。

（3）建议或措施。根据分析和结论提出具体的有针对性的建议或措施。

3. 结尾。结尾一般是对全文内容进行总括，以突出观点，或说明调查中存在的问题等。有时也可省略这部分。

五、市场调查报告的写作要求

（一）准确性与客观性

市场调查报告必须基于准确、可靠的数据和分析，避免主观偏见。应详细说明数据来源、调查方法、样本选择等，确保结论的客观性和可信度。

（二）清晰性与条理性

市场调查报告结构应逻辑清晰，内容条理分明，易于阅读和理解。合理运用图表、图像等视觉元素，直观展示关键数据和分析结果，帮助读者快速把握核心观点。

（三）实用性与针对性

市场调查报告内容需紧贴研究目的和目标受众需求，提供实用的分析和具体的建议。针对性分析市场趋势、消费者行为、竞争环境等，为企业决策和策略制定提供有价值的参考。

例文

大学生网络购物现状的调查报告

一、调查背景与对象概况

在数字化浪潮的推动下，网络购物已成为现代生活的重要组成部分。特别是在大学生群体中，网络购物不仅是一种消费方式，更是其生活和学习的重要辅助工具。据统计，全国超过85%的大学生有网络购物经历，这一比例在过去五年中增长了近20%。同时，有15%的大学生由于对网络安全的担忧以及对商品质量的疑虑，对网络购物持谨慎态度。为深入了解这一群体的购物行为和偏好，我们进行了此次调查。

二、调查方案与结果

（一）调查方案

1. 调查目的：通过对大学生网络购物的调查，了解并寻求大学生购物的趋向以及大学生的购物标准等问题。

2. 调查方法：通过线下访谈、线上问卷调查等方式对大学生进行调查、研究。

3. 调查对象：在校大学生。

（二）调查结果

1. 大学生网络购物的特征分析

（1）性别特征

男生在电子产品、游戏装备等领域的购物活跃度较高，占男生总购物次数的60%；女生则在服饰、美妆、个人护理等领域的购物频率和金额上占据优势，平均每月购物次数比男生多1.5次，平均每次购物金额高出20%。

（2）年龄特征

随着年级的增长，大学生的网络购物频率呈现上升趋势。大一学生平均每月购物1.2次，而大三、大四学生则增加至1.8次；

高年级学生在购物金额上也相对较高，大三、大四学生的平均每次购物金额比大一学生高出30%。

（3）支付能力特征

随着兼职、实习等经济活动的增加，大学生的月可支配收入已提升至2000～3000元；

这一经济能力的提升使得大学生在购物时更加注重品质和个性化需求，非必需品的购买比例增加了25%。

2. 大学生网络购物行为影响因素分析

（1）个人因素

性别、年龄和专业等个人因素对大学生的网络购物行为产生了一定影响。例如，女性大学生在服装鞋帽、化妆品等领域的购物活跃度较高；经济类专业的大学生则更注重商品的价格和性价比。

（2）社会因素

家庭、朋友和同学等社会因素也对大学生的网络购物行为产生了影响。大学生在购物时往往会受到身边人的推荐和评价的影响，从而形成自己的购物偏好和决策。

（3）技术因素

网络技术的普及和移动设备的更新换代为大学生网络购物提供了便捷条件。随着5G、大数据、人工智能等技术的不断发展，大学生网络购物的体验将进一步提升。

3. 大学生对购物网站的选择

…………

4. 大学生网络购物的购买行为特征

…………

5. 大学生对于网络购物的评价

…………

三、结论

（一）大学生网络购物的潜力和挑战

大学生作为电子商务的主要消费群体之一，其网络购物潜力巨大。然而，如何提升购物体验、保障交易安全、满足个性化需求等仍是电商平台面临的挑战。

（二）个性化服务的重要性

电商平台应通过数据分析和用户行为研究，为大学生提供更加个性化的购物推荐和服务。例如，根据用户的购物历史和浏览习惯，为其推荐相似的产品或搭配建议。这不仅可以提高用户满意度和复购率，还能增强用户对平台的忠诚度。

（三）保障交易安全与消费者权益

电商平台应加强对商家的审核和监管力度，确保商品质量和服务质量。同时，建立完善的售后服务和消费者权益保护机制，为大学生提供一个安全、可靠的购物环境。

网络购物已成为大学生生活的重要组成部分。电商平台应抓住这一机遇，通过提供个性化服务和保障交易安全等方式，进一步拓展大学生市场。同时，也应关注大学生的需求和变化，不断创新和完善产品和服务，以满足其日益多样化的购物需求。

第二节　市场预测报告

一、市场预测报告的概念

市场预测报告是指在市场调查的基础上，运用预测的理论、方法和手段对未来一段时间内、一定范围内的市场供求状况和经济发展趋势进行分析、测算和判断的一种财经文书。

二、市场预测报告的种类

市场预测报告的种类很多，按不同的分类标准可将市场预测报告分为以下几种。

（一）按预测对象的范围划分，市场预测报告可分为宏观经济市场预测报告和微观经济市场预测报告。

（二）按预测期限划分，市场预测报告可分为长期市场预测报告（5年以上）、中期市场预测报告（2～5年）、短期市场预测报告（1年左右）。

（三）按预测内容划分，市场预测报告可分为专项市场预测报告和综合市场预测报告。

（四）按预测方法划分，市场预测报告可分为调查预测报告和数学分析预测报告。

三、市场预测报告的特点

（一）预见性

市场预测报告的性质就是对市场未来的发展趋势做出预见性的判断，它是在深入分析市场既往历史和现状基础上的合理判断，目的是将市场需求的不确定性缩小，使预测结果和未来实际情况的偏差概率达到最小。

（二）科学性

市场预测报告在内容上必须占据充分、翔实的资料，并运用科学的预测理论和预测方法，以周密的调查研究为基础，充分搜集各种真实、可靠的数据资料，才能找出预测对象的客观运行规律，得出合乎实际的结论，从而有效地指导人们的实践。

（三）综合性

市场预测报告的内容非常广泛，往往涉及经济、文化、政治、历史等方面，它是外部现象和内在原因的综合，是纵向分析和横向分析的综合，是历史的连贯性和发展的预见性的综合，是微观经济效益和宏观经济效益的综合。因此，市场预测报告具有很强的综合性。

四、市场调查报告和市场预测报告的异同

市场调查和市场预测有着密不可分的联系。市场调查是市场预测的前提、基础和依据，市场预测又是市场调查的继续、延伸和结果。市场调查报告与市场预测报告都是经营决策过程的有机组成部分。

（一）共同点

1. 主体相同

二者的主体都是对市场信息资料有需求的生产企业和销售企业。

2. 客体相同

二者的客体都是市场现象及其相关因素，其活动方式都是从调查、了解过去和现在的各种市场因素入手来开展工作的。

3. 根本目的相同

市场预测报告和市场调查报告都是为企业的生产经营决策或制订科学的营销计划服务的，其根本目的是一致的，都是为了保证产销对路、供需平衡，把握市场变化，谋求良好的经济效益。

（二）区别

1. 研究重点不同

市场调查报告侧重于市场现状和历史的研究，目的是了解市场的实际情况，及时捕捉市场信息，总结经验教训，以求指导当前工作。市场预测报告则侧重于对市场未来发展趋势的研究，着重探讨市场供求关系的发展趋势以及影响此趋势变化的各种因素，对未来市场做出推测、评估和预见，并有针对性地提出改进意见，以求能适应未来市场的变化形势。

2. 研究结果不同

市场调查报告的研究结果是市场现象的各种数据、资料的书面化，涉及的内容比市场预测报告要广泛，因而既可作为市场预测报告的依据和资料，也可直接为经济管理部门和企业日常决策提供依据。而市场预测报告的研究结果是关于市场发展变化的趋势和市场需求的水平，是有一定科学根据的假定，它主要为制订计划和管理决策服务。

3. 研究方法不同

市场调查着眼于市场的过去和现状，而市场预测着眼于市场未来的发展变化趋势。与此相应，市场调查报告所采用的研究方法多是了解市场现状、捕捉市场信息的方法，如访问调查、问卷调查、观察调查等。而市场预测报告为了科学预测市场未来的需求量和需求状况，所采用的研究方法主要包括定性预测法和定量预测法，而且常使用数学模型和数理分析。

五、常用的预测方法

（一）定性预测法

定性预测法是指根据预测者所掌握的知识、经验和综合分析判断能力，对未来经济发展趋势做出判断。

（二）定量预测法

定量预测法是指在占有大量统计资料、信息的基础上，运用统计公式或数学模型，进行定量分析或解图，对未来经济发展趋势进行预测。

六、市场预测报告的结构和写法

（一）标题

市场预测报告的标题一般有两种类型。

1. 公文式标题。此类标题由预测期限、预测区域、预测对象加文种组成。根据实际情况，也可省略某一部分内容。如《2026年国内小汽车市场供求预测》。

2. 新闻式标题。此类标题一般以预测报告的主题句或主要内容概括句为标题，有的只有一行标题，如《电子钟将成为计时"主角"》；有的是两行标题（正标题＋副标题），如《未来十年的电脑行业——增长驱动因素与挑战分析》。

（二）正文

1. 前言。前言又称引言，一般简明扼要地介绍预测的原因、目的、时间、地点、范围、对象，说明预测的主旨，也可概述市场预测报告的主要内容。

2. 主体。主体一般应包括以下几项内容：

（1）基本情况。运用大量的历史与现实的数据资料及有关情况，说明预测对象的现状和基本情况，这是分析和预测的基础。

（2）分析和预测。运用各种预测方法进行综合分析，准确预测发展趋势可能产生的结果。这部分是市场预测报告的核心内容。要求运用的资料真实可靠，分析的方法科学得当，判断推理要合乎逻辑，分析推导过程要明晰。

（3）建议与措施。市场预测报告的最终目的是要提出合理的建议以及切实可行的措施，以便加速经济运转，实现经济发展目标，提高经济效益。这部分内容要具有可行性。

七、市场预测报告的写作要求

（一）深入的数据分析与合理的预测方法

市场预测报告应基于实际数据和科学方法进行编写，包括历史数据分析、市场趋势研究及未来发展预测。利用统计学方法、经济学模型等，为预测提供坚实的理论和技术支持，确保预测结果的可信度和精确度。

（二）清晰的结构和逻辑表达

市场预测报告的每个部分要逻辑清晰、内容连贯。用简明的语言表达复杂的分析和预测，确保报告的通俗易懂，使非专业读者也能快速把握报告要点。

（三）实际应用价值和策略建议

市场预测报告不仅要展示数据和趋势分析，更重要的是提供具有操作性的策略和建议。应根据不同的预测情景，提出相应的市场策略、风险管理措施和应对方案，帮助决策者在未来的市场变动中做出更为明智的选择。

例文

中国咖啡市场现状与发展趋势

19世纪80年代法国人修建越南河内至中国的铁路时，将他们钟爱的咖啡带到了中国。至今咖啡在中国市场的发展已经有一个多世纪。今天，街头巷尾随处可见的咖啡馆已经成为中青年社交、休闲的首选，咖啡已经实实在在成为国人生活中的一部分。

综观中国咖啡市场的发展，可以划分为三个具有代表性的时代。

第一阶段：雀巢以其"一天好开始"，影响和转化国人生活方式，让更多国人尝试咖啡，接受咖啡。……

第二阶段：上岛系咖啡馆，倡导现磨咖啡，让更多公众接受原味咖啡，又以其连锁加盟的商业模式，在中国各地扩张，在这一阶段开设了2600多家咖啡店，占据当时中国九成的咖啡市场。……

第三阶段：星巴克进入中国一线市场。在它的带动下，现磨咖啡市场空间广阔，新式茶饮逐渐崛起。我国咖啡市场存在巨大的扩容空间，随着都市化生活的节奏加快，对咖啡等提神类饮品的需求正在与日俱增。相比于传统速溶咖啡或即饮咖啡，近几年愈发流行的现磨咖啡在原材料和配料上更为优质健康，在配方上更加创新多样，在产品和门店的颜值上也都更加精致有特色，非常适合拍照打卡，颇受年轻人的欢迎。……

第四阶段：中国本土咖啡品牌的蓬勃发展。近年来，中国本土咖啡品牌如雨后春笋般崭露头角，实现了令人瞩目的崛起与发展。数据显示，本土品牌在市场份额上逐年攀升，已经与国际知名咖啡品牌形成有力的竞争态势。以××咖啡为例，凭借对中国市场深刻的洞察力和创新的产品策略，迅速成为消费者的新宠。短短几年间，××咖啡的门店遍布全国各大城市，成为本土咖啡品牌的佼佼者。……

一、终端消费者分析

（一）越来越多的人接受咖啡、喜欢咖啡。

根据一项对12个内陆城市的调查，32%的城市居民有喝咖啡的习惯。过去一年内喝过速溶咖啡的人口比例在30%以上的地区除了上海之外，还有北京、昆明、厦门、杭州和天津等地。

（二）潜在消费群增多

一些消费者虽然不喜欢喝咖啡，但普遍喜欢咖啡厅的氛围和环境，他们会在咖啡馆里消费一些其他附属产品，因此咖啡厅潜在的消费群还是很大。

（三）中青年将成主流消费群体

"80后""90后"等中青年群体，对新生事物的反应非常迅速，他们对外国的饮食文化感兴趣并易接受，这将促进中国咖啡市场的成熟。一份来自8个大城市的调查显示，咖啡作为一种口味独特的饮品，深受青年消费者的喜爱，中年和青年人是咖啡产品的主要消费群体。也就是说，中青年消费群体为都市上班族，就经济实力而言，他们对这一部分的消费没有压力。随着咖啡消费群体的扩大，咖啡文化也应运而生，这在一定程度上吸引了越来越多的消费人群。

二、销售渠道分析

咖啡的消费场所主要集中在咖啡馆和酒店等较高消费场所，这与中国的人均收入和消费水平密切相关，咖啡属于休闲性质的高消费品，想要迅速占领中国的市场，被广大消费者接受，必须降低咖啡销售的生存成本，从而以价格策略占领市场，可以参考瑞幸咖啡的低价策略。

……

三、咖啡产品市场发展趋势分析

（一）家庭咖啡将超过速溶咖啡在消费者中所占的比例。家庭消费近年来成为增长速度最快的咖啡消费渠道，其主要原因有：人民生活水平的提高，中青年消费者的推动，家用咖啡机的普及。

（二）高档中餐厅成为咖啡消费的新的增长点。

（三）二三线城市咖啡消费量不断增加，所占的市场份额也不断增加，成为中国咖啡市场及未来20年的核心推动市场。

……

第三节　可行性研究报告

一、可行性研究报告的概念

可行性研究是指在项目正式启动前，对项目的技术可行性、经济合理性、法律条件、操作可行性等方面进行全面系统的评估和分析。其目的是判断一个计划或项目是否值得投资，是否能够在预定的条件和期限内达到预期的目标和效益。可行性研究有助于项目投资者或决策者理解项目的潜在风险和回报，从而做出更加明智的决策。

可行性研究报告是可行性研究过程中产出的正式文档，它详细记录了研究的背景、目的、范围、方法、分析过程、结果和建议等内容。

可行性研究报告是项目投资决策前的一项重要工作内容，是项目能否立项的论证文件，同时也是与合作单位签订合同的依据。

二、可行性研究报告的特点

（一）科学性

可行性研究报告的写作是建立在科学调查、科学研究、科学预测的基础上的。可行性研究报告不仅要阐明项目在技术上和经济上所依据的理论、原理，说明它的科学性，还要运用大量的数字、资料来论证该项目在技术上、经济上是否可行，其内容应当是科学的、客观的。

（二）论证性

可行性研究报告要选择一个"技术上先进、经济上合算"的最优方案，就必须证明其科学性，对技术上、经济上所依据的理论、原理、资料、数据进行论证，使其具有说服力。

（三）系统性

一个拟建项目是否可行，需要考虑多方面因素，一般就其内容而言，要考察其规模、资源、环境、方案设计、工艺技术、施工组织、人员选定、经济效益和财务评价等方面，因而可行性研究报告要对影响项目建设的各种因素进行全面、系统的分析。

三、可行性研究报告的内容和结构

（一）封面

可行性研究报告的封面包括标题、项目主办单位的名称和地址、接受委托编制可行性研究报告的单位名称及负责人、报告完成日期等内容。

可行性研究报告的标题通常有两种形式：

1. 规范式标题。这种标题由建设单位名称、项目名称和文种组成，如《××市树脂厂转产改建工程可行性研究报告》。

2. 简略式标题。这种标题省略了编写单位的名称，其目的就是为了突出项目的名称，如《新建食品加工厂可行性研究报告》。

（二）目录

可行性研究报告的篇幅一般都比较长，涉及的内容也比较多，因而需要把目录列出来。一般应列出章节名，如果可行性研究报告不分章节，则应列出二级序码的小标题。

（三）正文

1. 前言。前言部分也称概述部分，一般简要地介绍拟建项目提出的背景、目的、依据、理由和项目包括的主要内容等。

2. 主体。主体部分是对项目可行性的分析论证，是可行性研究报告的核心部分。新建项目的可行性论证一般包括：

（1）市场分析：评估目标市场的需求、市场容量、竞争状况和市场趋势等。

（2）技术可行性：分析项目所需技术的可用性、成熟度和项目实施的技术难度。

（3）经济可行性：通过成本收益分析、投资回报率等财务指标评估项目的经济效益。

（4）法律和法规遵从性：考察项目是否符合相关法律、法规和政策要求。

（5）环境影响评估：分析项目可能对环境产生的影响及其可持续性。

（6）操作可行性：评估项目的实施计划、管理架构、资源需求和操作流程的可行性。

（7）风险评估和应对措施：识别项目面临的主要风险，并提出相应的风险管理策略。

由于拟建项目的性质不同，所分析论证的内容各不相同，写作时应按实际情况灵活掌握和处理以上主要内容。

3. 结论。这是可行性研究报告的归纳结束部分，即通过主体对项目的论证，得出可行性或不可行性的结论，如果得出可行性的结论，还要指出存在的问题，并提出建议。

（四）附件

可行性研究报告的附件很多，其篇幅往往比正文部分还长，如实验数据、论证材料、计算附表、统计图表、设计图纸等。这些资料具有很强的说服力和参考价值，但又不宜放在正文中，把它们作为附件放在正文后，既可以保证正文内容的简洁、流畅，又可以保证资料的齐全。

四、可行性研究报告的编写要求

（一）认真组织，合理分工

由于可行性研究是一项复杂的系统工程，参加研究和编制报告的是一个专家群体，因此编写可行性研究报告必须认真组织，合理分工，严谨务实，一丝不苟。

（二）讲求科学性，坚持独立性

编写可行性研究报告必须排除干扰，坚持实事求是，按设计情况进行论证和评价。具体来说，要遵循三条原则：一是要尊重客观事实和各种资料数据，二是要公正地分析评说项目的经济效益，三是客观地进行多方案比较研究。

（三）做到完整、准确

可行性研究报告是立项的凭证和投资决策的依据，它所涉及的内容和反映的数据必须真实可靠，文件必须齐全，基本内容必须齐备，其深度必须能满足项目投资决策的各项要求，达到国家规定的标准。特别是可行性研究报告的结论，要做出明确肯定或否定的回答。

（四）理清思路，写出特点

可行性研究报告涉及的范围广、因素多，而且往往是多个人分头执笔，再由一个人综合完成。这就要求负责拟定总报告的人必须理清思路，确定主题和编写大纲。具体来说体现在两个方面：一是论证具有逻辑性和严密性，二是要把握研究的深度。

（五）正确运用图表

一般在可行性研究报告中图表要占 1/3 左右的篇幅，这还不包括附件中的大量表格。好的图表简明直观，使读者一目了然，其作用往往是文字叙述无法代替的。

例文

学籍管理系统可行性研究报告

在现在的社会，计算机已经深入到日常工作和生活的方方面面，已经成为我们学习和工作所必不可少的帮手。本项目要开发的是基于互联网的学生学籍管理系统。此系统能够给教育单位提供极大的方便，因为教育单位的老师和学生都比较多，需要管理的信息工作量大，如果单纯地由人工管理的话，效率低下，保密性差，工作量大，浪费人力、物力，而且也容易出错，存在着各种信息不易存放、易丢失、难以备份和查询等缺点。因此，实现一个将各种学生管理和服务功能集成起来的学生学籍管理系统就显得十分必要，既可以节省资源，又可以有效存储、更新、查询信息，提高工作和服务效率。

开发的系统要求界面友好，方便直观。既要方便管理员对学生和老师的信息进行添加、删除、修改、查询和统计等，又要方便学生和老师查询相关信息。将数据库发布到互联网上，进行资源共享，方便学生和老师可以在自己的权限内对自己的相关信息进行访问、查询。

一、主要功能

（一）学生管理（略）

（二）老师管理（略）

（三）信息查询（略）

（四）成绩管理（略）

二、目标

所建议系统的开发目标包括：

（一）减少人力与管理费用；

（二）提高信息准确度；

（三）改进管理和服务；

（四）建立高效的信息传输和服务平台，提高信息处理速度和利用率。

三、决定可行性的主要因素

本次可行性分析是按照软件工程的规范步骤进行的，即按复查项目目标和规模，研究目前正使用的系统，导出新系统的高层逻辑模型，重新定义问题这一循环反复的过程进行。然后提出系统的实现方案，推荐最佳方案，对所推荐的方案进行经济、技术、用户操作和法律的可行性分析，最后给出系统是否值得开发的结论。

（一）成本效益分析（略）

（二）技术可行分析（略）

（三）操作可行分析（略）

（四）法律可行分析（略）

四、对现有系统的分析（略）

五、建议的系统

建议系统预期会带来的影响包括以下几个方面：

（一）对设备的影响（略）

（二）对软件的影响（略）

（三）对用户单位机构的影响（略）

（四）对开发的影响（略）

（五）对经费开支的影响（略）

六、技术条件方面的可行性

本系统是一个基于互联网和 Windows 操作的系统，现有技术已较为成熟，利用现有技术完全可以实现系统开发目标。同时，开发期限较为宽裕，预计可以在规定期限内完成开发任务。

七、经济可行性分析（略）

八、社会因素可行性分析（略）

九、结论

本项目具有方便、快捷等优势，投资回报利益大，使得学生学籍管理实现电子化，符合社会信息化发展的需要，技术、经济、操作、法律方面都是可行的，可以开发本系统。

附件（略）

第四节　商业广告文案

一、商业广告的概念

顾名思义，广告就是"广而告之"的意思。广告是指向公众介绍商品、服务内容或文娱体育节目的一种宣传方式，一般通过报刊、电视、广播、网络、招贴等形式进行。

广告有广义和狭义之分。广义的广告包括非经济广告和经济广告。非经济广告是指不以营利为目的的广告，如政府行政部门、社会事业单位乃至个人的各种公告、启事、声明等。狭义的广告仅指经济广告，又称商业广告，是指以营利为目的的广告，通常是商品生产者、经营者和消费者之间沟通信息的重要手段，或企业占领市场、推销产品、提供劳务的重要形式。

根据《中华人民共和国广告法》第二条规定，对商业广告的界定是："在中华人民共和国境内，商品经营者或者服务提供者通过一定媒介和形式直接或者间接地介绍自己所推销的商品或者服务的商业广告活动。"其目的是引起消费者的兴趣和购买欲望。

中华人民共和国广告法

二、商业广告的种类

从不同的角度划分，商业广告有不同的类别。按传播媒介的不同，商业广告一般分为：报纸广告、杂志广告、广播广告、电视广告、路牌广告、灯箱广告、网络广告等。目前，用得最多、传播最为广泛的也是这七类。

三、商业广告文案的结构和写法

（一）标题

标题是广告的眉目。如文章一样，标题新颖、有魅力，就会吸引顾客，起到提示和引导作用。商业广告的标题可分为直接标题和间接标题。

1. 直接标题

直接标题是将商品名称、品牌、企业名称、销售目的或其他要告知大众的信息直接告诉消费者。常见的写法有以下几种：

（1）名称式。直接用企业名称或商品名称或两者兼有作为标题。如：

××豆奶，欢乐开怀

××超薄空调

（2）新闻式。标题采用新闻报道的写法，以引起人们注意。如：

发现陆地之外的二分之一个世界

中景豪庭，横空出世

（3）祈使式。标题使用希望或要求别人来购买的语气。如：

快到碗里来

怕上火，喝×××

（4）抒情式。标题带着赞扬、感叹、祝贺等感情语调。如：

钻石恒久远，一颗永流传

特别的你，特别好看

2. 间接标题

间接标题不直接点明广告主题，而是采用较为委婉的、耐人寻味的方法，用一些富有感情色彩、让人想象、引人深思的语句吸引公众。常用的有以下几种形式：

（1）提问式。从消费者的角度提出与商品服务有关的问题，以引起消费者的注意。如：

今天你缴费了吗

为什么国内98%的民航机都有同样的坚持

（2）情感式。以体现、激发消费者情感为中心制作的标题。如：

把爱带回家

知音难觅，非你莫属

最温馨的灯光，一定在你回家的路上

（3）描写式。用形象具体、色彩鲜明的词语激发消费者对产品的好感。如：

春光明媚，处处芳草（××牙膏）

酒气冲天，飞鸟闻香化凤；糟粕落地，游鱼得味成龙（××大曲酒）

（4）悬念式。在标题中布下悬念，让消费者产生好奇感。如：

冬暖夏凉何足奇，四季长春才叫妙（××牌空调器）

世界上85%的牛是被蘸着番茄酱吃掉的（××牌番茄酱）

(二) 正文

这部分内容应突出要点，提供商品或服务信息的具体细节，给消费者留下深刻印象并能采取购买行动。因此，这部分的创作要做到有物、有趣、有用。

商业广告文案正文的表达形式一般有以下几种。

1. 陈述体

陈述体又称简介体，即开门见山、简明扼要地向顾客推荐、介绍商品。它用朴实、简约的语言，直截了当地说出产品的名称、规格、用途、效果、价目等，为消费者认识和鉴别商品提供必要的知识，适用于对新产品的宣传介绍。如：

×××小麦啤酒集百年之大成，以国产优质白皮小麦制造的小麦芽为原料，采用传统工艺与现代技术相结合的全过程纯净酿造方式精制而成，是一种口感和口味俱佳的健康时尚的饮品，被誉为啤酒中的"香槟酒"。

2. 抒情体

通过感情的抒发，渲染气氛，增强亲切感，使消费者产生美好的联想，从而形成强烈的消费欲望。如：

生命给了建筑表情，一块砖如何在时光中老去，一只邮箱怎样记载一段斑驳的爱情，一次涂鸦又印记着什么样的童年，甚至爬山虎的新叶，以及手指划过墙面的游戏，都是建筑最生动的表情。××相信，扎根生活的记忆，建筑将无处不充溢着生命。（××集团）

3. 描写体

以描写为主要表达方式，表现商品的具体形象，让消费者获得身临其境之感。如：

仿若置身于海风习习的海岸。海浪翻卷出细碎白色泡沫，空气中弥漫着海盐和水花的清新。悬崖上独有的天然矿物香调，糅合着鼠尾草的木质大地芬芳。自由、活力、纵情畅享。（××××香水）

4. 论证体

通过对某一观点的论说，达到使人信服的目的。这一体式要着眼于理性分析，证据确凿。如：

荣获××年度国家科技进步一等奖的××××大学
电机系研制的肾结石粉碎机

由××××大学电机系×××教授、×××副教授主持的，与××医科大学附属中山医院协作研制的JT—ESWL碎石机，已获得全国各地医院的认可，目前已有30余家签订供货合同。正在使用本机器的有××中山医院、××市第九人民医院、××市第一人民医院、××医学院附属医院等7家医院，已治愈病员7000余人，疗效达到国际先进水平，享有国内碎石机的最高信誉。

现在已由航天部××机器厂、××××仪器厂等协作单位组织批量生产，质量可靠。

5. 问答体

通过一问一答宣传广告的内容，激发消费者的好奇心。问答可以是两人之间开展，也可以是几人之间开展。这类体式针对性强，逐点答疑，层层剥离，有很强的说服力。如：

问：我的电视机没有毛病，但常常图像不清，尺寸缩小，声音变低，同步不稳定，为什么？怎么办？

答：最常见的原因是电压不稳定。如果供电电压忽高忽低，不仅影响显像质量，还会由于电压的忽然升高而使晶体击穿或烧毁电子管,电视机就坏了。如果把电视机的插头插在××××电器厂的调压器上,上述的问题就可轻松解决了。

6. 幽默体

以幽默风趣的语言宣传产品,形象生动,引人入胜。如:

如果××还不能使你的鸡下蛋,那它们一定是公鸡。(××饲料广告)

我们的钓竿连鱼看了都喜欢。(××渔具广告)

它唯一的缺点是每小时跑110公里时,你仍然能听得见后座丈母娘唠叨的每个字眼。(××××汽车广告)

不打不相识。(××打印机广告)

7. 文艺体

用诗歌、快板、顺口溜、相声小品、动画皮影等形式宣传商品的都可称为文艺体广告。文艺体广告形式多样,新颖别致,感染力强。如以诗歌形式作的广告:

年华如水涓涓逝,故土情思日日深。

穿上一款家乡衣,以慰一片思乡情。(浙江××进出口公司在台湾地区《××晚报》上刊登的广告)

(三)广告语

广告语又称广告口号、广告标语。它是广告主从长远销售利益出发,在一定时间内反复使用的具有警句、格言性质的宣传词语。广告语的位置比较自由,既可放在广告文案的最前面,也可替代标题,还可以放在正文中或附文后。

广告语是广告的灵魂,是广告文案的点睛之笔。优秀的广告语可使消费者在广告过去很长时间后,即使记不住广告文案的其他内容,还能将广告语娓娓道来,作为其购买商品时的选择依据。因此,写好广告语是极其重要的。要写好广告语,一般可以从以下几个方面入手。

(1)在内容上,以宣传企业形象为主,把企业的精神和文化贯穿于其中。如:

简约而不简单(××男士服装)

比你更关心你(××汽车)

(2)点明产品的品质,介绍产品的功效、性能及产品带来的利益。如:

××掌握核心科技。(××电器)

××,××,质量的保证(××电器)

(3)宣传企业优势,扩大影响范围。如:

一旦拥有,别无所求(××牌手表)

(4)界定产品市场,道出精神需求。如:

×××,男人的世界(×××牌领带)

头屑去无踪,秀发更出众(×××牌洗发水)

金盾,成功的标志。(××牌西服)

(5)以亲情、友情、爱情、豪情等种种情感唤起消费者的肯定与支持。如:

××内衣,温暖到家了(××牌保暖内衣)

男人也需要关怀(××××胃药)

当太阳升起的时候,我们的爱天长地久(×××牌口服液)

(6)在形式上,运用形象语言、深化意象,创造诗的意境。如:

金碧红粉映佳人(×××牌化妆品)

滴滴香浓,意犹未尽(××咖啡)

（7）运用口语、俗语，使其通俗易懂、朗朗上口，并具情趣。如：

味道好极了（××牌咖啡）

人头马一开，好事自然来（×××酒）

（8）运用成语，并作适当修改和发挥，使其易记。如：

踏上轻骑，马到成功（××牌摩托车）

××到家，安居乐业（××牌防盗门）

出手不凡（××牌手表）

（9）充分发挥联想，使广告语独具风格，给消费者丰富的想象。如：

没有最好，只有更好（××牌冰柜）

让女人美丽如水（××××牌绵羊奶保湿霜）

此外，还可以运用比喻、比拟、对偶、排比、夸张、顶真、谐音、双关、反问、重叠等多种修辞手法，使其形象生动。如：运用对偶的"赶走热辣辣的暑气，享受凉津津的滋味"（××牌电风扇）；运用双关的"第一流的产品，为足下增光"（××牌鞋油）；运用夸张的"今年二十，明年十八"（××牌香皂）；运用顶真的"车到山前必有路，有路必有××车"（××牌汽车）；运用借代的"走遍天涯海角，人间处处有××"（××牌化妆品）；运用谐音的"默默无蚊的奉献"（××牌灭蚊片）。

（四）附文

附文又称随文，是广告文案不可缺少的组成部分，一般放在正文结尾部分，其作用是标明企业名称、地址、购买商品或接受服务的方法等，为消费者购买商品或服务提供方便。

四、商业广告文案的写作要求

（一）内容真实，合理合法

《中华人民共和国广告法》第四条规定："广告不得含有虚假或者引人误解的内容，不得欺骗、误导消费者。"在撰写商业广告文案的过程中一定要按照《中华人民共和国广告法》的要求，客观、真实地反映商品特点，不可以为了达到促销的目的而进行不切实际的夸张，不可以使用"国家级""最高级""最佳"等词语。

（二）思想健康，积极向上

《中华人民共和国广告法》第三条规定："广告应当真实、合法，以健康的表现形式表达广告内容，符合社会主义精神文明建设和弘扬中华民族优秀传统文化的要求。"

（三）主题鲜明，定位合理

鲜明的主题必须与合理的定位相结合。定位是确定商品在消费者心中应有的形象地位。产生一个合理定位往往要对各种因素综合考虑，要能根据商品、服务或企业的不同特征，分析消费者心理，要能做到不同的产品、不同的消费对象、不同的时期应该运用不同的定位策略，这样才能使产品在消费者心目中占据最佳位置。

（四）创意新颖，出奇制胜

广告创意就是指具有创造性的"点子"，既包括对商品内涵的独特发现，又指广告形式的出彩。"产品以质取胜，广告以智取胜。"创意新颖的广告，能使产品脱颖而出。但是，广告创意并非唯新就好、以异为佳，必须在顾及企业整个目标、消费者心理等前提下展开想象的翅膀，寻求不同寻常的点子。

（五）语言简洁生动，回味无穷

广告语言的锤炼可从以下几方面入手：第一，力求准确，避免歧义和误解；第二，要生动新鲜，切忌平庸雷同；第三，力求简洁，避免不必要的重复；第四，充分发挥汉语修辞的特色。

> 例文

××十年，为更好的生活

　　这个世界为每个新来的人，都准备了一份礼物。这份礼物人人不同，它的名字，叫作"向往"。

　　一只鸟向往天空，一条鱼向往河流，一粒种子向往大地。那一个人，一家人，一群人，又会向往什么？向往更好的生活，才有更多的收获。

　　当一种幸福点亮更多人的幸福，一个生命激励另一个生命，我们正在更好的路上前进。那些古往今来人们走过的路，没走过的路，都变成我们要走的路。这条路上，我们会拥抱无数的人，抵达无穷的远方。无论多美的梦，梦里有多少想去的地方，想见的人，都会成真。

　　这是更好的生活，也是你送给世界的礼物。

　　××十年，为更好的生活。

（文案出自"××十年"电视广告）

第五节　产品说明书

一、产品说明书的概念

　　产品说明书是指对产品的性能规格、构造用途、使用和保养方法以及维修及注意事项等作书面介绍的文书。

　　一般来讲，产品说明书随着产品一并送给用户。由于产品不同，说明书的内容也就不同。简单的产品说明书可以只用几行文字来完成；而一些大型贵重的仪表、设备的产品说明书，则要写得全面详细，并装订成册。

二、产品说明书的种类

　　产品说明书的应用范围极其广泛，分类方法多种多样。

　　（一）根据产品所属行业的不同，产品说明书可分成工业产品说明书，农业产品说明书，商业服务说明书，金融、保险服务说明书，游览观光说明书，科学说明书，影视剧说明书等。

　　（二）根据表达形式的不同，产品说明书可分为条款式说明书、图表式说明书等。

　　（三）根据说明的方式不同，产品说明书可分为详细说明书和简要说明书。

　　（四）根据使用语种的不同，产品说明书可分为中文说明书、外文说明书、中外文对照说明书等。

三、产品说明书的结构和写法

　　（一）标题

　　产品说明书的标题通常由说明对象或产品名称加文种组成，如《双黄连口服液产品说明书》；有的标题也可省略文种，如《雀巢咖啡机》。

（二）正文

产品说明书的正文一般要写明产品的基本情况，包括产品的性能、用途、构成以及使用方法、保养维修常识等。对不同类型的产品，要抓住各自不同的关键性问题进行说明。

从写作形式上来讲，有条款式、概述式和图表式。

1. 条款式。条款式产品说明书一般采用分条逐项的说明方式，通常用于简单产品的说明。

2. 概述式。概述式产品说明书采用概括和叙述的方式对产品进行介绍和说明，一般用于书刊、资料、电影、戏剧和某些产品的介绍。

3. 图表式。图表式产品说明书主要运用图表对其产品进行说明。这种说明方式能直观、一目了然地让使用者了解产品的工作原理和使用方法。

（三）落款

写明产品制造厂家的名称、地址、电话、邮编、传真、电子邮箱及产品批号、生产标准、专利号、质量级别、年号等。

某些结构复杂、需要向使用者全面、详细说明的产品，由于要说明的事项过多，可以将说明编成小册子，包括封面、标题、目录、概述、正文、封底等。

四、产品说明书的写作要求

（一）语言准确

消费者使用产品时主要依靠产品说明书的指导，因而在撰写产品说明书时要有强烈的责任意识，要做到字斟句酌、周到细致、准确无误，特别是对技术含量高或事关人身安全、财产安全的产品说明更应如此。

（二）突出难点

产品说明书的写作要掌握用户在使用上的难点和疑问，有针对性地加以解答。比如，药物说明书要突出人们在服药后出现的某种症状，是停服还是继续使用。如某药品的说明书上写着："本品偶可引起皮疹，可加服适量的抗过敏药治疗，一般不需停药。"病人看了就可安心服用了。

例文

××牌葡萄糖酸钙口服液产品说明书

本品是以葡萄糖酸钙、乳酸、白砂糖、纯化水为主要原料制成的保健食品，具有补充钙的保健功能。

［主要原料］葡萄糖酸钙、乳酸、白砂糖、纯化水

［功效成分及含量］每支含：钙 99.7 mg

［保健功能］补充钙

［适宜人群］需要补充钙的 1～10 岁儿童

［不适宜人群］1 岁以下婴儿

［食用方法及食用量］每日 3 次，每次 1 支，口服

［产品规格］10 ml/支　　　　［保质期］24 个月

［贮藏方法］置通风、干燥处

［注意事项］本品不能代替药物；不宜超过推荐量或与同类营养补充剂同时食用
［批准文号］国食健字 G20140755
［执行标准］Q/NCS0039S
［生产许可证号］SC12736012200228
［申 请 人］××市××生物技术有限公司　　××生物药业有限公司
［生产企业］××市××生物技术有限公司
［生产地址］××市××工业区采森路××号
［电话号码］（略）　　　　　　　　　［邮政编码］（略）
［产　　　地］（略）　　　　　　　　［总经销］××科技有限公司
［地　　　址］××省××市××大道××号
［电话号码］（略）　　　　　　　　　［传真号码］（略）

第六节　招标书　投标书

一、招标书

（一）招标书的概念

招标人为进行项目建设，购买大宗商品或合作经营某项业务，将有关项目及标准与条件广泛公开告示，从而利用投标者之间的竞争达到优选买主或承包者，订立合同进行交易的行为，这种竞争形式叫作"招标"。《中华人民共和国招标投标法》规定，在中华人民共和国境内进行下列工程建设项目包括项目的勘察、设计、施工、监理以及与工程建设有关的重要设备、材料等的采购，必须进行招标：大型基础设施、公用事业等关系社会公共利益、公众安全的项目；全部或者部分使用国有资金投资或者国家融资的项目；使用国际组织或者外国政府贷款、援助资金的项目。

在招标时，招标人为邀请有关符合条件的单位投标，将业务项目、项目标准、要求和条件等写成书面文字的文书，叫作"招标书"。

（二）招标书的特点

1. 公开性

有的招标书是招标者通过一定的媒体，将自己的标的物、招标意图、招标范围、招标条件、招标步骤等公布于众，投标者可参与公开竞争。此外，招标人要当众公开标的。

2. 竞争性

招标的动机是寻找和选择最理想的合作伙伴，尽可能最广泛地造成竞争局面，以获取最佳的经济效益。

3. 约束性

招标书是招标单位以法人的名义向投标单位提出的约言，招标书的制作过程和基本内容要符合《中华人民共和国招标投标法》的基本规定和要求。

（三）招标书的结构和写法

招标书有招标邀请函、招标公告、招标通告、招标通知书等形式，内容也各不相同，但其基本的写作要领和要求大致有以下几个方面。

1. 标题

招标书的标题一般有以下几种形式：一是由招标单位名称、招标项目、文种构成，如《××学校办公楼工程招标通告》《××洗衣机厂承包招标书》；二是只写招标单位和文种，如《××建筑公司招标公告》；三是只写文种，如《招标说明书》《招标书》。

2. 正文

（1）前言应写明招标人的基本情况和招标目的。

（2）主体是招标文书核心内容部分。这部分通常包含以下内容：招标项目名称、招标范围、招标和投标方法、招标时限、招标地点、投标程序、投标资格、质量及技术要求、保证条件等。有的招标书除文字说明外，还配有图表说明。招标书内容力求详尽、具体。

（3）结尾写明招标人的联系地址、电话、邮编、传真和联系人等。

（4）落款。招标文书的落款应写明招标人的名称（全称）、法人代表和签署日期。这些内容如在正文或封面部分已写明，落款处可以省略。

为使正文更加简洁顺畅，常常把说明项目内容的材料，如工期一览表、设计和勘探资料及其他有关文件等附在招标文书的后面。

（四）招标书的写作要求

1. 合法合理，切实可行

招标方案和内容必须合法合理、切实可行。

2. 标准明确，内容完整

招标书规定的技术规格应当采用国际或者国内公认、法定的标准。招标项目（即标的）是招标书的核心内容，项目有关情况、招标范围、具体要求等都要写得清楚、全面。

3. 语言简练、文字规范

招标书要求行文简洁，无论是定性还是定量说明，都应准确无误，没有歧义，尽可能使用精确语言而少用模糊语言。

二、投标书

（一）投标书的概念

投标是反映卖方或承包商等在指定的时间和地点，按招标方在招标书中所提出的条件和要求，以填具招标单的形式向招标人发盘，争取中标的经济行为。投标书则是卖方或承包商等按招标文书的条件和要求，向招标方开列清单，拟出方案，估算价格，表明应标能力，以力求中标的书面文件。

（二）投标书的特点

1. 针对性

投标人应当按照招标文件的要求编制投标文件。投标文件应当对招标文件提出的实质性要求和条件作出响应。招标项目属于建设施工的，投标文件的内容应当包括拟派出的项目负责人与主要技术人员的简历、业绩和拟用于完成招标项目的机械设备等。

2. 真实性

投标书的内容必须真实，因为投标人一旦中标后，便对自己的承诺负责，要承担法律责任。

3. 竞争性

投标书是作为对招标要约的一种承诺，是投标人为了中标，按照招标人的要求，向招标人表明合作意愿并提供备选方案的说明性材料。投标书的编制和提出，就是一个比实力、比信誉、比策略的竞争过程，因而投标书应尽可能显示投标人所具有的优势条件。

（三）投标书的结构和写法

1. 标题

投标书的标题有以下几种形式：一是由投标人、投标项目和文种构成，如《××

承包××学校食堂的投标书》；二是只写明投标项目和文种，如《××学校办公楼工程项目投标书》；三是只写投标人和文种，如《××公司投标书》；四是只写文种，如《投标书》《投标说明书》等。

2. 主送单位

主送单位即招标人名称，写在正文第一行顶格处，应写全称，如"××省××市××科研项目招标办公室"。

3. 正文

（1）前言。投标书的前言说明投标的依据、目的和指导思想，以及投标人在这次竞争中的态度，具有通览全篇的作用。

（2）主体。投标书的主体是投标书的核心，应根据招标书提出的目标、要求，具体介绍投标人的现状，明确投标期限及投标形式，拟定标的，提供依据，阐明达到目标的方法和措施等。要如实填写标单，力求内容详尽、论证严密。有的投标人为了能顺利中标，还附上投标附件，对有关标价、承包（租赁、合作）形式、工期、质量、服务以及企业的级别、技术力量、设备情况、安全措施和业绩等做出翔实的说明。

（3）落款。投标书的落款应当写明投标单位、地址、邮编、传真、电话、联系人、法人代表、签署日期，并加盖公章。有的还要由上级业务主管部门和公开监督机关签名盖章。

（4）附件。如有必要，还应以附件的形式附上担保单位的担保书，以及有关图纸、表格等。

（四）投标书的写作要求

1. 写作内容要紧扣招标书的要求。
2. 实事求是地说明己方的优势和特点。
3. 内容要合理合法，尤其对承诺的内容，要表述明确、具体、全面、周密，以免中标后发生纠纷。

例文一

××收费站迁移新建工程设计施工总承包招标公告

1. 招标条件

本次招标项目××收费站迁移新建工程（以下简称"本项目"）已由××交通运输厅（××交规划字〔2024〕16号）批准建设，项目业主为××公路开发有限责任公司，建设资金来自企业自筹，资金已落实。招标人为××公路开发有限责任公司（以下简称"招标人"）。项目已具备招标条件，现对本项目的设计施工总承包进行国内公开招标。

2. 项目概况与招标范围

2.1 项目概况

本项目起点连接××高速公路，终点为××互通收费广场，连接××市高铁新区中心大道连接，匝道改造长度共计1.441公里，设计速度40千米/小时。A匝道为双向双车道，路基宽10.5米；D、E匝道采用单向单车道，路基宽9米，收费站采用三入五出，收费广场宽47.9米。新建收费大棚，收费机电原则上利用原有收费设备和系统。项目总投资约5000万元。

2.2 计划工期

本次招标项目建设工期6个月，缺陷责任期24个月，保修期60个月。

2.3 招标范围及标段划分

2.3.1 本次招标设一个标段，即SJSG标段。

2.3.2 本次招标范围包括：

（1）本项目施工图勘察设计，包括但不限于技术方案优化、设备技术要求、施工图设计文件、施工图预算文件等的编制工作；

（2）本项目的建设实施，包括但不限于路基、路面、桥涵、安全设施、管养设施、机电与绿化、站名更换、亮化工程等及缺陷修复。

3. 投标人资格要求

3.1 本次招标要求投标人具有相应资质，满足相应财务、业绩、信誉和人员要求，具备相应的设计、施工能力。具体要求详见附表1至附表5。

投标人在××省交通运输厅发布的2023年度全省高速公路建设市场信用评价结果（以××省交通运输厅公布的为准，下同）中被评为D级的不具备投标资格；联合体投标的，联合体各方在××省交通运输厅发布的2023年度全省高速公路建设市场信用评价结果中被评为D级的不具备投标资格。当年未进行信用评价的投标人其信用等级按B级对待。

投标人涉及设计的资质、业绩、人员等情况应在交通运输部"全国公路建设市场信用信息管理系统"中可查询；投标人涉及施工的资质、业绩、人员等情况应在××省公共资源交易系统（交通平台）中完成登记。

3.2 本次招标接受联合体投标。联合体投标的，应满足下列要求：

3.2.1 联合体所有成员不超过2家，联合体牵头人资质要求详见本招标公告附表1《资格条件（资质最低要求）》。

3.2.2 联合体各方不得再以自己名义单独或参加其他联合体在本招标项目中投标；

3.2.3 联合体各方必须按提供的格式签订联合体协议书，明确联合体牵头人和各方的权利义务；

3.3 单位负责人为同一人或者存在控股、管理关系的不同单位（即关联企业），不得同时参加本项目投标。

3.4 本项目的初步设计单位、代建单位、监理单位及以上单位的附属单位，不得参加本次投标。

3.5 在"信用中国"网站（http://www.creditchina.gov.cn/）中被列入失信被执行人名单的投标人，不得参加投标。

3.6 在国家企业信用信息公示系统（http://www.gsxt.gov.cn/）中被列入严重违法失信企业名单的投标人，不得参加投标。

4. 招标文件的获取（略）

5. 投标文件的递交

5.1 招标人将不组织进行工程现场踏勘和召开投标预备会。

5.2 投标文件应为加密的、交易系统可识别格式的投标文件。投标文件递交的截止时间（投标截止时间，下同）为2024年7月2日9时30分，投标人应于投标截止时间前，通过互联网使用CA数字证书登录交易系统，将加密的投标文件上传，投标文件到达交易系统的时间为电子签收凭证时间。逾期未完成上传或未按时到达交易系统或未按规定加密或未采用交易系统可识别格式的投标文件，交易系统将予以拒收。

6. 发布公告的媒介

6.1 本次招标公告同时在××省公共资源交易网、××省交通运输厅、××省交通投资集团有限责任公司网站上发布，招标文件的关键内容同时在上述网站公开。

7. 联系方式

招标人：××公路开发有限责任公司（盖章）

地　　址：××省××市××区××号　　邮　　编：××××××

联系人：×先生　　　　　　　　电　话：略

招标代理机构：××交通咨询有限公司

地　　址：××省××市××区××收费站旁

邮政编码：××××××

联系人：×先生　　　　　　　　电　话：略

传　真：略　　　　　　　　　电子邮件：略

交易系统软件服务商名称：××有限公司

客服联系电话：略

附件（略）

例文二

新建铁路大同至秦皇岛线茶坞至大石庄线投标书

××市铁路局：

我公司详细地研究了招标文件，进行了周密的现场勘察，做出了符合工期要求的施工安排，愿意以总包方式承担全部工程的施工任务。经报请上级主管部门同意并取得了投标保证书（见标附一）。

按招标文件规定的工程内容，经详细计算填报了报价单，总包价为人民币（大写）×××万元（详见报价单）。其他有关的技术组织措施及必要的文字说明已按要求填写。

如能中标，我公司保证及时签订并认真执行合同，保证于××××年×月×日前进场开工，于××××年×月×日竣工。

投标单位：（盖章）

负　责　人：（签章）

地　　址：××××××××××　　电　话：××××××××

投标书附件清单：

标附一　投标保证书（略）

标附二　报价单（略）

标附三　主要工程的施工方法、施工顺序和总施工进度安排（略）

标附四　施工中跨越公路施工时采取的措施（略）

标附五　本工程跨越公路施工时采取的措施（略）

标附六　跨越京秦铁路的特大桥施工时对行车及施工安全的具体措施（略）

标附七　重载路基施工的具体措施（略）

标附八　钢材、木材、水泥的总需量估计及垫用能力（略）

标附九　主要临时工程的项目、数量及需要租用土地的数量（略）
标附十　投标单位认为必要的其他文字说明（略）

第七节　合　同

一、合同的概念

中华人民共和国民法典

《中华人民共和国民法典》第四百六十三条规定："合同是民事主体之间设立、变更、终止民事法律关系的协议。"

二、合同的种类

根据《中华人民共和国民法典》的规定，常用的典型合同有以下19种。

（一）买卖合同，是出卖人转移标的物的所有权于买受人，买受人支付价款的合同。

（二）供用电、水、气、热力合同，是供电人向用电人供电，用电人支付电费的合同。供用水、气、热力合同，参照适用供用电合同的有关规定。

（三）赠与合同，是赠与人将自己的财产无偿给予受赠人，受赠人表示接受赠与的合同。

（四）借款合同，是借款人向贷款人借款，到期返还借款并支付利息的合同。

（五）保证合同，是为保障债权的实现，保证人和债权人约定，当债务人不履行到期债务或者发生当事人约定的情形时，保证人履行债务或者承担责任的合同。

（六）租赁合同，是出租人将租赁物交付承租人使用、收益，承租人支付租金的合同。

（七）融资租赁合同，是出租人根据承租人对出卖人、租赁物的选择，向出卖人购买租赁物，提供给承租人使用，承租人支付租金的合同。

（八）保理合同，是应收账款债权人将现有的或者将有的应收账款转让给保理人，保理人提供资金融通、应收账款管理或者催收、应收账款债务人付款担保等服务的合同。

（九）承揽合同，是承揽人按照定作人的要求完成工作，交付工作成果，定作人支付报酬的合同。

（十）建设工程合同，是承包人进行工程建设，发包人支付价款的合同。建设工程合同包括工程勘察、设计、施工合同。

（十一）运输合同，是承运人将旅客或者货物从起运地点运输到约定地点，旅客、托运人或者收货人支付票款或者运输费用的合同。

（十二）技术合同，是当事人就技术开发、转让、许可、咨询或者服务订立的确立相互之间权利和义务的合同。

（十三）保管合同，是保管人保管寄存人交付的保管物，并返还该物的合同。

（十四）仓储合同，是保管人储存存货人交付的仓储物，存货人支付仓储费的合同。

（十五）委托合同，是委托人和受托人约定，由受托人处理委托人事务的合同。

（十六）物业服务合同，是物业服务人在物业服务区域内，为业主提供建筑物及其附属设施的维修养护、环境卫生和相关秩序的管理维护等物业服务，业主支付物业费的合同。

（十七）行纪合同，是行纪人以自己的名义为委托人从事贸易活动，委托人支付报酬的合同。

（十八）中介合同，是中介人向委托人报告订立合同的机会或者提供订立合同的媒介服务，委托人支付报酬的合同。

（十九）合伙合同，是两个以上合伙人为了共同的事业目的，订立的共享利益、共担风险的协议。

三、合同的结构和写法

合同在写作时，通常使用三种形式进行表述：条款式、表格式、综合式。

就结构而言，不论哪种形式的合同一般都应具备标题、约首、正文、约尾四个部分。

（一）标题

标题即合同名称，它提示合同的性质和种类。标题的位置在合同首页上方，居中排列。标题的写法有以下几种：

1. 直接以合同种类名称作为合同的标题，如《保管合同》《租赁合同》等。
2. 以经营范围或标的加上合同种类名称作为标题，如《蔬菜购销合同》等。
3. 以时间期限加上合同种类名称作为标题，如《2024年第三季度运输合同》等。
4. 以签约单位名称加上合同种类名称作为标题，如《××××公司、×××公司出口合同》等。

（二）约首

约首包括签订合同当事人名称、合同编号及签约地点、时间等。

1. 当事人名称。在合同标题的左下方，分行并列或左右并列写明签订合同当事人的单位名称及法人代表或自然人姓名。名称第一次出现时要写全称，为了行文方便，可分别在名称或姓名前面注明谁是"甲方"，谁是"乙方"；或谁是"买方"，谁是"卖方"。也可在名称或姓名后面加括号注明"甲方"与"乙方"，"买方"与"卖方"。甲乙双方注明后，下文使用时不可混淆。

2. 合同编号与签订地点、时间。在合同标题的右下方，分行并列写明该合同的编号、签订地点及时间。签约地点、时间可以写在约首中，也可以放在约尾中注明。

（三）正文

正文是合同的主要内容，一般包括以下三项内容。

1. 引言。引言在合同标题的下方。一般开头先用一两句话说明双方签订合同的依据和目的。例如，"依据《中华人民共和国民法典》有关规定，存货方和保管方根据委托储存计划和仓储容量，经双方协商一致，签订本合同"。

2. 主体。该部分是合同的主要内容，是合同的重点，它规定了当事人的各项权利和义务，是当事人共同履行合同承担法律责任的依据。按照《中华人民共和国民法典》的规定，合同应具备以下主要条款：

（1）当事人的姓名或者名称和住所。

（2）标的。标的是指合同当事人双方（或几方）权利和义务共同指向的对象。凡货物、货币、工程项目、劳务或智力成果等都可作为合同的标的。任何没有标的或标的不明确的合同都是没有实际意义的。在签订合同时，应将标的明确加以说明。

（3）数量和质量。数量和质量是衡量标的的尺度。在签订合同时，数量必须按照国家法定标准和计量单位计量。质量是标的内在的素质和外观形态的总和反映，它可以体现出商品、产品或劳务的优劣程度，质量条款也必须符合相关规定。在撰写合同时，必须把计量单位和数字以及质量等标示明确清楚。

（4）价款或者报酬。价款或者报酬是指取得合同标的的一方向对方所支付的代价，它是合同价值的货币表现。价款一般是指向提供财产的一方当事人支付的货币，报酬一般是指向提供劳务或者完成特定工作成果的一方支付的货币。在撰写这一条款时应注意写清标的价款或者报酬的计算标准及总金额。

（5）履行的期限、地点和方式。履行期限是指合同当事人履行义务和享受权利的时限。合同的履行期限与有效期限并不完全相等。撰写合同时，应根据当事人的协商结果，明确写出合同的履行期限，包括具体的年、月、日，绝对不能含糊。否则，就意味着允许义务人无限期地拖延合同的履行，而不允许享受权利一方去追究责任，也就使合同失去了意义。履行地点是当事人行使权利、履行义务的处所，如交货、提货地点等。写这一点时要注意，供需双方在两地的，为避免同名地点，履行地点应冠以省、市、县（区）名。履行方式是指合同当事人行使权利、履行义务的方式，包括交货方式、验收方式、付款方式、结算方式等。

（6）违约责任。违约责任是指合同当事人因违反合同义务应承担的责任。对违约责任的追究，可以用支付违约金、支付赔偿金、继续履行合同等方式解决。法定的或预先约定的违约责任，不管是否给对方造成实际损失，违约方都要支付违约金。一方违约给另一方造成损失而没有违约金或违约金不足以弥补损失时，要支付赔偿金。违约责任应根据国家或有关部门的管理条例约定，也可由当事人双方议定。

（7）解决争议的方法。解决争议的方法是指合同当事人约定的解决合同纠纷的具体形式。我国目前在合同领域解决争议的方法有四种：当事人自行协商解决，合同争议各方请求上级主管部门主持调解，当事人向仲裁机关请求仲裁解决，直接向人民法院提起诉讼。若选择仲裁或诉讼的方法，还应写明解决争议的地点。

3. 附则。附则包括说明合同的有效期、份数、保存者、附件等。合同如有附件，如图样、表格、实物等，就应在正文后注明附件的名称及件数。如：

"本合同一式两份，双方各执一份，副本若干份，呈送主管部门。"

"本合同有效期自2023年12月7日双方签字盖章起生效，至2028年12月7日止。"

（四）约尾

这部分主要是合同当事人的落款，要写清楚合同当事人的有关情况，一般采用分行并列的形式，主要包括以下内容。

1. 合同当事人双方（或多方）签名、盖章。单位合同要签署单位全称、法人代表姓名，加盖公章、专用章，还要有法定代表人的签字等。

2. 合同当事人双方（或多方）的单位地址、电话号码、传真号码、邮政编码等。

3. 合同当事人双方（或多方）的开户银行、银行开户名、账号等。

需经主管部门批准的合同，或当事人双方（或多方）申请鉴证或公证的合同，还要有主管部门、鉴证或公证机关的签章。主管部门、鉴证或公证机关可在合同当事人情况栏后签署有关意见。此外，有的合同将签订时间签于合同首页上方，而不是落在合同全文右下方，也是可以的。

四、合同的写作要求

（一）遵守《中华人民共和国民法典》

合同是依据法律规定而签订的，这是与其他文书不同的地方，所以在撰写合同时应严格遵守《中华人民共和国民法典》的相关规定，在其内容上、签订的程序上，都不得与国家法律法规相违背。凡违反《中华人民共和国民法典》的合同，均属于无效合同。

（二）条款要齐全、具体

条款是合同的主要内容，是当事人双方权利和义务的具体体现。因此，签订合同必须做到齐全、具体。齐全指的是合同所应具备的条款不得缺少，合同所应具备的部分不得遗漏。如标的、数量质量、履行的期限、地点和方式、当事人的各种权利和义务及经济上、法律上的责任等。如果条款部分写得不够齐全、具体，事后多会引发合同纠纷。

（三）不得随意涂改或终止

合同签订后，双方必须严格遵守，共同维护合同的严肃性，任何一方不得从自己的经济利益出发，擅自修改或终止已签订的合同。合同内容如果有错漏或因特殊情况必须修改补充、终止时，一定要在双方协商同意的基础上进行，签具修订或撤销合同的协议书，并加盖双方的印章，或以附件的形式互换函件。

（四）语言表述要准确、简明

合同的语言要求严谨、无歧义，标点正确，有关数字要准确，表示货物或物品的数目要用中文大写，计量要采用法定单位，涉及技术问题的，要正确使用术语。

总之，拟写合同时，双方当事人对每种概念、每个词句、标点等都要反复斟酌，仔细推敲，以便更好地实现双方当事人的权利和义务。

例文一

商铺租赁合同

出租方：＿＿＿＿＿＿＿＿＿＿＿＿＿＿＿＿，以下简称甲方

承租方：＿＿＿＿＿＿＿＿＿＿＿＿＿＿＿＿，以下简称乙方

根据《中华人民共和国民法典》及有关规定，为明确甲、乙双方的权利义务关系，经双方协商一致，签订本合同。

第一条　商铺概况

坐落地址：＿＿＿＿＿＿＿＿＿＿＿＿＿＿＿＿＿＿＿＿＿

建筑面积：＿＿＿＿＿＿平方米。

第二条　租赁期限

租期为＿＿＿＿＿年，自＿＿＿＿＿年＿＿＿月＿＿＿日起至＿＿＿＿＿年＿＿＿月＿＿＿日止。

承租人有下列情形之一的，出租人可以终止合同，收回房屋：

1. 承租人擅自将房屋转租、转让或转借的；
2. 承租人利用承租房进行非法活动的，损害公共利益的；
3. 承租人拖欠租金累计达 30 天的，并赔偿违约金＿＿＿＿＿＿元。

合同期满后，如出租方仍继续出租房屋，承租方享有优先权。但租金按当时的物价及周围门市租金涨幅做适当调整。

第三条　租金和租金交纳期限：

1. 每年租金为人民币（大写）＿＿＿＿＿＿＿＿＿＿元整（￥＿＿＿＿＿＿元）。
2. 经双方协商，甲方同意乙方租金分＿＿＿＿期付款，付款期限及金额约定如下：

第一期：租金为＿＿＿＿＿＿＿＿＿，付款时间为＿＿＿＿＿年＿＿＿月＿＿＿日。

第二期：租金为＿＿＿＿＿＿＿＿＿，付款时间为＿＿＿＿＿年＿＿＿月＿＿＿日。

第三期：租金为＿＿＿＿＿＿＿＿＿，付款时间为＿＿＿＿＿年＿＿＿月＿＿＿日。

……

3. 乙方必须按照约定向甲方缴纳租金。如无故拖欠租金，甲方给予乙方7天的宽限期，从第8天开始甲方有权向乙方每天按实欠租金1%加收滞纳金。

第四条　租赁期间房屋修缮

出租方将房屋交给承租方后，承租方的装修及修缮，出租方概不负责。如承租方不再使用出租方的门市后，承租方不得破坏已装修部分及房屋架构。

第五条　各项费用的缴纳

1. 物业管理费：乙方自行向物业管理公司交纳；
2. 水电费：由乙方自行缴纳；（水表底数为＿＿＿＿度，电表底数为＿＿＿＿度，此度数以后的费用由乙方承担，直至合同期满）。
3. 维修费：租赁期间，由于乙方导致租赁房屋的质量或房屋的内部设施损毁，包括门窗、水电等，维修费由乙方负责。

第六条　出租方与承租方的变更：

1. 如果出租方将房产所有权转移给第三方时，合同对新的房产所有者继续有效。承租人出卖房屋，须在3个月前通知承租人，在同等条件下，承租人有优先购买权。
2. 租赁期间，乙方如欲将租赁房屋转租给第三方使用，必须事先书面向甲方申请，由第三方书面确认，征得甲方的书面同意。取得使用权的第三方即成为本合同的当然乙方，享有原乙方的权利，承担原乙方的义务。

第七条　违约金和违约责任

1. 若甲方在乙方没有违反本合同的情况下提前解除合同或租给他人，视为甲方违约，负责赔偿违约金＿＿＿＿元。
2. 若乙方在甲方没有违反本合同的情况下提前解除合同，视为乙方违约，乙方负责赔偿违约金＿＿＿＿元。
3. 承租方违反合同，擅自将承租房屋转给他人使用的，应支付违约金＿＿＿＿元。如因此造成承租房屋损坏的，还应负责赔偿。

第八条　免责条件

若租赁房屋因不可抗力的自然灾害导致损毁或造成承租人损失的，双方互不承担责任。租赁期间，若乙方因不可抗力的自然灾害导致不能使用租赁房屋，乙方应立即书面通知甲方。

第九条　争议的解决方式

本合同在履行中如发生争议，双方应友好协商解决，协商不成时，任何一方均可以向人民法院起诉。

第十条　本合同如有未尽事宜，一律按《中华人民共和国民法典》的有关规定，经甲、乙双方协商，做出补充规定，补充规定与本合同具有同等效力。

第十一条　本合同双方签字盖章后生效，如一方违约，另一方有权向违约方要求赔偿违约金＿＿＿＿元。

本合同共＿＿＿＿页，1式2份，甲、乙双方各执1份，均有同等法律效力。

出租方：　　　　　　　　　　　承租方：
法定代表人：　　　　　　　　　法定代表人：
联系电话：　　　　　　　　　　联系电话：
联系地址：　　　　　　　　　　联系地址：
＿＿＿＿年＿＿月＿＿日　　　　＿＿＿＿年＿＿月＿＿日

例文二

购销合同

甲方（购方）：_____
乙方（销方）：_____
经双方协商，特签订_____购销合同条款如下：
一、标的

品名	规格型号	数量	单位	单价（元）	金额

二、质量标准：_____
三、验收方式：_____
四、交货方式、地点和运费负担：
甲方组织运输工具到乙方仓库提货，运费、上、下车费等均由甲方自理，乙方凭合同和甲方收货人出具的证明发货。若遇便车，乙方可以代运，其代运费用由甲方负担。乙方垫付的款项，随同货款一并结算。
五、甲乙双方必须按如下期限交（提）货：
_____年____月____日前交（提）_____；
_____年____月____日前交（提）_____。
甲方逾期提（收）货的。乙方有权处理该货，并不免除甲方责任。
六、付款办法和期限：
1. 甲方在_____年____月____日前付定金_____元；
2. 采取先汇款后结算方式：甲方按购货款总额分期先汇款。
_____年____月____日前电汇_____元；
_____年____月____日前电汇_____元。
3. 采取托收承付方式：按《中国人民银行结算办法》第八条第一、二、三、五、六、七、八项规定执行。乙方每月____日至____日凭实发货物开具销售发票向甲方开户银行办理托收。
七、违约责任：
甲方责任：
1. 中途退货或违约拒收的，偿付退（或拒收）货部分货款总值____%的违约金。逾期提货的，每天偿付逾期提货部分货款总值____%的违约金，并承担乙方实际支付的代管费用。
2. 逾期付款的。每天偿付逾期付款总额____%的违约金。
乙方责任：
1. 不能交货的，偿付不能交货部分货款总值5%的违约金；逾期交货的，按逾期交货部分货款总值计算，每天偿付____%的违约金。
2. 所交货物质量、规格不符合同规定，除自费负责处理外，还要赔偿实际经济损失。

八、本合同一式____份。经法定代表人签字后生效。有效期自_____年____月____日起至_____年____月____日止。

甲方：　　　　　　　　　　　　　乙方：
法定代表人：　　　　　　　　　　法定代表人：
开户银行：　　　　　　　　　　　开户银行：
银行账号：　　　　　　　　　　　银行账号：
_____年____月____日　　　　 _____年____月____日

第八节　经济活动分析报告

一、经济活动分析报告的概念

经济活动分析报告，是指以党和国家的方针、政策为指导，根据计划、会计、统计工作的报表资料，以及调查研究所掌握的情况，对本部门或本单位的经济活动状况进行综合或专题分析而写出的文字资料。

二、经济活动分析报告的种类

（一）按分析的目的与内容划分

1. 综合分析报告。此类报告又称全面分析报告或系统分析报告，是针对某一单位或部门在一定时期内的经济活动，根据各项主要经济指标，进行系统的分析研究之后写成的报告。

2. 简要分析报告。此类报告一般围绕几个计划财务指标或抓一两个重点问题进行分析后写成，目的是及时观察经济活动的趋势和工作改进的程度，分析主要指标执行动向、完成情况等。

3. 专题分析报告。此类报告一般是根据当前的中心工作，或是对某些重大经济措施和业务上的重大变化以及工作中的薄弱环节和关键问题等进行专项分析后，所写出的分析报告。

（二）按分析对象的范围划分

1. 宏观经济分析报告。这是关于国民经济全局性问题和行业共同性问题的书面报告。
2. 微观经济分析报告。这是对企业生产经营活动等进行分析研究的书面报告。

三、经济活动分析报告的特点

（一）专业性

经济活动分析报告专门分析生产、商品流通、资金运转等过程中各项经济指标的完成情况等，或经济活动中的各种专门问题，如物价、消费等，专业性强。

（二）时效性

写经济活动分析报告要迅速及时，因为即使再透彻、全面的报告，一旦错过了时机，也将成为一纸空文，毫无价值。

（三）真实性

真实性是经济活动分析报告赖以生存的基础。撰写经济活动分析报告必须尊重事实，实事求是，分析必须量化。

（四）指导性

经济活动分析报告是经济部门和企业制定规划的依据，具有重要的指导意义。

四、经济活动分析报告常用的分析方法

（一）比较分析法

比较分析法简称比较法或对比法，是指将两个或两个以上的指标，在时间、内容、项目、条件等都相等的基础上进行数字的对比的方法。

1. 比计划。这是指用实际完成指标与计划指标对比，分析造成差异的主客观因素，为进一步挖掘生产经营的潜力，更好地完成计划提供充分的认识依据。

2. 比历史。这是纵向的比较，是将本期完成的实际数与上期或上年同期的情况进行分析对比，说明经济活动在时间上的动态变化。

3. 比先进。这是横向的比较。这样的比较可以知己知彼，为赶超先进指明方向。

运用比较分析法，应注意指标数据的可比性，就是在对比时必须考虑时间、范围、项目、条件和计算方法等方面的一致性。

（二）因素分析法

因素分析法是指把综合性指标分解成为各个原始因素进行分析的方法。因素分析法侧重于事实的证明和原因特点的分析，侧重于各种因素对某一经济活动结果的综合影响的分析，如产量、质量、成本和利润等各种因素对某一结果的综合影响，以及影响的主次顺序和程度。而比较分析法则侧重于数据资料的分析和数据之间的比较。

（三）动态分析法

动态分析法是指将不同时期同类指标的数值进行对比，求出比率来研究某一经济现象发生变化情况和发展趋势的一种分析方法。

（四）综合分析法

综合分析法是指对多种指标进行综合对比、计算的一种分析方法。经济活动错综复杂、千变万化，需要把有关的多种因素综合起来加以分析研究，这样才能准确地找到事物的规律，把握事物的本质。

此外，为了深入剖析数量差异产生的原因，或适应某种分析目的的特殊需要，经济活动分析报告还要采用一些数学的分析方法，如指数分析法、平衡分析法、比率分析法、结构分析法、直线回归法等。应该指出的是，任何一篇经济活动分析报告，都不可能仅采用一种分析方法，而往往要将两种或更多分析方法结合起来使用。

五、经济活动分析报告的结构和写法

由于内容和写作目的的不同，经济活动分析报告的格式并不固定，一般的情况下，都要有数据，有分析，有针对性意见，格式上一般包括标题、正文、落款三部分。

（一）标题

完整的经济活动分析报告的标题包括单位名称、时间（这一点与调查报告不同）、分析对象或范围、文种四个要素，如《××公司一季度生产成本分析报告》《××市××商城2024年上半年财务分析报告》。有的类似公文标题的写法，由介词"关于"和分析对象与文种三部分组成，如《关于原材料消耗的分析报告》。有的根据情况在标题中可以省去其中一项或两项要素。宏观经济活动的分析报告通常不写单位。采用

文章式标题写法的，一般含有分析的对象和事由，或点出文章的论题范围，或用分析报告提出的建议、意见、观点作为标题，如《加强商品购销过程中的经济核算》。形式上有时还可采用双标题，如《零售市场全面复苏，商品销售走出谷底——2023年市场简析》。

（二）正文

1. 前言。前言的写法比较多样，有的是以简洁的语言介绍经济活动的背景，有的是说明分析对象的基本情况，有的是交代分析的原因和目的，有的是明确分析的范围和时间，有的是提出问题，有的是揭示分析结论，也有许多经济活动分析报告省略了前言部分，开始便直截了当地表述中心内容。

2. 情况。这部分内容详写经济活动的情况，包括主要经济指标完成情况、技术和管理措施情况、业务工作开展的情况等。写情况是为了总结经验、揭示问题，为下文的分析作好铺垫。这部分通常要使用一些统计数据，以便把情况介绍得更加清楚明白。

3. 分析。经济活动分析报告要以"分析"为主，而不能只堆砌材料、罗列事实。缺乏有理有据、深入细致的分析，写作就不能算是成功的。只有分析得当，才能对经济活动做出正确的评价，才能对其成败的原因有所认识，也才有可能把握经济活动的本质和规律。

4. 建议。一般根据分析的结果，回答今后的经济活动将会"怎么样"或"怎么办"的问题。在不同的经济活动分析报告中，这部分内容的侧重点是有所不同的。如果报告是以说明成绩、总结经验为主，应着重写明推广经验，提高经济效益的途径；如果以揭露问题、总结教训为主，应着重写明解决问题、改进工作的措施。这部分是经济活动分析报告的精华所在，应特别注意其结构安排和语言表述。

5. 结尾。经济活动分析报告的结尾要视具体情况而定。有的报告可省去结尾这一部分。如果需要有结尾，一般情况下多是回应标题，提出希望和要求，对全文作一个简略的总结。

（三）落款

落款，即具名和日期。公开发表的分析报告的作者姓名则应署在标题下面。

六、经济活动分析报告的写作要求

（一）高屋建瓴，科学分析

在分析中涉及的经济问题，往往与政策问题和经济理论有着密切关系，因此必须从方针政策和理论的高度进行分析，高屋建瓴地看问题，寻找产生问题的原因，同时要合理地运用分析方法。

（二）明确目的，抓住重点

经济活动分析报告的价值是推动经济活动的发展，在写作之前，应对要解决的问题进行归纳分类，抓住主要矛盾，突出重点。

（三）材料准确，数字翔实

为了保证资料的真实、准确、可靠，进行经济活动分析应当尽量使用第一手资料，同时还要注意对资料进行认真的核实和查对。数字是高度凝练的事实，用得好可以更准确地说明情况，使分析报告更有说服力。

例文

××船务公司20××年一季度经济活动分析报告（节选）

一、各项经济指标运行情况分析

（一）责任成本指标

1—3月份累计责任成本1510万元，为计划进度（1550万元）的97.42%，实际比计划节约40万元。

（二）安全、货运质量指标

1—3月份累计交通事故损失金额3万元，为计划进度32.34万元的9.28%；与去年同期比减少1万元。1—3月份无货运质量事故，无货主投诉，货差损赔偿金额为零。

（三）船舶效率指标

1. 1—3月份累计完成拖轮船产量64185吨千米/千瓦，为计划计度（60480吨千米/千瓦）的106.13%，超进度3705吨千米/千瓦；与去年同期比，增加740吨千米/千瓦，增幅1.17%。

2. 1—3月份累计完成驳船产量3986吨千米/吨，为计划进度（3950吨千米/吨）的100.91%，超进度36吨千米/吨。与去年同期比，增加35吨千米/千瓦，增幅0.89%。

……

（四）燃油消耗指标

1. 1—3月份燃油企业单耗实绩2.94千克/千吨千米，与计划进度（2.98千克/千吨千米）比，降低了0.04千克/千吨千米；与去年同期比下降了0.24%，降幅7.66%。

2. 1—3月份累计非生产用油345吨，为计划进度（488吨）的70.7%；与去年同期相比减少用油73吨，降幅17.46%。

……

从一季度指标运行情况看，可概括为"三增、三降、一稳定"，即拖轮船产量、燃料油占总耗量的比例、驳船营运率增长，责任成本、非生产用油、企业单耗降低，安全稳定。

二、一季度经济指标监控的主要做法

（一）紧密结合企业经济形势，针对今年油价高企、货源不足、运价下滑的严峻形势，公司将责任成本控制放在突出地位，在各项成本指标分解过程中，所有箭头向下，并低于去年同口径水平的10%。

（二）狠抓主题不松劲。在安全质量连续一年来稳定的情况下，公司把安全工作始终作为工作的主题，常抓不懈，一季度重点抓了"百日安全无事故活动"的巩固提高，以及冬季防滑、防搁浅、防碰撞等，确保了一季度安全局面的稳定，促进了其他指标的平稳运行。

（三）结合管船公司安全工作实际，创新制订了《××船务公司领导安全责任制实施方案》，将安全管理责任、单船建设、推进工作分片包干到公司各位领导，形成了纵向到底、横向到边的安全管理责任网络。

（四）加强各项指标运行的动态监控与管理，及时发现经济运行中出现的问题，并采取措施加以解决。

三、一季度经济运行中存在的主要问题

（一）成本控制压力没有缓解，主要体现在：

……

（二）燃油指标压力将会显现

……

（三）安全隐患犹存

……

（四）部分船舶水电费出现异常

……

四、今后工作建议

（一）认清形势，转变观念，保持清醒头脑。目前，我们面临三大压力：一是效益指标欠进度；二是成本压力日益突出；三是修费不足，对船舶设备养护造成空前压力。我公司要加强科学管理，做好半年工作会指标调整的思想准备。

（二）成本控制要注意四个指标的监控

1. 物料费指标
2. 海损指标（包括海损杂支指标）
3. 修费指标
4. 船舶水电费指标

（三）强化责任意识

各指标处室负责人是本部门指标的第一责任人，要求各部门紧盯目标，加强责任，严密监控，实施目标管理。

（四）经监处要加大运行质量监控

……

（五）加大重点指标的监控力度

……

××××年×月×日

写作训练

一、根据下面这份材料，撰写一篇市场调查报告。

中国饮料工业协会统计报告显示，国内果汁及果汁饮料实际产量超过百万吨，同比增长33.1%，市场渗透率达36.5%，居饮料行业第四位，但国内果汁人均年消费量仅为1千克，为世界果汁平均消费水平的1/7，西欧国家平均消费量的1/4，市场需求潜力巨大。

我国水果资源丰富，其中，苹果产量是世界第一，柑橘产量世界第三，梨、桃等产量居世界前列。据权威机构预测，到2026年，我国预计果汁产量可达180万～190万吨，人均果汁年消费量达1.2千克左右。2030年，预计果汁产量达235万～270万吨，人均年消费量达1.5千克。

近日，我公司对H市果汁饮料市场进行了一次市场调查，根据统计数据，我们对调查结果进行了简要的分析。

追求绿色、天然、营养成为消费者选择果汁饮料的主要目的。品种多、口味多是果汁饮料行业的显著特点。市场调查显示，每家大型超市内，果汁饮料的品种都有50～60种，品牌达十几家，竞争十分激烈。果汁的品质及创新成为果汁企业获利的关键因素。果汁饮料的淡旺季销量无明显区分。

目标消费群显示，在选择果汁饮料的消费者中，15～24岁年龄段的占了34.3%，25～34岁年龄段的占了28.4%，其中，又以女性消费者居多。

影响购买因素——口味：酸甜味道的果汁饮品销得最好，低糖营养性果汁饮品是市场需求的主流。包装：家庭消费首选750ml和1L装的塑料瓶大包装；260ml的小瓶装和利乐包为即买即饮或旅游时的首选；礼品装是家庭送礼时的选择；新颖别致的杯型因喝完饮料后瓶子可当茶杯用，所以也影响了部分消费者的购买决定。

饮料种类选择习惯——71.2%的消费者表示不会仅限于一种，会喝多种饮料；有什么喝什么的占了20.5%；表示就喝一种的占了8.3%。

品牌选择习惯——调查显示，习惯于多品牌选择的消费者占了54.6%，习惯于单品牌选择的占了13.1%；因品牌忠诚性做出单品牌选择的占了14.2%，价格导向因素占了2.5%，追求方便的占了15.5%。

饮料品牌认知渠道——通过广告了解的占了75.4%，自己喝过才知道的占了58.4%，在卖饮料的地方了解的占了24.5%，亲友介绍的占了11.1%。

购买渠道选择——在超市购买占了61.3%，在购物网站购买占了28.4%，在批发市场购买占了2.5%，在大中型商场购买占了5.4%，在酒店、快餐厅等餐饮场所购买占了2.4%。

一次购买量——选择喝多少就买多少的占了62.4%，选择一次性购买很多的占了7.7%，会多买一点存着的占了29.9%。

二、选择你所熟悉的某种日用商品，对其在本地的市场销售状况做市场调查后，写一篇市场预测报告。

三、以《大学生》杂志为题，写一则杂志内页广告文案，要求体现杂志的宗旨、特点，语言要简洁凝练，表现形式不限。

四、分析以下广告正文、广告语的表现形式和特点。

1. ××复印机的一则广告正文为："随国家'极地号'南极考察船，历时199天，复印三万余张，质量始终如一，无故障。"

2. 实不相瞒，"××"的名声是"吹"出来的。（××牌电扇广告语）

五、请你向大家推荐几则你认为最优秀的广告口号，并说明推荐理由。

六、请为你家乡的某种食品（特产）写一篇条款式的食用和保存说明书。

七、根据下面的材料，代拟一份招标文书，再据此拟写一份投标书。

某大学的食堂决定交给社会承包，承包期限5年。承包期间水电费等均由承包方承担，承包方每年交给学校××万元利润……

八、请根据合同的写作要求，对下面一则合同进行修改，并说明理由。

经济合同

立合同人：
××纺织厂第四车间（甲方）
××市第一建筑公司生产科（乙方）
为建造××纺织厂第四车间仓库，经双方协商，订立本合同。

1. 甲方委托乙方建造车间仓库一座，由乙方全面负责建造。
2. 全部建筑费（包括材料费、人工费）14万元。
3. 甲方在订立合同后先交一部分建造费，其余在仓库建成后抓紧归还所欠部分。
4. 工期为5个月，待乙方筹备就绪后立即开始，力争3月中旬开工，8月上旬交活。

5. 建筑材料由乙方负责。
6. 本合同一式两份，双方各执一份。

立合同人：
××市纺织厂第四车间（公章）
主任×××（私章）
××市第一建筑公司生产科（公章）
科长××（私章）
××××年×月×日

九、请说明下列合同条款内容是否清楚、明白？为什么？
1. "货款两清后，合同效力即终止。"
2. "此批扇子按每打50元订购。"
3. 甲方向乙方承诺："负责机器维修。"
4. "甲方负责乙方的吃、住。"
5. "乙方向甲方订购活鲜鱼1000公斤。"

十、下列经济活动分析报告中的句子描述是否正确？如有错误，请改正。
1. 新兴商场6月销售额完成9万元，比1月15万元降低了60%。

_____

2. 艺新纺织厂去年亏损12万元，今年减少1倍，只亏损6万元。

_____

3. 橡胶厂大抓劳动纪律整顿，使劳动出勤率从原来的80%提高了94%，缺勤率降低至原来的近一半。

_____
_____

4. 从今年6月起，凡超产20%以上者，可得一等奖；凡超产20%以下者，可得二等奖；凡超产10%以上者，可得三等奖；凡超产10%以下者，可得四等奖。

_____
_____

第六章 法律文书

> **学习要点**
> ◆ 起诉状的结构和写法 ◆ 答辩状的结构和写法
> ◆ 上诉状、申诉状的结构和写法 ◆ 授权委托书的概念和写法

第一节 起 诉 状

一、民事起诉状

（一）民事起诉状的概念

民事起诉状是指民事案件中的原告（或法定代理人、律师）在原告的民事权益受到侵害或与他人发生争执时，为维护自身权益，依照法律向当地人民法院提起民事诉讼的书状文件。

民事起诉是当事人实施的一项重要诉讼行为，当事人行使诉权的目的是要引起诉讼程序的开始。民事诉讼实行"不告不理"，没有当事人的起诉，法院不能启动诉讼程序。

（二）民事起诉状的受理

1. 原告必须与本案有直接的利害关系。
2. 有明确的被告对象。
3. 有具体而明确的诉讼请求和事实依据及充分理由。
4. 属于人民法院受理的范围和受案人民法院管辖。

（三）民事起诉状的结构和写法

1. 首部

（1）标题：民事起诉状。

（2）原告和被告及其诉讼代理人的基本情况，包括姓名、性别、出生年月日、民族、工作单位和地址等。如当事人是单位应写明单位的名称、地址及法定代表人的姓名、职务等。双方当事人的书写顺序：原告、被告、第三人等。

2. 正文

（1）诉讼请求。要写明请求法院解决什么问题，提出明确的具体要求。

（2）事实与理由。第一，要用事实把双方当事人的法律关系，发生纠纷的原因、经过和现状，特别是双方争议的焦点，实事求是地写清楚。第二，要进行分析，分清是非曲直，明确责任，并援引有关法律条款和政策规定。

（3）证据及证据来源，证人姓名和住址。提起民事诉讼的原告负有举证责任，要能够举出证明案情事实，支持自己诉讼主张的各种证据，包括书证、物证、视听资料、证人证言、当事人的陈述、鉴定结论、勘验笔录，等等。

3. 尾部

此部分应包括受诉法院名称、附件、起诉人签名盖章、起诉日期。

说明：起诉状最好是打印的形式；如是手写的，要字迹清楚，应用钢笔书写。

例文

民事起诉状

原告：中国××银行××支行
地址：北京××区××路××号
负责人：×××　　职务：支行长
电话：010-×××××××　　邮政编码：100×××

被告：北京××有限责任公司
地址：北京市××区××路××号
法定代表人：×××
电话：010-×××××××　　邮政编码：100×××

被告：北京市××饭店
地址：北京××区××大街××号
法定代表人：××
电话：010-×××××××　　邮政编码：100×××

案由：借款合同纠纷

诉讼请求：

1. 请求法院判令第一被告承担返还本金150万元及其利息××××元（此利息暂计至2024年1月20日）；
2. 请求法院判令第二被告对以上两项承担连带责任；
3. 请求法院判令两被告共同承担本案诉讼费、律师代理费。

事实和理由：

2021年9月12日，第一被告北京××有限责任公司（以下称"××公司"）与原告中国××银行××支行（以下称"××支行"）签订"人民币资金借款合同"（编号：2021年××字第××××号）借款金额150万元，利率为月息10.08‰，期限半年，即至2023年3月12日止。第二被告北京市××饭店（以下称"饭店"）为此提供担保，并于同日签订"保证合同"（编号：2021年××字第××××号），承担连带清偿责任。

2021年9月13日，××支行如期发放《核定贷款指标通知》，并于次日将150万元划至××公司账户。合同期限届满后，借款人并未履行其到期归还本金及利息的义务，××支行数次催款，未果。

鉴于上诉事实，原告认为，借款合同一经成立，即具法律约束力，借贷双方应严格遵守。××公司有责任偿还××支行贷款本金及利息，并承担违约责任。××饭店应承担连带清偿责任。根据《中华人民共和国民法典》第×××条、第××××条和××××条，特诉请人民法院判允前列诉讼请求。

此致
北京市××区人民法院

具状人：中国××银行××支行
负责人：×××
2024年×月×日

附：

1. "人民币资金借款合同" 1份（略）
2. "保证合同" 1份（略）
3. "贷款转存凭证" 1份（略）
4. "核定贷款指标通知" 1份（略）
5. "到期（逾期）贷款催收通知书" 3份（略）

二、刑事自诉状

（一）刑事自诉状的概念

刑事自诉状是指原告（或其法定代理人、律师）直接向人民法院控告被告人的犯罪行为，请求追究被告人刑事责任或者同时承担民事责任所提交的书状文件。

（二）刑事诉状的受理

1. 自诉人必须是被害人或其法定代理人，其他人无权提起诉讼。
2. 被告人的行为必须是构成犯罪的行为。
3. 必须是对法定的自诉案件提起诉讼。
4. 必须是向对本案具有行使管辖权的第一审人民法院起诉。

（三）刑事自诉状的结构和写法

1. 首部

（1）标题：刑事自诉状。

（2）自诉人和被告人的基本情况：包括姓名、性别、出生日期、民族、籍贯、职业、工作单位、职务、住址等。

（3）诉讼代理人的称谓及基本情况。

2. 正文

（1）案由。案件的性质，以确定被告人的罪名。罪名应符合被告人的行为。

（2）诉讼请求。请求人民法院追究被告人的刑事责任以及要求被告人赔偿损失。

（3）事实和理由。

① 事实。自诉人指控的被告人的具体犯罪行为，说明被告人犯罪行为的具体内容，包括犯罪行为发生的时间、地点、情节和危害后果等，以及足以证明被告人犯罪事实的证据。

② 理由。理由要针对所叙述的事实，指明被告人的行为触犯了《中华人民共和国刑法》何条、何款，已构成什么性质的犯罪，以说明诉讼请求的合理性，引用《中华人民共和国刑法》有关规定对被告人的犯罪性质即应当承担的刑事责任加以论证。

中华人民共和国刑法

（4）证据和证据来源、证人姓名和住址。自诉人应当提出充分的证据来证明所指的被告人犯罪事实的存在。证据包括物证、书证、人证等。特别是要把证据来源写清楚。

3. 尾部

尾部包括以下内容。

（1）致送的机关。应该向有管辖权的人民法院起诉。

（2）自诉人签名。

（3）起诉时间。

（4）附项。此处说明本诉状副本多少份和相关证据材料多少份。

> 例文

刑事自诉状

　　自诉人：李××，男，××××年×月×日出生，汉族，×省×县人，×省×县通用机械厂第二车间工人，住×市×路本厂宿舍区五号楼206室

　　被告人：王××，男，25岁，汉族，××省×县人，×乡×村村民

　　被告人：王××，男，22岁，汉族，××省×县人，×乡×村村民，系第一被告人之弟

　　案由和请求：就上述被告人故意伤害自诉人一案，请求人民法院依法追究其刑事责任，并责令其承担医药费4500元，赔偿自诉人误工损失费558元。

　　事实和理由：自诉人在本厂轮休期间，于5月23日，到姑父家做客，遇到两名被告人及其父亲仗着人多势众，动手厮打正在锯木的自诉人的姑父和表弟。自诉人上前劝解阻拦，要求他们请村委会干部处理，两名被告人转身朝自诉人胸背猛打，并将自诉人打倒在地，脚踢棍打使自诉人身体多处受伤，后众邻居赶来规劝，两名被告人才罢手。后自诉人去医院检查身体，除胸部和背部四处青肿瘀伤外，左腿下肢呈线性骨折，治疗35天后出院回家调理，前后共48天未能上班。

　　综上所述，两名被告人打伤自诉人是一种故意伤害行为，侵犯了自诉人的人身权利，根据《中华人民共和国刑法》第二百三十四条的规定，两被告人已构成故意伤害罪，请人民法院依法追究被告人的刑事责任。

　　此致

××县人民法院

自诉人：李××
××××年×月×日

　　附：1. 本状副本1份；（略）

　　　　2. 医院诊断证明2份；（略）

　　　　3. 医疗费票据31张；（略）

　　　　4. 本单位职工误工证明1份。（略）

三、行政起诉状

（一）行政起诉状的概念

行政起诉状是指公民、法人或者其他组织认为行政机关和行政机关工作人员的具体行政行为侵犯其合法权益时，按照《中华人民共和国行政诉讼法》的规定，向人民法院提起行政诉讼，要求依法做出裁判的书面请求。

中华人民共和国行政诉讼法

（二）行政诉讼的受理

1. 原告只能是行政管理行为的相对人，即合法权益被行政机关及其工作人员侵犯的公民、法人或其他组织。

2. 原告必须以自己的名义向人民法院提起诉讼。

3. 被告只能是做出具体行为的行政机关或法律授权的组织。

（三）行政起诉状的结构和写法

1. 首部

（1）标题：行政起诉状。

（2）当事人基本情况。按顺序先写明原告基本情况。原告是法人或其他组织的，则要写明组织名称、住址、法定代表人或主要负责人姓名、职务等。然后写明被告基本情况，包括行政机关全称、地址、法定代表人姓名、职务等。

2. 主体

（1）在当事人基本情况下另起一段写案由，如写为"原告不服××（机关名称）对××一案的行政决定，现起诉如下"。

（2）诉讼请求。诉讼请求可以在"当事人基本情况下"另起一段写明，也可以在"事实和理由"后另起一段写明。诉讼请求有多项的，则应分项列出。

（3）事实及理由。根据案件的来龙去脉，对行政机关或其工作人员在具体行政行为中的侵权事实进行详细说明，指出该具体行政行为可能或已经对行政相对人的合法权益造成侵害及造成侵害的程度，并列举事实、证据。从具体行政行为的实施适用法律错误、违反程序规定或系越权行为等角度入手，指出具体行政行为的不合法性并加以论证，以为自己的诉讼请求提供事实和法律依据打下基础。

3. 尾部

（1）致送人民法院。

（2）起诉人签名（或单位印章）。

（3）具状时间，写明年、月、日。

（4）附项写明起诉状副本份数、其他证明文件及份数等。

例文

行政起诉状

原告：章××，男，36岁，××省××市×县×乡×村农民

被告：××省××市×县公安局

诉讼请求：请求×县人民法院依法撤销×县公安局（202×）第7号处罚决定。

事实与理由：202×年1月28日，杜××承包某工厂扩建工程，在施工中，杜××事先未征得原告的同意，便在原告的责任田东南角处拌石灰，对原告小麦生长造成一定影响。原告当面同杜××交涉，制止杜××的侵害行为，双方发生口角，并相互撕扯。202×年3月5日×县公安局依据《中华人民共和国治安管理处罚法》第××条的规定，以原告干扰杜××正常施工，殴打他人，造成杜某轻微伤害为由，对原告处以×××元的罚款。上述事实没有依据。对此，向×县人民法院提起诉讼。

一是×县公安局认定原告干扰杜××正常施工与事实不符。当时杜××挖池拌灰，众多的石灰水直接流进原告的麦田，使小麦受害，枝叶枯萎。为此，原告进行干预，属于保护原告的合法权益，根本不存在原告干扰杜××的正常施工问题。×县公安局对这一事实的认定是错误的。

二是×县公安局认定原告殴打他人，造成杜××轻微伤害，不是事实。在制止杜××的侵害行为中，双方确实发生了争吵，但双方均未被对方打伤，有在场劝架的群众可以作证。×县公安局偏听杜××一方言辞，不经调查，主观臆断地认定原告伤人，不仅违背事实真相，而且对杜××伤在何处、何人致伤以及医生诊断结果如何，均不能提出有力的证据。依据《中华人民共和国治安管理处罚法》第××条之规定，对原告处以×××元罚款的处罚，属于适用法律不当。

综上所述，原告是在维护自己的合法权益，×县公安局的处罚决定是错误的。因此，请求人民法院撤销×县公安局（202×）第7号处罚决定，以维护原告的合法权益。
此致
××县人民法院

起诉人：章××
202×年3月9日

附：（略）

第二节 答辩状

一、答辩状的概念和种类

答辩状是指被告人、被上诉人、被反诉人、被申诉人针对起诉状、上诉状、反诉状、再审申诉书等的内容，在法定期限内根据事实和法律进行回答和辩驳的法律文书。

根据答辩状的性质，答辩状可分为民事答辩状、刑事答辩状、行政答辩状等种类。根据答辩状的使用时机，答辩状又可分为一审答辩状、二审答辩状、上诉答辩状等种类。根据使用场合，答辩状还可分为司法诉讼答辩状和仲裁答辩状等。

二、答辩状的受理

（一）被告收到人民法院送达的起诉状副本后15日内应该提交答辩状。

（二）人民法院收到答辩状后应当在5日内将答辩状副本送达原告。

（三）当事人是否提交答辩状，不影响人民法院对案件的审理。

三、答辩状的结构和写法

（一）首部

1. 答辩状标题。直接写明"答辩状"。

2. 答辩人与被答辩人的基本情况。答辩人及被答辩人的姓名、性别、年龄、民族、籍贯、职业、单位、住址。如果当事人是单位，应写明单位的名称、地址及法定代表人的姓名、职务等。

3. 答辩缘由。写明答辩人因何案进行答辩。

（二）正文

1. 案由。答辩案由是写明因为何人上告何事提出答辩的。一般用"现将×××为××一案上告我一事，答辩如下"，或"×××诉××一案，提出答辩如下"等语句表述。

2. 理由。答辩理由，是答辩状中最重要的部分，要摆出充分理由和证据来反驳原告或上诉人的诉讼请求。

3. 答辩的意见。简洁明了地提出答辩者的观点和主张。

（三）尾部

1. 致送人民法院的名称。

2. 答辩人签名。答辩人是法人或其他组织的，应写明单位全称，加盖单位公章。

3. 附项。本答辩状副本份数、其他有关证据及证明材料。答辩状副本份数应按原告（或上诉人）的人数提交。

例文

民事答辩状

答辩人：××市××电子配件厂，地址：××市××区××街×号
法定代表人：厂长王××

因我厂为××公司加工电子元件而发生的合同纠纷一案，提出答辩如下：

我厂为××公司加工的装配玩具的电子元件，因对方原因，未能按照合同规定的时间交货，受到××公司向××人民法院指控，提起了民事诉讼。但是造成此次交货延误的主要责任应由××公司来承担。按合同规定，其中主要元件的材料由××公司提供，但××公司提供元件材料时已超过合同规定的时间（20××年×月×日）一周，且未全部按时提供，而是陆续送达。因此，我厂交货的时间迟于合同规定的时间（20××年×月×日）两周，至少应扣除材料晚到的一周的时间。再者，我厂规模较小，加工电子元件的机器的利用率必须充分发挥，由于××公司的材料未到，为不使机器停机，我厂只能改做其他单位的加工订货；而其他单位的订货上机之后，又不宜中间停顿，必待完成部分成品后，方能再上××公司的加工产品。因此，造成这种推迟向××公司交货的问题，与××公司的材料未按时送到有直接的关系。对此，××公司也应负有一定的连带责任。

基于上述事实，我厂认为××公司对我厂因延误交货时间给其造成了经济损失的指控是缺乏事实和法律依据的，也是推卸自身责任和带有欺诈性的。建议法院查明事实真相，按照合同规定的双方权利义务，依法秉公处理。

此致
××市××区人民法院

答辩人：××电子配件厂
法定代表人：王××
××××年×月×日

附：（略）

第三节 上 诉 状

一、上诉状的概念和种类

上诉状是指民事、刑事、行政案件的当事人或者他们的法定代理人，不服一审法院的判决或裁定，在法定的上诉期内，向原审法院的上一级法院提出要求重新审理案件的法律文书。

上诉状根据案件性质的不同，可分为民事上诉状、刑事上诉状和行政上诉状三类。上诉状只能由具有法定身份的人提出才具有法律效力。

二、上诉状的受理

（一）我国法律规定，案件审理实行二审终审制。当事人对第一审裁决不服有权提出上诉，任何人不得以任何借口剥夺其上诉权。

（二）对于终审判决以及最高人民法院的判决不服，不得上诉。

（三）民事案件当事人不服第一审人民法院判决的，上诉期限为15日，不服第一审裁定的上诉期限为10日；在中国境内没有住所的当事人，不服第一审人民法院判决、裁定的，上诉期限为30天。以上期限，从当事人接到判决书或裁定书的第二日起计算。

（四）刑事案件当事人不服第一审人民法院判决的，上诉期限为10日，不服第一审人民法院裁定的上诉期限为5日，均从当事人接到判决书或裁定书的第二日起计算。

上诉是法律赋予公民的一种诉讼权利，是第二审人民法院进行审理的根据，对于第二审人民法院做出正确的裁决有着重要的作用。

三、上诉状的结构和写法

（一）首部

1. 标题。标题应当标明"民事上诉状""行政上诉状"或"刑事上诉状"等，应根据案件性质确立上诉状的名称。

2. 上诉人和被上诉人的自然情况。这部分包括上诉人、被上诉人的姓名、性别、出生年月日、籍贯、职业或工作单位和职务、住址等。

下面接着写事由，一般用下列程式语句："上诉人因……一案，不服××人民法院×年×月×日××字第××号的民（或刑）事判决（或裁定），现提出上诉。上诉的请求和理由如下。"由此引出上诉的理由和请求。

（二）正文

此部分应写明上诉的请求和理由。这是上诉状的中心内容，因为上诉状的重点是讲清上诉的理由，也就是说，要针对原审判决、裁定中的不当之处提出不服的理由。

理由的具体写法，有的先把原判决书（或裁定书）中不妥或错误的原话引出来；有的把原裁决不妥或错误之处概括成一段话，然后有针对性地陈述理由，予以反驳；有的以讲述理由为主，结合着指明原审裁决的不当之处。

（三）尾部

1. 呈文或呈转对象。上诉状写好后，可以直接递交二审法院，也可以通过一审法院转交上一级人民法院。如果是前者，就写"此致××人民法院"；如果是后者，就写"×××人民法院（一审法院）转送××人民法院（二审法院）"。

2. 上诉人签名盖章。

3. 书写具状的年月日。

4. 附项。此部分应按顺序依次列出：上诉状副本×份、书证×件、物证×件等。如有证人，还要写出证人的姓名和住址等。

例文

民事上诉状

上诉人：××××公司

法定代表人：薛××

地址：××省××市×××××大道××号

联系电话：07××—×××××××

被上诉人：成××，女，身份证号：×××××××××××××××

住址：××省××市××××街道×××号

上诉人与被上诉人因劳动合同纠纷一案，不服××区人民法院（20××）×0322民初×××号判决书，提起上诉。

上诉请求：

1. 撤销原判，改判上诉人无须支付被上诉人未签订劳动合同的双倍工资差额×××××元。
2. 诉讼费用由被上诉人承担。

事实及理由：

一、上诉人与被上诉人存在实质的劳动合同，被上诉人故意不与上诉人改签规范的劳动合同，无权要求双倍工资。上诉人与被上诉人签订了《20××年财务文员考核制度》，该文件明确约定了用人单位的名称、劳动者的姓名、劳动合同期限、工作内容和工作地点、工作时间和休息休假、劳动报酬等事项，符合《中华人民共和国劳动合同法》第××条的规定。该文件名为考核制度，实为双方签订的实质的劳动合同。

双方签订的《20××年财务文员考核制度》第三条第九小条，约定被上诉人的工作职责为：严格按员工聘任管理制度和程序办理员工入职、在职和离职手续。负责具体考勤统计，每月按时统计和打印考勤表，提供财务核算及发放工资的依据。办好新员工入职手续和保管好员工的一切资料。而依照《员工聘任管理制度》第三条规定，上诉人本应在入职后一个月内为自己改签正式的劳动合同，但其为达到谋取双倍工资的目的，给其他员工改签了正式的劳动合同，却未为自己改签。因为保管人事档案是被上诉人的职责，所以员工的劳动合同都保存在被上诉人手上，上诉人一直以为被上诉人为自己签订了正式的劳动合同。

综上所述，被上诉人为了个人私利，利用工作便利，在与上诉人签订《20××年财务文员考核制度》后，故意不与上诉人改签正式的劳动合同，属于××省高级人民法院、××省劳动争议仲裁委员会《关于适用〈劳动争议调解仲裁法〉〈劳动合同法〉若干问题的指导意见》第二十一条第二款之情形，上诉人依法无须支付被上诉人双倍工资。

二、原审法院判决书认定双倍工资差额为×××××元存在明显的错误。

依照原审法院在事实查明部分的数据，可以计算得出被上诉人××××年××月×日至××××年×月×日的工资总额为××××××元，但原审判决认定上诉人应支付被上诉人双倍工资差额为×××××元，重复计算了×××××元，属于明显计算错误。

综上所述，一审判决认定事实错误，适用法律不当，请求贵院依法查清事实，支持上诉人的诉讼请求。

此致
××市中级人民法院

上诉人：××××公司（公章）
××××年×月×日

第四节　申　诉　状

一、申诉状的概念和种类

申诉状是指诉讼当事人（或法定代理人）认为已经发生法律效力的判决或裁定有错

误时，向法定机关（人民法院或人民检察院）申请复查、纠正的一种书状文件。

申诉状一般分为民事、刑事和行政申诉状三种。

二、申诉状的受理

（一）申诉人可以是诉讼当事人，也可以是诉讼代理人，还可以是案件的利害关系人。

（二）申诉案件可以是第一审、第二审的案件或正在执行及已经执行的案件。

（三）申诉时间较长，可在发生法律效力的两年内提出，刑事案件申诉不受时间限制。

（四）申诉案件必须通过审判监督程序解决。

（五）申诉案件如原为第一审案件，则依照第一审程序再审所作的裁决可以上诉，如果是终审裁决的不得上诉。

三、申诉状的结构和写法

（一）首部

1. 标题。居中写明"××申诉状（书）"。
2. 申诉人的基本情况。此处与上诉状的写法大致相同。
3. 请求事项。此处写明原审人民法院的名称、案件的编号和案由，再根据具体案情写明请求事项。

（二）正文

1. 事实与理由。同上诉状一样，申诉状的此部分内容可以从认定事实是否清楚，证据是否确实、充分，适用法律是否准确，审判是否符合法定程序等方面，对生效判决或裁定提出意见，阐述生效判决或裁定应予变更或撤销的事实依据和法律依据。
2. 证据和证人。此部分应写明证据的名称、来源、件数及证人姓名和住址。

（三）尾部

1. 致送人民法院的名称。
2. 申诉人（申请人）。
3. 申诉（申请）时间。
4. 附项。此处应附上原审已生效的判决书或裁定书复印件一份。

申诉状书写时应注意：一是针对原判决或裁定中认定事实、证据或适用法律条文的错误，提出有利依据，进行申辩和反驳；二是应概括性引述原判决认定的事实，不必重述；三是力求理由充足，列举新证；四是将反驳和证明二者结合起来；五是依法行文，以理服人。

例文

刑事申诉状

申诉人：邱××（化名"王小玉"），女，1970年3月21日生，身份证号码：××××××××××××××××××，汉族，小学文化，无业，住××省××市××镇××村45号

申诉人因不服已生效的××省××高新技术产业开发区人民法院（2015）新刑初

字第××××号刑事判决书的判决，特向贵院提出申诉。

申诉请求：

请求改判10年以下有期徒刑，取消剥夺政治权利附加刑。

事实与理由：

申诉人在2011年1月9日至15日期间伙同黄××、叶××、江××、吴××等人诈骗他人人民币467330元；2014年11月8日伙同陈×、张××、郑××等人诈骗他人人民币10080元；合计诈骗总额人民币477410元。

××省××高新技术产业开发区人民法院于2015年5月4日开庭审理了本案，庭审中申诉人当庭自愿认罪服罪。××省××高新技术产业开发区人民法院于2015年5月19日做出（2015）新刑初字第××××号刑事判决书，判处申诉人有期徒刑13年，并处罚金人民币14000元，剥夺政治权利4年。

申诉人虽未在上诉期内上诉，但认为该处罚量刑过重。申诉人实施诈骗的行为虽发生在2015年4月30日之前，按当时的刑法规定属于数额特别巨大。但根据2015年4月30日起施行的《最高人民法院、最高人民检察院关于办理诈骗刑事案件具体应用法律若干问题的解释》第一条规定，确定诈骗"数额特别巨大"的起点数额为50万元以上。《中华人民共和国刑法》第十二条规定，"但是如果本法不认为是犯罪或者处刑较轻的，适用本法"，即从旧从轻原则。此规定的实施在法院判决之前，应适用《最高人民法院、最高人民检察院关于办理诈骗刑事案件具体应用法律若干问题的解释》第一条规定，诈骗数额应认定为"数额巨大"而不是"数额特别巨大"，故应判处10年以下有期徒刑。同时，我的行为不属《中华人民共和国刑法》第五十六条规定的"危害国家安全"或"严重破坏社会秩序"的犯罪分子，不应判处剥夺政治权利的附加刑。

以上申诉请求请贵院依法裁判。

此致

××省××高新技术产业开发区人民法院

申诉人：邱××

2015年9月17日

附：（略）

第五节　授权委托书

一、授权委托书的概念

授权委托书是自然人、法人或者其他组织委托律师或者其他公民代理诉讼及非诉讼业务时使用的法律文书。它是在当事人、法定代理人、法定代表人因某种原因不便或不能亲自参加诉讼或非诉讼的民事活动的情况下，通过授权以维护自身合法权益的法律文书。

二、委托书的种类

委托书有两种形式：民事诉讼代理的授权委托书和民事代理的授权委托书。

民事诉讼代理的授权委托书是指在诉讼中委托代理人取得诉讼代理资格，为被代理人进行诉讼的法律文书，其记载的内容主要包括委托事项和代理权限，并由委托人签名或盖章。

民事代理的授权委托书是非诉讼性的委托代理文书，由被代理人委托代理人在一定权限范围内进行民事法律行为，如委托他人出卖、管理房屋等。

三、授权委托书的结构和写法

《中华人民共和国民法典》第一百六十五条规定，委托代理授权采用书面形式的，授权委托书应当载明代理人的姓名或者名称、代理事项、权限和期限，并由被代理人签名或者盖章。

（一）标题

标题处写明"授权委托书"或"委托书"。

（二）当事人的基本情况

委托人为个人的，要写明姓名等基本身份情况；委托人为单位的，写明单位全称，另起一行写单位地址、法定代表人或主要负责人的姓名、职务。

受委托人写明姓名、性别、年龄、工作单位、住址、电话号码等。

（三）正文

正文即委托内容，这是授权委托书的主体部分。其主要内容有：委托原因、委托事项、委托权限、委托期限等（也可不写明期限，以委托事项全部办完而告终止）。应根据具体情况表述。

（四）结尾

委托人和受委托人分别签名或者盖章，并注明具体日期。

例文一

授权委托书

委托人：张××，男，1955年4月6日生，××省××市人，现住××省××市××路232号。

受委托人：秦××，男，1960年4月9日生，××省××市人，现住××市××街9号。

我于××××年3月由××省××市迁居××省××市。我在××市××街9号有私房两间，房屋为瓦顶，砖木结构，共36平方米。

现委托秦××为我的代理人，并以我的名义办理如下事项：

一、代管上述房产，代办产权登记事宜。

二、有权出卖这两间房屋，但无权转让委托权。

三、房屋出卖前可出租，代办房屋租赁合同，代收租金，支付与上述房屋有关的各项正当费用。

四、委托期限两年。受委托人在其权限范围内签署的一切有关该房的文件，我均予承认。

五、本委托书一式三份，公证处一份，委托人和被委托人各一份。

委托人：张××（签名）   受委托人：秦××（签名）
××××年×月×日   ××××年×月×日

例文二

授权委托书

委托单位名称：××省××设计研究所
所在地址：××市××区××街道××号
法定代表人姓名：陈×× 职务：所长
受委托人姓名：王×× 性别：男
工作单位：××市××律师事务所
地址：××市××区××路77号××大厦5-608
电话：×××—××××××××

现委托王××律师在我单位与××省××市粮食局、××国家粮食储备库、××市第一粮食购销有限责任公司、××市第二粮食购销有限责任公司买卖合同纠纷一案中，作为我方参加诉讼的委托代理人。

委托权限如下：全权代理。经我方书面认可，特别授权：（1）代为承认、放弃或者变更诉讼请求，进行和解，提起反诉或上诉；（2）代收诉讼文书。

委托单位：××省××设计研究所
××××年12月27日

写作训练

一、简述起诉状的结构和写法。
二、简述上诉状的结构与写法。
三、简述申诉状与答辩状写法上的差别。
四、诉讼中的"案由"与"理由"有什么不同？
五、根据下面的资料，代原告写一份民事起诉状。

原告：W市B工厂（以下简称B工厂），法定代表人：杨××，男，46岁，厂长
被告：A省L县D公司（以下简称D公司），法定代表人：王××，男，37岁，经理

D公司于2021年5月派人到B工厂洽谈业务，声称D公司有A0铝锭20吨，每吨单价10000元，款到发货，并由D公司负责运到W市轧铝厂交货，运费由B工厂负担。经协商，双方达成协议，并签订书面合同（"订货合同"附后）。合同生效后，B工厂于2022年5月14日通过银行汇给D公司货款129600元，而D公司收到货款后却迟迟不能交货。后经B工厂了解，才知他们根本无货。于是B工厂令D公司退款。经多次催要，D公司于2022年9月6日才退回100000元，同年11月又退回2200元。其余27400元拖欠至今仍拒不退还。

现B工厂诉D公司偿还其剩余货款27400元，并要求按照中国人民银行关于延期付款，每日交付万分之五滞纳金的规定，判定D公司向B工厂交付滞纳金，从2022年5月20日起至本案判定之日。

第七章 科技文书

学习要点

- ◆ 学术论文的概念和种类
- ◆ 毕业论文的写作环节
- ◆ 学术论文的撰写
- ◆ 毕业论文答辩的程序

第一节 学术论文

一、学术论文的概念

学术论文也称科学论文或科研论文。它是指专门讨论与研究社会科学、自然科学领域中的学术问题，并将其新的研究成果加以表述的一种理论性文章。

二、学术论文的种类

按学术研究领域、对象划分，学术论文可以分为两大类。

（一）自然科学论文

自然科学论文即通常所称的科技论文，它是指研究自然界物质形态、结构、性质和运动规律的科学论文。它用于反映自然科学领域和技术科学的研究成果，重在科学性、实验性和实用性。

（二）社会科学论文

社会科学论文是指以社会发展现象为研究对象的科学论文。它研究并阐述各种社会现象、社会动态及其发展规律，重在理论性和社会性。

三、学术论文的特点

（一）创新性

创新性是学术论文的根本标准。所谓创新性，就是指它所表述的研究成果是写作者在实践中反复探索、研究的基础上获得的新进展或新突破。

（二）科学性

科学性是学术论文最基本的特征。所谓科学性，就是指学术论文对实际工作有一定的指导作用，具有实用价值。因此，它要求写作者在选择论题时，一定要优先考虑那些在实际工作中需要解决的问题，这样写出的论文实用性也就更大。

四、学术论文的撰写

学术论文的撰写需要花费大量的精力和时间，其过程大致如下。

（一）确立选题

确立一个有价值的、自己能胜任的选题，才有良好的研究前景。学术论文的价值取决于两个方面：一是社会需要，即现实生活中急需解决的。二是学科本身发展需要研究和解决的。可以是别人尚未涉及的研究领域，能填补学术空白的选题；可以是探索学科前沿、突破"禁区"的选题；也可以是补充前说，有所发展的选题；还可以是纠正通说、正本清源的选题；另外，还可以考虑与本人的兴趣、特长和功底相当的，难易适中的选题。需要注意的是，选题不要过大，过大则易造成面面俱到，泛泛不着边际，难以深入到问题的实质。

（二）搜集、研究资料

一切科学研究和学术创作，都是从充分搜集资料和潜心研究资料开始的。

1. *搜集资料的重要性*。尽量多地搜集资料对研究工作具有至关重要的作用。其一，搜集、研究资料的过程，就是逐步形成结论的过程；其二，搜集、研究资料的过程，就是研究不断深入的过程。

2. *搜集资料的途径*。亲自参加相关的实践活动和科学实验，通过观察、实验和调查，获取第一手材料；或是通过查阅书报、文献，获取第二手资料。

搜集和研究资料是两个相互关联的阶段。一般的研究方法是：不断地搜集资料，及时分析资料，尽量拓宽思路，发现问题，确立自己的观点。

（三）拟写论文提纲

论文提纲拟写要围绕中心论点，把要写的内容粗线条地勾勒出来。提纲大略有两种形式：一是简纲，即写明本文的主要论点、事实论据和理论论据，以及几个部分组成的结构模式；二是细纲，即把论文各层次的中心论点、主要的事实、理论论据及论证方法、逻辑顺序详细地列出，以显示论文的主体框架或梗概的具体面貌。

但是，不管是哪种提纲都应该包括以下三项内容：提出全文中心论点；安排阐明中心论点的各个分论点，体现全文基本结构；为了醒目、有条理，给每段拟定一个段落小标题。

（四）撰写成文

1. *引言*。这部分通常是提出问题的背景，以显示该选题的重要性；要说明选题研究的目标，以便读者明了该论文是为解决什么问题而写的；要阐明选题研究的意义、学术价值，便于读者领会学术观点；要介绍展开研究的范围、方法、特点，概括本论相关的主要内容。

2. *主体*。这部分要对引言中提出的问题进行充分的论证和分析，运用丰富、翔实的材料，进行条理清晰、逻辑严密的论述。主体内容较多，篇幅较长，必须采用恰当的结构方式加以陈述，使其眉目清晰。常见的结构方式有并列式、递进式和综合式。主体部分能否写好是学术论文成败的关键。

3. *结论*。结论部分要求总结全文，干净利落。这部分主要是对全文作概括、综合，以及对论证的结果做出结论并说明其适当范围，指出解决问题的途径和对选题研究的展望，有的还应指出尚待进一步解决的问题和方法。

（五）学术论文的写作格式

根据2023年7月1日实施的国家标准《学术论文编写规则》（GB/T 7713.2—2022）的规定，学术论文应当包括前置部分（题名、作者信息、摘要、关键词和其他项目）、正文部分（引言、主体、结论、致谢、参考文献）和附录部分。

1. *题名*。题名又称标题，是文章的一个重要组成部分，通常是对学术过程或成果的直接阐述，也是论文内容、主题的高度概括，语言要求贴切、准确、鲜明，避免歧义，也可以用副标题补充说明。为便于交流和利用，题名应简明，一般不宜超过25字。

2. 作者信息。对论文有实际贡献的责任者应列为作者，包括参与选定研究课题和制订研究方案、直接参加全部或主要部分研究工作并作出相应贡献，以及参加论文撰写并能对内容负责的个人或单位。

3. 摘要。摘要是对论文的内容不加注释和评论的简短陈述，应具有独立性和自明性，即不阅读全文就可以获得必要的信息。中文摘要的字数，应与论文中的成果多少相适应，在一般情况下，报道性摘要以 400 字左右、报道/指示性摘要以 300 字左右、指示性摘要以 150 字左右为宜。

4. 关键词。关键词是为便于文献检索从题名、摘要或正文部分选取出来用以表示论文主题内容的词或词组。关键词要有检索意义，不应使用太泛指的词，可从《汉语主题词表》或专业词表中选取。

5. 其他项目。论文前置部分要求、建议或允许标注的其他项目。

6. 引言。引言内容通常包含研究的背景、目的、理由，预期结果及其意义和价值。引言的编写宜做到：切合主题，言简意赅，突出重点、创新点，客观评价前人的研究，如实介绍作者自己的成果。

7. 主体。主体部分是论文的核心，论文的论点、论据和论证均在此部分阐述或展示。主体部分应完整描述研究工作的理论、方法、假设、技术、工艺、程序、参数选择等，清晰说明使用的关键设备装置、仪器仪表、材料原料，或者涉及的研究对象等，以便于本专业领域的读者可依据这些描述重复研究过程；应详细陈述研究工作的过程、步骤及结果，提供必要的插图、表格、计算公式、数据资料等信息，并对其进行适当的说明和讨论。

8. 结论。结论是对研究结果和论点的提炼与概括，不是摘要或主体部分中各章、节小结的简单重复，宜做到客观、准确、精练、完整。如果推导不出结论，也可没有"结论"而写作"结束语"，进行必要的讨论，在讨论中提出建议或待研究解决的问题等。

9. 致谢。致谢是作者对论文的生成作过贡献的组织或个人予以感谢的文字记录，内容应客观、真实，语言宜诚恳、真挚、恰当。

10. 参考文献。论文中应引用与研究主题密切相关的参考文献。参考文献的著录项目、著录符号、著录格式以及参考文献在正文中的标注法，应符合《信息与文献—参考文献著录规则》（GB/T 7714—2015）的规定。

11. 附录部分。论文一般不设附录，但那些编入正文部分会影响编排的条理性和逻辑性、有碍论文结构的紧凑性、对突出主题有较大价值的材料，以及某些重要的原始数据、数学推导、计算程序、设备、技术等详细描述，可作为附录编排于论文的末尾。

第二节　毕业论文

一、毕业论文的概念

毕业论文是指接受专科及以上学历教育的学生综合运用已学知识进行相关科学研究而在毕业前撰写的总结性文章。

毕业论文是大学生完成学业的必修课程之一，是大学应届毕业生必须独立完成的总结性的作业，是培养大学生综合运用理论知识和技能解决实际问题的重要环节，是理论联系实际的一次训练。

大学生们一般要在所在院校本学科的专业教师指导下进行毕业论文的选题和写作，

并在规定的时间内完成。

二、毕业论文的特点

（一）考查性

毕业论文是对大学生在大学期间学业的综合考核，在一定程度上检查学生掌握知识的深度和广度及其表达能力等。

（二）训练性

毕业论文的写作能够培养、锻炼学生进行科学研究和独立工作的能力，提高学生的学术水平。

（三）独立性

学生是在专业教师指导下独立完成毕业论文写作的，这种写作是建立在个人研究基础上的，其独立性显而易见。

三、毕业论文的写作环节

毕业论文的写作包括确立选题、搜集材料、拟写提纲、撰写初稿、修改定稿等几个环节。

（一）确立选题

确立选题是毕业论文写作的第一步。确立选题的方法有三种：一是从教师推荐的命题中选择，二是从自己接触的专业问题中选择，三是在教师的引导下确立选题。

（二）搜集材料

材料是论文的基础，是形成论文不可缺少的要素之一。毕业论文收集材料的途径有两条。一是深入调查研究，掌握第一手材料。可以结合毕业实习，以论文选题为中心，深入实习单位及有关部门进行调查研究，搜集毕业论文所需要的一手材料。二是阅读书报文献，掌握二手材料。阅读的内容包括与论题有关的经典著作、重要文献、理论专著、学术论文、有关文件、动态信息等。在搜集了大量的一手和二手材料后，还要对这些材料进行科学的分析、深入的探索、悉心的研究，从而形成自己的观点，构建论文的框架。

（三）拟定提纲

提纲是毕业论文的框架和设计蓝图。拟定提纲，可以明确论文的基本层次和论述要点，确定每一部分在整篇论文中所占的地位，明确论文各部分、各层次的主体关系。毕业论文提纲包括的项目有以下几个。

1. 标题。标题或揭示论点，或规定论述范围。
2. 基本论点。基本论点即全文的中心论点，要用论点句准确、鲜明地表达出来。
3. 内容纲要。内容纲要即全文的基本框架。要先考虑全文大的项目，即从几个方面、按什么顺序来阐述基本观点，为全文的逻辑构成打下坚实的基础；然后逐个考虑每个项目之下的观点，最好能安排到段一级，并写出段首、段中主句，排列好各个项目所选用的材料。

毕业论文的提纲，实际上相当于由序码和文字组成的一种逻辑图表。有了这个逻辑图表，论文结构的全局容易把握，层次和重点明确，一目了然。

（四）撰写初稿

毕业论文提纲拟好以后，就应该迅速进入初稿的写作。撰写毕业论文的初稿时应注意以下几个方面的问题。

1. 合理安排结构

学术型的毕业论文要严格按照学术论文的"基本型",即引言、主体、结论的"三段论式"结构方式撰写。引言部分主要说明选题研究的背景、目的、方法、预期达到的目标等。主体部分对论文提出的问题从各个角度、各个方面进行分析、论证和阐释,并从这些问题的联系之中阐明中心论点。结论部分是围绕本论所作的结语。

调研型的毕业论文可以按照"实际情况、原因分析、对策建议"的结构方式撰写。

可行性研究型的毕业论文可以按照"项目内容、论证分析、结论和建议"的结构方式撰写。

2. 精心安排层次

层次的安排没有固定的模式。最常见的安排层次的方式有三种。第一种是层进式,即论文的各层意思之间是层层推进的关系。各个分论点作为中心论点的论据,呈现出一种纵向联系的层次关系。第二种是总分式,即采用"总提分述"的方式,先总括起来说,然后分开说;或者先分开说,再进行总结。第三种是并列式,即论文各层意思之间是并列关系,各分论点的段落相互平行,从各个不同的角度论证中心论点,各个分论点呈现出一种横向的内在联系。

3. 掌握布局技巧

毕业论文的布局技巧很多,主要用到的有:

(1)开门见山,首尾呼应;

(2)能放能收,有起有伏;

(3)前后照应,上下衔接。

(五)修改文稿

一篇有价值的论文不可能一次定稿,初稿完成后,必须认真修改。修改的过程,既是作者思维、认识深化的过程,也是论文充实、完善、提高的过程。修改论文的步骤是:

(1)订正论点,推敲论文的论点是否准确、公允、恰当;

(2)修改论据,检查论据材料是否真实、典型、充分;

(3)调整结构,审定结构层次是否合理、严谨、统一;

(4)推敲语言,检查语言是否准确、简明、严密。

另外,文中的引文、数据也都要进行核实。

四、毕业论文的写作格式

毕业论文的写作格式与学术论文基本一致,可参见国家标准《学术论文编写规则》(GB/T 7713.2—2022),在此不再赘述。

第三节　毕业论文答辩

一、毕业论文答辩的概念

毕业论文答辩是一种组织有序、准备充分、计划周详、有鉴定性的审查论文的重要形式。毕业论文答辩是答辩委员会成员(以下简称答辩老师)和撰写毕业论文的学员面对面的,由答辩老师就论文提出有关问题,让学生当面回答。它有"问"有"答",还可以有"辩"。

二、毕业论文答辩的准备

（一）写好毕业论文的简介

毕业论文简介的主要内容应包括论文的题目，指导教师姓名，选择该题目的动机，论文的主要论点、论据和写作体会，以及本议题的理论意义和实践意义。

（二）熟悉毕业论文的全文

要熟悉自己所写的毕业论文，尤其是要熟悉主体部分和结论部分的内容，明确论文的基本观点和主论的基本依据；弄懂、弄通论文中所使用的主要概念的确切含义，所运用的基本原理的主要内容；同时，还要仔细审查、反复推敲论文中有无自相矛盾、谬误、片面或模糊不清的地方，有无与国家的政策、方针相冲突之处等。

（三）了解和掌握与自己所写论文相关的知识和材料

例如，对自己所研究的这个论题，学术界的研究已经达到了什么程度，目前存在着哪些争议，有几种代表性观点，各有哪些代表性著作和文章，自己倾向哪种观点及理由，重要引文的出处和版本，论证材料的来源渠道，等等。这些方面的知识和材料都要在毕业论文答辩前做到有比较好的了解和掌握。

三、毕业论文答辩的一般程序

（一）学生必须在毕业论文答辩会举行之前至少半个月，将经过指导老师审定并签署过意见的毕业论文一式三份连同提纲、草稿等交给答辩委员会，答辩委员会的主答辩老师在仔细研读毕业论文的基础上，拟出要提问的问题，然后举行答辩会。

（二）在答辩会上，老师会先让学生用15分钟左右的时间概述论文的标题以及选择该论题的原因，较详细地介绍论文的主要论点、论据和写作体会。

（三）主答辩老师提问。主答辩老师一般提三个问题，提问完后，可以让学生独立准备15～20分钟后，再来当场回答；也可以是双方对话式的；也可以是主答辩老师一次性提出三个问题，学生在听清楚记下来后，按顺序逐一做出回答。根据学生回答的具体情况，主答辩老师和其他答辩老师随时可以有适当的插问。

（四）学生逐一回答完所有问题后退场，答辩委员会集体根据论文质量和答辩情况，商定该毕业论文通过还是不通过，并拟定成绩和评语。

（五）召回学生，由主答辩老师当面向学生就论文和答辩过程中的情况加以小结，肯定其优点和长处，指出其错误或不足之处，并加以必要的补充和指点，同时当面向学生宣布其毕业论文是否通过答辩。

四、毕业论文答辩应注意的问题

（一）携带必要的资料和用品

首先，学生参加毕业论文答辩会，要携带论文的原稿和主要参考资料。其次，还应带上笔和笔记本，以便把主答辩老师所提出的问题和有价值的意见、见解记录下来。

（二）要有自信心，不要紧张

树立信心，消除紧张慌乱的心理很重要，因为过度紧张会导致本来可以回答出来的问题答不上来。只有充满自信，沉着冷静，才会在答辩时有良好的表现。

（三）听清问题后经过思考再作回答

主答辩老师在提问题时，学生要集中注意力认真聆听，切忌未弄清题意就匆忙作答。如对所提问题没有听清楚，可请提问老师再说一遍。如对问题中有些概念不太理解，可请提问老师做一些解释，或者把自己对问题的理解说出来，并问清是不是这个意思，等得到肯定的答复后再作回答。只有这样，才有可能避免答非所问。

（四）回答问题要简明扼要，层次分明

回答问题，一要抓住要害，简明扼要，不要东拉西扯，使人听后不得要领；二要力求客观、全面、辩证，应留有余地，切忌把话说"死"；三要条分缕析，层次分明。此外还要注意吐字清晰、音量适中等。

（五）对回答不出的问题，不可强辩

对答辩老师提出的问题，学生如有把握讲清，就可申明理由进行答辩；如不太有把握，可审慎地试着回答，能回答多少就回答多少；如确实是自己没有搞清的问题，就应该实事求是地讲明自己对这个问题还不了解，并表示今后一定认真研究这个问题，切不可强词夺理，进行狡辩。

（六）答辩双方观点相左时，可与之切磋商讨

答辩时，主答辩老师可能会提出与你的论文中基本观点不同的观点，然后请你谈谈看法，此时可为自己观点辩护。主答辩老师提的问题，有的是基础知识性的问题，有的是学术探讨性的问题，对于前一类问题，需要做出正确、全面的回答，不具有商讨性；而后一类问题，是非正误并未定论，持有不同观点的人可以互相切磋商讨。

（七）要讲文明礼貌

论文答辩的过程也是学术思想交流的过程。学生应把它看作是向答辩老师和专家学习、请求指导、讨教问题的好机会。因此，在整个答辩过程中，学生应该尊重答辩委员会的老师，言行举止要讲文明、有礼貌。答辩结束，无论答辩情况如何，都要从容、有礼貌地退场。

写作训练

一、请到学校的图书馆查阅你所学专业的学术期刊。

二、资料搜集的途径有哪些？请你从所学专业的角度出发，选取某一题目，然后到图书馆查阅相关的图书或论文，并整理成小资料卡。

三、写作题

请你结合所学专业，选择一个自己感兴趣的选题，调查、搜集、研究材料，并参照毕业论文的写法，拟写写作提纲，执笔成文。

第八章 新闻文体

学习要点

◆ 新闻的概念、特点　　◆ 新闻报道体裁的类型
◆ 消息的写作　　　　　◆ 各类常见通讯的写作

第一节 新闻概述

一、新闻的概念

中国新闻界的前辈陆定一在1943年发表的《我们对于新闻学的基本观点》一文中提出："新闻的定义，就是新近发生的事实的报道。"也就是说，事实、报道、新近是构成新闻稿的三个基本因素。

二、新闻的特点

（一）内容的真实性

真实是新闻的生命，是新闻的本源和基础。新闻只能按照客观事实的本来面貌作真实的陈述。新闻的价值就在于准确无误地把事实告诉读者，也只有真实才能取信于读者。

（二）写作的及时性

新闻对现实的反映必须迅速，要及时报道新近发生的事实，向受众传播最新的消息。事实发生同公开报道之间，间隔时间越短越好。新闻的价值往往和及时性成正比。

（三）语言的简明性

简明性是指新闻的语言要简洁，篇幅要简短。这是新闻的时效性所要求的，也是新闻的信息量所决定的。新闻工作者要以平实的语言，在最短的时间完成一篇稿件。简明是一切体裁的新闻作品最显著的特征。

三、新闻报道体裁的类型

常见的新闻报道体裁的类型，有以下几种。

（一）消息

消息只报道事情的概貌而不讲述详细的经过和细节，是以简要的文字迅速传播新近事实的新闻体裁，也是最广泛、最经常采用的新闻基本体裁。

（二）通讯

它是运用叙述、描写、抒情、议论等多种手法，具体、生动、形象地反映新闻事件或典型人物的一种新闻报道形式。

（三）深度报道

它是近年来新闻界流行的报道形式。其特点是篇幅长、题材大，牵涉的方面多，文章结构较一般的报道复杂。

（四）新闻特写

它是用类似电影"特写镜头"的手法来反映事实，是作者深入新闻事件现场采写的一种现场感较强，属于篇幅较短小精悍的新闻文体，侧重于对新闻事件的"再现"。它通常截取新闻事实的横断面，即抓住富有典型意义的某个空间和时间，通过一个片段、一个场面、一个镜头，对事件或人物、景物做出形象化报道。

下面我们将重点介绍消息和通讯的写作方法。

第二节 消　　息

一、消息的概念

消息，只报道事情的概貌而不讲述详细的经过和细节，是以简要的语言文字迅速传播新近事实的新闻体裁，也是最广泛、最经常采用的新闻基本体裁。

二、消息的种类

消息的分类有不同的标准，从写作的角度一般可分为以下八种。

（一）标题新闻

所谓标题新闻，是用标题反映新闻事实的一种报道形式。它只有标题，没有正文，是消息中最短小的一种。

（二）无标题新闻

无标题新闻与标题新闻相反，只有正文，没有标题。

（三）简讯

简讯又称简明新闻、短讯或快讯，是新闻报道中最简练的新闻体裁之一（一句话新闻也可归到此类）。它只报道一个事实，一般不交代背景，也不写详细内容，篇幅很小。在日常宣传中，往往将若干条简讯归类编排，前面冠以不同的栏目，如"简明新闻""要闻简报""国际短波"等。

（四）动态消息

动态消息是指对眼前发生或正处于运动状态的具体事物进行报道的一种形式。它以叙述为主，用事实说话，大都是一事一报，突出最新鲜、最重要的事实。

（五）综合消息

综合消息一般就某一个主题或某一方面的问题，集中全国或一个地区、一条战线、一个单位带有全局性的情况、动向、成就等加以报道。它纵览全局，有事实、有分析，给人们一个完整的印象。

（六）经验消息

经验消息是对具体部门、单位的典型经验及成功做法的集中报道。它不是以一个独立的事件为中心，而是将许多事实进行综合、归纳、概括、提炼而成。它不是突发性的，事情的发生、发展有比较长的过程。它所选择的事实有典型意义，能在不同程度上反映某一个时期、某一项工作的全貌。

（七）人物消息

人物消息是以消息的形式宣传新闻人物，突出反映先进人物的思想、事迹和精神面貌。它与人物通讯的区别，一是快，二是短，不强调细节，不做过多描写，不要求点缀背景材料。

（八）述评消息

述评消息就是以叙述新闻事实为主，加上作者对新闻事实恰到好处的评论。它的特点是：有述有评，边述边评，述评结合，富有思想性。

三、消息的特点

（一）真实

消息作为新闻报道中使用频率最高的体裁，其所述的人和事必须完全真实。这也是新闻的根本属性所要求的。

（二）快速

消息是报纸、广播、电视、网络等媒体传播的主要形式，十分讲究时效性，在采写消息的时候，要做到争分夺秒，迅速地见报或发布。

（三）新颖

消息所反映的必须是新人、新事、新思想、新成就，要有新鲜感。

（四）短小

消息行文，语言简洁明快，叙事直截了当，不拖泥带水、重复啰唆。篇幅短小，这也是消息快速报道的特点所要求的。

四、消息的结构和写法

（一）消息的结构

1. 倒金字塔式结构。倒金字塔式结构是一种头重脚轻式的结构，它把最重要的材料放在篇首，最不重要的材料放在篇末，从导语至结尾按重要性程度递减的顺序来组织安排新闻材料。

2. 时间顺序式结构。时间顺序式结构通常不一定有单独的导语，往往按时间顺序来安排事实，先发生的放在前面，后发生的放在后面。这种结构叙事条理清晰，现场感强，很适合写那些故事性强、以情节取胜的新闻，尤适合写现场目击记。其缺点是开头平淡，难以一下子吸引受众，消息的精华也可能淹没在长篇的叙述之中。

3. 对比式结构。此结构重在通过对比，揭示差异，从而突出新闻主题。

4. 提要式结构。此结构通常把新闻中最重要的事实概括到导语中，然后将多项需并列叙述的内容以提要的形式，用数字序号一一分列出来。有时也可不用数字标示，而用"——"引出各个要点。

5. 问答式结构。此结构多用于记者招待会的报道。记者应善于组织问题，报道内容应忠于原意，行文时，也应注意内容的连贯和层次的明晰。

6. 积累兴趣式结构。此结构通常在开始设置悬念，使受众逐渐增加对事件的兴趣，最后形成高潮。因其材料的趣味性从导语至结尾递增，故名积累兴趣式。又因其要求设置悬念，故又有人称之为悬念式结构。它尤其强调将最精彩的、出人意料的材料置于消息结尾。

7. 散文式结构。此结构吸收了散文在结构和表达等方面的特点，材料和层次安排自由、灵活，语言表达不拘一格。

（二）消息的写法

1. 新闻标题。新闻标题就是新闻的题目，它是新闻内容的形象概括。新闻标题分为单一型和复合型两种。其中，复合型标题由主题和辅题组合而成，辅题又分为引题和副题。

主题——标题中最主要的部分，说明最重要的事实或思想，字号最大。

引题——又名肩题、眉题，位于主题之前的辅助性标题，主要作用是引出主题。

副题——又名子题，位于主题之后的辅助性标题，主要用事实对主题作补充和解释。

（1）单一型的新闻标题。如：

"就业集市"帮大学生走好求职路

（《中国教育报》，2024年2月27日）

（2）复合型的新闻标题。

①引题＋主题。如：

枝节横生挡视线　枝叶交错穿电线（引题）

这几处树木该"剪发"了！（主标题）

（《济南时报》，2012年8月6日）

②主题＋副题。如：

新突破！祝贺我国科研团队（主标题）
我国科研团队在设备新型散热机制研究方面取得突破（副标题）

（新华网，2024年3月16日）

③引题＋主题＋副题。如：

治理污染多花数亿　闹市地块荒废8年（引题）

武汉赫山无奈"解毒"代价高昂（主标题）
今天的生产场地不能再成为明天的污染场地（副标题）

（《人民日报》，2013年1月4日）

2. 消息头。报纸上刊登的消息，其开头部分往往冠以"本报讯"或"××社××地×月×日电"的字样，这就是消息头。消息头是消息的标志，具有区别其他文体、标志"版权所有"以及表明消息来源的作用。消息头的形式主要有"讯"与"电"两大类。其中"讯"主要是指通过邮寄或书面递交的形式向报社传递的新闻报道，"电"主要是指通过电报、电传、电子邮件、传真或电话等形式向报社传递的新闻报道。

3. 新闻导语。新闻导语是消息的开头部分，紧接在消息头的后面，一般由最新鲜、最重要的新闻事实或依托新闻事实的精辟议论组成。新闻导语以短小的篇幅和笔墨反映出新闻的要点和轮廓，并一语定义为整篇报道定下基调，同时它还要吸引读者的注意，最大限度地激发读者的阅读兴趣。

新闻导语按照其表现形式，大体可分为硬式导语、软式导语、复合式导语等几种。

（1）硬式导语是指"五要素"（即：when, where, who, what, why, 亦称"5W"）导语、归纳式导语等比较规范直观的导语，它常被用在动态消息、政策性强、内容单一的短消息以及突发事件等新闻当中。如：

俄罗斯首都莫斯科近郊克拉斯诺戈尔斯克市一家音乐厅22日晚发生恐怖袭击事件，已造成133人死亡。目前，各方围绕恐袭幕后黑手身份有不同说法，极端组织"伊斯兰国"宣称制造了这一事件，而俄方认为犯罪嫌疑人与乌克兰方面有关联。俄总统普京23日发表电视讲话，痛斥恐袭罪行，承诺将严惩行凶者和指使者。

（新华网，2024年3月24日）

（2）软式导语是与硬式导语相对而言的，它常以描写式、反问式、仿写式、悬念式、隐喻式、引语式、背景式等表现形式出现。下面是《新民晚报》在刊登上海民间艺术展览在美国旧金山开幕的一则新闻的导语：

多么威武神气的猫头鹰！一对大眼睛正在扫射着什么，翅膀微微耸起，看来它准备振翼飞扑过去，抓住那狡猾的大田鼠。这只用棕榈树桩因材施艺而雕琢成的人工猫头鹰，最近飞越太平洋，在美国旧金山的"中国上海民间艺术展览"上栖息。

（3）复合式导语是将硬式导语的准确性、客观性、快捷性与软式导语的可读性、可视性、可听性、感人性等特点进行有机结合的一种导语，它一般由两个或两个以上自然段组成。复合式导语的第一自然段称为主导语，其后的导语段落称为次导语或准导语。如：

被评为抗震救灾优秀学生的灾区毕业生，可免试上大学。××县××中学报了三个学生参加评选，但是其中一人却被在救灾中表现并不突出的小文（化名）取代。而小文的父亲，则是××学校的校长。

"你说怪不怪？学校报了三个学生参加抗震救灾优秀生评选，批下来还是三个，但其中一个学生换了人。"××县××中学高三学年组组长小王（化名）说，这名替代者小文根本不能算是××中学的学生，因此校方对他出现在抗震优秀生名单中感到震惊。

4. 主体。主体就是新闻的正文部分，它在消息里面的作用是解释和深化导语并补充新的事实，进一步提供有关细节和新闻背景材料，完备导语中未涉及的新闻内容，以使读者对报道的新闻事件了解得更清楚、更深刻、更全面。从广义上讲，新闻主体中还包含新闻背景。

新闻主体部分的写作要注意以下几点。

（1）要围绕一个主题取材。有些材料虽然很生动、感人，但若与我们所要表达的主题无关或关系不大，就应删减。

（2）叙事要尽量具体、充实，使读者对新闻人物和事件有较为完整、真切的了解。具体是指要围绕报道主题，以生动、翔实的材料进一步阐释和深化导语中所涉及的内容。充实是指除了补充和完善导语中所涉及的内容外，还要提供与之有关的新闻背景和其他新闻要素。

（3）叙述生动，行文有波澜，保持读者的兴趣。新闻主体的写作有时要讲究"一转一境"，转折起伏，可以采用叙述、描写、引语等多种表现手法并举的写作方法。写作时应注意顺应读者的阅读心理，把读者想知道的内容、最关心的内容等材料一一排序。

（4）层次段落要分明，起承转合要自然。新闻主体部分在消息中所占比例一般较大，往往由一个以上自然段构成。因此，在表述时一定要注意材料安排的顺序，先说什么，后说什么，力求条分缕析、环环相扣。如自然段较多，每一段最好只说一层意思。

5. 结尾。一条消息是一个整体，哪怕只有一段，它也是有头有尾的。新闻的结尾对于人们的阅读心理往往有着相当大的影响。新闻结尾的方式多种多样，最常见的有以下几种。

（1）自然结尾法。这是大多数消息采用的方法，即按照新闻报道的结构安排，顺其自然地把必要的新闻内容、新闻诸要素交代完毕，不再旁生蔓枝，不用增添所谓的"结尾段"。如：

继3年前因汉服产业火热"出圈"后，2024年新春伊始，马面裙的爆火再度将山东曹县这座鲁西南县城送上舆论场的"热搜"。

曹县电子商务服务中心的数据显示，截至目前，该县以马面裙为主的龙年拜年服销售额已超3亿元。可观的销售额背后是庞大的产业支撑。据统计，该县马面裙企业有1500家左右，从业人数达6万人，相比于全县2282家汉服企业、近10万汉服从业人员的总量，显然，马面裙产业的占比超六成。

……………

当地一支马面裙百人表演团队也正在组建中。为此，曹县拟拿出县地方戏曲保护中心10个事业编名额组成表演团队，加之从全县教体系统、医疗卫生系统以及3所职业院校抽调的90人，这支百人专业表演团队将在国内外重要展会上展示带有曹县logo的马面裙。

"一切只是刚刚开始，这个产业的市场容量是非常大的。"胡春青期待着有一天，马面裙走入全中国家家户户，对此，他充满信心。

（《马面裙爆火为何在曹县"意料之中"》原载于《中国青年报》，2024年2月29日）

（2）拾漏补缺法。这种结尾主要用于补充新闻导语和躯干部分未提的新闻要素，使新闻报道完整、圆满；或者补充有关背景材料，使新闻报道更加充实、可信。这种结尾一般都有一个比较明显的"结尾段落"。如：

本报11月21日讯（记者哈丹宝力格海郯）"图门桑，牛群已离开您的牧场，在伊克尔湖东南约3.5公里处。"11月20日下午，鄂尔多斯市杭锦旗牧民图门桑看了一眼手机上的短信，急忙骑上摩托，向着伊克尔湖方向疾驰而去。在卫星放牧系统应用之前，图门桑为了找寻在沙尘暴中迷失的牛群，曾在草原上转了整整15天。

目前，杭锦旗已有4个牛群、2个驼群、1个马群受到卫星的守护。卫星放牧系统开始在内蒙古草原逐步推广。

……

杭锦旗农牧业局朝鲁介绍，卫星放牧系统应用之后，牛羊的移动路线一览无遗，会通过互联网或手机短信告知牧民。现在，畜群就像图门桑手里牵着的一只永远也飞不远的风筝，每隔三四天他才会去看上一眼。

科技逐渐将原本脆弱的畜牧业生产武装到牙齿，同时节省了养殖成本，减少了人力物力投入。图门桑不再雇人放牧，节省下每月3000元的支出。在失去牛倌的情况下，图门桑第一次不必和牛群紧紧拴在一起，多出了时间从事第二职业。他说跑运输每天可以给他带来100多元的收入。

（《牧民开始用卫星放牧》原载于《内蒙古日报》，2011年11月23日，第二十二届中国新闻奖二等奖作品）

（3）别开生面法。这种结尾不拘一格，往往"别出一层，补完题蕴"。例如，全国好新闻作品《厂长负责制使优秀厂长脱颖而出》，其导语与新闻躯干部分主要讲高级工程师徐孝纯怎样受命于危难之际，两次出任厂长、治厂有方的事迹。新闻结尾，忽然笔锋一转，跳出工厂，转写家事：

可是，这位厂长家中却没有多大变化，书籍仍然是他家的主要财产。……他的爱人是位退休纺织工人，他们用收入很大一部分购买从印染技术到哲学、文学、外语等各种书籍。这位厂长说："我最爱看关于现代化经营管理的书籍。"

五、消息的写作要求

（一）取材要新鲜

典型消息的题材应新鲜，即要选取新人、新事、新风尚来写，从新角度来写。

（二）在表达上以叙述为主

消息常常是对人物、事件等做简要的说明和交代，告诉读者事物的发生、发展、变化、结局，不强调细节，叙述是其主要的表达方式，很少用描写和抒情。

（三）结构严密，层次分明

消息一般是按照事物的内在联系，把最重要、最新鲜的事物写在最前面，然后再写次要的、更次要的；也可以依照事物的发生、发展、变化的顺序来写，但要突出主要部分。

（四）用第三人称叙述

消息不像通讯可以用第一人称，它一般用第三人称叙述，就是身边发生的事，也要用第三人称。

例文一

标题新闻

冠军联赛丁俊晖险胜特鲁姆普夺冠　跻身总决赛
华北平原大雾将散　东北剧烈降温伴风雪

例文二

简　讯

习近平集体会见美国工商界和战略学术界代表

3月27日上午，国家主席习近平在人民大会堂集体会见美国工商界和战略学术界代表。

（新华网，2024年3月27日）

我国将对钓鱼岛进行测绘

据介绍，我国"海岛（礁）测绘工程"一期已完成6400个海岛的识别与精确定位。未来，中国要在二期的海岛（礁）测绘工程中实现包括钓鱼岛在内的整个海域的全覆盖。

（《新京报》，2013年1月15日）

保障救护车等特种车辆先行

公安部交管局日前下发通知，要求各地保障执行紧急任务的救护车、消防车、工程救险车等特种车辆的特别通行权利，情况特别紧急的，可派出警车开道引导急救车辆行驶。

（《三秦都市报》，2013年1月15日）

例文三

动态新闻
天都一号、二号通导技术试验星顺利进入环月轨道

记者从深空探测实验室获悉，3月25日1时32分，天都一号、二号通导技术试验星组合体经过约112小时奔月飞行，成功实施近月制动，约11分钟后，发动机正常关机。根据实时遥测数据判断，天都一号、二号通导技术试验星近月制动正常，顺利进入环月轨道。

据介绍，近月制动是月球卫星飞行过程中最关键的一次轨道控制。卫星要实现绕月飞行，必须在靠近月球时实施"刹车"制动，将其相对速度降低到月球逃逸速度以内，从而被月球引力捕获。

天都一号、二号通导技术试验星在地月转移过程中经历了2次轨道修正，达到预期目标。后续，将通过调整环月轨道高度和倾角，进入环月大椭圆冻结轨道，按计划实施双星分离，开展一系列月球通导新技术验证。（记者吴慧珺、宋晨）

（新华网，2024年3月25日）

第三节 通 讯

一、通讯的概念

通讯是运用叙述、描写、抒情、议论等多种手法，从不同角度，深入详尽、形象生动地报道新闻事实或人物的一种新闻体裁。

二、通讯的特点

（一）独家性

通讯是只有一家新闻机构单独报道的新闻，具有独特的新闻价值和一定的权威性。某新闻媒体如果能经常报道这样的独家新闻，就能赢得读者听众，提高自家声望。

（二）容量大

通讯能够反映更多、更具体的内容，可以把事件的来龙去脉交代得更详尽、完整。

（三）写法活

通讯的结构可以灵活多变，根据内容的需要可采用纵式结构、空间并列式结构、性质并列式结构等。

三、通讯与消息的区别

（一）从时间上看，通讯发稿的时间比消息迟。消息发稿快速，还可连续发稿，通讯容量大、事实详细，在发稿上很难做到高频率且快速。

（二）从内容上看，通讯比消息详细具体。通讯的篇幅比消息长，消息的容量相对小些，内容比较概括。

（三）从报道对象看，通讯选材相对较严，消息选材范围较宽。

（四）从结构上看，通讯灵活多变，消息相对稳定。

（五）从表达方式上看，通讯以叙述描写为主，表达比较灵活自由，语言更加生动形象，有感染力和说服力；消息以叙述为主，语言简洁平实。

四、通讯的种类

（一）人物通讯

人物通讯是以人物为主要报道对象，通过人物的思想行动来反映时代精神和社会面貌的通讯。人物通讯中的人物，可以是正面人物，可以是反面人物，也可以是平凡的普通人。这些人物首先要有新闻性，具有鲜明的性格特征和能够构成新闻的事实材料，并对社会有一定的教育意义。

（二）事件通讯

事件通讯是以记叙事件为主的通讯。它通过对新闻事件发生、发展、结果的描述和交代，反映社会现实。事件通讯应以记叙事件为主，重在对事件的叙述和剖析上，挖掘出事件的新闻意义。

（三）工作通讯

工作通讯是以报道工作中的成就、经验，揭露和讨论工作中存在的问题为中心的通讯。发表工作通讯的目的是宣传典型，批评错误，指出规律，指导工作。

（四）风貌通讯

风貌通讯是一种着重描写事物发展中的新变化、新面貌的通讯。风貌通讯往往从现实生活中选择典型的、有特色的地区或单位，抓住最新鲜的迹象，加以突出的描绘，勾画出事物发展过程中日新月异的新面貌，以帮助读者了解变化，开阔眼界，增长知识。报纸上常见的风貌通讯形式有"见闻""巡礼""侧记""散记"等。

五、通讯的结构和写法

（一）标题

通讯的标题跟一般记叙文的标题比较接近，它可以直接揭示新闻事实，也可以曲笔表达。在写法上，通讯的标题可实可虚、可直可曲、可长可短、可庄可谐，没有定规，作者可以充分发挥自己的创造性。在形式上，通讯一般只有一个标题，也可以用破折号引出一个副标题，副标题大多是实述的写法，主要是交代报道的对象和新闻的来源。如：

领导干部的楷模——孔繁森（直接叙述新闻人物）

超市，你为何有隐情？（用设问的手法引发读者思考）

暴风雨袭击后（设置悬念吸引读者）

（二）开头

通讯的开头方法多样，没有定式，一般常用的方法是开门见山或比兴铺垫。

1. 开门见山。这种方法是直述其人其事，直接抒发感情或发表见解。如：

20××年5月30日下午4时40分，一场罕见的龙卷风以毁灭性的打击袭击了××省××县××镇××村。

2. 比兴铺垫。这种方法是先从他处娓娓道来，然后再进入正题。如：

6月27日5时，天上下着淅淅沥沥的小雨，很多人还在梦乡，可9路公交车的司机们，已经开始发动汽车，准备出发。

（三）主体

主体是通讯的主干部分，是对事件或事实报道的核心内容。

主体部分的结构方式通常有以下三种：

1. 纵式结构。这种结构是单纯地按时间发展的顺序、事物发展的顺序（包括递进、因果等）、作者对所报道事物认知的顺序或采访的先后顺序等来安排层次的。

2. 横式结构。这种结构是按空间变换或事物性质的不同来安排层次的，如空间并列式、性质并列式等。

3. 纵横结合式结构。这种结构是将纵式结构和横式结构结合起来，多用于事件复杂、时间跨度大、空间跨度广的通讯。

总之，通讯的主体部分不应平铺直叙，要写得生动、深刻、吸引人。

（四）结尾

通讯的结尾通常采用自然收束、卒章显志的方法。

1. 自然收束。这是按叙述过程自然结束的结尾。这样的结尾干净利落，自然简约。

2. 卒章显志。这种结尾即在结尾点明主题或写作目的，有的通过事件表明作者的看法，对读者理解文章有提示或总结的作用。

六、通讯的写作要求

（一）深入采访

写作通讯之前，要全面了解人物的事迹、性格、习性、内心世界，掌握事件发展的脉络、因果、规律；认真核实涉及的人物、事件、情节、数字以及各种细节等。

（二）明确主题

有了明确的主题，取舍材料才有标准，起笔、过渡、高潮、结尾才有依据。

（三）精选材料

按照主题思想的要求，精选鲜活材料、典型材料、背景材料，把最能反映事物本质的、具有典型意义的和最有吸引力的材料写进去。

（四）角度新颖

可从各个不同的角度去观察、去反映，可以是正面、反面、侧面，也可以是鸟瞰、平视、仰望等，角度不同，印象各异。如能精心选取最佳角度去写，往往能使稿件陡然增添新意，写得别具一格、引人入胜。

例文

"012642"，一个属于三个人的警号

这是一个英模警号。两位全国公安系统英雄模范先后佩戴着它，冲锋在前、为民在先，用鲜血和汗水赋予它无上光荣。

这是一对英模夫妻。丈夫壮烈牺牲，妻子擦干眼泪，义无反顾穿上警服，继续战斗、服务在第一线。

这是一个英雄家庭。30余年间，丈夫、妻子、儿子先后从警，同一个英模警号在三人间接力传承，他们用忠诚与担当，涵养着英雄的家风。

丈夫宝力格，生前是内蒙古自治区呼和浩特市公安局玉泉区分局刑侦大队三中队指导员，在一次抓捕任务中与持刀嫌疑人殊死搏斗，不幸身负重伤，生命定格在38岁。

妻子索连红在丈夫牺牲后，佩戴上他的警号，续写他未完成的事业。他们的儿子包牧仁也继承了父亲的遗志，成为一名光荣的人民警察。如今，索连红退休在即，包牧仁向组织申请沿用父母的警号，以此激励自己勇挑重担、为民服务。

生死与君同，这是对英烈最好的致敬，也是对亲人最浓的思念。

冲，是性格，是使命

宝力格离开已经17年了，但提起他，曾经的同事依旧印象深刻。呼和浩特市公安局玉泉区分局刑侦大队大队长王勇说："他身材高大，不善言辞，经常挂在嘴边的就是一个字'快'。"

"他时刻都在催，'快点走''快点出发''快快快'。"王勇说，宝力格平时话不多，现在能记得的似乎就是"快"。

快，是工作需要，也是宝力格的工作作风。作为一名刑警，宝力格经手的往往都是刑事案件，破案的关键时间就在案发后的几天甚至几小时。与时间赛跑，是宝力格的本能。

"不管办什么案子，宝哥永远都是第一个冲在前面。"王勇说，当时年轻民警都愿意跟宝哥出警，学习成长特别快。但永远冲在前的宝力格，却在人生的旅途中永远停留在了38岁。

....

"戴上他的警号，就感觉有了力量"

今年4月15日，是呼和浩特市公安局玉泉区分局小召派出所民警索连红退休的日子。日期越临近，她越珍惜身穿警服的机会。她有一个习惯：穿好警服后，总要下意识地摸一摸胸前的警号——"012642"，这是她丈夫宝力格生前佩戴的警号。

"谈恋爱时，他说只要支持他工作就行。"索连红说，宝力格成为民警前在武警部队服役，他身材高大、性格憨厚，身上有股冲劲儿，"这一点让我认准了他，也让他最终离开了我。"

宝力格牺牲前，单位刚为他所在的中队配了一辆越野车，宝力格对这辆新车宝贝得很，每次出任务回来都要认认真真把车擦干净。

宝力格牺牲后，索连红思念丈夫时，就到他单位外面盯着这辆车发呆，在落了灰尘的车身上写下"老宝，我想你了"。有一次在街上看到这辆越野车，索连红啥也没想就追着车跑，"好像老宝还在车里执勤"。

"要追上老宝。"索连红不仅是这么想的，也是这么做的。

....

爱你深爱的事业，写你未写的诗篇

"为什么经常不回家？回家后为什么那么累？遇到危险为什么不躲？"

这些问题，曾经的警嫂索连红一直想问丈夫宝力格，但却一直没有答案。后来，民警索连红自己找到了答案。

每次被抽调办理刑事案件，她明知有危险，也从不拒绝；值起班来好几天不回家，她经常吃住都在派出所，也毫无怨言。"工作的时候真的会忘了累、忘了躲，忘了吃饭和休息。"

身为妻子的索连红，心疼丈夫的疲惫和艰辛，如今她更能理解这份执着与付出。"我明白了老宝牺牲的时候为什么没有畏惧，现在的我也会像他一样义无反顾。"

....

同样的英模警号　同样的为民情怀

漫漫人生路，英模夫妻的儿子对于未来有什么样的选择？"90后"包牧仁选择了一样的警服和一样的为民服务。

宝力格牺牲时，包牧仁才12岁。"爸爸常出差，他不在了之后，妈妈也总加班。"他的脑海中，一家人团聚的记忆少之又少。但他非常崇拜父母，"惩恶扬善，威风凛凛"。

后来，包牧仁如愿穿上了制服，去往原武警消防部队服役。"我从小就向往部队，想当兵、想当警察。这种渴望可能也跟父亲平日里潜移默化的影响有关系。"

服役期间，他和战友们冒着危险闯火海、挖废墟，扑灭火灾、抢救生命，有时候一个晚上要出火警十几次，一次一个化工厂发生火灾，远远地就能看到一个个铁罐被炸得飞上天，"那也得冲过去，使命职责使然，没时间害怕。"

....

"别人眼中，他们是英模；我的心里，他们是我的父母，是我永远的榜样。"包牧仁说，自己申请沿用警号，是想用父母的精神激励自己，让平凡的自己也成为他们那样冲锋在前的斗士。

在这样一个特殊的三口民警之家，英模警号接力传承的背后，是忠诚与担当淬炼出的英雄家风在传扬。"我相信我的父母在工作中给自己的目标，不是要获得多高的荣誉，而是始终跳动着一颗为人民服务的心。"

（作者：新华每日电讯记者　刘懿德　王春燕　魏婧宇　贺书琛）

（节选自新华网，2024年4月3日）

写作训练

一、阅读下列消息，然后给它拟写标题。

"楚才杯"五年级作文题"给我一点时间"，有3000名被逼培优的儿童，不约而同地将妈妈刻画成"变色龙""母老虎""河东狮吼"的形象⋯⋯

22日记者在"楚才杯"组委会，发现五年级考生的4200份考卷中，超过70%的孩子选择了一个共同题材——被妈妈逼着整天培优，学习压力大，期望妈妈给自己一点时间。

孩子们被妈妈逼着赶场培优、参加奥赛、练琴学画，做着永远也做不完的练习题。在这些孩子的笔下，妈妈是"会计师"，计算好了他们的每一分钟；妈妈是"变色龙"，考了满分她睡着了都会笑醒，考差了就会大发雷霆；妈妈是"母老虎"，每次出去玩总被她准确地堵回来；妈妈是"河东狮吼"，看一会儿电视她就会发作⋯⋯

在妈妈们看来，这样做是因为爱，是望子成龙。但孩子们并不领情："妈妈，你在我心中的地位非常高尚,我不愿因为这些而讨厌你,害怕你,我渴望拥有快乐的童年。"

华中科技大学教育专家郑丹丹认为,3000名考生不约而同地"妖魔化"妈妈,反映了妈妈们在当代社会面临的共同困惑,也说明构建和谐母子关系迫在眉睫。

(《武汉晚报》2005年4月25日)

二、一件新闻在不同的报纸上刊登时,会因编辑的眼光不同而出现不同的标题。请就近日发生的一件重大新闻,比较、分析各大报纸刊出时的标题有何不同。

三、写一则报道校运会的简讯。

四、写一篇消息,报道班上新近组织的某项活动。时间、地点、事件要交代清楚,注意详略得当,有条有理。

五、阅读近期的新闻,请仔细比较对同一题材进行报道的消息和通讯,谈谈消息与通讯在确立主题、写作方法等方面的异同。

六、就某一主题进行实地采访,写一篇通讯。

第九章 申 论

学习要点
- ◆ 申论考试的特点
- ◆ 申论考试的测评要素
- ◆ 申论应试的注意事项
- ◆ 申论试题的结构
- ◆ 申论考试的常见题型

第一节 申论概述

一、申论的概念

申论是指针对给定话题而引申开来、展开议论的一种文体，它是随着公务员录用考试制度而出现、推行的。在公务员录用考试中，通过对设定资料的阅读，回答有关问题，考察应试者的阅读理解能力、分析判断能力、提出和解决问题能力、语言表达能力、文体写作能力、时事政治运用能力、行政管理能力。

二、申论考试的特点

（一）材料的广泛性

申论考试所提供的背景材料范围广、内容多，政治、经济、法律、文化、教育等诸多领域的问题均有涉及。

（二）内容的非专业性

因为应试者来自各个领域，所学专业或所从事的工作不同，所以要求应试者处理加工的材料必须具有普遍性、非专业性。应该尽量保证每位应试者都能有论而发，从而实现考试的公平性。

（三）题目的针对性

无论材料面有多广、篇幅有多长、内容有多复杂，都显露出或隐含着较强的针对性、合理性。只有仔细阅读材料，理清逻辑关系，抓住重点，条分缕析，才能有针对性地、有的放矢地回答和论证问题。

（四）考试形式的灵活性

申论考试由概括部分、方案部分、议论部分组成。概括部分既可能属于记叙文、说明文、议论文中的某一种形式，也可能综合多种文体形式，还可能是公文写作；方案部分则主要是应用文写作；议论部分是议论文写作。由此可见，申论既考查了普通文体的写作能力，也考查了公文写作能力，考试形式非常灵活、方便、实用。

（五）解决问题的可行性

应考时，要仔细阅读材料，理清文章的逻辑关系，抓住主要问题，考虑特定的条件、环境，结合社会实际，进行综合分析，做出正确的判断，提出切实可行的方案，力争做到合情、合理、合法，切忌提出一些理想化、抽象化、超越现实的方案。

（六）考试答案的不确定性

申论考试没有也不可能有一个确切、固定、唯一的标准答案。从资料背景来看，申论试题的给定资料大都是关于当前政治、经济、法律、教育等社会问题，这些问题有的已有定论，有的尚无定论，完全要考生自己来解决。从这个角度来看，无论是提出对策或是对对策进行论证，都不会有一个确切、固定、唯一的标准答案。

三、申论试题的结构

（一）提出"注意事项"

"注意事项"每年的变化不大，主要内容是告知考生试卷结构、考试时间、阅读给定资料的参考时间、作答的参考时间和其他规定。

以下为某年国家公务员考试申论（副省级）的考试的"注意事项"内容：

1. 本题本由给定资料与作答要求两部分构成。考试时限为180分钟。其中，阅读给定资料参考时限为60分钟，作答参考时限为120分钟。满分100分。
2. 监考人员宣布考试开始时，你才可以开始答题。
3. 请在题本、答题卡指定位置填写自己的姓名，填涂准考证号。
4. 所有题目一律使用现代汉语作答在答题卡指定位置。未按要求作答的，不得分。
5. 监考人员宣布考试结束时，考生应立即停止作答，将题本、答题卡和草稿纸都翻过来留在桌上，待监考人员确认数量无误、允许离开后，方可离开。

（二）给定文字资料

这一部分的字数越来越多，近些年来，国家机关公务员申论考试的资料基本上在6500～8000字之间，其内容涉及政治、经济、法律、教育等社会问题。这些资料大多是经过初步加工的"半成品"，是带有新闻性质的现实材料，反映的多是社会现实生活中的某一热点问题，基本不会涉及专业性极强的内容。

（三）提出"作答要求"

"作答要求"是要求应试者在弄清给定资料的基础上完成若干题目。

申论考试形式既严格又灵活，要求考生摒弃闲话、套话，分析、论证，解决问题要透彻、全面、清晰，同时又保证考生能充分发挥自己的潜力，施展自己的真才实学。

申论考试在体式上没有严格限定，考什么、怎么考、定什么题目等诸方面都不再实行"一刀切"，而是模拟公务员日常工作内容和工作方法，充分考虑用人的实际需要，以求更准确地测试出应试者的综合行政能力。

在近几年的申论考试中，"作答要求"中一般会出现五种题型，即归纳概括题、言语阐述题、综合分析题、应用文写作题和大作文，在本章第二节"申论考试的测评要素和常见题型"中会进行具体介绍。

第二节 申论考试的测评要素和常见题型

一、申论考试的测评要素

申论考试所要考查的能力是多角度、多层次、全方位的，包括阅读材料、概括主题、提出方案、辨识对策和论证问题等多方面的能力。

（一）阅读理解能力

申论考试要求的阅读理解能力，在很大程度上是对一些不够准确、不够清晰的"半成品"材料的加工能力。不是简单的就事论事，要善于从材料中把握事物之间的联系，区分问题的类别、性质、主次、轻重、缓急，发现同中之异，捕捉异中之同。根据题目的意思和要求，对给定的材料进行阅读、审视、分析、理解，确定材料反映的主要内容、主要观点、主要问题，从而为下一步回答问题做好准备。

（二）概括分析能力

概括是根据申论要求，对给定材料的主题、内容、观点以及反映的主要问题进行归纳总结的过程。概括要点是一个承上启下的重要环节。概括要点的目的在于准确把握给定的材料，以便进一步着手解决问题。

（三）决策方案能力

决策方案能力就是提出和解决问题的能力。申论考试考查应试者针对材料所给的信息加以分析理解、综合概括出主要问题，并提出解决方案的能力。这是申论的关键环节。重点考查应试者思维的开阔程度、创新意识、应变能力和解决问题的能力。申论写作不仅要找到问题的"病根"，而且还要根据病情开出解决问题的"药方"。针对问题能够提出行之有效的措施、方法和方案。

（四）论证表达能力

论证是申论考试的最后一个环节，它要求应试者充分利用给定材料，切中主要问题，全面阐明、论证自己对给定材料所反映的主要问题的基本看法以及解决问题的方案。论证部分的写作应该在深入思考、运筹帷幄的基础上进行，最好事先列一个扼要的提纲，做到胸有成竹，这样才能行文流畅；并要注意论题鲜明、重点突出、线索清晰、详略得当。

二、申论考试的常见题型

（一）归纳概括题

归纳概括题主要考查考生从复杂材料中提取关键信息、进行有效整合，并能够准确概括主要内容的能力。在写作时，考生需要仔细阅读材料，识别出核心观点和重要细节，然后按照逻辑顺序进行整理。

写作注意事项：逐句逐段分析，理解材料意图；在理解材料的基础上，提炼关键信息；简洁明了，避免赘述。

（二）言语阐述题

言语阐述题通常要求考生针对某一观点或现象进行阐述和论证。这类题目考查考生的表达能力和逻辑思维。写作时，考生需要明确自己的立场，运用恰当的论据和例证来支撑观点，同时注意论证的严密性。

写作注意事项：确认阐述对象，就近寻找提示；论点明确，论据充分；语言表达准确、流畅；结构合理，有说服力。简单来说，就是"讲清是什么—说明为什么—谈谈怎么办"

（三）综合分析题

综合分析题要求考生对给定材料中的信息进行全面分析，并提出自己的见解。这种题型考查考生的综合处理信息能力和解决问题的能力。在写作过程中，考生需要对材料进行深入分析，挖掘问题的根本原因，并提出切实可行的解决方案。

要做好综合分析题，关键在于"分析"，要把给定资料的事物、现象、概念区分开来，再找出这些部分的本质属性和彼此之间的关系。其中，尤其要注意删除和答案主题关联度比较弱、个性化比较强、信息量比较少的内容，不能像归纳概括题那样大篇幅借用给定材料的原文。

写作注意事项：全面理解材料内容，分析深入；提出的观点要有创新性，解决方案要具有可操作性；逻辑性强，论证充分。

（四）应用文写作题

应用文写作题要求考生根据特定情境写一篇应用文，如简报、报告、提案、倡议书等。这类题目考查考生的实务操作能力和格式规范性。写作时，考生需要严格按照应用文的格式要求，明确写作目的，合理安排结构，注意语言的正式性和准确性。如发言、汇报、报告类的应用文写作，第一部分就要对基本情况加以介绍，第二部分阐述主观努力有哪些方面，第三部分再说明客观成效等。

写作注意事项：格式规范，内容完整；语言得体，符合应用文的特点；条理清晰，信息传达准确无误。

（五）大作文

大作文是申论考试中分值较高的题目，通常要求考生就某一社会热点问题或哲理性话题发表自己的见解。这种题型考查考生的思维深度和语言表达能力。写作时，考生需要从多角度审视问题，展现自己的思考深度和广度。要写好大作文，尤其要注意文章的"四个导向"：

1. 政治导向：始终不偏离党的政治目标和政治任务；
2. 民本导向：文中要体现"把人民对美好生活的向往作为奋斗目标"；
3. 问题导向：要结合申论资料和知识积累，善于发现问题、提出问题、解决问题；
4. 行动导向：这是解决问题的根本。

写作注意事项：立意新颖，有独到见解；论证充分，逻辑性强；文采斐然，语言优美。

第三节 申论应试的注意事项

一、身份的"虚拟性"

应试者在答题时，他的身份不是一个学生，而是以政府公务员的身份甚至是政府公务员中领导的身份去答题。因此，在申论考试中，应试者要注意身份的"虚拟性"，符合背景材料中为应试者设定的虚拟身份。如2020年国家公务员考试申论（副省级）的考试中，就要求考生以S省省委人才发展局的工作人员的身份，撰写一份宣讲会上的推介讲话稿。

二、紧扣给定资料

申论考试无论是概括主要问题、陈述看法，还是提出对策、方案并进行阐述和论证等，都限于试卷的给定资料。所以，应试者一定要认真仔细地阅读给定资料，充分利用给定资料。切忌脱离给定资料，随意联想和发挥。

三、题好文一半

许多申论试题都提出了这样的要求：参考材料，联系实际，自选角度，自拟题目……这就需要应试者尽力拟一个很好的题目。即使没有好的构思，也要尽力避免俗套的题目。

四、合理分配时间

申论应试一般阅读材料的时间为50～60分钟，答题的时间是120～130分钟。使用50～60分钟阅读材料实际上并不多，因为应试者需要通过阅读材料找出材料里反映的主要问题、中心议题，以及各方面材料都说明什么问题。俗话说"磨刀不误砍柴工"，因此，在阅读材料上的时间不要吝啬。当然，还要看清申论的要求，这样才能有目的、有针对性地阅读材料。

五、注意表达方式

申论的表达方式应以说明、叙述、议论等为主，以求充分表达自己概括、分析的能力和提出问题、解决问题的能力，文风力求质朴。不能抛却"材料"和题目要求将论证性的议论文写成抒情散文或者记叙文。

因此，申论写作的遣词造句应当准确、简明、规范，戒除一切套话、空话。时间、地点、人物、范围、性质、程度等必须表达明确；用语肯定，避免歧义；使用的词语符合身份，语出有据，做到庄重得体；语句、段落和篇章结构都要体现合理的逻辑关系。

申论试题示例

一、注意事项

1. 本题本由给定资料与作答要求两部分构成。考试时限为180分钟。其中，阅读给定资料参考时限为50分钟，作答参考时限为130分钟。

2. 请在题本、答题卡指定位置上用黑色字迹的钢笔或签字笔填写自己的姓名和准考证号，并用2B铅笔在准考证号对应的数字上填涂。

3. 请用黑色字迹的钢笔或签字笔在答题卡上指定的区域内作答，超出答题区域的作答无效！

4. 待监考人员宣布考试开始后，方可开始答题。

5. 所有题目一律使用现代汉语作答。未按要求作答的，不得分。

6. 监考人员宣布考试结束时，应立即停止作答，将题本、答题卡和草稿纸都翻过来留在桌上，待监考人员确认数量无误、允许离开后，方可离开。

二、给定材料

材料1

在中国特色社会主义进入新时代、决胜全面建成小康社会、开启现代化新征程的大背景下，把各方面优秀人才团结凝聚到党和国家的事业中来，显得比以往任何时候都更加重要和紧迫。习近平总书记明确要求"在知识分子和广大人才中大力弘扬爱国奉献精神，激励他们的爱国之情、报国之志。要加强对人才的政治引领，做好各类人才教育培训、国情研修等工作，增强他们的政治认同感和向心力，实现增人数和得人心有机统一"。

L省是经济大省、人才大省、开放大省，遇到的矛盾问题更早更多。面对一系列难题，L省以习近平新时代中国特色社会主义思想和习近平总书记关于人才工作重要论述为指导，紧紧围绕"实现增人数和得人心有机统一"的总目标，探索出了一条对人才的政治引领实效化的新路径。

L省始终坚持党管人才这一根本原则，着力构建权责明确、务实管用的组织架构。坚持一把手抓、抓一把手，省委书记批示要求"认真落实党的知识分子政策，加强政治引领",各级党委(党组)都把加强对人才的政治引领作为"书记项目"。2018年,L省调整了机构布局,进一步整合了人才工作的相关力量,明确了对人才的政治引领职能职责。

L省把习近平总书记关于人才工作重要论述作为人才培训的第一课,引导广大人才同党中央保持高度一致。通过实施"爱国、奋斗、奉献"精神教育三年行动计划,引导广大人才增强"四个意识"、坚定"四个自信"、做到"两个维护";通过常态化组织人才赴井冈山、遵义等红色教育基地学习,让广大人才在切身感受中提高对世情国情党情的认识,坚定理想信念。

此外,全省集中举办高层次人才"爱国、奋斗、奉献"精神主题学习会,邀请省委讲师团专家作报告。学习会上,为高层次人才颁发证书、授予奖牌,增强其荣誉感和成就感。会后,制作主题学习会视频,放大典型示范效应。同时,开展"身边的榜样——知识分子群像群塑"活动,分层分级分类别,评选出一批可看可知、可比可学的先进典型,通过榜样的力量感召广大人才投身全省建设。

L省积极响应"一带一路"、脱贫攻坚等国家战略和重点工作,动员人才开展对口帮扶、对口支援。仅2018年,全省就选派各类人才3109名到对口帮扶地区服务锻炼,并依托博士服务团计划,选派经济金融、医疗卫生等领域博士教授16批140余人次,到西部地区和革命老区援助帮扶,让人才在祖国最需要的地方绽放青春、追逐梦想。

感情亲近,思想才能贴近。L省建立健全专家联系制度,各级班子成员、部门党委(党组)书记分别结对联系一批专家教授、名医大师、技术骨干,形成横向到边、纵向到底的工作机制。各级党组织坚持"四必访两必到",在重要节日、专家取得重大成就时、逢十生日、罹患重大疾病时领导干部必访,逢年过节、逢有喜事时问候祝福短信必到。注重"关键小事",以周到贴心的服务把专家人才紧密团结凝聚起来。

材料2

M农场成立于2015年,是一家将生态稻田和人工智能相结合的高新技术企业。它所研制的"胚芽米",是一种在稻谷加工过程中保留其胚芽部分的精制米,比普通大米含有更加丰富的维生素B族和微量元素。创始人小李的初衷就是希望越来越多的老百姓能吃到更有品质的大米。

创立之初,M农场就将人工智能引入水稻种植阶段。小李说:"传统农业,往往包含着最苦、最累、最费人工的劳作过程,我们希望通过高科技为传统农业增效。"他算了一笔"人工账":以人工巡田、除草为例,传统农业中,高质量的巡田速度为每人每天50亩到80亩,一季稻田需巡田130天;每人每天人工除草约1.5亩到2亩,一季稻田需除草3至4轮。小李表示,这样的方式费时费力,即便给每亩稻田提供1000元人工费,也还是没有人愿意干。为了改变这一困境,M农场使用田间机器鸭代替人来巡田、除草,效率提高300%,成本降低50%。

此外,M农场还使用物联网技术及田间智能机器对生态水稻数据进行全方位监测和采集,由专家团队进行建模及大数据分析,进行人工智能海量数据训练,深度挖掘水稻生长全过程数据,进行图像识别,建立水稻最佳生长模型,实时生成稻田长势及病虫害的可视化智能管理界面,提供病虫害防治指导、作物保护方案,实现了生态农业无人化、智能化管理。

M农场在种植全过程中不使用任何化学农药、化肥、除草剂,而采用生物制剂、有机肥,以确保大米的食用安全和营养价值。以生态稻田为基础,M农场引入旅游、文化、艺术等多元化产业。小李说:"我们打造共享农场、田园综合体,吸引旅客来体验田园生活。我们还挖掘稻米文化,通过自然课堂为孩子们讲述'一粒米的旅行'。农场美丽的田园景色,吸引着一批又一批的人来到这里摄影绘画写生。"如今,"稻田上的艺术节""稻田上的自然课堂""稻田上的露营节",种种衍生产品,不一而足,给M农场带来更多的发展机遇。

小李表示,当下的农业,正逐步走出传统模式,已不再是单纯的第一产业。在M农场,"一产"实现种植标准化、人工智能化等有机生态种植,"二产"实现胚芽米、胚芽米食、乡村手工艺等与胚芽米生产有关的加工,"三产"实现休闲观光、户外活动、宜居养生、精品民宿、乡村艺术等稻田上的系列自然体验。M农场以生态水稻种植为基础,实现"一二三产业"高度融合发展,力图打造新型全产业链模式。

目前,M农场拥有60多位员工,平均年龄只有27岁,他们是农场培养的一批知识型、技术型"新型农民",是创业生力军。M农场也成为青年人发展新型农业、改变乡村的青春舞台。"70后怕种田,80后不愿种田,90后不提种田"是网友的调侃,也是部分事实。小李坦言,农业的形象一直是劳作辛苦而收入低,很难吸引年轻人,而一个没有年轻人加入的行业是没有未来的。"让农民成为令人羡慕的职业"是M农场努力的目标之一。在M农场的示范和带动下,如今更多农民和返乡青年愿意扎根农村,做新型农民,发展新型农业。

今年年初,小李被评为省级杰出创业青年。颁奖礼上,小李说:"乡村振兴,是农业强、农村美、农民富的全面实现。M农场是乡村振兴战略的实践者和受益者。新时代的创业者,一定要有社会担当,要做些对国家和社会发展有意义的事情。"

材料3

2019年3月,G省启动"专家助力脱贫攻坚服务团"第三期工作。本期由4名成员组成脱贫攻坚队,驻帮扶对象W县一年,全面助攻脱贫攻坚。脱贫攻坚队成员如下:

队长小陈,男,31岁,G省就业管理局工作人员;王老师,男,28岁,Z大学教育学院教师;马医生,女,29岁,G省第一人民医院医生;张主任,男,30岁,田地农业科技有限责任公司技术专家。

驻县的第一周,小陈带领3名队员深入方方面面走访调查,以下是他的调查日志内容。

2019年3月11日周一

今天是驻县的第一天。上午,我们与李县长会面,他介绍了W县的基本情况:W县地处G省中部,县域面积2065平方公里,总人口34.5万人,其中农业人口32.2万人,共辖12镇4乡217个行政村。该县共有贫困户1.73万户,贫困人口7.45万人,贫困面21.59%,是G省深度贫困县之一,脱贫攻坚任务十分艰巨。

下午,我召集队员开了碰头会,让大家谈谈各自想法。王老师想重点关注教育问题,他说:"扶贫先扶智,让孩子们接受良好教育,是阻断贫困代际传递的重要途径。"马医生想重点关注医疗问题,她准备先从县医院着手了解情况。张主任是农业技术专家,他告诉我们,W县素有"中国马铃薯良种之乡"之称,他想重点关注农产品种植及深加工方面的问题。而我想重点关注一下县里的就业问题,"授人以渔"才能真正帮助贫困户过上好日子。

2019年3月12日周二

上午,我们一起去了北寨镇。W县真是个神奇的地方!奇特的地形地貌和特殊的气候条件造就了如画般的自然景观。有高山,有森林,还有水系,自然风光非常美丽。把绿水青山变成金山银山,将丰富多彩的自然风光与脱贫攻坚工作结合起来,对县里的脱贫工作乃至未来的长远发展都会起到很大作用。

下午，我和马医生去了县医院。县医院的门诊大楼刚翻新，就医环境看起来还不错，但进一步走访发现，医疗设备陈旧老化，像B超机、核磁、CT这类设备已多年没有更换过。比起设备，人才短缺、技术落后是更大的问题。医院乔院长说："两年来只招到两个人，上个月还走了一个，去了省里的大医院。招不到人便没有办法提升技术。无法提升技术，便没人来看病，更留不住人才。"但我们了解到，该院新招的医务人员，每月工资有六七千元，对于一个贫困县来说，这样的工资并不算低。可为什么留不住人呢？乔院长告诉我们，这与医生自身职业发展的特点有关。医生技术的进步需要不断地学习，只有接触更多的患者，见识更多的病例，才能让自身医术不断提高，解决更多疑难病例。而只有大医院才能给予这样的成长机会和平台。

从县医院出来，我们去了贫困户老杨家。"别人拿钱供孩子读书，我是拿钱供孩子看病。"这是老杨对我说的第一句话。原来，老杨大儿子患有重度糖尿病，大部分时间在病床上度过。"在县医院治疗效果不怎么好，可又没钱带他去大医院看，只有先吃药维持吧。"老杨说，"今年我种了不少香菇和羊肚菌，等多攒些钱就带儿子去外地看病。"

2019年3月13日周三

今天，我和王老师与县教育局刘局长一起去县城的育红中学考察。去的路上，刘局长告诉我们，专任教师数量不足、整体素质不高是当前的大难题。

育红中学算是W县教学条件比较好的学校了，但是学校除了购置必需的教学、办公用品来维持正常的教学工作外，已无能力添置电教设备、教学挂图、投影仪等教辅设备，学校连一个图书室都没有。教师们的知识结构老化、教学方式陈旧。面对课改的新要求，他们明显力不从心，更谈不上运用现代化教学手段了。由于经费紧张，教师们也没有参加业务培训和到外地听课学习的机会。育红中学黄校长说："教学条件差、待遇低，难以吸引优秀人才来任教。没有人才，就难以提高教学水平，这是个恶性循环。"

2019年3月14日周四

这几天，张主任跑了好几个镇，走访了几家企业，深入了解W县产业发展的状况。张主任告诉我们，马铃薯、中医药、食用菌是县里三大优势产业，已初步形成主导产业雏形，但产业布局零星分散，基础设施建设严重滞后，没有形成区域发展、规模发展，产业集中度不高。全县产业发展的科技支撑体系还不健全，特别缺乏科研技术人员。

下午，我和张主任一起去了马铃薯种植基地。基地负责人说，现有产品仍以初级产品为主，缺乏深加工增值，没有形成品牌效应，导致市场竞争力弱，盈利能力不强。由于缺乏技术专家指导，村民在种植过程中遇到的问题经常得不到及时解决。

2019年3月15日周五

一大早，我和张主任去了一家食用菌生产企业，就是收购贫困户老杨种植的香菇和羊肚菌的那家。这家企业的吴经理告诉我，县政府去年就想把三家食用菌生产企业整合起来，打造一个食用菌产业园区，可迟迟没有落地。人手不足是一大难题，很多种植农户都外出务工了，留在家的又缺乏种植技术。回来的路上，我琢磨着，要是能将无法外出务工的贫困人员吸引到食用菌产业园区中来，让村民"不出村、有活干、把钱赚"就好了。

下午，队员们聚在一起，商讨如何利用自身优势，开展后续扶贫工作。经过一周的走访调查，大家更加坚定了打赢脱贫攻坚战的信念与决心。

材料4

为了促进快递配送从业青年的职业发展和社会融入，共青团H省委邀请了部分省人大代表、省政协委员，走进快递企业开展调研，并与企业代表、从业青年代表等进行座谈交流。以下是座谈时所收集到的部分资料。

共青团H省委权益部部长：习近平总书记明确要求共青团主动关注、积极联系、有效覆盖快递小哥等新兴青年群体。为了解并解决快递配送从业青年在职业发展和社会融入方面面临的一些问题，今年年初，我们面向这一群体开展了一次问卷调查。

结果显示，受访者中，每天工作时间超过8小时的占88.32%，其中工作8～10小时的占31.79%，工作10～12小时的占27.66%，工作12小时以上的占28.87%；每月休息时间不超过4天的占94.84%，一天都没休息的占25.09%。

有受访者表示，当前大部分快递公司制定了完善的用工制度，但仍有一小部分快递公司存在规避劳动法、不与员工签订劳动合同等问题。受访者中，没有与公司签订劳动合同的占6.74%，与公司签订劳动合同期限为1年的占60.52%，签2年的占22.33%，签3年及以上的占10.41%；从事快递工作的时间不足1年的占48.0%，工作1～3年的占32.6%，工作3年以上的熟练工仅占19.4%。

关于职业发展，有47.15%的受访者表示所在快递公司职业发展通道设置不合理，而在这些受访者中，有60.5%的人表示不愿意在公司继续工作，有"跳槽"意愿；在社会融入方面，20.79%的受访者表示城市归属感差，身在城市却无法融入城市。

解决快递配送从业青年面临的问题，需要社会各方的关心支持，需要各位人大代表、政协委员的建言献策。

快递人员代表：我今年22岁，来公司有一年了，每天都处于"抢时间"的状态。上个月在派送中和一辆面包车发生了擦碰，幸好人没事，可是误点导致客户投诉，公司扣了绩效，结果一天就白干了。这种事，在同事身上也常有发生。借着这次机会，我想建议公司确定更加合理的配送量、送达时间和薪酬标准，不能"以罚代管"。我喜欢我工作的这座城市，想留下来和这个城市的青年们一样，努力奋斗，创造美好生活。可是，每天"累得下班就想睡觉"的工作压力，让我没精力参与正常的社会交往、体验这座城市的美好。我感觉，我始终像一个过路人。

某快递企业负责人：公众对快递人员的辛苦和安全风险缺乏了解，对他们不够尊重、理解与认可。有些地方，甚至存在客户辱骂、敲诈快递从业人员的问题。这些都导致快递人员离职率很高，我们的用工成本也随之提高。

省人大代表A：经过这次调研，我们对快递人员的劳动保障、安全风险和权益保护等问题有了更深入的了解。我们会建议相关部门统一快递人员的职业准入和培训标准，对快递人员的业务水平、职业素养等加以提高。快递企业也要给快递人员提供发展通道和晋升平台，让他们有盼头。

省政协委员B：大多数快递小哥缺乏应有的保障，要想办法减轻他们的生活压力。还要提升公众对快递小哥的理解和尊重，让他们工作得有尊严、更体面。我们会呼吁全社会进一步关注快递小哥面临的诸多问题。

材料5

2019年4月，S省省委人才发展局在外省某高校举办引进高层次人才政策宣讲会。宣讲会吸引了来自全国各地的1000多人参加。

刚从国外归来的医学博士小田就是此次参会者之一。S省优美的环境、清新的空气、便利的交通、广阔的前景都吸引着她，使她对宣讲会充满着期待。

小田一早便来到会场，在入口处，她收到了工作人员发放的一本《S省引才政策选编》。小册子的首页写着：栽下梧桐树，引得凤凰来。入座后，小田翻开小册子，仔细阅读起来：

- S省坚持把人才作为第一资源，以习近平总书记关于人才工作重要论述为指导，加强全省人才工作顶层设计和制度安排。以制定实施《百万人才进S省行动计划（2018—2025年）》（以下简称《行动计划》）为主要抓手，不断创新人才引进培养机制，实行更加积极、开放、有效的人才政策，向国内外优秀人才敞开最热情的怀抱。《行动计划》明确，从2018年至2025年，S省将引进各类人才100万人，并从4个方面提出30条含金量十足的政策，不断完善人才引进、管理、评价、流动、激励、保障等领域的制度体系，为广大人才来S省干事创业提供有力的制度保障。

- 《行动计划》出台后，S省全面梳理现有人才政策，制定了一批急需政策，调整了一批过时政策，逐步建立健全人才制度体系。特别是在人才服务方面，制定出台了《关于引进人才住房保障的指导意见》《S省高层次人才子女入学实施办法》《关于引进高层次人才配偶就业安置实施办法》等制度，基本形成覆盖人才落户、安居、购房、购车、子女入学、配偶就业、医疗保障、出入境、居（停）留等全方位的人才服务保障政策体系，着力解除人才来S省就业创业的后顾之忧。

- 以新一轮党政机构改革为契机，S省成立省委人才工作委员会，加强对全省人才工作的宏观指导、科学决策、统筹协调和督促落实，着力提升人才工作地位；组建省委人才发展局，并加挂省委人才工作委员会办公室牌子，进一步整合人才工作相关力量，统筹全省人才政策、项目、资金、力量等资源，建立起统一高效的党管人才领导体制，用前所未有的力度推进招才引智工作。

翻看完小册子，小田注意到了会场左侧的展板。她走到展板前，看到展板上列出了S省针对高层次人才制定的重点项目——大师级人才、杰出人才引进计划。该计划聚焦航天领域重大科技创新基地、国家深海基地南方中心、国家南繁科研育种基地、国家热带农业科学中心、全球动植物种质资源引进中转基地5大平台，以及教育、医疗、科技、文化等重点领域，积极推动高校、医院、科研院所、企业等用人单位引进大师级人才、杰出人才。人才来省后可以直接纳入省委联系服务重点专家范围，享受免租金、可拎包入住的人才公寓；在薪酬待遇、科研资助等方面，采用"一人一策、一事一议"的方式给予支持。同时，鼓励用人单位采用年薪制、协议工资制的方式提供报酬，并配备工作助手。对于大师级人才、杰出人才领衔的团队式引进，S省将集中政策和财力给予重点支持。

正看着展板上的内容，一阵优美的旋律吸引了小田的注意。此时，会场前方的屏幕开始播放宣传片。"改革的动力、创新的活力，正让我省穿山越水一路向前，让每一个梦想都有生长的土壤，让每一种奋斗都有驰骋的天空。你的舞台就在眼前，在这里，你的未来更加精彩！"时长8分钟的宣传片让在场的所有参会者充分感受到了S省的魅力。

宣传片播放结束后，宣讲会正式开始，S省省委人才发展局有关负责人发表了热情洋溢的推介讲话，向广大优秀人才发出诚挚邀请。

三、作答要求

（一）根据"给定材料1"，请你概括L省在人才的政治引领方面的主要举措。（10分）

要求：全面、准确、有条理。不超过200字。

（二）"给定材料2"中，M农场的案例为新时代青年创业提供了哪些启示？（15分）

要求：分析全面，条理清晰。不超过300字。

（三）假设你是队长小陈，请根据"给定材料3"提供的调查日志内容，拟定脱贫攻坚队下一步工作的主要任务及措施。（20分）

要求：要点完整，措施具体，条理清晰。不超过500字。

（四）调研结束后，共青团 H 省委拟起草一份关于促进快递配送从业青年职业发展和社会融入的调研报告。假设你是该调研组成员，请根据"给定材料4"，撰写调研报告中"问题"与"建议"这两部分内容的提纲。(25分)

要求：（1）问题梳理全面、准确；
　　　（2）所提建议有针对性、切实可行；
　　　（3）不超过500字。

（五）假设你是 S 省省委人才发展局的工作人员，请根据"给定材料5"，以"海纳百川聚四方之才"为题，为 S 省省委人才发展局有关负责人撰写宣讲会上的推介讲话稿。(30分)

要求：（1）角色定位准确；
　　　（2）内容切合主题；
　　　（3）语言流畅，有感染力；
　　　（4）字数 800～1000 字。

写作训练

根据给定材料按照要求完成申论写作。

一、给定材料

材料1

B 公司是我国一家著名的装备制造企业，研制出了全球首款热效率突破 50% 的商业化柴油机。

"刚提出能不能挑战 50% 热效率时，就遭到了技术专家的质疑：国外那些先进企业都没有做到，我们凭什么能做到？"该公司负责人王经理说，"我们就是要做别人没做过的事情。"他认为，在云谲波诡的行业市场变化中，只有通过超前研发，拥有强大的差异化竞争力，才能抵御风险、赢得优势。

公司专门成立了热效率技术攻关团队，通过大量的仿真和台架试验，经过上千种方案的探索分析，不断尝试与改进，最终把发动机各个方面的功能发挥到极致，实现了热效率突破 50%。

"思路决定出路。"王经理说，以往一些科技企业遭遇挫败是因为单纯以技术为主导，按已有的技术去做产品，再去找销路，结果市场并不认可。现如今，货运市场竞争十分激烈，运费普遍不高，油耗成本却水涨船高，如何"开源节流"才是卡车客户重点考虑的问题。"卡车司机驾驶搭载我们新款发动机的车辆，每百公里油耗能省 10% 左右，按照一年跑 20 万公里计算，以目前的油价一年就能省下三四万元的油耗成本。"王经理介绍说。

创新是一个不断尝试和失败的艰苦卓绝的过程。在一次新方案的台架试验中，当热效率即将突破 50% 时发生了意外，烧了发动机。所有人都做好了写检讨的准备，但让大家没想到的是，他们不仅没有被批评，还拿到了当月的前置奖励奖金。

前置奖励是 B 公司独具特色的激励措施，新技术新产品的开发周期较长，如果等到结项时再评审嘉奖，就会导致激励效果大打折扣。所以，B 公司将激励前置，在项目重要节点或者思维实现新突破时，就给予员工丰厚的奖金。"我们允许科研失败。"王经理说，在团队攻坚克难的过程中，很多方案都是失败的，大家通过对失败案例的分析，甄选出更好的方向。

对于这种文化和生态，B 公司发动机研究院姜院长印象也很深刻。2017年，姜院长成立博士工作室，专攻50%热效率项目。博士工作室研究经费上不封顶，没有人约束，可以做任何事。没多久他就成功申报了500万元经费，一个博士工作室刚成立就能给这么多钱，姜院长感慨万分。

B公司每个研究院每年有2000万元研发经费，无须审批，干什么自己说了算；公司连续两年拿出1亿元重奖科技人才；科研人员收入是管理人员的2倍以上；晚上加班有免费工作餐，下班打车报销，从本科到博士都有住房补贴……

更为难得的是，公司每年拿出1000万元用于支持"没有直接经济效益"的基础研究。"你能想象，一个博士团队，可能用5年、10年攻关一个科研项目，然后失败的情景吗？我们现在做的都是创造性的科研项目，一些基础研发时间很长，失败率也很高，唯一支撑大家的就是勇攀高峰的信念。"王经理言语中透露着坚毅。

近10年来，B公司仅在发动机业务方面就累计投入300亿元，研发费用、研发经费的占比保持在8%以上。"无论是抓住机遇抢抓行业'黄金期'，还是积极应对行业'寒冬期'，我们始终心无旁骛攻主业。"王经理说，"我们的创新战略提出了两个'不'：一是'不关门'，以开放姿态利用世界上好的资源开展自主品牌建设；二是'不违反'，遵守国际知识产权保护相关规定。"

近10年来，W公司先后收购了法国、意大利、德国等国家的多家企业。收购法国某公司时，B公司出价仅为299万欧元，而一家外国竞标者出价一度高达1500万欧元。B公司如何以低价取得了胜利？原因是B公司承诺该公司100多个员工一个也不下岗，而竞争对手则要求立即裁员30%，最终B公司提出的"文化融合，善意收购"理念得到了认可。

目前W公司在多个国家建立了研发中心，通过创新全球研发体系实现了技术共享、全球研发、协同共赢。公司对发动机研发流转进行了优化，建设了具有强大功能的、完整的、基于互联网支撑的全球协同研发平台。该平台秉持"统一标准、全球资源、快速协同、最优品质、集中管控"五大原则，充分考虑数据安全性，依托明确的信息共享机制，通过分布式部署，加快了研发进程，大大缩短了新产品推向市场的时间。W公司还利用"互联网+"的技术优势，构建了一套数字化协同研发机制，聚集全球智慧，为新产品研制提供优质资源，实现了传统制造技术的又一次创新飞跃。

从海外并购整合到合资建厂、技术输出，一张愈渐清晰的W公司国际化蓝图成为引领中国制造业的风向标。目前，W公司产品远销全国100多个国家和地区，"一带一路"相关出口占集团出口总量的90%以上。

材料2

G省的光澜米业公司是一家以水稻种植、稻米加工为主业的国家级农业产业化重点龙头企业，其生产的"稻欣大米"是知名品牌大米。据公司经理赵先生介绍，该公司拥有绿色水稻种植基地4500公顷，有机水稻种植基地600公顷。该公司从源头入手，确保稻谷质量。当很多企业都在为稻谷最低收购价高而抱怨时，光澜米业却以远高于最低收购价的价格收购种植基地生产的稻谷。"我们生产的有机大米、绿色大米很好卖，稻谷价格虽高，但利润还是很可观的，因为我们有品牌。"

赵先生说，公司大米从种植到加工检验，项目达100多项，比国家标准多出60多项。在粮食生产环节，通过发展订单农业，为农民统一提供种子、化肥、农药，严控化肥、农药的使用；在加工环节，从原粮收购、加工到大米入库，都要进行严格的质检，确保入库产品、出库产品100%合格；在销售环节，公司成立了市场监察部，在市场上定期、不定期进行明察暗访。为了保证粮食质量，许多粮食加工企业纷纷选择向上游延伸产业链，建立粮源基地。敖田集团目前已经建成1万多亩有机稻生产基地，未来3至5年时间，其生态水稻种植面积将扩大到10万亩。集团通过构建水稻种植、加工、销售为一体的全产业链经营模式，打造优质水稻生产基地，推动品牌建设，实现了水稻"种得好、产得好、卖得好"。

风津集团把稻壳和秸秆等转化为高质量、零甲醛排放的环保健康的人造板材，有力地拓展了粮油产业的增值空间；岭巨科技公司用大米生产海索糖的技术取得突破性创新，产品远销日本和欧美……G省一大批深加工跨界产品受到市场追捧。

"农业不加工，等于一场空；农业不成链，最终是白干。"链条短、附加值低，曾是G省粮食产业亟须弥补的短板。如今，G省围绕水稻、玉米、杂粮、杂豆构建的各条产业链已经初具规模。一条条粮食产业链快速发展，一个个粮食集群加速崛起，成为撑起G省粮食产业的"四梁八柱"。

G省孤舍村李书记也是该村农民专业合作社理事长。"'70后'不愿种地，'80后'不会种地，'90后'不谈种地。"谈及种粮，他有很多话说，"我们村在册人口有2800人，实际全年居住的不到一半，多是老人、妇女和儿童，男性青壮年大多外出务工。正是在这种背景下，我们合作社应运而生，社员从5名发展到103名。全村约有600公顷耕地，其中200公顷由农民交给合作社经营。"

李书记总结，合作社有3种经营服务模式：一是以土地入股，每亩地为一股，按粮食收入扣除成本，统一分红；二是自有土地按市场价流转，种粮补贴归土地承包者所有；三是托管土地，合作社提供生产资料，从种到卖全程服务，费用可以垫付，待粮食卖掉后结账。从农户的风险来说，土地入股最大，土地托管其次，土地流转最小。从实际情况来看，农民选择入股的最少，托管的最多。

G省出台了《关于加快推进新型农业经营主体培育发展的若干政策措施》，围绕"谁来种地，怎么种好地"，开展农民合作社质量提升整县推进试点。G省还在全国率先出台《G省农民专业合作社条例》，实施农民合作社规范提升行动，将农民合作社发展管理纳入法治化轨道。

小农户生产在当前和今后一段时间仍将存在。为此，G省强调培育专业化服务组织，推广土地托管、土地入股等模式，推动农业社会化服务向市场信息、科技服务、加工营销等方面拓展，促进小农户与现代农业有机衔接。

种子是粮食生产的核心竞争力。G省发展种业面临诸多挑战，比如，育种科研基础薄，商业化育种体系不健全，尚未建立起选育、繁育、推广一体化模式；种业企业科技创新能力有限，突破性自有新种匮乏。G省种业面临的挑战也是全国种业的共性问题，而G省的探索则为全国种业打好翻身仗提供了有益经验。

"这是粒优553，口感细腻香糯，很受市场欢迎……"走进银叶种业公司科研基地，公司农艺师老陈对基地每一块试验田里的品种和生长情况如数家珍。

自G省实施粮业"千亿产业"工程以来，各育种企业坚持选育优质品种、建设制种基地、健全产业开发三个轮子"扣齿连动"，加强科技创新和品牌创建。

在G省，不仅是育种企业，一些粮食加工企业也成立了育种机构，发力新品种培育。粮食加工企业为何也要育种？阳粮集团市场销售部田总监的回答是"以粮带种、以种促优"八个字。为引进和研发适合企业的好品种，阳粮集团成立了水稻研究所，并建设了试验示范基地。

育种的关键是育种材料和人才，阳粮集团既舍得投入也懂得合作。2019年6月，水稻专家工作站正式落户阳粮集团。专家工作站主要聚焦水稻特色品种培育，同时与省内外水稻研究所开展合作，引进了300余个优质品种。目前，阳粮集团水稻研究所已拥有13个优质水稻知识产权，3000多个品种或育种材料落户其"北方粳稻种子硅谷"试验示范基地。

材料3

在翠凌湖西岸，有一个纯渔民居住的渔业村——临诗村。该村有村民近2000人，陆地面积1200多亩，水域面积10多万亩。

2017年，临诗村开启退养还湖工程。渔民上岸后下一步发展之路怎么走？如何向湖再生，以湖富村？深思熟虑后，临诗村周书记把目光瞄准了村里的生态和渔文化资源，提出了旅游兴村的新型发展思路。周书记心里十分清楚，乡村旅游如果与其他地区雷同，很容易使游客产生审美疲劳，这条路也就走不远了。为此，他请专业设计师绘制了乡村旅游发展设计图，同时收集渔技、渔歌、渔俗等渔文化资料，为临诗村规划以"渔隐"为主题的"深休闲、微度假、慢文化、细体验"特色乡村旅游方向，大力发展特色乡村旅游。

临诗村首先开通了乡村旅游直通车，村里陆陆续续接到了不少游客的咨询电话。但由于当地旅游起步较晚，当时村内仅有一家渔家乐饭店，承载能力严重不足，考虑到游客的需求，临诗村积极引导和鼓励渔民利用闲置的房屋为游客提供餐饮和住宿服务，同时免费提供码头接船、攻略向导等一条龙服务。

临诗村村民90%都是外来渔民。这些从四面八方汇聚而来的渔民，既带来了北方的粗犷风土人情，也带来了南方的秀美水乡习俗，多元文化的互动、共生和交流融合，形成了当地独一无二的渔家文化。

临诗村建成了渔文化博物馆，展出齿罩、枪船、登篓、大网等各种渔具，以及水瓢、马灯、照灯等生活用品，系统地展现临诗村渔文化发展史。村里开发休闲体验项目，让游客与渔民一起出湖捕蟹捕虾，体验水上传统劳作方式，感受传统渔家生活。临诗村还挖掘了独特的渔家面食26种，渔家船菜36道，打造"舌尖上的临诗"。村里每年举办"迎端午、庆开渔民俗风情节""翠凌湖杀围节""欢乐渔家金秋品蟹节"等一系列渔民特色文化活动，以说唱、舞蹈、舞台剧等形式表演渔歌、渔号及祭祀婚嫁等传统文化和风俗，全面展现渔家民俗风情。"玩在湖中，吃在渔家，宿在临诗"，已经成为临诗村的旅游招牌。

作为一个原生态渔村，临诗村的原生态湿地是翠凌湖岸风景最优美的区域。临诗村因地制宜，充分整合"人、地、钱"要素，将乡村旅游发展与生态环境保护相融合。2019年，临诗村被评为中国美丽乡村。

走进临诗村，每家每户都连起了污水池、垃圾分类池，沿路装上了节能灯，村民们的生活环境更加宜居。村民们还自发组建了环保志愿队，时刻保护身边的每一寸生态，村里建成了漫道、景观桥、翠凌湖红莲芡实观赏区等旅游休闲设施19处，配套修建了3万个停车位，在村子入口设置了游客服务中心和旅游导览图，方便服务日益增多的游客。

2019年，临诗村创办了"渔家学堂"，从接待礼仪、餐饮服务、客房服务、渔产品包装销售等方面，对有学习意愿的村民进行培训。"渔家学堂"每季度一个主题，举办各类讲座、沙龙、文化体验等特色活动，搭建了渔民与渔民、渔民与游客之间互动交流的平台。

为了进一步大乡村旅游的知晓度和影响力，临诗村成立了自己的旅游营销小团队，借助网络媒体平台，持续密集地宣传临诗村的旅游产品。在大力推进网络营销的同时，临诗村还积极对接电子商务平台，创建"临诗渔村"微信公众号、开办网店，在网上销售鱼、虾、蟹、芡实、菱角等临诗水产品、土特产和渔文化文创产品。如今，越来越多的游客慕名前来，暂别城市的喧嚣，体验当地特色渔文化，享受慢生活，愉悦身心。

材料4

聆新学院是一所面向高中学段开设的"未来学校"，它有很多迥异于传统学校的地方。比如，它的教学空间好似一个联合办公空间，教室里没有学生排排坐听老师讲课的场景，也没有三尺讲台，而是放置了便于学生分享、讨论的桌式课桌。这里的单班人数最多不超过20人。

"'未来学校'是新样态学校，目前还处在探索阶段。它并非仅仅打开教室门窗、拆掉学校围墙，而是站在更高的教育境界上来思考学校发展。"某教育专家说道，"'未来学校'不是要培养同质化、标准化的一群人，更重要的是培养学生的独立人格和创新精神。"他表示，所有看似新鲜的规划设计，其逻辑起点都是以学生为中心，形成个性化的学习支持体系，将孩子培养成内心丰盈、行动积极的人才，以适应未来社会的需求。

某教育研究机构的孙教授说道："如今，社会对教育的需求已经发生了重要变化。我们亟须从源头挖掘人类的潜能和智慧，尊重和成就每一个独特的个体。这也要求以人为中心和以社会需求为中心这两个看似分化的教育使命实现融合。现在越来越多的人开始意识到个性化教育的重要性，这促使了'未来学校'的不断涌现。"

某高校校长表示："教育越走向未来越应该重视人文属性，育人的根本在于立德，我们要做到以文化人、以德育人，促进学生德智体美劳全面发展。教育是一门引导的艺术，我们需要带领老师创造面向未来的学校生活，让学生每天沉浸在富有生长性的真实场景当中，能够和未来发生各种各样的连接，要创造无边界的学校生活，创造丰富的多样性和更多的可能性。"

既然要建设新校区，就要兴建一所能够满足学生学习生活需求的"未来学校"。广寰中学教育集团张校长说，"云教育＋实践场"是"未来学校"的主流形态，"未来学校"要构建开放灵动的学习空间，灵活多元的学习方式，以及能满足学生个性需求的多元课程体系，这就要求学校顺应这样的变化，主动打破传统设计思维的格局，以更好地适应未来教育发展的趋势和需要。

于是，几张课桌经过灵活拼接组合，围合成了一个学习小组，无论是激烈的课堂讨论还是简单的学科实验，都可以在标准教室里完成。需要时标准教室还能立刻变成一个辩论场或小舞台，辩论赛、情景剧、英文朗诵等，都有机会在课堂上得到充分展示。为了让学习真正能随时随地发声，广寰中学还打破以常规教室为主的校舍建筑架构，在标准学科教室之外，创设了大量的多元学习空间和非正式学习空间。张校长说："我们的建筑设计都蕴含着对未来的思考，尽可能地做到超前和留白，在前瞻性和灵活性方面做了很多尝试。"

"知识内容不再局限于教材或校园，借助网络和多媒体设备，大量学科相关的知识、案例等教学资源都被引入了常规课堂。"该校教师表示，"未来学校"是"互联网＋"背景下的学校，其形态变革离不开现代互联网和大数据分析技术。广寰中学在教学流程再造上下功夫，通过电子书包给孩子们发送课前的导学材料，通过搭建学习支架来及时反馈学生真实的问题。"通过现代教育技术，我们现在可以看到学生的个性化思维状态，并由此确定每个孩子真实的学习状态，决定课堂的推进速度。"云课程、慕课、翻转课堂等现代教育形态越来越多地渗透到日常教学当中，"移动学习""泛在学习"成为新常态。

在云腾实验中学的课堂中，古诗词与一元一次方程完美结合，课堂改革的跨学科尝试正在进行；分组讨论、分工任务、游戏模拟，多样化的教学方式，在课堂上生根发芽。

云腾实验中学是一所"未来学校"试点学校，它取消了传统的行政班级，推行"走班制"，为学生量身打造分层、分类、特需、综合的课程体系。学生可以根据个人的基础和兴趣进行选择，从而形成自己独特的课表，按照课表到不同的学科教室上课。学校为每一位学生提供私人定制的教育：学生可以选择不同层次的教学课程，还可以从外教视听说、原著阅读、时事传媒等多种类别中任选一门英语课程，技术课程可以选机器人编程、陶艺、产品设计、服装设计与制作等，体育课程除了常规项目还可以选攀岩、滑板、武术等。

公共空间是学科教学、学校教育在空间与时间上的延伸，学科活动读报、学科电子化资源、学生活动照片随处可见。云腾实验中学鼓励将学生的作业作品化，通过多种方式多样空间给学生提供展示和交流的平台，像对待大师作品一样对待学生的作品。

据了解，云腾实验中学尝试打造多元化的课程体系，深度挖掘生活中的教育价值，比如丰富多彩的社团、职业考察、名家大师进校园等，并在此基础上开发传统文化节日课程、红色经典课程等，培养学生的家国情怀。同时，将课程外延与空间结合，设立了云腾模拟法庭、云腾小铺等真实社会情景，让学生在真实的情景中增强责任感，在真实的情景中发现自我、塑造自我、看见未来的自我。

材料5

日前，管理学家刘女士举办了一场"走向未来"主题讲座。她认为，从互联网到物联网再到人工智能与生命技术，正在发生的未来越来越多。"在时间的叙事里，当下连接未来。"刘女士说道，"今天的思维和播种，决定了我们未来的收获。我们只有面向未来，以前瞻性思考决定今天干什么、今天怎样干、今天如何取舍，才能真正赢得未来。"

二、作答要求

（一）根据"给定材料1"，请你谈谈W公司的案例为企业科技创新提供了哪些启示。（10分）

要求：分析全面、条理清晰，不超过200字。

（二）根据"给定材料2"，请你谈谈G省在推进粮食产业发展中遇到了哪些问题，并注意说明这些问题都是如何解决的。（15分）

要求：（1）提炼准确，归纳合理；
（2）层次分明，分条表述；
（3）不超过300字。

（三）为进一步开发乡村旅游产业，临诗村所在的向江县计划举办"畅游美丽渔村，感受渔家文化"临诗村专场推介会。假如你是该县文化和旅游局工作人员，请你草拟一份宣传材料，向参会旅游企业和游客推介临诗特色乡村旅游。（20分）

要求：紧扣材料，内容全面，条理清晰，语言生动，不超过500字。

（四）根据"给定材料4"，请你谈谈为什么说"未来学校"是"站在更高的教育境界上来思考学校发展"的，又是从哪些方面体现的。（20分）

要求：全面、准确、有条理，不超过400字。

（五）给定材料5中说"今天的思维和播种，决定了我们未来的收获"，请结合对这句话的理解，参考材料，联系实际，自选角度，自拟题目，写一篇文章。（35分）

要求：（1）观点明确，见解深刻；
（2）参考给定材料，但不拘泥于材料；
（3）思路清晰，语言流畅；
（4）字数1000～1200字。

下 编

口才训练

第十章 口才概述

> **训练目标**
> ◆ 理解口才的功能　　　　　◆ 提升口才素养
> ◆ 学会运用态势语　　　　　◆ 掌握口才训练方法

第一节 口才与口才素质构成

一、口才的概念

口才即口语表达的才能。具体地说，口才是指在交谈、演讲、论辩等口语交际活动中，表达者根据特定的交际任务，切合特定的语境，运用恰当、得体、有效的言辞策略，准确、流畅、生动地运用连贯、标准的有声语言，并辅之以适当的体态语言表情达意，达到特定交际目的，取得圆满交际效果的口头表达能力。它是一个人的素养、能力和智慧的一种全面、综合的反映。

二、口才的功能

在现代社会中，口才是一个人应具备的重要能力，尤其是创造型、开拓型人才的必备素质。社会是丰富多彩的，人物是形形色色的，人与人之间只有不断地交流，才能将自己的空间开拓得更为广阔；一个人只有感觉到自己是被了解、被需要的，才会更努力地去奋斗。尤其对于政治家、教育家、外交家、秘书、商务人士而言，在社会交往中，口才是不可缺少的素质和能力。口才具有表达、认知、交际、信息交流、指令等多项功能。

三、口才的素质构成

口才是一个人综合素质的反映，它集道德修养、文化积累、知识结构、思维方式、价值判断、心理素质、语言艺术和仪态仪表为一体，充分显示出个人的魅力和风格。在影响口语表达的诸多要素中，人格素养、学识素养、思维素养、心理素养四大要素最为重要。

（一）人格素养

人格对每一个人都很重要，要学习文化知识、专业理论和培养自己的综合能力，还要学习做一个有理想、有道德、守纪律的高尚的人。口才的产生和实现，都必须以真、善、美作为价值衡量的尺度。只有以人格的力量作为基础，口语交际和演讲活动才能具有魅力。

（二）学识素养

口才的实质就是对自身各种能力、素质的综合发挥，在很大程度上是对自身知识积累的综合调动。首先要有讲话的内容，即知识。知识丰富，见多识广，可以使口语表达更加生动，使人受启发，感受到趣味性。只有掌握了丰富的知识，讲话才能内容充实，见解精辟，旁征博引，生动形象。

（三）思维素养

思维能力的高低对口语表达的优劣、成败往往起着决定性作用。思维能力主要包括逻辑思维能力、形象思维能力和灵感思维能力三种。因此，要对各种思维能力认真研究，自觉培养和锻炼自己的思维能力，使口语表达呈现出条理性、敏捷性和逻辑性。

（四）心理素养

良好的心理素养是提高口才的重要因素。心理素养是口才素质修养中的一个十分重要的方面。优秀的演说家不仅要具备良好的人格素养、思想道德素养和文化素养，而且要具备良好的心理素养，如乐观、自信、开朗等。

第二节　训练口才的方法及态势语的运用

一、训练口才的方法

（一）广泛阅读

广泛阅读是提升口才的基础。通过阅读，你可以学习到丰富的词汇、多样的表达方式和清晰的逻辑结构。无论是小说、报刊、专业书籍还是网络文章，多种类型的阅读材料都能帮你积累语言素材，提高语言感觉，为口头表达提供丰富的内容和形式。

（二）练习即兴演讲

即兴演讲是一种在没有准备的情况下进行的演讲练习，它能有效提升你的思维敏捷性和语言组织能力。你可以选择一个话题，设定一个时间限制（如2～3分钟），然后尝试围绕这个话题进行即兴演讲。通过不断练习，你会发现自己在面对突发情况时能够更加从容地表达思想。

（三）录音和视频反馈

使用录音机或摄像头记录自己的演讲或对话，然后仔细听取或观看，分析自己的语速、语调、表情和肢体语言等。这种自我反馈的方式能帮助你发现并改进表达中的不足，如无效的停顿、过多的口头禅或不自然的动作等。

（四）参加演讲俱乐部

加入演讲俱乐部或辩论社等团体，可以提供一个正式的训练场所，让你有机会在公众面前演讲和接受批评。这种实践经验不仅能够提高你的口才，还能帮助你克服公众场合的紧张感，增强自信心。

（五）学习专业技巧

通过阅读相关书籍、观看教程视频或参加培训课程，学习一些专业的演讲技巧，比如，如何有效地开头和结尾，如何使用肢体语言增强表达，如何控制语速和语调等。这些专业技巧能够使你的表达更加生动有力，更能吸引听众的注意。

（六）练习深呼吸和发声练习

良好的呼吸技巧能够帮助你在演讲过程中保持镇定，发声练习则能提高你的嗓音质量。通过练习深呼吸，你可以控制紧张情绪，保持心态平稳；通过发声练习，你可以使嗓音更加响亮清晰，更具感染力。

（七）参与社交活动

多参与社交活动，如聚会、会议等，主动与人交流。在这些非正式场合中的交流可以让你在轻松的环境下练习口才，增加与人沟通的机会，提升语言表达能力和社交技巧。

（八）持续反思和改进

每次演讲或交流后，进行自我反思，总结成功的经验和需要改进的地方。持续的反思和改进是提升口才的重要环节，它能帮助你不断进步，提高表达能力。

提升口才是一个长期的过程，需要持续的努力和练习。通过实践上述方法，你将在口才训练中取得显著进步，成为一个更加自信和有说服力的演讲者。

二、态势语的运用

态势语是指有声语言之外说话者的表情、动作、姿态等形体表现所传达的信息，也叫"体态语言""形体语言"或"无声语言"。

（一）表情

据研究，人们依靠面部的口、眼、肌肉等部分的运动变化所构成的表情，可表达八种基本含义：愉快、惊讶、愤怒、厌恶、轻蔑、感兴趣、迷惑不解和刚毅果断。所以在有意识地运用态势语加强表达效果时，首先应在内心中孕育深厚、强烈的感情，以求表情自然达意。

在构成表情的各部分器官中，较为重要的是眼睛。在台上讲话时，眼睛应略向下平视，目光要自然、亲切、大方，一般不要盯住一个人看，也不要过快移动目光。在与别人交谈时，要不时地看着对方的脸，表示自己对谈话者的关注，并随谈话内容的变化恰当地用眼睛表示愉快、惊讶、同情、关切等。一般而言，交谈时眼睛正视表示庄重诚恳，斜视表示轻蔑，环视是与听众交流，凝视表示关注，漠视表示冷淡……因此，可以根据口语表达的不同内容选择不同的目光，以加强表达的效果。

（二）动作

动作包括身体各部分的运动，在口语交际中它可以表达或辅助表达很多的内容，其中以手、头的动作为主。

手势由手指、手掌、拳头和手臂的不同动作构成。手势根据表达内容的不同可以分为四种类型：象形手势，如比画圆形、方形；情绪手势，如捶胸表悲痛，举起双手表示高兴；指示性手势，如数指头表示数目，用手指指向一个人表示所指是谁；象征性手势，如挥手向前表示号召，等等。

手势往往和有声语言同步发出，以加强表现力。在运用手势时，一定要大方潇洒、干净利落。下面列举一些通常使用的手势及其对应表达的含义。

- 手心向上，手掌前伸，胳膊微曲——表示恭敬、请求、欢迎、赞美等。
- 手掌向下压，臂微曲——表示反对、否定、制止等。
- 两手掌由合而分——表示消极、失望、分散等。
- 两手掌由分而合——表示团结、联合等。
- 跷大拇指——表示称赞、崇敬、钦佩等。
- 用食指指点——表示强调、指代、斥责等。
- 手指逐一屈伸——表示数目、次序等。
- 高举拳头——表示坚决拥护、强烈反对、严重警告等。
- 拳头向下捶击——表示愤怒、决断等。

一般而言，说话时点头表示肯定、亲近、谦虚；摇头表示否定、不信任；微仰表示自信、坦诚；垂头表示悲痛、悔过；转头表示回避、掩饰。

在特殊的场合或在不同的民族地域中可能有一些动作有特定的意思或忌讳，需要调查了解并做到入乡随俗。除了列举的动作之外，在运用过程中也应对别人的态势语加以借鉴并有自己的发挥。

（三）姿态

姿态是指说话时的站姿、坐姿和动态等态势。

应该注意的是，在正式或一般场合讲话或交谈，站立时两脚分立稳重自然，能反映出你的自信；而弯腰弓背、东摇西晃、手足无措则会显得你萎靡颓废或底气不足。

坐立时，腰背应挺直，身体稍向前倾，这样能体现谦恭和亲切之感；而昂首后仰、跷腿架脚、手脚晃动则体现出傲慢无礼或心不在焉。

动态是指说话时身体移动的姿态。说话时的动态以自然得体、稳重大方为宜。

同时，也要注意服饰打扮，得体的服饰能很好地反映出个人的气质修养，也会使言辞显得更有分量。

实训演练

一、假设你是某大学计算机网络技术专业的一名学生，参加某网络公司的招聘，需要进行一个简短的自我介绍，时间不超过3分钟，要求：语言组织得体，举止大方。

二、绕口令训练

（一）出东门，过大桥，大桥底下一树枣；拿着杆子去打枣，青的多，红的少。

一个枣、两个枣、三个枣、四个枣、五个枣、六个枣、七个枣、八个枣、九个枣、十个枣；十个枣、九个枣、八个枣、七个枣、六个枣、五个枣、四个枣、三个枣、两个枣、一个枣。

（二）树上结了四十四个涩柿子，树下蹲着四十四只石狮子；

树下四十四只石狮子，要吃树上四十四个涩柿子；

树上四十四个涩柿子，不让树下四十四只石狮子吃树上四十四个涩柿子；

树下四十四只石狮子偏要吃树上四十四个涩柿子。

三、分别将下面一组词连缀成一段即兴演讲，每段演讲控制在2分钟左右。

（一）国家　家庭　孩子

（二）失败　耕耘　成功

（三）农村　教育　希望

（四）手机　沉迷　危险

四、请以家乡一处风景名胜为例，向大家宣传介绍家乡美，要求：语言形象生动。

五、请阅读下面的文字，谈谈自己的感想。

森林里，大树骄傲地认为自己很顽强，经常看不起身边的小草。一阵大风刮过，大树被连根拔起，而小草却仍旧挺立不倒。

第十一章　朗读朗诵

> **训练目标**
>
> ◆ 了解朗读技巧　　　　　　◆ 能声情并茂、自然流畅地朗读
> ◆ 了解朗诵技巧　　　　　　◆ 能摇曳生姿、富有生动感地朗诵

第一节　朗读技巧及训练

一、朗读的概念

朗读即出声地读。其主要任务就是把书本上的字、词、句、段、篇章转换成口头发音的形式。

评价朗读好坏的标准就是从书面文本到口头发音的转换是否准确、忠实、完整、清晰，不仅每个字的声、韵、调要准确，而且书面上有标点符号和行款格式表达的内容都要体现出来。达到完美境界的朗读是别人听起来就像自己在阅读清晰的文本一样。

二、朗读的准备

（一）深入理解

首先要掌握文段的中心，其次要分析文章的结构，最后要抓住关键的字、词、句。

（二）找出重点

喻体的重读次于比拟中的动词的重读。如朱自清的《春》：

春天像刚落地的娃娃，从头到脚都是新的，他生长着。

春天像小姑娘，花枝招展的，笑着，走着。

春天像健壮的青年，有铁一般的胳膊和腰脚，他领着我们上前去。

朗读时，"娃娃"轻于"生长着"，"小姑娘"轻于"花枝招展的""笑着""走着"，"青年"轻于"上前去"。

（三）放声试读

如对陶铸的《松树的风格》的前后两次试读，重音位置的处理如下。

原读：去年冬天，我从英德到连县去，沿途看到松树郁郁苍苍，生气勃勃，傲然屹立。

改读：去年冬天，我从英德到连县去，沿途看到松树郁郁苍苍，生气勃勃，傲然屹立。

改读后的重音突出了作品的主题内涵。

三、朗读的具体要求及特殊发音方法

（一）具体要求

1. 读音准确

使用普通话，声、韵、调均准确。

2. 轻重分明

(1) 重音。重音也叫重读,是指朗读人根据表达语意和感情的需要,故意把某句话、某个词组、某个词或某个字说得重一些,表现为"音量"的加强和"音节"的延长。

恰当、准确地运用重音,对于增强语言的表达效果是十分重要的。具体包括词的音节重音、句中逻辑重音、感情重音。

表达上可以采用以下几种方法。

① 加强音量法,即把重音读得重一些,响亮一些。

② 拖长音节法,即把重音音节拖长,给予强调。

③ 一字顿歇法,即在要强调的字词前后都做必要的顿歇,使其语言更加清晰有力,真挚感人。

④ 重音轻读法,即把要强调的字、词或句子减小音量,拖长音节,同时加重气息。这种读法常用来渲染意境,表达深沉凝重、含蓄内向的感情,听起来语轻音弱,而产生的效果犹如沉雷从心底滚出。

(2) 轻声。轻声是一种发音时对声音的弱化。在语流中,一个词或一句话里有的音节因音节弱化而失去原有的声调,成为一种又轻又短又弱的声调,这种声调就是轻声。如"亮堂""去过""尝尝"等词语的第二个音节都要轻读。

普通话轻声音节的调值变化不由轻声音节自身决定,而是受前面与其相连的音节声调高低的影响而发生变化。具体变化情况是:轻声在阴平调后面被读成轻短的半低调,如"交情""称呼"等;轻声在阳平调后面被读成轻短的中调,如"石榴""朋友""柴火"等;轻声在上声声调后面被读成轻短的半高调,如"买卖""讲究"等;轻声在去声声调后面被读成轻短的低调,如"利索""动静""别扭"等。

大多数的轻声读法同语法、词性的关系密切,如助词、语气词、量词、方位词、趋向动词、叠音动词中的后一个音节、合成词中虚语素等都是这样的轻声音节。有许多词语就是靠轻声音节和非轻声音节区别意义的,如"东西 dōngxī(方位词)——东西 dōngxi(泛指各种具体的或抽象的事物)";有的词语靠是否读作轻声区别词性,如"言语 yányǔ(名词)—言语 yányu(动词)"。

另有一些词语被读作轻声并不具有语法和词性上的意义,之所以读作轻声全由习惯使然,如"玻璃""窗户""眉毛""暖和""厉害"等词语。

3. 停顿适当

停顿是语言交流中的第一大要素,恰当地处理语言交流中的停顿,不仅是表达说话意图的需要,而且是增强语言表现力和精确性的需要。停顿是指口头表述中,词语之间、句子之间、层次之间、段落之间在声音上的间断。谈话、演讲时如果不注意语音停顿,是无法传情达意的;如果停顿不当,反而会造成表意的错误。停顿是有声语言表情达意的必要手段。适当的停顿可以准确地表达语言的内容和感情,同时,也会给听者领会和思索的时间,还可使说话者得到换气歇息的机会。

停顿的时间长度可分为很短、较短、较长、长四种情况。具体有以下五种类型的停顿。

(1) 标点符号停顿:根据标点符号所作的停顿是语句停顿的主要依据。一般段落之间的停顿时间最长,句号、问号、感叹号的停顿时间次之,逗号、分号、冒号再次之,顿号的停顿时间最短。

(2) 语法停顿:句子中间没有标点符号而按语法成分所做的停顿。停顿的时间不要长,应是极短促的。

（3）逻辑停顿：为了突出或强调某一特殊的意思所做的停顿。这种停顿往往和重音相配合，要合理地划分词组，以做出适当的停顿选择。

（4）感情停顿：亦称"心理停顿"，是为了表达语言蕴含的某种感情或心理状态所采取的停顿。恰当地运用感情停顿，可使悲痛、激动、紧张、疑虑、沉吟、回忆、思索、想象等各种感情和心理状态的表达更加准确。感情停顿是一种极其重要的语言表达技巧，它能充分展现"潜台词"的魅力，使听众从"停顿"中体会语言的丰富内涵和难以言表的感情，从而使语言更加生动。因感情上的特殊需要所做的停顿，可长可短，视感情的需要而定。

（5）生理停顿。生理停顿即停下来换口气。一般来说，生理停顿是与语法、逻辑、感情三种停顿结合在一起进行的。这种停顿必须服从语法、逻辑和情境的需要，一般不单独进行。

一般来说，句子越长，内涵就越丰富，停顿就越多；句子越短，内涵就越少，停顿就越少；表现回味、想象等心理状态和凝重、深沉的感情，停顿较多，时间较长；表现明快的节奏和欢快的心情，停顿较少，时间也短。

4. 语调自然

语调是文章内在节奏的一种体现，具体有高升调、降抑调、弯曲调、平直调。

（1）高升调：说话时句尾语气上扬，前低后高的调子，表示疑问、反问、命令、鼓励、号召、申斥等。如：

（它那么不一般，）却怎么连墙也砌不成，台阶也垒不成呢？

难道你就只觉得它只是树？

（机长突然兴奋地命令）"准备空投！"

（2）降抑调：说话时句尾降低，即前高后低的调子，表示肯定、沉重、感叹、祝愿、赞扬、坚信、要求等。如：

（在这人间，）灯光是不会灭的。

（总之，在我的记忆上，）那一次就是永别了。

（在千门万户的世界里的我能做些什么呢？）只有徘徊罢了，只有匆匆罢了。

（3）弯曲调：说话时句子的高低有曲折变化，即先升高再降低或先降低再升高的调子，表示反语、思索、讽刺、恐吓、诙谐等。如：

（我走着，一面想，……）这一大把铜元又是什么意思？奖他么？我还能裁决车夫么？

（然而圆规很不平，……冷笑说：）"忘了？这真是贵人眼高……"

（4）平直调：说话时句子从头至尾语调平直，没有显著高低变化的。它的特点是整句话语气平缓，表示庄重、严肃、厌恶、冷淡和一般的叙述说明。如：

灵车缓缓地前进，牵动着千万人的心。

（……懒懒的答他道：）"谁要你教，不是草字底下一个来回的回字么？"

我家的后面有一个很大的花园，相传叫作百草园。

处理语调时，每一句话都应联系上下文，看看是在什么语言环境下说的，说话人的用意是什么。经过分析体会后，真实可靠的语调才能产生，而不能单凭标点符号生搬硬套。

5. 快慢相宜

朗读的速度是由作品的思想内容、人物性格、人物年龄、人物感情、语句的性质等因素决定的。速度恰当，就能表达出作品的不同情境，产生良好的效果。

朗读的速度大体可分为快速、中速和慢速三种。

（1）快速。快速用于叙述比较紧张或急剧变化发展的场面，表现紧张、焦急、热切、惊惧、欢畅的心情，刻画人物的机警、活泼、年轻，以及表达作者抨击、斥责、质问、雄辩的感情。

（2）中速。中速用于一般的记叙、说明、议论的句子，以及感情没有突出变化的地方。

（3）慢速。慢速用于叙述比较平静、庄重和追忆、沉思的场面，表现苦恼、绝望、悲愤、沉重、缅怀、悼念的心情，用于作品中的发人深省的警句、庄严号召以及老年人的语言描写等。

（二）特殊发音方法

使用特殊发音方法能使语言表达有声有色，增强表达效果。

1. 气音

气音是指控制喉间声门，使声门上部分封闭，下部分透气出声，发出一种类似耳语色彩的声音，有明显的气流伴随着话语。如：

"要是有堆火烤，该有多好啊！"他使劲绞着衣服，望着那顺着裤脚流下的水滴想到。

要求：咬字准确，声音传得远。

适用：表示紧张、惊异、自言自语和内心活动等。

2. 颤音

这是一种控制声门的发音方法，用声门忽阻忽放急促交替，发出一种仿佛颤抖的声音。如：

"哦！您，您就是——"我结结巴巴的，欢喜得快要跳起来了。

适用：表示异常激动、极度悲愤或害怕等感情。

3. 喷口

这是一种把音节的声母读得富有弹性的发音方法。此技巧是从京剧、曲艺中借鉴来的，作用在于加强话语的气势，更好地显示出说话者的激动。如：

说起来好笑，小时候有一回上树掐海棠花，不想叫蜜蜂蜇了一下，痛得我差点儿跌下来。

适用：表示愤慨、惊讶、激动等强烈的感情以及要加强气势的地方。

4. 拖腔

拖腔是指把句中的某些字、词的读音有意拖长些。如：

"这是斜对门的杨二嫂，……开豆腐店的。"哦，我记得了。

适用：多用于领悟、回忆、激奋、强调，或以体现韵文的节奏。

5. 笑语

带着笑声朗读叫笑语。如：

有个姑娘听了笑起来："浪花也会没有牙，还会咬？怎么溅到我身上，痛都不痛？咬我一口多有趣。"

他（范进）爬将起来，又拍着手大笑道："噫，好！我中了！"

康大叔显出看他不上的样子，冷笑着说："你没有听清我的话；看他神气，是说阿义可怜哩！"

适用：表示欢快、有趣、喜爱等多带欢笑的感情；表示嘲讽、轻蔑等多带冷笑的感情。

6. 模拟

用拟声法表现特殊的声响，给人以身临其境的逼真的感觉。如雷鸣、狮吼、虎啸、鸡叫、马嘶、枪声、爆炸声等，以传达出特定的情境氛围。

但模仿时应注意以下两个问题：一是要保持自己的音色，只能在自己音色的基础上去接近被模仿者的声音或腔调，不可失去自己声音的特点，去做过分的表演；二是切忌喊叫，尤其是学别人高声叫喊或动物的叫声时，应适当压抑，用和谐的声音传达出当时的状况。

第二节　朗诵技巧及训练

一、朗诵的概念

"朗"，即声音清晰、响亮；"诵"的本义是语调抑扬顿挫地念。朗诵从本质上来说已成为语言表述的艺术形式，是指在忠实于书面文本的基础上进行艺术的再创造，用丰富多彩的语音手段创造出美的意境和形象。

朗诵作为一种艺术形式存在于现实生活当中，对人们的生活和工作具有非常重要的意义。

二、朗诵的技巧

（一）语音——准确、悦耳

1. 吐词发音准确

咬字符合普通话要求，念准声、韵、调。字字清，词词真；防止"吃字"；口型、发音器官的操作要准确。

2. 音质甜润悦耳

好的音质甜润、清亮、优美，令人赏心悦耳，差的音质则粗糙、沙哑、低暗；好的音质富于变化，而差的音质则缺少变化，单调呆板。

3. 共鸣控制良好

良好的共鸣控制技巧是指发音的声带要通畅，不憋不挤。发音时，颈部、背部要自然伸直；胸部放松，喉头放松，口腔打开，气流可以十分畅通地向上、向前流动，声音收放自如。

（二）语气——自然、舒畅

语气是指语言的声音色彩和旋律，它随着具体的思想、感情的变化而变化。

同样的语言，使用不同的语气表达，则可表示不同的内在含义，反映朗诵者不同的态度和情绪。为了能更加确切地传达作品的真实思想，我们必须认真仔细地体味作者写作时的情感和作品中人物对话时的态度和感情色彩。

表达不同的态度和情绪，使用的语气也不同，现总结如下：

爱——气徐声柔　　　恨——气足声硬　　　喜——气满声高
悲——气沉声缓　　　欲——气多声放　　　惧——气提声凝
急——气短声促　　　冷——气少声平　　　怒——气粗声重
疑——气细声黏

而这些语气在朗诵中又绝对不是孤立的，经常是交错组合、相伴而生的。例如：

在苍茫的大海上，狂风卷集着乌云。在乌云和大海之间，海燕像黑色的闪电，在高傲地飞翔。

…………

这个敏感的精灵，——它从雷声的震怒里，早就听出了困乏，它深信，乌云遮不住太阳，——是的，遮不住的！

——高尔基《海燕》

以上第一段话中，前一句在朗诵时，语气应稍慢稍低，重在渲染；而后一句的语气则要稍快稍高，重在表现海燕勇敢无畏的神态，应带有赞扬的色彩。同时，在第二段中的第二个"遮不住"的语气要远远重于第一个，以表示更加确信无疑的态度。

总而言之，朗诵的语气一定要有丰富的色彩和不同的分量，否则整个朗诵就会显得平淡无味。

（三）语调——自然、流畅

语调是由音量的轻重强弱、音调的抑扬顿挫、节奏的起伏快慢和语流的停顿连接构成的一种"调式"。它具有明显的表意功能，可以明显增强语言的感染力。

1. 控制音量变化

音量大小变化自然、流畅、恰当、适度。大时不能声嘶力竭，小时也不能令人听不见。

2. 把握音高起伏

高音——高亢、明亮，表示惊疑、欢乐、赞叹、慷慨激昂的感情。

中音——丰富、充实，多表示平和、明显以及一切较平缓的感情。

低音——宽厚、低沉，多表示沉郁、压抑与悲哀之情。

3. 讲究重音处理

强调重点，突出主要情感。重音处理，即在咬字的音量和力度上重一些；在实际运用时，要注意选好重音词，忌过多，也不要过于吝啬。

4. 注意语流停顿

停顿对组织结构、突出重点、转折思想、增强感情等方面都起着一定的作用。停顿是否恰当，直接影响朗诵内容的表达。也就是说，一句话停顿的位置不同，往往会表达出不同的意思。例如：

晚云 / 在暮天上散锦

溪水 / 在残日里流金

——戴望舒《夕阳下》

因为 / 只有那里是太阳，是春

将驱逐阴暗，带来苏生

——戴望舒《我用残损的手掌》

房里 / 曾充满过清朗的笑声

正如花园里 / 曾充满过蔷薇

——戴望舒《独自的时候》

5. 把握句调抑扬顿挫

句调变化使感情表达得准确、鲜明。一般来说，句调的变化要受语气的影响，不同的说话语气，要使用相应的句调；相反，采用不同的句调，也可以反映出不同的语气。例如：

你做得真是太好了！↗　　　（激动、兴奋）
你做得真是太好了？↘　　　（否定、怀疑）
你做得真是太好了。→　　　（肯定、叙述）
你做得真是↗太好了。↘　　（讽刺、嘲笑）

（四）语速——快慢相宜

这里所说的语速，是指朗诵作品时的节奏，它包括速度的快慢、声音的强弱这两个最显著的外部标志。恰如其分地使用朗诵语速的快慢对比，可以增强作品的音乐性和感染力。

朗诵的节奏要根据作品的思想内容和情感来决定。一般来说，叙述紧张、急剧变化的场面，朗诵的节奏要快些；而叙述平静的场面或景物描写、渲染氛围的句子时，朗诵的节奏要慢些。这都是为了让听众能够身临其境去感受作品的意境。在表达焦虑、恐惧、愤怒、激动、热切、欢畅的心情时，朗诵的节奏要快些；表达回忆、沉思、缅怀、忧伤、悲痛、沉重、绝望、爱慕的心情时，朗诵的节奏要慢些。这是为了让听众能够更加深刻、准确地体会作品的情感。如：

慢速——抒情、记叙、说明、人物对话、情绪低沉处，约150字/分钟；

中速——自然平朴的叙事、说理，约180字/分钟；

快速——急切的呼吁、热烈的争辩、愤怒的指责、慷慨的陈述、紧张的场面，约200字/分钟。

另外，作品的形式、结构对朗诵的语速也有一定的影响。通常情况下，朗诵散文、小说时，节奏稍快；朗诵诗歌时，节奏稍慢。朗诵作品的开头和结尾时，节奏稍慢；朗诵作品的中间部分时，节奏稍快。

总之，朗诵要把握适当的节奏，才能把感情表达得更加丰富细腻，从而使朗诵更具表现力和感召力。

朗诵示例

一、杜甫《春望》

应准确生动地表现诗人在战乱年代的苍凉心境，作如下处理：
国破山河在，城春草木深。——中速、均抑
感时花溅泪，恨别鸟惊心。——中速、均抑
烽火连三月，家书抵万金。——稍快、稍扬
白头搔更短，浑欲不胜簪。——抑、慢、更抑、更慢

二、《幽深秀丽的巫峡》（节选）

有人说，↑游览长江/而没有到三峡，∧就等于白跑一趟。∨这样说/虽然有点夸张，↑却也不失为经验之谈。↑川江两岸尽管也有山，↓也算峡谷，↓可是总觉得/舒缓有余，变化不足，↓只有在三峡/这条天然的艺术长廊里，↑才能饱赏/一幅幅神笔绘成的山水画卷，∧谛听一曲曲/万籁交响的乐章。

↑古往今来，人云亦云，↓都说巫峡的特点/是幽深、秀丽。↑要问为什么，不一定都能回答。可是只要你游览三峡时，↑不是浮光掠影，↓而能够细心观察，↓就一定/有同样的体会，它，∧峡长弯多，↑迂回曲折，↓船行峡中，∧视线之内/总是苍山紧逼，∧好像到了尽头，↑等到临近弯道时，↓向前看去，↓又是一番境界。这样周而复始，使人远近莫测，就显得/特别幽深。它，↓山高峰多，云雾缭绕，↑一座座青峰/在茫茫云海中/时隐时现，变幻无穷，↓这才使人/有秀丽之感。

唐代诗人元稹，∧一生写了大量的诗，其中/有两句名诗是："↑曾经沧海/难为水，↓除却巫山/不是云。"这两句名诗，∧由于含义深刻，↑已成为人们/乐于引用的名言。↓意思是说：↓见过大海的人，↑无论多大的江河，↓他都不放在眼里；↑看过巫山的云烟变幻，↓再好的云彩也不屑一顾，∧那飘浮在巫山十二峰上的白色气体，∨似烟非烟，∨似云非云，↓从空中鸟瞰，巫山群峰真好像是大海中的孤岛。

附：句调标注符号说明

(＿＿＿＿ 轻读；· 重读；～～～ 慢速；＿＿＿ 快速；/ 短停；↑高升调；↓降抑调；～～～ 轻快；＿＿＿ 轻慢；∨降扬；∧扬降)

实训演练

一、语音训练

褴褛—男女	飞起—挥起	雨衣—利率	长征—长针	滋生—支撑
忠诚—忠臣	木船—木床	前面—全面	潜水—泉水	幸福—信服
庆幸—轻信	诊治—整治	申明—声明	出生—出身	战歌—赞歌
木柴—木材	诗人—私人	主力—阻力	商业—桑叶	

二、试把下面两段话按自己的理解断开（使用"/"），并与别人比较，看有什么不同，并说明这是由什么造成的。

1. 我赞成他也赞成你怎么样？
2. 无鸡鸭也可无鱼肉也可青菜豆腐足矣！

三、根据你掌握的朗诵技巧，朗诵下面的作品。

金 色 花

〔印度〕泰戈尔　郑振铎 译

假如我变了一朵金色花，只是为了好玩，长在那棵树的高枝上，笑哈哈地在风中摇摆，又在新生的树叶上跳舞，妈妈，你会认识我么？

你要是叫道："孩子，你在哪里呀？"我暗暗地在那里匿笑，却一声儿不响。

我要悄悄地开放花瓣儿，看着你工作。

当你沐浴后，湿发披在两肩，穿过金色花的林荫，走到你做祷告的小庭院时，你会嗅到这花的香气，却不知道这香气是从我身上来的。

当你吃过中饭，坐在窗前读《罗摩衍那》，那棵树的阴影落在你的头发与膝上时，我便要投我的小小影子在你的书页上，正投在你所读的地方。

但是你会猜得出这就是你孩子的小小影子么？

当你黄昏时拿了灯到牛棚里去，我便要突然地再落到地上来，又成了你的孩子，求你讲个故事给我听。

"你到哪里去了，你这坏孩子？"

"我不告诉你，妈妈。"这就是你同我那时所要说的话了。

朗诵解析

这是一首表达爱的诗篇，表现了孩子的童真和母亲慈爱。朗诵时要注意母子二人语气的不同。"我"是全篇的叙述者，是一个贪玩而淘气的孩子，因此语气要调皮、活泼，语调要稍高一些，节奏要快一些。母亲的对话虽不多，就两句，但这仅有的两句中，却含有了她对孩子的关心、嗔怪和慈爱，因此语气要温和一些，语调应低些，节奏也要慢点。

雨　巷

戴望舒

撑着油纸伞，独自
彷徨在悠长、悠长
又寂寥的雨巷，
我希望逢着
一个丁香一样的
结着愁怨的姑娘

她是有
丁香一样的颜色
丁香一样的芬芳
丁香一样的忧愁
在雨中哀怨
哀怨又彷徨

她彷徨在这寂寥的雨巷
撑着油纸伞
像我一样，
像我一样地
默默彳亍着
冷漠、凄清，又惆怅

她默默地走近，
走近，又投出
太息一般的眼光
她飘过
像梦一般的，
像梦一般的凄婉迷茫

像梦中飘过
一枝丁香地，
我身旁飘过这个女郎
她默默地远了，远了
到了颓圮的篱墙
走尽这雨巷

在雨的哀曲里
消了她的颜色
散了她的芬芳
消散了，甚至她的
太息般的眼光
丁香般的惆怅

撑着油纸伞，独自
彷徨在悠长、悠长
又寂寥的雨巷，
我希望飘过
一个丁香一样的
结着愁怨的姑娘

朗诵解析

　　作者戴望舒因此诗而获得了"雨巷诗人"的美誉。朗诵时要注意诗中的反复，这造成了一唱三叹的效果："那个"丁香一样的／结着愁怨的姑娘"的中心意象，一现再现，她在期待的梦幻中出现、走近，旋即又在"雨的哀曲"里梦幻般地消失，空留下难以诉说的雨中愁情；那个"悠长，悠长／又寂寥的雨巷"的意境，也是诗人反复吟唱的；还有"ang"韵的反复出现，连绵不绝……所有这一切织就了一张音韵的网，把人罩在那"冷漠，凄清，又惆怅"的氛围之中。

　　总之，在朗诵这首诗时，一定要做到幽沉、缠绵，如梦幻、如细雨一般。

　　四、举办散文朗诵会，学生自由选文，朗诵优美散文。

　　五、举办诗歌朗诵会，学生自由选诗，并要求每位学生都上台进行朗诵。

第十二章　演讲口才

> **训练目标**
> ◆ 理解演讲的意义　　　　　　　◆ 演讲稿的撰写技巧
> ◆ 演讲态势语的运用恰当自如　　◆ 大胆、自然地发表演说

第一节　演讲的概念及意义

一、演讲的概念

演讲是指演讲者面对广大听众，就某一问题以口头语言为主要形式、态势语为辅助形式阐述自己的观点和主张的真实的社会活动。

演讲的目的就是演讲者试图将自己的思想传递给听众。这是一种有目的的行为方式。所以，演讲的"演"主要应阐释为"引申""阐析"或者"演绎"的意思。当然，在实践中演讲者也可借助一些表演艺术的手法来增强演讲的效果。

演讲是培养和提高人们口头语言表达能力的一种积极有效的手段，是社会信息传播的重要途径，更是人际交往中不可或缺的一座桥梁。因此，我们应全面地认识它，以提高自己的演讲水平。

二、演讲的意义

演讲这项才能已被世界公认为现代人必备的素质之一。演讲作为一种普遍存在的语言表达方式，具有不可估量的社会作用和社会价值。

对于演讲者来说，演讲具有以下两方面的意义。

（一）提升素质，强化能力

可以看到，在世界演讲舞台上，每一位站在讲台上口若悬河、滔滔不绝地讲述自己观点的成功的演讲者，其声音、语调、声调、咬文吐字、肢体语言都是经过反复练习的。为使演讲获得成功，演讲者一般要对演讲内容进行系统的研究，同时在演讲技巧上加强训练，提升当众讲话时的自信等，这些都促进了演讲者的素质的提升与能力的强化。

（二）融洽人际关系

演讲者经过长期的训练和实践，不仅使他们在演讲台上可以表现出文雅的举止和出众的口才，而且让他们在日常交际生活中也能以丰富的学识、敏捷的应对、良好的修养，轻易地冲破种种人际关系的障碍，比一般人更能迅速、有效地与他人进行交往和沟通。同时，演讲者通过演讲活动可以广泛地接触各阶层、各领域的人士，扩大交际面。

第二节 演讲稿的撰写技巧

一、选择主题的技巧

（一）了解听众

演讲的成功很大程度上取决于主题是否贴近听众的兴趣和需求。在选题之前，深入了解听众的背景、兴趣爱好、期待收获等，选择一个能引起听众共鸣、激发听众兴趣的主题，这样更容易吸引他们的注意力，从而达到良好的演讲效果。

（二）结合自身优势

选择一个自己熟悉并且感兴趣的主题进行演讲。演讲者对主题的热情和深入理解能够通过言语和表情传递给听众，增强演讲的感染力。同时，演讲者运用自身的经验和见解，可以更加自信地表达，减少紧张情绪，使演讲内容更加丰富和有说服力。

（三）考虑时效性和创新性

选择一个具有时效性的主题，如当前热点事件或流行趋势，可以提升演讲内容的吸引力和紧迫感。同时，尝试从新颖的角度切入主题，给听众以新鲜感和启发，使演讲内容不仅仅是信息的传递，更是思想的碰撞和灵感的激发。

二、确立内容的技巧

（一）叙事类的演讲稿

以叙事构成演讲稿的主体内容，同时辅之以议论和抒情。

（二）抒情类的演讲稿

占主体部分的内容是热情奔放的抒情，有时在开头部分辅之以简洁的叙事。一般来说，议论部分所占的比例很小，纵使有议论，也是经过修辞加工过的散文化的议论。

（三）议论（综合）类的演讲稿

议论性的文字占主体地位，并将议论与叙事、抒情的文字材料进行"有机融合"。

三、组织结构的技巧

（一）开头部分的技巧

开头犹如乐曲的第一个乐句，这是演讲者奉献给听众的第一束鲜花。俗话说："好的开头是成功的一半。"开头部分一般有以下几种形式。

1. 论述式的开头。此种开头是指演讲者直接揭示论点或借用名言、警句、俗语、诗歌和富有哲理的话开头，造成先声夺人的气势。

2. 描述式的开头。此种开头是指演讲者用具体的形象去引发听众的联想，进而导入对主题的阐发，可以使演讲富于趣味，增强对听众的吸引力。它可以是直描式，也可以是借喻式，对故事、场面、人物、事物、感受、见解等进行描述，渲染气氛，使听众相信，使听众感动。

3. 提问式的开头。此种开头是指演讲者用一个或几个值得思考的问题，引导听众进入共同的思维空间，将听众的思维统一到特定话语上来，使他们变被动接受为主动思考，这有助于整个演讲信息的传递。

4. 幽默式的开头。此种开头是指演讲者用一个扣题、轻松的小笑话、小幽默等营造出轻松的氛围。这样的开头不仅可使演讲者在听众的笑声中增强自信心，更可使听众在愉快的气氛中缩短与演讲者的心理距离，更易于接受演讲的内容。

5. 即景式的开头。此种开头是指演讲者抛开原先的准备，大胆地根据眼前的情景、气氛来开头。这是有经验的演讲者经常运用而且效果极佳的一种方法。它能使演讲紧贴语境，让听众觉得分外亲切。

但无论何种演讲，演讲者都应该避免冗余客套、离题万里、故弄玄虚的开头。

（二）主体部分的技巧

在主体部分，一系列材料要表现观点，演讲者在此处要试图征服听众。具体的技巧有以下几种。

1. 抑扬。抑扬即先让听众产生认识上的错觉，然后又纠正错觉，以增强艺术效果，加深听众的印象。可先抑后扬，也可先扬后抑。若目的在于抑，就先扬；若目的在于扬，就先抑。如丘吉尔出任英国首相后的第一次演讲中的一句名言："我没有什么可以奉献，有的只是热血、辛劳、眼泪和汗水。"

2. 张弛。张弛即材料组织上的紧密与宽松。张弛有致，就是恰当地调节材料的密度，做到紧密与疏松相结合，叙述说明与议论抒情相结合，动与静相结合等。

3. 离合。离合即先离开题目谈一段"题外话"，再将此与题目联系起来。这种手法既可以增大演讲的容量，丰富演讲的内容，又可使演讲变幻莫测、出神入化，具有极强的艺术魅力。

4. 断续。断续就是在演讲过程中暂时中断一下话题，插入别的内容，然后再把中断的话头接上。这样有助于形成波澜，抓住听众的注意力。

（三）结尾部分的技巧

心理研究表明，听众对演讲者最后的几句话能保持最长的记忆。演讲的结尾是演讲走向成功的关键步骤，应全力以赴。所以，演讲者要注重在结尾处突出重点，将所有的内容浓缩，并予以强调。具体的技巧有以下几种。

1. 充满激情式。语言激昂、动人心弦以打动听众，呼吁并指明具体的行动方向。
2. 名言警句式。引用名言警句，将演讲推向高潮，有力证明论题，丰富并深化主题。
3. 诗词佳句式。恰当引用，使听众得到更深的启发，给听众以余韵悠悠之感。
4. 余味无穷式。留余味、返余波的方式，语尽而意不尽，意在言外。
5. 总结概括式。语言精练概括，抓住要点，总结全文，突出主题，给人印象深刻的效果。

但演讲的结尾忌讳拖沓冗长、画蛇添足、枯燥乏味、陈词俗套。

四、语言技巧

演讲不仅是一种口语活动，而且是一种艺术活动，所以，演讲的语言除了要符合口语的基本要求，做到准确、生动、上口、入耳外，还要运用技巧，用语凝练严密、句式灵活多样，并综合运用各种表达方式，使说理和抒情相结合，形象生动，具有个性化。

五、修辞技巧

在演讲中，排比、反复、反问、设问等修辞的使用，都能起到强调、重复的作用，能增强演讲的说服力。

六、酿造高潮的技巧

"文似看山不喜平",演讲者在演讲稿中需要设计波澜起伏的段落和引人入胜的高潮。成功的演讲总能掀起几次高潮。酿造高潮需要技巧,演讲者要用一定的修辞手法和精彩的语言,比如使用重复、排比,在结尾处形成高潮等。

第三节 演讲的排演训练

当演讲的内容准备妥当后,就进入了排演阶段。这个阶段是在语音和态势语技巧训练的基础上,为即将进行的演讲做好进一步的准备。

普通话异读词审音表

一、语音语调的排演

(一) 发准字音

对多音字要反复核准,方言较重者要对拿不准、易读错的字音进行核对,查字典、问老师,直至全部准确为止。

(二) 流利读句

演讲时拖泥带水、词句阻塞都是不允许的,所以,演讲者要在准备阶段多讲多练,把演讲内容一口气讲下来,不重复,不阻塞,语句流畅。

(三) 语调处理

语调包括重音、停顿、升降、快慢等要素。语调处理好了,相对平淡的内容也能讲得有声有色;反之,再生动的内容也可能说得平淡无味。在处理语调时,要依据表情达意的需要,确定重音、停顿、升降、快慢,使语调和谐自然,表达出真情实感,才能收到好的效果。

二、态势语的排演

演讲是一个人面对许多人发表讲话的行为,在这种面对面的交流中,态势语可以发挥较大的作用。所以,演讲者在准备演讲的时候,在态势语方面也要做好充分的准备。

(一) 目光接触

由于思想感情的不同,眼神也有多种多样的变化。演讲者在演讲中,应随着内容的起伏做出变化,要使喜、怒、哀、乐在眼睛中明显地流露出来,这样才能收到最佳的演讲效果。

在演讲的过程中,用眼睛控制全场的方法有环视法和虚视法。环视法是照顾全场、统观全局的观察法,除有必要的短暂注视外,演讲者不要老是盯着某个人或某个地方。虚视法则多在上台时使用,这样有利于演讲者放松情绪,把精力集中在演讲内容上,但不可一直虚视不动,那会显得表情木然。

(二) 表情传递

人的喜、怒、哀、乐全都可以表现在面部,而在演讲的过程中,演讲内容是表情的决定因素,讲怒则横眉侧目,讲乐则喜笑颜开,丰富的表情可以影响、引导听众的情绪。在较平和的谈吐中,表情也要自然平易。在上下场的过程中,演讲者的表情要友好和善,使听众感到亲切,从而更好地接纳演讲者。在演讲的过程中,表情呆板和保持无变化的微笑都不可取。面部表情要讲分寸，既要有真实感，又要兼顾艺术感。

（三）姿态动作

1. 上台步伐

上台是演讲者给听众塑造第一印象的重头戏。演讲者应该在上台时迈出稳健有力的步伐，显示自己充满自信、大方自然。同时上身要挺拔向上，双臂自然地前后摆动，幅度不宜过大或过小。不应昂首或含胸低头，以目光平视正前方为宜。还须注意避免蹦蹦跳跳、左右摇动，要给人一种冷静、胸有成竹之感。

2. 站立姿势

演讲时的站立姿势对于传达信心和专业性至关重要。良好的站姿不仅能增强演讲者的权威感，还能促进听众的参与和理解。首先，双脚应该分开，与肩同宽，这样可以保证稳定性和平衡。避免交叉腿站立或摇晃，因为这会给人缺乏自信的印象。

头部应保持直立，眼睛平视前方，直接与听众交流，这样可以建立连接和信任。肩膀向后拉，但保持自然，不要僵硬或过度拉伸，这有助于呼吸更加顺畅，并减少紧张感。双臂可以自然下垂在身体两侧，或者使用手势来强调讲话的重点，但应避免过度使用或不自然的手势。

重要的是要保持整体的自然和放松，同时展现出自信和开放的态度。通过适当的站姿，演讲者可以有效地传达信息，激发听众的兴趣，并建立良好的沟通连接。

3. 手势动作

手势动作是构成演讲者身姿的要素之一，同时也有助于演讲者表情达意，可以有效地增加演讲的感染力、说服力和号召力，达到更好的演讲效果。手势动作应准确适度、优美自然。比较常见的演讲手势有上举、下压、平移、斜劈（挥）等。演讲者在使用手势动作时还应注意以下几点。

（1）分清褒贬含义的区别。一般来说，含褒义的，即表达积极意义，如希望、肯定等，手往往向上、向前、向内；而含贬义的，即表达消极意义的，如批判、否定等，手往往向下、向后、向外。

（2）把握动作的情感分量。一般来说，单手的分量比双手轻，演讲者要注意到随着一个个的小高潮，动作幅度要逐渐增大，力度也应增强。

（3）动作要成套。演讲时，动作的多少、强度都需要密切结合内容做通盘考虑，不要随心所欲。一般来说，在7分钟左右的演讲时间里，有5～7个动作（由小到大）就够了。

当然，没有一成不变的姿态，应结合自己的演讲做出一些适当的动作，在反复练习中使之趋于完美。

三、上台前的准备

上台前的准备主要是指心理准备。演讲者在上台前都免不了会紧张，甚至一些演讲家也是如此。紧张既是压力，亦是动力，它让人处在一种兴奋的状态。所以，紧张不是坏事，但一旦紧张过度，形成胆怯畏惧心理，就需要调整克服了。

（一）要充满自信

演讲者经过了充分的准备和排演，应对自己充满信心，相信自己的演讲一定是出色的，对听众很有价值，即使是第一次上台，也要相信自己一定会成功。演讲者可以在心里反复地说"我会成功！"以强化自信意识。

（二）做一些辅助准备

演讲者可以做深呼吸，稳定一下情绪；另外，可以早一些到场熟悉一下场地和听众。

（三）投入你的热情

只要你有热情，听众也一定会因此而受到感染和鼓舞。所以，演讲者在上台前就应该在自己的心中点燃热情，被自己鼓舞而产生一吐为快的冲动，从而形成一种良好的状态。

四、上台后的沉着应变

在台上讲演的时候，演讲者要热情地与听众交流，并处处表现出对听众的尊敬。例如，上台后、下台前认真鞠躬致意，听到赞扬和掌声应停顿演讲进行致谢，等等。要争取最好的发挥，沉着平稳，一气呵成。但很多时候，一些意外的情况会出现，这时就要求演讲者处变不惊，沉着应对。列举如下。

（一）假如忘了词，应尽量顺着原意临时组织语言来讲，可稍放慢速度，等想起了准备好的下文再按准备的讲。

（二）假如听众起哄鼓倒掌，要置之不理，按原计划来讲，不要生气，要宽慰自己：听众有不同想法也是正常现象，要相信自己是能够说服听众的。

（三）假如台下混乱，要有吸引听众的方法，如注视、停顿等。

（四）假如在台上出了差错，要见机行事，进行纠正，可以自嘲，以幽默化解。

（五）假如有听众当场提问，要迅速思考，做出反应，并用明确简洁的语言回答。

总之，无论遇到什么情况，演讲者在演讲时都要沉着冷静，从容应对。

演讲示例一

就任北京大学校长之演说

蔡元培

五年前，严几道先生为本校校长时，余方服务教育部，开学日曾有所贡献于同校。诸君多自预科毕业而来，想必闻知。士别三日，刮目相见，况时阅数载，诸君较昔当必为长足之进步矣。予今长斯校，请更以三事为诸君告。

一曰抱定宗旨。诸君来此求学，必有一定宗旨，欲知宗旨之正大与否，必先知大学之性质。今人肄业专门学校，学成任事，此固势所必然，而在大学则不然。大学者，研究高深学问者也。外人每指摘本校之腐败，以求学于此者，皆有做官发财思想，故毕业预科者，多入法科，入文科者甚少，入理科者尤少，盖以法科为干禄之终南捷径也。因做官心热，对于教员，则不问其学问之浅深，惟问其官阶之大小。官阶大者，特别欢迎，盖为将来毕业有人提携也。现在我国精于政法者，多入政界，专任教授者甚少，故聘请教员，不得不聘请兼职之人，亦属不得已之举。究之外人指摘之当否，姑不具论。然弭谤莫如自修，人讥我腐败，而我不腐败，问心无愧，于我何损？果欲达其做官发财之目的，则北京不少专门学校，入法科者尽可肄业于法律学堂，入商科者亦可投考商业学校，又何必来此大学？所以诸君须抱定宗旨，为求学而来。入法科者，非为做官；入商科者，非为致富。宗旨既定，自趋正轨。诸君肄业于此，或三年，或四年，时间不为不多，苟能爱惜分阴，孜孜求学，则其造诣，容有底止。若徒志在做官发财，宗旨既乖，趋向自异。平时则放荡冶游，考试则熟读讲义，不问学问之有无，惟争分数之多寡；试验既终，书籍束之高阁，毫不过问，敷衍三四年，潦草塞责，文凭到手，即可借此活动于社会，岂非与求学初衷大相背驰乎？光阴虚度，学问毫无，是自误也。且辛亥之役，吾人之所以革命，因清廷官吏之腐败。即在今日，吾人对于当轴多不满意，亦以其道德沦丧。今诸君苟不于此时植其基，勤其学，则将来万一因生计所迫，出而任事，但任讲席，则必贻误学生；置身政界，则必贻误国家。是误人也。误己误人，又岂本心所愿乎？故宗旨不可以不正大。此余所希望于诸君者一也。

二曰砥砺德行。方今风俗日偷，道德沦丧，北京社会，尤为恶劣，败德毁行之事，触目皆是，非根基深固，鲜不为流俗所染。诸君肄业大学，当能束身自爱。然国家之兴替，视风俗之厚薄。流俗如此，前途何堪设想。故必有卓绝之士，以身作则，力矫颓俗。诸君为大学学生，地位甚高，肩此重任，责无旁贷，故诸君不惟思所以感己，更必有以励人。苟德之不修，学之不讲，同乎流俗，合乎污世，己且为人轻侮，更何足以感人。然诸君终日伏首案前，芸芸攻苦，毫无娱乐之事，必感身体上之苦痛。为诸君计，莫如以正当之娱乐，易不正当之娱乐，庶于道德无亏，而于身体有益。诸君入分科时，曾填写愿书，遵守本校规则，苟中道而违之，岂非与原始之意相反乎？故品行不可以不谨严。此余所希望于诸君者二也。

三曰敬爱师友。教员之教授，职员之任务，皆以图诸君求学便利，诸君能无动于衷乎？自应以诚相待，敬礼有加。至于同学共处一室，尤应互相亲爱，庶可收切磋之效。不惟开诚布公，更宜道义相助，盖同处此校，毁誉共之。同学中苟道德有亏，行有不正，为社会所訾詈，己虽规行矩步，亦莫能辨，此所以必互相劝勉也。余在德国，每至店肆购买物品，店主殷勤款待，付价接物，互相称谢，此虽小节，然亦交际所必需，常人如此，况堂堂大学生乎？对于师友之敬爱，此余所希望于诸君者三也。

余到校视事仅数日，校事多未详悉，兹所计划者二事：一曰改良讲义。诸君既研究高深学问，自与中学、高等不同，不惟恃教员讲授，尤赖一己潜修。以后所印讲义，只列纲要，细微末节，以及精旨奥义，或讲师口授，或自行参考，以期学有心得，能裨实用；二曰添购书籍。本校图书馆书籍虽多，新出者甚少，苟不广为购办，必不足供学生之参考。刻拟筹集款项，多购新书，将来典籍满架，自可旁稽博采，无虞缺乏矣。今日所与诸君陈说者只此，以后会晤日长，随时再为商榷可也。

评析

本文是1917年1月9日蔡元培就任北京大学校长时的演说，它对北京大学乃至整个中国现代的大学教育都产生过重要影响。

北京大学的前身是创办于1898年的京师大学堂，这是中国第一所现代意义上的大学。但1917年蔡元培接任之前的北京大学，总的来说还是一所封建思想、官僚习气十分浓厚的学府。蔡元培接任校长后，坚定地按照自己的教育理念进行改革，两三年后便使北京大学从一个培养官僚的腐朽机构一跃而成为全国进步青年仰慕的学府。这篇演说正是蔡元培教育思想的体现，同时也是一位校长对青年学子的谆谆教诲。

文章观点鲜明，主题突出。作者围绕"抱定宗旨""砥砺德行""敬爱师友"三个观点展开说理，紧密联系现实，或正面论证，或反面辩驳，既能以理服人，又能以情动人。正面阐述之后，又继以反诘问难，如"又何必来此大学？""岂非与求学之初衷大相背驰乎？""又岂本心所愿乎？""岂非与原始之意相反乎？""常人如此，况堂堂大学生乎？"这些反问句既增强了文章的气势，也强化了说理的力量，发人深思。

演讲示例二

最后一次讲演

闻一多

这几天，大家晓得，在昆明出现了历史上最卑劣最无耻的事情！李先生究竟犯了什么罪，竟遭此毒手？他只不过用笔写写文章，用嘴说说话，而他所写的，所说的，都无非是一个没有失掉良心的中国人的话！大家都有一支笔，有一张嘴，有什么理由拿出来讲啊！有事实拿出来说啊！（闻先生声音激动了）为什么要打要杀，而且又不敢光明正大来打来杀，而偷偷摸摸地来暗杀！（鼓掌）这成什么话？（鼓掌）

今天，这里有没有特务？你站出来！是好汉的站出来！你出来讲！凭什么要杀死李先生？（厉声，热烈地鼓掌）杀死了人，又不敢承认，还要诬蔑人，说什么"桃色事件"，说什么共产党杀共产党，无耻啊！无耻啊！（热烈地鼓掌）这是某集团的无耻，恰是李先生的光荣！李先生在昆明被暗杀，是李先生留给昆明的光荣！也是昆明人的光荣！（鼓掌）

去年"一二·一"昆明青年学生为了反对内战，遭受屠杀，那算是青年的一代献出了他们最宝贵的生命！现今天在李先生为了争取民主和平而遭受了反动派的暗杀，我们骄傲一点说，这算是像我这样大年纪的一代，我们的老战友，献出了最宝贵的生命！这两桩事发生在昆明，这算是昆明无限的光荣！（热烈地鼓掌）

反动派暗杀李先生的消息传出以后，大家听了都悲愤痛恨。我心里想，这些无耻的东西，不知他们是怎么想法，他们的心理是什么状态，他们的心怎样长的！（捶击桌子）其实简单，他们这样疯狂地来制造恐怖，正是他们自己在慌啊！在害怕啊！所以他们制造恐怖，其实是他们自己在恐怖啊！特务们，你们想想，你们还有几天？你们完了，快完了！你们以为打伤几个，杀死几个，就可以了事，就可以把人民吓倒了吗？其实广大的人民是打不尽的，杀不完的！要是这样可以的话，世界上早没有人了。

你们杀死一个李公朴，会有千百万个李公朴站起来！你们将失去千百万的人民！你们看着我们人少，没有力量？告诉你们，我们的力量大得很，强得很！看今天来的这些人，都是我们的人，都是我们的力量！此外还有广大的市民！我们有这个信心：人民的力量是要胜利的，真理是永远存在的。历史上没有一个反人民的势力不被人民毁灭的！希特勒，墨索里尼，不都在人民之前倒下去了吗？翻开历史看看，你们还站得住几天！你们完了，快完了！我们的光明就要出现了。我们看，光明就在我们眼前，而现在正是黎明之前那个最黑暗的时候。我们有力量打破这个黑暗，争到光明！我们的光明，就是反动派的末日！（热烈地鼓掌）

现在司徒雷登出任美驻华大使，司徒雷登是中国人民的朋友，是教育家，他生长在中国，受的美国教育。他住在中国的时间比住在美国的时间长，他就如一个中国的留学生一样，从前在北平时，也常见面。他是一位和蔼可亲的学者，是真正知道中国人民的要求的，这不是说司徒雷登有三头六臂，能替中国人民解决一切，而是说美国人民的舆论抬头，美国才有这转变。

李先生的血不会白流的！李先生赔上了这条性命，我们要换来一个代价。"一二·一"四烈士倒下了，年青的战士们的血换来了政治协商会议的召开；现在李先生倒下了，他的血要换取政协会议的重开！（热烈地鼓掌）我们有这个信心！（鼓掌）

"一二·一"是昆明的光荣，是云南人民的光荣。云南有光荣的历史，远的如护国，这不用说了，近的如"一二·一"，都属于云南人民的。我们要发扬云南光荣的历史！（听众表示接受）

反动派挑拨离间，卑鄙无耻，你们看见联大走了，学生放暑假了，便以为我们没有力量了吗？特务们！你们错了！你们看见今天到会的一千多青年，又握起手来了，我们昆明的青年决不会让你们这样蛮横下去的！

反动派，你看见一个倒下去，可也看得见千百个继起的！

正义是杀不完的，因为真理永远存在！（鼓掌）

历史赋予昆明的任务是争取民主和平，我们昆明的青年必须完成这任务！

我们不怕死，我们有牺牲的精神！我们随时像李先生一样，前脚跨出大门，后脚就不准备再跨进大门！（长时间热烈的鼓掌）

评析

闻一多先生是我国现代著名诗人。本文是他在被反动派杀害的李公朴烈士的追悼会上的即兴演讲。无论是在演讲的思想内容还是在演讲的语言技巧上，本文都可以说是一次杰出的演讲。

开篇，开门见山，先声夺人，直趋主题。"这几天，大家晓得，在昆明出现了历史上最卑劣最无耻的事情！"义正词严地痛斥国民党反动派的无耻罪行。"最卑劣最无耻""没有失掉良心的中国人""偷偷摸摸地来暗杀"更是表现演讲者当时的义愤填膺，直接刺向反动派的胸膛。本文内容表达形式多变，各个小节都以其各自的形式为主题服务，思路清晰，脉络分明。全文气壮山河、慷慨激昂，是一篇激励的战斗檄文！

实训演练

一、思维训练

1. 下面是5个逆向思维的演讲题目，请选其中一个题目认真准备5分钟，然后上台做即兴演讲。

（1）铁杵何必磨成针

（2）愚公移山莫如搬家

（3）吃亏未必不是福

（4）亡羊补牢"未为晚矣"

2. 请你用1分钟时间准备，然后快速说出以下物体10种以上的用途。

电脑　水　玻璃　火　植物　塑料　酒精　杯子

3. 将下面4组表面看起来不相干的概念，使用最多4个词语把它们联系起来。

（1）花园　　自行车

（2）闹钟　　车票

（3）帽子　　小狗

（4）游泳　　遥控器

二、自然说话训练

（一）训练目标

树立表述信心，克服心理障碍，提高形象叙事与渲染描绘的能力。

（二）训练模式

1. 该项训练由学生轮流登台进行表述。

2. 该项训练由5个子话题构成：

（1）讲述一件自己做过的最得意的事；

（2）讲述一件自己觉得最开心的事；

（3）讲述一件自己做过的最难堪的事；

（4）讲述一件自己觉得最窝囊的事；

（5）当众拿自己开一个玩笑。

3. 5个子话题的表述时间共5~6分钟，不宜过短，也不宜过长。

三、自我介绍式演讲

（一）训练目标

强化自我介绍的表述能力，学习运用心理学原理进行性格分析的能力。

（二）训练模式

1. 该训练以"自我介绍"为话题，由学生轮流进行，时间3~5分钟。

2. 自我介绍式演讲又可细分为两类：一为交友式自我介绍演讲，二为求职式自我介绍演讲。两类话题可由学生自选其一，同时进行，也可分为两次训练。

四、指定主题演讲训练

（一）训练目标

训练指定主题演讲的能力。

（二）训练模式

1. 由指导老师确立演讲主题，如"我的中国梦""我爱家乡美"主题演讲等，再由学生根据主题另立具体的演讲题目。

2. 以教师选定和学生自荐双向确定的原则组织演讲人。

3. 一次主题演讲的发言时间一般不宜超过两个小时。

4. 每位演讲人的发言时间为5~7分钟。

五、自选话题演讲训练

（一）训练目标

训练自选话题演讲表述的能力。

（二）训练模式

1. 学生或按学习小组，或按点名册轮流登台，在规定的时间内（如5~7分钟）完成自选话题的演讲。

2. 这种演讲不作命题限定，完全由学生自己轮流确立论点和表述角度，自由畅谈。

第十三章 辩论口才

训练目标

- ◆ 掌握辩论的基本原则
- ◆ 熟悉辩论赛的规则和技巧
- ◆ 了解辩论的形式和构成
- ◆ 具备辩论的基本素质

第一节 辩论的概念及原则

一、辩论的概念

人们在交流思想、传递情感的时候，为了达到观点和情感的一致，就要去说服对方，这样一来就产生了辩论。"辩"是辩解、辩驳，"论"有议论、评定之意。辩论是指说话的双方就同一问题，站在对立的立场上进行面对面的语言交锋。辩论是一种集听、说能力于一体的口语实践活动，是双向的语言交流，正反两方，你说我听，我说你听，不但要会说，而且要会听。因此，它是听说能力的综合体现。

通常来说，辩论有广义和狭义之分。狭义的辩论是指一种有明确目的、有准备的、不同观点的争论；广义的辩论则是指双方或多方因观点的不同而产生的不同程度上的言语冲突，也包括日常生活中由某种分歧而引起的相对随意的争论。

二、辩论的形式

辩论的基本形式分为两大类：自由式辩论和有组织的辩论。

（一）自由式辩论

自由式辩论的论题、时间、地点、参加人数都没有限制，众人聚集在一起对某一话题各抒己见、展开争论。

（二）有组织的辩论

有组织的辩论是由一定的机构、组织按照预定计划进行的一种辩论形式。它有明确的主持人、既定的内容、明确的目的、特定的辩题和确定的程序，如专题辩论、学术辩论、法庭辩论和外交辩论等。

三、辩论的构成

辩论作为人类社会一种特殊的交际形式，包括"辩"和"论"两个方面。它具有三个要素：辩题、立论者、驳论者。

所谓辩题，就是指双方争辩的对象。比如围绕"金钱追求与道德追求能否统一"这个问题，立论者和驳论者各自提出相互对立的观点反驳对方的过程即是辩论。

所谓立论者，是指辩论中针对论题首先提出或坚持某个观点的一方。

所谓驳论者，则是反驳立论者观点的那一方，或者说是对辩题做出反驳的一方。在具体的辩论过程中，立论者要为辩题做辩护，同时也要对对方的观点做出反驳；驳论者表现为对辩题做出反驳，同时要为自己的主张做出立论。

四、辩论的原则

辩论双方在整个辩论过程中都必须共同遵守一些原则，否则辩论就有可能演变为争吵，达不到探求真理、揭露谬误的目的。

（一）实事求是原则

"事实胜于雄辩。"辩论要尊重事实，服从真理，维护真理，坚持真理。当对方引用真理性的认识来论证自己的观点时，己方要予以承认。

（二）平等相待原则

辩论双方不论职位高低、知识多寡、财富巨微，在人格和权利上是平等的。任何一方不可居高临下、咄咄逼人。尊重对手是辩论必须坚持的原则。

（三）保持同一原则

辩论时要具有明确性、一贯性和确定性，始终保持概念的同一、论题的同一和前后思想的同一。

（四）充足理由原则

要求理由必须真实无疑，不得随意编造所谓的事实。还必须有足够的理由来支持自己的论点。理由既要充足，又必须是真实的，只有同时具备这两个条件，才是"充足理由"。

第二节　辩论的规则和技巧

辩论赛也叫论辩赛、辩论会。它是参赛的正反双方就某一辩题进行辩论的一种竞赛活动，实际上是围绕辩题展开的一个关于知识储备、思维反应能力、语言表达能力的竞赛。辩论赛比较常见的形式是四对四团体赛。

一、四对四团体辩论赛的主要流程及规则

（一）主要流程

1. 主席开场，队员入场，主席宣布辩题，介绍参赛队及其所持立场，介绍双方辩手，介绍评判团和比赛规则，并宣布比赛开始。

2. 立论阶段。由双方的一辩选手完成，正方先发言。立论时，要求辩手在规定的时间内，能正确地阐述己方立场，逻辑清晰，言简意赅。

3. 攻辩阶段，又称盘问阶段。

（1）双方二辩、三辩参加攻辩，由正方二辩开始，交替进行。

（2）双方二辩、三辩各有且必须有一次作为攻方。辩方由攻方任意指定，不受次数限制。攻辩双方必须单独完成本轮攻辩，不得中途更替。

（3）攻辩双方必须正面回答对方问题，提问和回答都要简洁明确。重复提问和回避问题均要被扣分。每一轮攻辩，攻辩角色不得互换，辩方不得反问，攻方也不得回答问题。

（4）双方选手站立完成攻辩阶段，攻辩双方任意一方落座视为完成本次攻辩。

（5）攻辩阶段时，攻方每轮必须提出三个以上的问题，辩方回答不得超时。若在规定时间内攻辩双方尚未完成提问或回答，不做扣分处理。双方选手在限时内可任意发挥。

（6）四轮攻辩阶段完毕后，先由正方一辩，再由反方一辩限时为本队作攻辩小结。正反双方的攻辩小结要针对攻辩阶段的态势和涉及的内容，严禁脱离比赛实际状况的背稿。

4. 自由辩论阶段。在这一阶段，正反方辩手在累计发言时间内自动轮流发言。发言辩手落座为发言结束，即为另一方发言开始的计时标志。另一方辩手必须紧接着发言，若有间隙，累积时间照常进行。同一方辩手的发言次序不限。在一方时间用完后，另外一方可以继续发言，也可向主席示意放弃发言，直至本方的时间用完。

自由辩论提倡积极交锋，对重要问题回避交锋两次以上的一方扣分，对于对方已经明确回答的问题仍然纠缠不放的，酌情扣分。

5. 总结阶段。按照"先发后结"的规则，由反方四辩开始，再由正方四辩总结陈词。在此阶段，双方辩手应针对辩论会整体态势进行总结陈词，可以重申、总结己方观点，并能加以发挥和升华，阐述最后的立场。

6. 主席请评判团退席决定成绩。

7. 观众提问阶段。观众提出的问题先经2位以上评委判定有效后，被提问方才能回答。正反方各回答2位观众提出的问题，双方除四辩外任意辩手作答。一个问题的回答时间为1分钟，如一位辩手的回答用时未满，其他辩手可以补充。观众提问后，主席宣布暂时休会，评判团退席评议。

8. 主席宣布复会，并邀请评判嘉宾点评这场辩论赛。

9. 主席宣布评判团的评判结果，收场。

（二）时间安排

顺序	程序	时间
1	主席开场：介绍辩手、辩题及规则。	—
2	正方一辩发言	3分钟
3	反方一辩发言	3分钟
4	正方二辩选择反方二辩或三辩进行一对一攻辩	1分45秒
5	反方二辩选择正方二辩或三辩进行一对一攻辩	1分45秒
6	正方三辩选择反方二辩或三辩进行一对一攻辩	1分45秒
7	反方三辩选择正方二辩或三辩进行一对一攻辩	1分45秒
8	正方一辩进行攻辩小结	1分30秒
9	反方一辩进行攻辩小结	1分30秒
10	自由辩论（正方先开始）	8分钟（双方各4分钟）
11	反方四辩总结陈词	4分钟
12	正方四辩总结陈词	4分钟
13	评判团退场评议、观众提问阶段	4分钟（双方各2分钟）
14	嘉宾进行比赛点评	—
15	主席宣布比赛结果	—

（三）评判规则

1. 每场比赛应由5位专家组成评判团。

2. 评分办法（团体和个人分别计分，团体共100分）：

审题 20 分，论证 20 分，辩驳 20 分，配合 20 分，辩风 20 分。

3. 个人满分 50 分。

二、辩论的技巧

论坛如战场，要在唇枪舌剑的交锋中克敌制胜，不仅要真理在握，而且还要了解、掌握辩论的战术技巧、战略技巧、语言技巧。

（一）战术技巧

战术技巧指的是主要用来解决辩论中局部问题的巧妙技能。

1. 论

论是指论述、阐述己方的命题。其具体体现在对演绎论证、归纳论证、类比论证三种基本论证方法的灵活运用上。

（1）演绎论证。这指的是先总说后分说。先在总说部分提出命题，而后在分说部分用带有普遍性的论据（如名言警句、定理、公理等理论论据）来证明总说部分提出的命题。

要求：论题与命题间存在必然的联系，论据带有普遍性和真实性。

（2）归纳论证。这是先分说后总说的说理方法，即先在分说部分用多个论据（包括事实和道理）来证明某个命题，而后在总说部分归纳出结论。这种论证方法是通过把握众多的个别材料的共同点，进而归纳出带有普遍性、真实性的结论来说理的。

要求：尽可能多地考察被归纳的某类事物的对象，这样的结论就越可靠。

（3）类比论证。这是用已知事物所具有的某种特点、性质来论证同类或者与之相类似的某种事物也具有与之相同的特点、性质的说理方法。

要求：相比的同类事物必须具有内在联系和相同之处。

2. 驳

驳是指反驳对方的观点。其具体有反驳命题、反驳论据、反驳论证。

（1）反驳命题是指直接针对对方的命题，运用事实或理论论据予以驳斥，揭示其荒谬不实，使其命题不能成立。

（2）反驳论据是指直接反驳对方论据是虚假的或片面的，使对方的命题失去支撑而摇摇欲坠。这技巧往往是在对方精彩的言辞的引导下，立即找出一个相似的却对己方有利的事实，以之回敬，占据优势。

例如，在"女性比男性更需要关怀"的辩论中，正反双方就中国文字是否反映了男尊女卑，展开了交锋：

正方：中文有两个字表示结婚的概念，一个是"娶"字，另一个是"嫁"字。男人是"娶"媳妇，女人是"嫁"给男人，那这个"娶"字它表示一种主动性，"嫁"字它表示一种被动性。（笑声，掌声）请回答！

反方：像这个例子，我们也发现了中国字的"好"字和"妙"字，都是一个褒义词，那么请问"好"字和"妙"字是不是用"女"字旁开头呢？（掌声）

正方：对呀，"妙"字可以拆为"女"和"少"，"好"字可以拆为"女"和"子"，从造字的角度看，这两个都是会意字，也就是"女"性"少"方为"妙"，"女"性得"子"才叫"好"。这岂不正是表明了女性受压抑的社会地位了吗？

双方正是从构成对抗的例证本身发掘出于己方有利的观点和材料，进行有效的对抗。

（3）反驳论证是指揭露对方的命题和论据之间缺乏必然的联系，论据证明不了命题，从而使对方的命题不能令人信服。

3. 护

护是指对遭到对方驳斥的我方命题进行辩护。这里的辩护是指通过提出理由、事实来证明己方命题的正确合理，或者通过阐释来澄清己方的命题。其目的在于维护己方的命题。

4. 接

接是指对对方言论的应接。它要求辩手的反应迅速、利落、及时。接包括包容性接对、排斥性接对、回避性接对三种情况。

（1）包容性接对，即先承认对方命题的合理性，继而在更加宏观的领域里提出一个新的命题，将对方的论述包容其中，使对方的命题相形见绌而被否定。

（2）排斥性接对，就是全盘否定对方的命题。常用的方法有借题发挥、欲擒故纵、以牙还牙等。

① 借题发挥，就是借用对方的话题来表明自己与对方相对立的看法。如：

密苏里人挖苦阿肯色人："有个阿肯色小伙子20岁了才生平头一次穿上鞋，为了看看自己的脚印有多好看，他退着走路。看着自己的脚印，他高兴死了，结果一直退到密苏里地界，人们才把他叫住。"

阿肯色人："对，那是真的。我跟他很熟。打那以后，他就再也没回阿肯色。密苏里人发现他能从1数到20，便请他去当老师了！"

② 欲擒故纵，就是先假定对方命题是正确的，再以它为据，从中归纳出荒谬的结论。

③ 以牙还牙，就是通常所说的"以子之矛攻子之盾"，找出对方话语中自相矛盾的地方提出反问，让他自己否定自己。如：

加拿大前外交官切斯特·朗宁出生在中国，喝过中国奶妈的乳汁。他竞选议员时遭到了反对派的攻击，说他喝中国人的奶长大，身上就有中国人的血统，因而不能参加加拿大的竞选。朗宁反击说："你们中有没有人喝过加拿大牛奶呢？你们身上不是也有加拿大牛的血统吗？当然，你们可能既喝过加拿大的人乳，又难免喝过一些加拿大的牛乳，你们岂不是都成了人牛血统的'混血儿'了？也许你们长大了，不仅靠'喝'，自然还得'吃'，吃鸡脯，吃牛排，吃羊腿……这样一来，你们的血统一定是很难认定了。"

（3）回避性接对，就是当不愿、不宜而又不能不接对对方言论的时候，以答非所问或避而不答等技法与之周旋。

5. 问

问是指向对方发问。在辩论中，发问的目的最终是在于把对方问住，迫使其投降。问主要有追问、逼问、套问、诱问、回问。

（1）追问，就是在对方回避己方提问的时候，紧紧抓住已经问出的线索，一步一步地连续问下去，使对方无法自圆其说。

（2）逼问，就是用十分肯定的语气表现出己方了解全部真相而逼迫对方和盘托出。

（3）套问，就是为了让对方说出实情而隐蔽己方意图，拐弯抹角地进行查问。

（4）诱问，这是苏格拉底创立的，就是在辩论一开始，先不要谈分歧的观点，而是着重强调彼此的共同认识，取得完全一致后，再自然地转向自己的主张，使对方不得不接受。

（5）回问，就是在正面交锋有困难或效果不佳的情况下以攻为守，反过来诘问对方，既避开对方咄咄逼人的攻势，又给其重重一击。

（二）战略技巧

战略技巧指的是用来解决辩论中的全局性问题的策略技巧。

1. 擒贼擒王

这指的是在整个辩论过程中，都必须将对方的基本立论作为主攻的目标，攻其要害。

2. 攻守交替

这指的是在任何的辩论中都要有攻有守，破立结合。攻就是破，就是反驳，运用恰当的论证方式和方法，组织真实、充足的论据，去揭露对方的命题、论据和论证中的虚假和荒谬；守就是立，就是辩护、证明，运用恰当的论证方式和方法，组织真实、充足的证据，来证明己方命题的真实或正确。因此，辩论的主要方面是攻，守是为了攻，攻中体现了守。

3. 造势夺人

这里的"势"是指能够给对方造成强大心理压力的情况或趋向。辩论要善于造势、蓄势，以己方的优势挫伤对方的锐气，动摇其意志、信念。辩论中的"势"来源于高度的自信、高明的见解和迅猛的攻击。

（三）语言技巧

辩论是双向言语活动中最能体现语言技巧的形式。它在某种意义上就是一种语言竞技活动。与其他语言形式相比，辩论语言具有险而不凶、快而有力、尖而不散、准而无隙、美而不浮的特点。

辩论应当追求优美的语言形式，但不能为了优美而浮夸。辩论是理性的活动，需要的是充实、严密与朴素。因此，在追求优美时，要明确目的，掌握分寸，注重实际效果。

1. 诱其说"是"

诱使对方说"是"，即在辩论的开头切勿涉及有争议的观点，而应顺应对方的思路，强调彼此有共同语言的一面，从对方的角度提出问题，诱使对方承认你的立场，让对方连连说"是"，与此同时，一定要避免让他说"不"，慢慢就能将其引入"陷阱"。

2. 借题发挥

在辩论中，当己方受到攻击时，可以不直接从正面答辩，而借助对方提供的话题进行还击，从而改变辩论的局势。这种借题发挥的对策，关键在于一个"借"字，能否借为己用，决定于辩论者的论战经验和思辨能力。

3. 埋伏引诱

这种辩论技法以迂为直，先不直接辩驳，而是先设下一个埋伏，引对方上钩，等对方发现"上当中计"时，已经无计可施了，只得认输。

4. 逼其亮底

在辩论中，可想办法让对方把你想了解的东西尽快地说出来，以便早点应对。其办法是把话说到一半就故意停下来，然后让对方接下去说，如"这么说，你的意思是……""如此说来，这个论点是……""照你的话说，它的意思是……"。当你用这些半截子的话去诱发对方时，对方十有八九会不假思索地把这句话按意思说完。这时，你就轻而易举地又多了一张"底牌"。法庭辩护时，这种情况经常可见。

5. 刚言震慑

在辩论中，有的对手因理屈而心虚，说话吞吞吐吐、含含糊糊，这时，辩论者可以用锐不可当的气势直逼对方，使其只有招架之功，无还手之力。

6. 善用逻辑

（1）针锋相对。辩论要看对象，有时遇到刁难、讥讽、侮辱的言辞，那就需要以牙还牙，直言相抗。这时不必拐弯，不必"谦逊"，也不必长篇大论，只需逐条地批驳即可。

（2）釜底抽薪。在辩论时，辩论双方所持的论题都是由一定的论据支持的，如果将论题的根据——论据抽掉，那么论题这座大厦就会轰然倒塌，其论点必然不攻自破。

（3）顺水推舟。即顺着对方的思维逻辑推下去，最后得出一个荒谬的结论，以证明对方的观点站不住脚。

（4）以退为进。在辩论中，有时不急于以牙还牙、针锋相对地直言对抗，而是先承认对方的分析和指责是对的，自己似乎也同意了对方论据的合理性，然后出其不意，或指出对方论点的矛盾之处，或说出事实的真相，或做出另外的分析，最终达到证明自己论点正确的目的。

（5）声东击西。为了达到某种目的，不直接从这个目的的正面去说，而从相反的方面入手，实则说的是正面要达到的目的。

三、有损辩论风度的几种表现

风度是一个人内在素质与外在表现的综合显现。在辩论场上，辩手风度的好与坏直接影响着辩论的水准。在辩论中，以下五种表现是有损辩论风度的：

第一，表情夸张，给人的感觉不稳重、不诚恳。第二，过分表现自己，易破坏整体形象。第三，用带"刺"的话攻击对方。第四，对对方辩手进行个人攻击。第五，辩论中忽视对方和观众。

一个辩论者要想塑造自己良好的形象，必须做到以下几点：

第一，举止端庄得体。站要直，立要稳，行为文雅。第二，表情泰然自若，沉着冷静。第三，服饰整洁大方。朴实整洁的服饰能衬托出辩论者的人格尊严，产生吸引人的力量，获得观众、评委的好评，而且还可以激发辩论者蓬勃向上的精神并激发其自信力。第四，展现高尚的道德情操。在辩论中必须尊重对方的人格，不能有任何侮辱对方人格的言行，否则既伤害了别人，又贬低了自身的形象，会给人粗俗、鲁莽和缺少教养的印象。

实训演练

一、从下面的话题中任选一个为辩题，组织一场小型辩论会。务必做好辩论前的各项准备工作。

1. 跳槽有利于个人事业的发展；
2. 上司和下属要保持距离才能树立权威；
3. 事业高于家庭；
4. 上网有利于学习；
5. 大学生不应做兼职。

二、集体观看某届"国际大专辩论赛"的视频，然后大家一起谈一谈感受。

三、有一个人老爱议论别人的生理缺陷，你对此很反感。有一次他问你："你的腿多长啊？"你怎么回答他？

四、下面的材料体现了辩论的哪种技巧？请你仿照该技巧设计一个案例。

纪晓岚曾担任侍郎一职，和珅曾担任尚书。一次，他们在一起就餐，饭桌下有一只狗在啃骨头。和珅指着狗问纪晓岚："是狼（侍郎）是狗？"纪晓岚马上回答："垂尾是狼，上竖（尚书）是狗。"

第十四章 求职口才

训练目标
- ◆ 了解求职口才的作用
- ◆ 掌握面试时自我介绍的技巧
- ◆ 掌握面试时间与作答技巧
- ◆ 识记面试时的注意事项

第一节 求职口才的作用与技巧

求职口才是指在求职过程中，求职者运用准确、得体、恰当、有力、生动、巧妙、有效的口语表达策略，取得圆满的求职效果的口语表达的艺术和技巧。简而言之，求职口才就是指在求职过程中所使用的口语表达的艺术和技巧。

一、求职口才的作用

求职口才更多的时候是通过面试展现出来的。求职口才的作用主要表现在以下几个方面。

（一）求职口才能够让求职者获得工作的岗位

求职口才的首要作用即是通过面试帮助求职者获得工作岗位。面试考官通过求职者的语言表达，对求职者的能力与水平进行综合的了解，通过与求职者的问答、沟通，获得自己需要的信息并对求职者与岗位的适配性进行初步的判断。

（二）求职口才能够让求职者获得企业的相关信息

求职面试并非是单方面的，而是双向互动的。一方面，求职者通过有条理、有重点的语言表达，使面试考官充分了解自己的能力；另一方面，口才卓越的求职者能够从面试考官那里获得企业的相关信息，并且进一步完善自己对工作岗位的判断与选择。

（三）求职口才能够为求职者提供口才的锻炼机会

在有限的时间和空间内，求职者带着明确的目的性完成一组或多组展现综合性能力的陈述、问答，对于个人口才的锻炼与提升是非常有益的。通过这个过程，求职者往往能够获得比以往学习、训练、演练更多的收获。

（四）求职口才是求职者进入职场的基础

求职阶段，特别是面试过程，是求职者成功进入职场的基础。一方面，求职者在求职过程中的表现，会成为面试考官衡量求职者能力水平的重要指标，也是企业人力资源部门安排求职者岗位的一个重要参考；另一方面，求职者通过求职面试获得企业信息的同时，也获得了对职场的初步了解，这对其未来在职场中的生存与发展极为重要。

二、求职口才的技巧

如前所述，求职口才更多的时候是通过面试展现出来的，因此，从这一角度来看，求职口才的技巧实际上是指面试过程中的技巧。

（一）面试过程中自我介绍的技巧

求职者自我介绍的目的，一方面是为了让面试考官对自己有一个初步的、大概的了解；另一方面也是为了展现自己的口才，以及应变能力、心理承受能力、逻辑思维能力等，给对方留下良好的印象，以便使面试能够深入进行下去，并最终赢得面试的成功。自我介绍是求职者推销自己的极好机会，因此一定要好好把握。要成功地进行自我介绍，主要应从以下几个方面着手。

1. 礼貌问候，自然大方

在进行自我介绍之前，求职者首先应礼貌地做一个极简短的开场白，并向所有的面试考官示意。介绍完毕以后，要注意向主面试考官致谢，并且还要向在场的其他面试考官致谢。

2. 主题鲜明，层次严谨

自我介绍的内容一般包括以下几个方面。

（1）个人基本信息。它包括：姓名、年龄、籍贯、学历、性格、特长、爱好等。

（2）学业情况。它包括：所学专业及主要课程、专业能力、相关的技能等级等。

（3）个人能力。它包括：工作能力、工作经验、求职经历等。

在自我介绍时，以上内容不必面面俱到，但要做到主题鲜明、详略得当、重点突出。一般来说，大学毕业生的自我介绍都会以学业情况与个人能力为主。在谈所学的专业、课程时，不必说明成绩；谈求职的经历时，只谈主要经历，不要漫无边际、东拉西扯。整个自我介绍的过程最好控制在3～5分钟。

3. 突显优势，杜绝浮夸

事实胜于雄辩。在面试时，求职者应当通过实际的事例来证明自己的能力，把才华展示给面试考官。但也不能为了给面试考官留下好的印象，而对自己进行过多的夸奖，如"我的业务水平是很高的""我的成绩是全年级最好的"等，这不但不能给求职带来帮助，反倒可能会给面试考官留下不好的印象。

案例

某大学中文系学生小刘，毕业后到某报社应聘记者，与上百个新闻专业出身的应聘者竞争，可以说小刘并没有什么优势。但小刘对此早有准备，他对面试考官介绍自己时是这样说的："我叫刘小明，××人，毕业于××大学中文系。虽然我不是新闻专业的，但我对记者这个行业却十分感兴趣。在大学期间我是学校校报的记者。四年间，我进行了大量的校内、校外采访，积累了一定的采访经验，再加上我的中文功底不错，我相信我可以胜任贵报的工作。这是我在大学期间发表过的采访报道，请各位领导批评指正。"

面试考官们看过小刘的报道材料后，觉得眼光独到、语言深刻，都很满意。结果小刘击败了众多的竞争者，不久就收到了录用通知。

4. 客观陈述，留有余地

在自我介绍中，求职者要坦诚地向面试考官介绍自己的情况，客观地展示自己的实力，但同时应尽可能地避免使用绝对化的语言，要留有回旋的余地。如"我非常熟悉这项业务""我保证让部门改变面貌"这些没有具体内容的话，往往会引起面试考官的反感，从而影响面试的效果。

（二）面试过程中问与答的技巧

在面试过程中，要注意以"答"为基础、以"问"为辅助的沟通技巧。尽管不同的企业面试的程序和模式有所不同，面试考官的风格各异，但是招聘方提出的问题一般可分为两大类：

一类是规定性提问，也就是招聘方事先准备好的，对每一位招聘者都要提出的问题。这类问题一般围绕个人基本情况、学业情况、工作经验、求职意愿申述等方面。

另一类是自由性提问，即招聘方针对求职者的不同特点随意穿插的问题，涵盖面广，着重考察求职者的综合能力与应变思维能力。

求职者在回答上述问题时应当掌握以下基本技巧。

1. 展示自我，张扬个性

求职者在回答过程中应注意融入表现自己才能的重要信息，尽量突出自己的过人之处。

2. 敏锐灵活，审时度势

在倾听对方的提问并做出回答的过程中，求职者应保持敏锐和灵活的思维状态，时刻注意对方的反应，深刻理解对方提问的真正目的与意图，以便及时调整自己的回答方式和内容。

3. 避实就虚，避免忌讳

求职者在面试中，如遇不好正面回答或暂时无法回答的问题，可采取合理的方式从侧面回答，不必拘泥于问题本身。这类问题最忌笑而不答。

另外，求职者回答问题时应尽量避免提到可能招致对方忌讳的字眼，以免给对方留下不好的印象。

（三）视频电话面试的技巧

伴随现代通信事业的发展，越来越多的人选择通过视频电话进行面试；尤其是身在异地的求职者，招聘单位一般都会通过视频电话对其进行首轮面试。

1. 提前测试设备和网络

在进行视频电话面试之前，务必对摄像头、麦克风以及扬声器等设备予以检查，确保其正常运行。应提前开展一次模拟测试，保证画面清晰、声音流畅且无杂音，以防因技术问题致使面试中断或沟通不畅。

稳定的网络连接极为关键，应尽可能使用有线网络或信号强劲的无线网络，以此避免视频卡顿或掉线现象。

2. 选择合适的环境和背景

需选择一个安静、整洁且光线充足的空间充当视频电话面试的场地。极力避免诸如街道噪声、电视声音等嘈杂的背景声音，此类噪声可能会对面试的正常开展造成干扰，给面试官留下不佳的印象。

注重背景的整洁度与专业性，防止出现杂乱无章或过于随意的布置。可以将一面素色的墙壁或一个简洁的书架作为背景，进而营造出专业且专注的氛围。

3. 充分准备，轻松应对

在进行视频电话面试之前，应当针对对方可能提出的问题做好准备工作，涵盖个人情况介绍、应聘的动机、以往的工作经验、未来的工作设想等方面。同时，也应对招聘单位有一定的基本了解，例如企业的业务方向、发展历程、文化内涵、主要工作部门以及工作任务等。唯有提前做好充分准备，在面对对方的提问时才能从容应对，避免出现措手不及的情况。

4. 语言表达清晰

在面试时，语速需适中，发音要清晰明确，避免出现含糊不清或语速过快的情况。在回答问题之前，可以先进行几秒钟的思考，将语言组织好后再进行作答，确保回答的内容富有条理、具备逻辑性。

应使用专业、准确的语言，杜绝使用过于口语化或随意的词汇和表达方式。留意语法和用词的准确性，充分展现出自身的语言能力与沟通水平。

第二节　求职注意事项

一、塑造形象，注重仪表

求职者给面试考官留下的第一印象非常重要，往往直接影响着面试的结果。因此，求职者在面试时，应塑造一个良好的外部形象。

（一）衣着和打扮

面试是一种较为正式的活动，因此求职者的穿着应该尽量正式一些。一般要穿着正装，服装应整洁大方；女士最好化淡妆，千万不可浓妆艳抹；男士也应注意发型，不能留长发，不宜染发，不要梳理过于前卫的发型，也不要使用过多的定型产品，那样会让人感到不太庄重。

（二）肢体动作

当求职者在思考问题或刚开口作答时，可配合一些轻微的肢体动作，这样可以使面试考官更加关注求职者及其说话的内容。在面试时，千万不要玩弄身边的物品，或频繁地触摸自己的脸部和身体。例如，不停地玩弄圆珠笔或抠手指，会令人觉得求职者已经不耐烦；频繁地触摸自己的脸部或身体，容易分散面试考官的注意力。

（三）坐的艺术

在面试过程中，应保持端正的坐姿，身体稍向前倾，以示对谈话的兴趣，也表现出自己的从容不迫。谈话中，不要跷二郎腿，更不可将脚尖对着对方，这会让人觉得你不尊重对方；也不要斜靠在椅子上，以免让人感觉你太过懒散。与此同时，应与面试官保持一定的距离，太远会让人感觉你有所戒备，太近会让面试官感到自己的"区域"受到侵犯，这都无益于面试。

二、保持微笑，强化眼神

在面试过程中，求职者应保持微笑，给人以自信、自然的感觉，不要做出一些不自然的面部表情，如在遇到难答的问题时发出咳嗽的声音或咬嘴唇等，这会给人留下不成熟和不认真的印象。

在面试过程中，求职者应时刻注视着面试考官，通过眼神来完成语言之外的精神交流，这既可以向考官展现自己的坚定、自信和热情，也可以让求职者及时了解考官的反应，识别面试考官的身体语言变化，从而了解他内心真正的情绪，以便化解面试中的尴尬。

三、行为礼貌，避讳禁口

在面试时，不要出现一些不礼貌的行为，如吸烟、嚼口香糖、擤鼻涕、抠鼻孔、挖耳屎、搓泥垢、剔牙齿、修指甲、打哈欠、搔痒、挠头、抖腿等。咳嗽、打喷嚏时，应用手帕或面巾纸掩住口鼻，面向一旁，避免发出大声。

在与面试考官的交谈中，有些话是无论如何也不能说的，也就是面试中的"禁口"，如关于性别或种族的偏见、政治话题、自吹自擂、含蓄地贿赂面试考官等。这些说话内容都会给面试带来严重的危机。此外，还应注意以下几点。

（一）不应泄露前任雇主的机密资料。

（二）不要抱怨面试考官。

（三）不应借助他人名号自抬身价。

（四）不要漫无目的地闲谈。

（五）不要过分地赞美面试考官或过多地评述对方给你的印象。

（六）尽量不说不合逻辑的话，不提超出面试范围的问题。

四、切忌卖弄，切莫忘形

当求职者还不了解面试考官的习惯和喜好时，自我介绍要简明，有条有理，不要乱加修饰词语，把主要的经历说出来就足够了。纵使你的经历丰富多彩，迂回曲折，但不必在自我介绍时表现出来。自我介绍一定要给面试考官留下思想清晰、反应快、逻辑性强的印象。

当面试考官用夸大的语言和语调来赞美你时，求职者一定要认真揣摩对方的真正态度和感情，千万不要得意忘形，以为自己已经博得了面试考官的好感，这样往往会弄巧成拙。应及时揣摩出面试考官的真正意思，找出隐藏于赞赏词中的真正含义，再做出相应的回答。

实训演练

一、请为自己设计一段求职式自我介绍，时间在2～3分钟。

二、针对以下问题进行面试模拟演练。

1. 请谈谈你为什么会选择我们公司。
2. 请谈谈你为什么会选择这个职位。
3. 你对我们公司有哪些了解？
4. 请谈谈你对应聘岗位的了解。
5. 除本企业外，你曾应聘过其他企业吗？
6. 你对琐碎的工作是喜欢还是讨厌？
7. 这份工作要做好不容易，你有信心能做好吗？
8. 你愿意到基层去吗？
9. 谈谈你的优缺点。
10. 你能与他人融洽相处吗？
11. 你在大学期间有过打工的经历吗？
12. 能谈谈你的业余兴趣和特殊爱好吗？
13. 在通常情况下，你如何对待奖励与批评？

14. 你心目中的英雄是谁?
15. 你的长远目标是什么?
16. 你是否考虑过自己创业?为什么?
17. 你希望有个什么样的领导?你过去的领导是个什么样的人?
18. 你认为金钱、名誉和事业哪个最重要?
19. 你期望的工资是多少?
20. 你好像不适合到我们公司工作。

参 考 文 献

［1］钟建伟. 大学语文［M］. 北京：人民交通出版社，2004.
［2］徐中玉，齐森华. 大学语文［M］. 上海：华东师范大学出版社，2005.
［3］董媛. 大学语文［M］. 北京：化学工业出版社，2005.
［4］江少川，张映晖. 新编大学语文［M］. 北京：北京大学出版社，2005.
［5］耿云巧，马俊霞. 现代应用文写作［M］. 北京：清华大学出版社，2007.
［6］陈纪宁. 现代应用文写作大全［M］. 北京：中华工商联合出版社，2006.
［7］陈秀香，贺少峰. 实用应用文写作［M］. 北京：北京大学出版社，2007.
［8］杨成杰. 财经应用写作［M］. 2版. 北京：经济科学出版社，2007.
［9］何小海. 应用写作教程［M］. 北京：北京大学出版社，2007.
［10］闻君，倪亮，魏娜. 办公室常用应用文书写作及范例全书［M］. 北京：北京工业大学出版社，2008.
［11］包镭. 演讲与口才技能实训教程［M］. 2版. 北京：北京大学出版社，2013.
［12］刘建祥. 能说善辩的诀窍［M］. 长沙：湖南人民出版社，2006.
［13］刘伯奎. 口才与演讲技能训练［M］. 2版. 北京：中国人民大学出版社，2006.
［14］何书宏. 演讲与口才知识全集［M］. 北京：北京工业大学出版社，2005.
［15］周璇璇. 实用社交口才［M］. 北京：北京大学出版社，2008.
［16］黄美玲. 阅读与应用写作［M］. 北京：知识出版社，2003.